PETITS-MAÎTRES ET ROUÉS

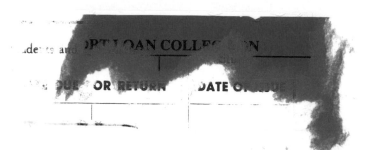

Philippe LAROCH

PETITS-MAÎTRES ET ROUÉS

Évolution de la notion de libertinage
dans le roman français du XVIIIᵉ siècle

LES PRESSES DE L'UNIVERSITÉ LAVAL
QUÉBEC, 1979

Cet ouvrage est publié grâce à une subvention de la Fédération canadienne des études humaines provenant de fonds fournis par le Conseil des arts du Canada.

REMERCIEMENTS

JE VOUDRAIS D'ABORD REMERCIER tous ceux qui, à l'une ou l'autre des étapes de la rédaction de ce texte, m'ont aidé de leurs précieux conseils. Je songe en particulier à MM. Pierre Rétat (Lyon II), Henri Coulet (Aix-Marseille) et Laurent Versini (Nancy II).

Il me faut aussi dire que cette étude n'aurait jamais été entreprise n'eût été le Dr E. J. H. Greene (Université de l'Alberta) qui m'en proposa le sujet et m'aida à en définir le plan initial et à collationner mes premières lectures. C'est dire combien je lui suis redevable. Je dois ensuite aux observations encourageantes du Dr L. L. Bongie (Université de la Colombie-Britannique), à la suite d'une première rédaction, d'avoir étendu mon sujet initial à une étude plus générale du libertinage dans le roman français du XVIIIe siècle.

Je saurai gré à mon collègue Réginald Bigras de m'avoir spontanément offert et sa compétence et la patience de son amitié en corrigeant les différentes versions successives de ce texte.

P. L.

INTRODUCTION

> Libertinage : C'est l'habitude de céder à
> l'instinct qui nous porte aux plaisirs des
> sens.
>
> *Encyclopédie*[1]

AU XVIIIe SIÈCLE le mot libertin acquiert son sens moderne, celui d'une personne aux mœurs légères et à l'esprit dépourvu de scrupules religieux ou moraux. Aux XVIe et XVIIe siècles cependant, le libertin est avant tout un libre penseur qui ne voit en la religion qu'une mesure politique pour asservir le peuple. L'*Encyclopédie* fait d'ailleurs remonter à la première moitié du XVIe siècle l'emploi de ce terme pour nommer les membres d'une secte religieuse hollandaise :

> *Libertins* [...] fanatiques qui s'élevèrent en Hollande vers l'an 1528 [...]
> Ils disent [...] que les politiques ont inventé la religion pour contenir les peuples dans l'obéissance de leurs lois [...] qu'il était licite et même expédient de feindre en matière de religion, et de s'accommoder à toutes les sectes.
> Ils ajoutaient à cela d'horribles blasphèmes contre Jésus-Christ [...]
> Ce furent ces maximes qui firent donner à ceux de cette secte le nom de *libertins*, qu'on a pris depuis dans un mauvais sens[1].

Le mot servit par la suite à désigner les esprits forts qui en France rimaient, chantaient et festoyaient chez Gaston d'Orléans, frère de Louis XIII. En 1666, à la fin du *Roman bourgeois*, Furetière indique au « Cathalogue des livres de Mythophilacte » un « Discours des principes de la poésie, ou l'introduction à la vie

---

[1] *Encyclopédie ou Dictionnaire raisonné des sciences, des arts et des métiers, par une société de gens de lettres*, T. IX, p. 476.

libertine » (257)*. Le supplice de la roue sanctionnait alors ces for-faits d'impiété, mais on réservera plus communément le mot roué aux débauchés dont Philippe d'Orléans s'entoura à la mort de Louis XIV. La définition de l'*Encyclopédie* fondée sur les valeurs idéologique et historique du terme libertin explique indirectement pourquoi le mot est employé relativement tard dans le sens que nous lui accordons généralement; jusqu'au début du xviiie siècle, ce terme, employé hors de son contexte religieux, prête à confu-sion. Il ne sera guère fait mention de libertin au sens de *petit-maître* avant 1730 environ, époque des premiers succès littéraires de Crébillon fils.

Nous appellerons libertins classiques ou traditionnels ces types littéraires que le succès des ouvrages rendit plus effectifs et plus influents que leurs modèles réels car, ici, fiction et réalité s'entremêlent et se complètent sans cesse. Le libertinage qu'ils préconisent est classique dans le sens où il constitue un système de conduite mondaine répondant aux exigences sociales d'une cer-taine caste et accepté par la plupart de ses membres. Ce système n'est cependant pas constant; à l'exemple de toute fantaisie humaine, il reste tributaire des manies de la société. Il cherchera donc constamment de nouvelles justifications et affirmera des desseins de plus en plus intéressés.

En 1736, *les Égarements du cœur et de l'esprit*² de Crébillon fils vont aviver l'intérêt du lecteur pour ce personnage du libertin en établissant des distinctions, sinon terminologiques — on ne parle pas encore de roué —, du moins qualitatives. Le jeune Meilcour et son aîné Versac sont deux personnages bien différenciés : le premier veut apprendre les manières à la mode tandis que le second se complaît surtout à les diffuser. Ces deux types de libertins vont se distinguer de plus en plus nettement au cours du siècle au point qu'en 1772, précisant la dissemblance qu'il désire établir entre le marquis des *Sacrifices de l'amour*²ᵇⁱˢ (1771) et le duc des *Malheurs de l'inconstance* (1772), Claude-Joseph Do-

---

* Les nombres ainsi placés, entre parenthèses, à la suite d'une citation, renvoient à la pagination de l'ouvrage cité dans le texte courant.

² Claude-Prosper Joliot de Crébillon, *Œuvres complètes* (réimpression de l'édition de 1777 chez Slatkine Reprints), T. I, pp. 140, ii et ss. (Quand il y a lieu, pour les œuvres de Crébillon, le premier nombre renvoie au tome, le second à la pagi-nation Slatkine, le troisième à celle de l'édition réimprimée.)

²ᵇⁱˢ *Les Sacrifices de l'amour ou Lettres de la vicomtesse de Senange et du chevalier de Versenay.*

rat écrit dans l'avant-propos du deuxième roman que « l'un est un fat inconséquent, l'autre un scélérat méthodique[3] ». Cette différence est réaffirmée cinq ans après par le Curland des *Égarements de l'amour* de Barthélemy Imbert, qui, lors de son séjour à Paris, remarque « *les agréables, les merveilleux*[4] » et les gens ordinaires qui commettent les mêmes extravagances mais avec plus de discrétion.

Bien que Crébillon lui-même — qui pourtant analyse le libertinage mondain sous ses deux aspects : celui de l'aimable Meilcour comme celui du « monstre » Chester — qualifie indistinctement tous ses héros de petits-maîtres, il faut donc distinguer d'une part les novices encore inexpérimentés mais désireux de briller rapidement dans les boudoirs et, de l'autre, leurs aînés — sinon en âge du moins par l'expérience — qui accompagnent leurs exploits de commentaires justificatifs et de conseils. Nous nommerons donc petits-maîtres les libertins dont la seule ambition est de se faire admirer par les dames puis de les séduire par vanité, et roués ceux qui cherchent à se venger sur toutes les femmes d'une infidélité qui les a mortifiés, en menant leurs intrigues à grand bruit. Aux premiers nous associerons aussi les « apprentis » libertins qui découvrent dans l'amour-goût une activité sociale et sentimentale à mi-chemin de la passion et de la sensualité.

Par tradition — noblesse évoque culture et distinction — plus que par nécessité à l'époque — de nombreux bourgeois des villes peuvent s'offrir un train de vie seigneurial — le petit-maître est d'origine aristocratique et conserve toujours l'élégance et le charme de son milieu. Jeannette, la « paysanne parvenue » du chevalier de Mouhy, rappelle à maintes reprises en 1736 et 1737 qu'elle n'a jamais rencontré de personne plus distinguée et plus affable que le vieux marquis de L. V., quinquagénaire entreprenant mais respectueux des convenances, qui n'a pas encore failli à sa réputation de petit-maître et qui joue sans difficulté au rival de son fils. Signalant cette « faune d'espèces papillonnantes » qui — à la suite des vrais petits-maîtres de sang noble — envahit les salons, Laurent Versini précise dans son étude sur *Laclos et la Tradition* que l'appellation « petit-maître » implique une nuance sociale, c'est l'homme de qualité à la mode

---

[3] *Les Malheurs de l'inconstance ou Lettres de la marquise de Syrcé et du comte de Mirbelle*, p. IX.

[4] *Les Égarements de l'amour ou Lettres de Faneli et de Milfort*, T. I, L. XXV.

jusque dans son habillement; un bourgeois peut être fat, non petit-maître » (40). Le libertinage représente aux yeux des jeunes nobles l'art de briller et d'acquérir auprès des dames la réputation du séducteur séduisant dont elles chercheront à s'approprier les faveurs. Dans ces jeux du désir et des occasions les partenaires se partagent implicitement l'initiative d'une victoire réciproque : l'un croit séduire tout comme l'autre est satisfait d'avoir séduit. La conduite et l'évolution de ces libertins « dorés » sont purement qualitatives : le petit-maître prône tantôt les plaisirs de l'esprit, tantôt les dissipations des sens sans jamais se libérer entièrement des appels du cœur.

Dans son introduction à l'*Idée du bonheur dans la littérature et la pensée françaises au XVIIIe siècle*, Robert Mauzi distingue trois formes de libertinages qui correspondent à trois situations bien différenciées : « la première est celle d'un jeune homme qui fait ses débuts dans le monde », la seconde est celle « qui menace la femme mariée, même si elle ne succombe qu'à l'abri d'une très haute idée de l'amour » et la troisième est celle du roué, « qu'il ne faut pas confondre avec le donjuanisme » (30–32)[5].

Dans le premier cas il s'agit d'un jeune homme de bonne famille qui débute dans le monde, guidé par un libertin déjà célèbre pour ses exploits. Ici le libertinage reste avant tout un jeu séduisant parce qu'il flatte l'amour-propre du jeune émancipé, lui facilite le « commerce des femmes », et donne au débutant effronté l'occasion de briller en société, bien souvent pour se faire valoir aux yeux de celle qu'il aime. Le libertinage n'est pas encore devenu une préoccupation constante. Il ne se manifeste que lorsque l'occasion s'en présente et que le jeune homme se sent encouragé, soit par un aîné, soit par une femme déjà mûre qui désire retrouver pendant quelques heures, auprès de lui, « les

---

[5] La distinction entre le donjuanisme et cette troisième forme de libertinage est nettement précisée par Charles Dédeyan au début de son étude du thème de Don Juan dans le théâtre de Goldoni : « Valmont séducteur plus subtil et plus pervers que Don Juan ne poursuit que des victoires difficiles, alors que Don Juan ne cherche qu'à assouvir un instinct dont il est l'esclave. Valmont ne voit dans l'amour qu'un instrument de domination et le moyen de satisfaire sa vanité. Il a hérité de l'égoïsme, de la méchanceté et même de la science de la corruption de Don Juan, mais il annonce Julien Sorel par les facteurs prédominants de l'orgueil et de la volonté diabolique, comme il conclut le XVIIIe siècle perverti, raffiné, quintessencié dans l'amour. » (*Goldoni, Vie et Œuvres*, p. 12.)

illusions de sa jeunesse ». Ce n'est que plus tard que ce penchant deviendra chez le novice « l'habitude de céder à l'instinct qui nous porte aux plaisirs des sens » et qu'il en viendra à ne plus respecter les bienséances. S'il persévère, l'apprenti libertin change de catégorie et rejoint, avec l'âge, les rangs de ceux qui l'ont guidé dans ses premières prouesses : les roués. Il adopte alors une attitude « sans délicatesse » qui, selon l'*Encyclopédie*, « tient le milieu entre la volupté et la débauche » (X, 476). Un siècle plus tard, « l'éducation sentimentale » du jeune Moreau en révélera la forme embourgeoisée et affadie tandis que de nos jours, avec l'*Amant de poche* — roman d'une fraîcheur et d'une retenue dignes de Crébillon —, Voldemar Lestienne actualise, spontanément semble-t-il, les premières aventures mondaines de l'un de ces jeunes novices prédisposés aux plaisirs. À ce libertinage de « bon ton » et de « la bonne compagnie » se rattachent les « égarements » de Meilcour, ceux du comte de *** de Duclos[6], du Thémidore de Godart d'Aucourt[7], de l'Angola de La Morlière[8], du marquis de Roselle de Mme Élie de Beaumont[9], du comte de Valmont de l'abbé Gérard[10], de l'Anglais Milfort d'Imbert[11] et, dans une certaine mesure, la conduite de Danceny avec Mme de

---

[6] Charles Pinot Duclos, *les Confessions du comte de ***, Œuvres complètes* (réimpression chez Slatkine Reprints), T. II, pp. 2, II et ss. (Quand il y a lieu, pour les œuvres de Duclos, le premier nombre renvoie au tome, le second à la pagination Slatkine, le troisième à celle de l'édition réimprimée.)

[7] Claude Godart d'Aucourt, *Thémidore ou mon Histoire et celle de ma maîtresse.*

[8] Le chevalier Rochette de la Morlière, *Angola, histoire indienne, ouvrage sans vraisemblance*; cet ouvrage est parfois attribué au duc de la Trémoille.

[9] Anne-Louise Morin Dumesnil, dame Élie de Beaumont, *Lettres du marquis de Roselle*. « Anne-Louise Morin Dumesnil (1729–1783) épousa le célèbre avocat Jean-Baptiste-Jacques Élie de Beaumont, premier défenseur des Calas et, à ce titre, en relations avec Voltaire. Elle tenait chaque soir un bureau de bel-esprit, suivi d'un souper, sous la présidence fréquente de La Harpe. En dehors des célèbres *Lettres du marquis de Roselle*, sa seule contribution à la littérature est l'achèvement des *Anecdotes de la cour du règne d'Édouard II* (1776), commencées par Mme de Tencin. » (L. Versini, *Laclos et la Tradition*, p. 100, n. 23.)

[10] Louis-Philippe Gérard, *le Comte de Valmont ou les Égarements de la raison*. Ce livre comptera une trentaine d'éditions jusqu'en 1839 (Limoges, chez Ardant) ễt sera un des ouvrages moraux les plus lus à la fin du XVIIIᵉ siècle. Antoine-Alexandre Barbier, dans son *Dictionnaire des ouvrages anonymes*, T. I, p. 661, fait état de ces nombreuses éditions. Pour une analyse des idées, voir M. Henrion, *De l'Éducation des filles, par Fénelon et l'abbé Gérard.*

[11] Barthélemy Imbert, *les Égarements de l'amour ou Lettres de Faneli et de*

Merteuil. C'est à ce libertinage du règne du Bien-Aimé que songe Talleyrand quand il regrette la « douceur de vivre » de l'Ancien Régime. C'est aussi celui qu'évoquent en pleine tourmente révolutionnaire deux écrivains aussi opposés par la naissance que par la fortune : l'exilé Andréa de Nerciat et le jacobin Louvet.

Au premier groupe défini par Mauzi appartiennent aussi ces jeunes gens fortunés et du meilleur monde, proches cousins de Meilcour, mais qui ne sont pas tombés sous l'influence néfaste d'un aîné au moment de leur entrée dans le monde. S'il est souvent prématuré de parler de libertinage à leur sujet, dans les aventures dont nous sommes les témoins, du moins mènent-ils une existence assez comparable à celle des débutants que nous venons de mentionner. Ils seraient probablement très surpris de se voir traités de libertins, mais leur légèreté et leur inconstance justifient cette dénomination. Ainsi, le discret et gracieux Valville accueille la jeune Marianne, après sa chute à la sortie de l'église, avec des égards nullement requis par la charité. Il l'abandonnera pourtant après des fiançailles qu'il impose d'abord à sa mère. En devenant amoureux de Mlle Varthon dans des circonstances très proches de celles qui lui firent connaître Marianne, Valville sacrifie au caprice de l'occasion la fidélité jurée. Il s'abandonne déjà aux égarements d'un cœur superficiel en attendant, tel Danceny, qu'une première aventure le mène à ceux des sens.

Le prompt revirement de la conduite du jeune chevalier de Malte, amoureux de Cécile de Volanges, dès qu'il découvre qu'il peut obtenir de la marquise de Merteuil ce que la jeune fille lui refuse, le place, lui aussi, dans la première catégorie définie par Mauzi. Pourtant, aussi longtemps qu'il échappe à l'influence de Mme de Merteuil, sa timidité à l'égard de Cécile et sa déférence envers la mère de la jeune fille indiquent un jeune homme encore très attaché aux principes de la morale et des bonnes manières.

D'une façon plus confuse, c'est encore le cas du marquis de Dorval, de Desfontaines, dans les *Lettres de Sophie au chevalier de ****[12] (1765). En proposant le mariage et la moitié de sa fortune à

Milfort. Imbert reprendra le sujet de son roman dans un drame en cinq actes : *Faneli ou les Égarements de l'amour*.
[12] Guillaume-François Desfontaines, *Lettres de Sophie au chevalier de *** pour servir de Supplément aux Lettres du marquis de Roselle*. Supplément assez fantaisiste car à l'exception de la préface on ne retrouve plus, ni dans les

sa maîtresse Émilie qu'il aime malgré son inconstance prouvée et sa misérable condition, il agit en honnête homme sincère et passionné. Mais il s'expose aux sarcasmes des libertins et aux blâmes de sa propre société en choisissant pour épouse cette petite danseuse de l'Opéra pour laquelle il sacrifie la fortune de sa mère. Ces trois personnages méritaient d'être mentionnés ici. Bien qu'ils ne donnent qu'une image imparfaite — et parfois inexacte — du libertin du xviiie siècle, on peut imaginer qu'il leur faudra peu de chose pour adopter les singularités — banales — du libertinage.

La deuxième forme de libertinage définie par le critique concerne l'attitude des femmes mariées conduites à des aventures extra-conjugales soit par la négligence ou par l'abandon de maris trop vieux ou trop inconstants, soit par les avances réitérées d'admirateurs sincères ou de petits-maîtres en quête de succès. Malgré tous ses scrupules, il s'en est fallu de peu que la princesse de Clèves n'appartînt à cette catégorie dont l'héroïne des *Lettres de la marquise de M*** au comte de R**** de Crébillon fils (1732) offre l'exemple le plus représentatif. Toutefois, la conduite de la marquise de M*** ne s'identifie au libertinage mondain qu'à partir du moment où son amant ne cherche plus à dissimuler sa bonne fortune, car — comme l'affirme Mauzi — « pour qu'une telle situation devienne libertine, il suffit que quelqu'un s'en empare et la divulgue » (*op. cit.*, 31). Pour la même raison, c'est-à-dire plus par l'effet d'un heureux hasard que par sa volonté de rester fidèle à son époux, l'héroïne de l' « anecdote du règne de Henri IV » de Duclos, Mme de Luz, trois fois coupable de fait sinon d'intention, conservera jusqu'à sa mort la réputation de femme fidèle[13]. La

---

personnages ni dans l'intrigue, le moindre lien avec l'ouvrage de Mme Élie de Beaumont. L'auteur en est bien Desfontaines, non pas l'abbé Desfontaines mais « Guillaume-François Fouques des Hayes Desfontaines de la Vallée (1733–1825), censeur royal, inspecteur de la librairie, bibliothécaire du comte de Provence, auteur de comédies et de vaudevilles, surtout pendant et après la révolution » (L. Versini, *op. cit.*, p. 553, n. 240). « D'un style aisé et agréable, ce roman ne peut manquer de rappeler à la mémoire que Choderlos de Laclos publiera ses *Liaisons dangereuses* en 1782, soit moins de 20 ans après ces *Lettres de Sophie.* » (*Catalogue n⁰ 247*, Librairie M. Slatkine et Fils, Genève, 1968, p. 94.)

[13] Charles Pinot Duclos, *Histoire de madame de Luz, Œuvres complètes* (réimpression chez Slatkine Reprints), T. II, pp. 183–308. Voir surtout pp. 247, 275, 301. Le fait est également noté par Louis Damours, auteur présumé des *Lettres de Ninon de Lenclos au marquis de Sévigné*, T. II, p. 108n.

marquise de Crébillon émeut par l'intensité et la sincérité de son amour adultère et surprend, après sa chute, par le climat de non-culpabilité qui enveloppe sa liaison illégitime; malgré sa faute elle se trouve peu à peu disculpée aux yeux du lecteur. Vingt-deux ans plus tard, dans *les Heureux Orphelins*[14], c'est encore l'amour qui excusera à ses propres yeux la duchesse de Suffolk de sa conduite avec le jeune lord Durham-Chester. Dans *les Liaisons dangereuses*[15], il justifiera même « suffisamment » celle de la présidente de Tourvel quand elle aura « forcé » Valmont à admettre qu'elle l'aimait (CXXVIII).

Mais dans le contexte du libertinage mondain, ces sortes d'aventures n'atteignent que très rarement l'intensité dramatique que dénotent les dernières lettres de la marquise de M***. Le libertinage féminin qui répond le mieux à celui des petits-maîtres paraît presque à chaque page des *Confessions du comte de* *** (1741) et des *Mémoires sur les mœurs*[16] (1751) de Duclos. Ici, comme le rappelle le comte de ***, nobles dames et bourgeoises entichées de noblesse prennent bien souvent « un amant comme un meuble d'usage, c'est-à-dire de mode » ou « comme une robe parce que c'est l'usage[17] », parfois même avec l'approbation de leurs maris qui jouissent alors chez eux d'un calme passager en voyant ainsi s'éloigner la foule des soupirants de deuxième ordre.

Le libertinage ne constitue pas toujours une « menace » pour la femme mariée. Puisqu'un ménage honnête partage des appartements suffisamment éloignés pour que la vie de l'un ne dérange pas celle de l'autre[18], il était à prévoir que les femmes prendraient à

---

[14] *Les Heureux Orphelins, histoire imitée de l'anglais, Œuvres complètes* (réimpression chez Slatkine Reprints), T. I, pp. 423–fin, T. II, pp. 7–57.

[15] Pierre-Ambroise-François Choderlos de Laclos, *les Liaisons dangereuses ou Lettres recueillies dans une société et publiées pour l'instruction de quelques autres, Œuvres complètes*, La Pléiade, pp. 2–399.

[16] *Œuvres complètes* (réimpression chez Slatkine Reprints), T. II, pp. 379–532. Ce roman est considéré par certains critiques du XVIIIe siècle, et par l'auteur lui-même, comme la suite des *Considérations sur les mœurs de ce siècle, idem*, T. II, pp. 1–207. La remarque se trouve confirmée par le titre de la sixième édition : *Mémoires pour servir de suite aux Considérations sur les mœurs de ce siècle*, Paris, s.édit., 1765.

[17] Duclos, *les Confessions du comte de* ***, *Œuvres complètes* (réimpression chez Slatkine Reprints), T. II, p. 50, 119.

[18] Duclos, *Mémoires sur les mœurs, Œuvres complètes* (réimpression chez Slatkine Reprints), T. II, p. 476, 227.

leur tour les devants en matière de galanterie. À l'Opéra, le petit-maître, qui du parterre observe les balcons et les loges, risque fort de devenir à son tour la victime d'une petite-maîtresse aventurière ou d'une femme du monde ayant adopté les mêmes principes. Car au chapitre de la galanterie, l'inégalité de la naissance s'estompe aux yeux des libertins. Rappelant la fortune des Casanova ou des Don Juan, Hubert Juin note, dans sa postface aux *Aphrodites*, qu'une « femme, pour eux, c'est une femme, qu'elle soit noble ou serve, qu'elle soit jeune ou vieille, qu'elle soit laide ou belle, cela n'a pas la moindre importance[19] », et le délicat Nerciat concède que, sous le drap, les marquises et les soubrettes déploient les mêmes dispositions.

Vers le milieu du siècle, le fermier général Le Riche de la Popelinière — à qui Crébillon souffle, comme nous le verrons, les meilleures pages des *Tableaux des mœurs du temps (circa 1750)* — initie ses lecteurs aux mœurs de femmes légères, troublées par les caresses de Sapho dont elles ont découvert les effets et l'utilité durant leurs séjours prénuptiaux au couvent. Bien avant Diderot, les romanciers ont révélé les heurs et malheurs des jeunes postulantes. Déjà exploité à la fin du xviie siècle par l'abbé Barrin dans sa *Vénus dans le cloître*[20] (1683) — lecture favorite du futur auteur de *la Religieuse* — le thème se prête facilement à des réflexions grivoises qu'alimente d'autre part le laisser-aller de certaines institutions. Aux galanteries des abbesses réelles ou fictives répondent les effronteries des abbés poudrés au point que l'on en est réduit à se demander si les mœurs du temps ont filtré à travers les clôtures monacales ou si, au contraire, les couvents ne furent pas les premières écoles de la débauche. Les dévotes en rêvent au point d'encourager leurs directeurs à entreprendre de surprenants « exercices de dévotion » que d'authentiques abbés se sont amusés à reproduire dans leurs écrits. Mais de *l'Histoire de Dom B*** portier des chartreux*[21] (1740) à *Justine*[22] (1791), en

---

[19] Andréa de Nerciat, *les Aphrodites ou Fragments thali-priapiques pour servir à l'histoire du plaisir*, p. 3.

[20] Jean Barrin, *Vénus dans le cloître ou la Religieuse en chemise, Entretiens curieux par l'abbé Du Prat*.

[21] Jean-Charles Gervaise de Latouche, aidé pour l'édition et la diffusion par l'abbé Nourry, le marquis Le Camus, le tapissier Blangy, *Histoire de Dom B*** portier des chartreux*.

[22] Donatien-Alphonse-François, marquis de Sade, *Justine ou les Malheurs de la vertu*.

passant par *la Capucinade*[23] (1765) de Nougaret et les *Exercices de dévotion de M. Henri Roch*[24] (1780) de l'abbé de Voisenon, ce genre d'écrit hésitera sans cesse entre l'ouvrage obscène et le conte rabelaisien.

Les femmes ne restent pas en marge de la mode. Beaucoup participent de bonne grâce aux jeux des petits-maîtres. Par leur coquetterie elles rendent le libertinage mondain plus piquant et, par ailleurs, plus inoffensif car il devient alors un véritable jeu de société. Les moins frivoles s'excusent de s'y adonner en rappelant que ces galanteries de situation sont leurs meilleures défenses contre les entreprises plus suspectes des roués. D'autres, par contre, mettent à profit leurs connaissances des roueries des hommes, qu'elles ont acquises à les observer, pour exécuter à leur tour des projets de vengeance personnelle. Les plus habiles profitent même d'une supériorité qui leur fut trop souvent contestée pour « venger leur sexe » en punissant un amant de ses infidélités réelles ou prétendues.

La troisième expression du libertinage mondain définie par Mauzi diffère complètement des deux précédentes. À la relative inconséquence d'un jeu, le « plus beau jeu du monde » au dire de l' « Éditeur » des *Lettres de la duchesse de *** au duc de **** de Crébillon[25], elle substitue des intentions agressives. Tandis que dans les situations précédentes le libertin ne songeait, en séduisant, qu'à satisfaire une tendance plus marquée pour la dissipation ou qu'à suivre une mode à laquelle il est glorieux de se plier, séduire devient maintenant la méthode la plus efficace pour s'imposer et se faire valoir en société. Au libertinage mondain font place peu à peu les procédés de séduction calculée de ceux que nous nommons les roués.

Bien que les auteurs étudiés ne l'utilisent que très rarement dans ce sens, nous appliquerons précisément ce terme à ces misogynes endurcis pour qui, comme l'affirme lord Durham-Chester dans *les Heureux Orphelins*, « une passion avilit l'homme »

---

[23] Pierre-Jean-Baptiste, comte de Nougaret, *la Capucinade*.

[24] Claude-Henri de Frezée de Voisenon, *les Exercices de dévotion de M. Henri Roch avec Mme la duchesse de Condor*, dans *Œuvre libertine*, pp. 11–71.

[25] *Œuvres complètes* (réimpression chez Slatkine Reprints), T. II, pp. 121, v–220, 211. Voir p. 123, xv. (Le premier chiffre renvoie à la pagination Slatkine, le second à celle de l'édition réimprimée.)

(II, 16, 34). Sans les nommer explicitement, Dorat distingue cependant avec netteté, dans l'avant-propos des *Malheurs de l'inconstance*, l' « étourdi, sans mœurs » — que nous avons appelé petit-maître — de l'individu « consommé dans l'art où l'autre s'essaye » — le roué. Aux yeux de ces libertins dangereux qui se prétendent sans émotions et sans désirs, le petit-maître n'est plus qu'un pantin pitoyable. Comme l'affirme le Valmont de Laclos, « conquérir est [leur] destin ». Chez eux, la véritable jouissance est censée s'élever du niveau du physique à celui de l'intellect. Elle consiste à humilier la femme de la façon la plus cruelle, en bafouant son amour, c'est-à-dire en refusant le don total de soi qu'elle vient de consentir sans défiance. Ces intrigues, ces roueries, toujours motivées par le désir de se venger ou d'affirmer sa supériorité, s'opposent à l'aspect gratuit et aimable du libertinage des petits-maîtres qui ne voient là qu'une simple occupation de salon. Le roué rejette cette complicité tacite entre l'homme et la femme dont il réduit la valeur à celle d'un trophée. Codifiant en un système rigide les propos frivoles dont se divertissent les petits-maîtres et les petites-maîtresses, il ne cherche plus à plaire pour séduire et pour être comblé, mais à fasciner pour « conquérir ». La fascination mène à la contrainte et la victime, déjà soumise, s'aperçoit trop tard qu'elle est devenue, plus par son inexpérience que par sa faiblesse, le caprice d'un séducteur insensible à son humiliation et fier de la déconvenue qu'elle ne parvient pas à dissimuler. Le plaisir du roué naît de la souffrance qu'il inflige à sa conquête : douleur morale d'abord, puis, vers la fin du siècle, souffrance physique parfois mortelle. De plus, tous ces roués se piquent de faire l'éducation d'un apprenti petit-maître et les plus corrompus proclament leur fierté à voir leurs élèves renchérir sur leurs propres roueries. Enfin, on note souvent chez eux le désir ambitieux de vouloir réformer la société, dans ses mœurs d'abord, en préconisant un libertinage généralisé — quoiqu'il faille distinguer la part de la fanfaronnade et de l'imaginaire de celle de la réalité —, puis dans ses structures. Avec le roué, la notion esthétique de raffinement disparaît très vite car il ne cherche pas tant à passer pour aimable qu'à être craint. La crainte qu'il inspire devient pour lui une autre façon de retenir l'attention et même parfois de susciter l'admiration. Tous les moyens lui sont bons et sa vraie force est d'avoir compris que les défauts et les vices intéressent plus que les qualités réelles. Sade ne fera que pousser ce paradoxe à l'extrême quand il fera dire que le mal seul est bon parce qu'il est naturel. Malgré des origines identiques à celles du petit-maître, le roué, par sa conduite, reflète moins que lui les mœurs galantes de l'aristocratie de son époque. À cause de sa vulgarité et de son rejet des valeurs traditionnelles on le confond souvent avec les chevaliers d'industrie ou les aventuriers sans naissance. Ses intrigues le rapprochent davantage de la foule des valets et des campagnards émancipés auxquels il promet beaucoup s'ils s'engagent à suivre son exemple.

Aussi, en réduisant le libertinage au seul libertinage mondain, Mauzi néglige-t-il le rôle de plus en plus important joué par les « héros encanaillés » à partir de 1750, époque des premières traductions à succès des romans anglais. Tout en reconnaissant que ce glissement social nous éloigne du climat aristocratique essentiel à l'épanouissement du libertinage « classique », on ne peut cependant pas ignorer que tandis que dans les salons petits-maîtres et roués encouragés par les « agaceries » de leurs admiratrices rivalisent d'effronterie, dans la rue, de petites gens s'efforcent de copier leurs ridicules, incidemment et à leur avantage, tel le Jacob du *Paysan parvenu*[26] (1734) de Marivaux, volontairement et pour le pire quand il s'agit du Lucas du *Lucette ou les Progrès du libertinage*[27] (1765–1766) de Nougaret et de l'Edmond

---

[26] *Le Paysan parvenu ou les Mémoires de M****.

[27] Pour avoir une idée du succès de ce roman, il suffit de regarder la variété des titres donnés à ses diverses rééditions « modifiées » : « Suivant Pigoreau, dans sa *Petite Bibliographie biographico-romancière*, ce roman a été réimprimé et reproduit sous les quatre titres suivants :
1. *La Paysanne pervertie, ou les Malheurs des grandes Villes, Mémoires de Jeannette R***, recueillis de ses lettres et de celles des personnes qui ont eu part aux principaux événements de sa vie, mis à jour par M. N****, Londres et Paris, Bastien, 1777, 4 vol.
2. *Suzette et Perrin, ou les Dangers du Libertinage*, Londres et Paris, 1777, 2 vol.
3. *Les Dangers de la Séduction et les Faux-Pas de la Beauté, ou Aventures d'une villageoise et de son Amant*, Paris, l'auteur; Fuchs, an VII–1779, 2 vol.
4. *Juliette ou les Malheurs d'une vie coupable*, Paris, G. C. Hubert, 1821, 3 vol. En 1781, Lucette et Lucas étaient devenus les héros d'une comédie en un acte et en prose de Forgeot, Nicolas-Julien : *Lucette et Lucas*, veuve Duchesne. » (Antoine-Alexandre Barbier, *Dictionnaire des ouvrages anonymes*, T. II, p. 1360.)

du *Paysan et la Paysanne pervertis* (1787) de Rétif de la Bretonne. Pour le jeune paysan et le petit-bourgeois il s'agit de s'arroger les apparences d'un statut social supérieur. Le patronage d'un roué offre à cette piétaille grivoise l'occasion de nouer des relations — tout équivoques soient-elles — dans la haute société et, en profitant des bonnes fortunes de leurs « maîtres », de participer à des intrigues qui, de droit, leur étaient interdites. Mais incapables en général d'acquérir l'adresse et le vernis d'un libertin mondain, ils bafouent le plus souvent leurs modèles et adoptent une conduite débauchée et grossière. Les aventures de ces paysans parvenus ou pervertis montrent en quoi, d'une simple manière d'être, le libertinage devient un moyen d'action. Sans attribuer absolument cet « encanaillement[28] » du roman libertin à la vogue du roman anglais favorisée par la poussée sociale du tiers-état, on note cependant que les œuvres les plus raffinées, les plus mondaines et surtout les moins violentes sont généralement écrites durant la première moitié du siècle et rarement après 1775. Le fond de satire sociale qui, pour certains, fournit aux *Liaisons dangereuses* une partie de leur intérêt documentaire n'aurait pu se concevoir 50 ans plus tôt.

Cependant, le libertinage mondain sera dévalorisé encore plus sûrement par des individus qui possédaient au plus haut degré les qualités requises pour mener à bien une « affaire » (rang, fortune, raffinement) : les héros de Nerciat. D'une licence quasi naturelle tant elle paraît spontanée, les contes de Nerciat, écrits surtout à partir de 1780, transposent dans la littérature galante la crise d'identification et d'agressivité défensive connue sous le nom de « réaction nobiliaire ». À la même époque et rivalisant de verve avec les textes dialogués de l'émigré de Hesse-Cassel, certains libelles anonymes du comte de Mirabeau attestent l'existence de cet esprit débauché jusque chez les responsables de l'évolution politique.

Certains, pourtant, forts de l'appui de la censure officielle, tentent de réagir contre ces dérèglements des sens et de l'esprit en offrant au public des ouvrages moralisateurs aux titres trompeurs. Citons, à titre de curiosité, l'ouvrage le plus contesté du marquis de Caraccioli : *la Jouissance de soi-même* (1758), et la remarque

---

[28] Voir Georges May, *le Dilemme du roman au XVIIIᵉ siècle; étude sur les rapports du roman et de la critique, 1715–1761*, pp. 182–203.

révélatrice de l'auteur qui dans le « Discours préliminaire » de la deuxième édition admet très honnêtement « qu'on ne doit peut-être attribuer l'heureux débit de cet Ouvrage qu'à son titre pris d'une manière équivoque[29] ». Une vingtaine d'années plus tard, un peu à la manière de l'abbé Camus, évêque de Belley, qui voulait créer à la place d' « Astrées libertines » des « Astrées dévotes[30] », l'abbé Louis-Philippe Gérard, chanoine de Saint-Louis-du-Louvre, se propose à partir de 1774, « dans un siècle où l'on dit de si jolies choses en faveur de l'erreur et du mensonge [...] d'en offrir quelques-unes qui intéressent en faveur de la vérité » (I, VII). Ce zèle aussi littéraire qu'apostolique sustentera jusqu'en 1807 les digressions morales et religieuses des six volumes du *Comte de Valmont ou les Égarements de la raison.*

En dépit de ces tentatives que la protection des dévots maintenait à la vitrine des libraires, le libertinage mondain devint vite la matière principale de romans qualifiés souvent à tort de « secondaires ». Les thèmes exposés par le Versac des *Égarements* seront mis en pratique dans *les Deux Orphelins* par lord Durham-Chester qui, en 1754, garde en mémoire les conseils du Lovelace de Richardson (connu des Français depuis 1751 par la traduction de l'abbé Prévost)[31] et que reprendront tous les petits conteurs. Influencés par les succès des ouvrages de Crébillon, de plus en plus d'auteurs de tout ordre voient dans les caprices des sens les seuls impératifs éthiques de l'existence. S'il est vrai qu'à chaque état social correspond une forme spécifique de licence — conditionnée en grande partie par le rang et la fortune des individus — la littérature romanesque du XVIIIe siècle accentue cette distinction qualitative en systématisant, à l'aide de types devenus très vite conventionnels, des portraits plus ou moins exacts présentés dans les « Mémoires » d'authentiques libertins. La noblesse et le clergé de souche noble — ce qui ne comprend pas seulement le haut clergé — s'adonnent au libertinage mondain à la mode : jeu d'une société raffinée et sans idéal, véritable exercice intellectuel qui permet de meubler une oisiveté imposée. À l'opposé, pour les « frocards » et pour les rustres, le libertinage

---

[29] Louis Antoine, marquis de Caraccioli, *la Jouissance de soi-même, Nouvelle Édition,* p. XI.
[30] Jean-Pierre Camus, *Agathonphile*; voir introduction, p. XIV.
[31] Samuel Richardson, *Lettres anglaises ou Histoire de Miss Clarisse Harlove,* traduction de l'abbé Prévost.

n'est plus qu'un terme en vogue qui sert à couvrir les excès de leur boulimie sexuelle.

Un certain atavisme devient donc inévitable dans les ouvrages de la fin du siècle. Mais des petits marquis de Molière aux surhommes du « divin Marquis » de Charenton, la route est longue et diversifiée. Deux romans d'une portée littéraire essentielle vont compromettre puis détruire cette philosophie hédoniste : celui de Laclos en 1782 puis l'*Histoire de Juliette*[32] de Sade en 1797. La précision et la variété des caractères présentés dans *les Liaisons dangereuses* laissent deviner l'existence d'une panoplie littéraire déjà riche en modèles bien définis et confèrent à l'ouvrage un intérêt exceptionnel pour une étude du roman libertin du xviiie siècle. L'intelligence supérieure et le caractère vindicatif dont fait preuve Mme de Merteuil dans l'exécution de son « grand dessein » donnent une orientation nouvelle au roman libertin. Grâce à elle, à des intrigues insignifiantes devenues simples prétextes à des descriptions lascives, se substitue dans *les Liaisons* une trame essentiellement psychologique où la réflexion l'emporte sur l'image. De plus, la triple personnalité de Valmont — d'abord roué face à la présidente, puis amoureux d'elle et de la marquise, enfin petit-maître aux côtés de Cécile, de la vicomtesse de M*** et de Mlle de B***, comme il le fut autrefois avec Mme de Merteuil — illustre le double rôle de conclusion et de transition qu'allait jouer le héros de Laclos dans la galerie des portraits mondains que nous ont légués « les livres du second rayon ». Car ni les mésaventures de Cécile et de Danceny, ni le double châtiment réservé à Valmont et à Merteuil, ni les soi-disant tollés d'indignation que suscitèrent leurs méfaits ne découragèrent les romanciers en quête d'un succès à scandale. Bien au contraire, Cécile, catéchisée et convertie, deviendra la Félicia[33] de Nerciat puis l'Eugénie de Mistival de *la Philosophie dans le boudoir*[34]

---

[32] Sade, *Histoire de Juliette ou les Prospérités du vice, Œuvres complètes,* T. VIII–IX.

[33] Andréa de Nerciat, *Félicia ou mes Fredaines.* Nous adopterons la date retenue par la plupart des bibliographes, 1775, même si l'auteur précise dans la préface de la deuxième édition de *Monrose ou le Libertin par fatalité* : « Félicia, dont la moins mauvaise édition est celle en deux volumes, chacun en deux parties, et divisée en chapitres, qui est sortie en 1778 d'une presse d'Allemagne. »

[34] Sade, *la Philosophie dans le boudoir ou les Instituteurs immoraux, Dialogues destinés à l'éducation des jeunes demoiselles, Œuvres complètes,* T. III.

(1796) de Sade, tandis que le beau Danceny reparaîtra sous les travestis du chevalier de Faublas[35]. Madame de Merteuil ne rougirait que par convenance des « lupercales » auxquelles se livrent les héroïnes des *Aphrodites* de Nerciat et elle applaudirait à la fermeté de sa marquise du *Diable au corps*[36] (1803) quand celle-ci prend soin de briser l'ascendant que voudraient lui imposer ses admirateurs comblés. Par contre, sa conception esthétique et aristocratique de la domination ne lui ferait pas approuver les manifestations sauvages de la volupté essentiellement destructrice de Juliette.

Le double échec du vicomte de Valmont et de la marquise de Merteuil, qui déclarent pourtant connaître à fond les principes et les roueries du libertinage, affaiblit l'excellence du système qu'ils prétendaient appliquer mieux que tout autre. Quinze ans plus tard, en désavouant sciemment par leurs paradoxes idéologiques la portée d'une éthique et d'un mode de vie fondés sur l'assouvissement des désirs sensuels, les héros de Sade briseront un modus vivendi dont ceux de Laclos ne pensaient s'éloigner que temporairement sans vouloir le modifier. L'effet fut brutal et leur dessein condamné. Au lendemain de la publication de la *Nouvelle Justine*[37] (1797), Rétif conçoit avec son *Anti-Justine* (1798) « un livre où les sens parleront au cœur; où le libertinage n'ait rien de cruel pour le Sexe des Grâces, et lui rende plutôt la vie, que de lui causer la mort » (3–4).

---

[35] Jean-Baptiste Louvet de Couvray, *les Amours du chevalier de Faublas.*
[36] Nerciat, *le Diable au corps, œuvre posthume du très recommandable docteur Cazzone, membre extraordinaire de la joyeuse faculté phallo-coïro-glotto-nomique.*
[37] Sade, *Œuvres complètes*, T. VI–VII.

PREMIÈRE PARTIE

Les petits-maîtres

CHAPITRE PREMIER

PRÉCURSEURS LITTÉRAIRES ET RÉALITÉS SOCIALES

> Si je perds bien des maîtresses,
> J'en fais encore plus souvent,
> Et mes vœux et mes promesses
> Ne sont que feintes caresses;
> Et mes vœux et mes promesses
> Ne sont jamais que du vent.

Pierre Corneille[1]

DÈS LA FIN DU XVIIe SIÈCLE, celui que nous nommons petit-maître et dont Molière immortalisa les devanciers 50 ans plus tôt avec ses « talons rouges » est déjà célèbre au théâtre. Frédéric Deloffre[2] en compte 58 sur les scènes parisiennes de 1685 (*le Rendez-vous des Thuilleries ou le Coquet dupé,* de Baron) à 1787 (*l'Avantageux corrigé ou le Mariage par dépit,* attribué à tort, vu la date, au marquis d'Argens mort en 1771), dont 11 pendant la période antérieure à 1700, et note que si sa silhouette se profile un peu partout, ses ridicules le font vite oublier. Il appartient aussi à la littérature romanesque puisqu'à l'époque des précieux, Antoine Furetière, dans *le Roman bourgeois*, en remarque les premières esquisses jusque dans les quartiers bourgeois de Paris. Ce sont les « muguets » ou galants qui observent les belles quêteuses de l'église des Carmes, place Maubert, et auxquelles les plus hardis

---

[1] *Chanson,* cité par Georges Pillement, *Anthologie de la poésie amoureuse,* T. I, p. 216.
[2] Dans Marivaux, *le Petit-Maître corrigé,* pp. 44–86.

expriment le degré de leur passion par l'importance de leurs donations. Heureuse époque où « celuy qui donnait la plus grosse pièce
estait estimé le plus amoureux, et la demoiselle qui avait la plus
grosse somme estait estimée la plus belle » (9). Ce sont aussi les
beaux esprits qui se réunissent dans les « Académies de
quartier » : « on y faisait des conversations galantes, et on tâchait
d'imiter tout ce qui se pratique dans les belles ruelles par les
précieuses du premier ordre » (98).

À la fin du siècle, et toujours sans se nommer, le petit-maître
commence à se montrer dans sa version moderne en agrémentant
de beaucoup d'esprit le récit de ses aventures galantes sans
conséquence. Le plaisir de conter et de conquérir l'emporte déjà
sur celui de la conquête; c'est pourquoi les deux ouvrages les plus
caractéristiques de ce changement utilisent la forme épistolaire.
En 1683 et 1687 l'esprit du petit-maître anime les *Lettres galantes
du chevalier d'Her**** de Bernard le Bouvier de Fontenelle et il
égaye et modernise la version française des *Lettres galantes
d'Aristénète*[3] présentée par Lesage en 1695. Cet ouvrage ne constitue cependant pas une nouveauté littéraire en soi. On doit même
lui refuser toute originalité puisque ce premier livre de
Lesage — qui n'eut d'ailleurs aucun succès — n'est que la traduction élégante d'un essai du sophiste grec Aristénète qui mourut en
358 au cours d'un tremblement de terre, et que Lesage n'aurait lu
que dans une traduction latine déjà très libre. Par leur structure,
ces lettres sont à rapprocher de celles de Fontenelle. Il s'agit d'une
correspondance sans suite échangée entre de beaux esprits des
deux sexes. L'ensemble doit son homogénéité à son esprit et à sa
philosophie galante. Les lamentations passionnées des romans
héroïques font place aux remarques perspicaces de galants avertis
et aux ruses de femmes habiles à tromper leurs époux ou leurs
amants. L'esprit de Crébillon, de Duclos et même de La Mettrie se
trouve tout au long de ces 51 lettres car l'auteur sait y discerner les
principales composantes de la mentalité du petit-maître et y
effleurer les scènes grivoises. Ainsi, Euhemerus ne terminera pas
le tableau élogieux des charmes de sa maîtresse sans éveiller la
curiosité de son correspondant Leucipus : « Je ne veux point entrer ici dans un détail des plaisirs que nous prenons ensemble, ce
sont des choses qui doivent être secrètes » (P. I, L. XI, 48), et il

---

[3] Alain René Lesage, *Lettres galantes d'Aristénète, traduites du Grec*.

ajoute, en connaisseur aussi exigeant que La Mettrie : « Je dirai cependant qu'elle résiste autant qu'il faut, pour irriter mes désirs.» Le galant de Lesage ignore la jalousie : « Daphné est la plus cruelle Femme qui fut jamais...» (P. I, L. XVI, 70), mais sa « possession en est plus charmante, plus elle a coûté de peines » (*idem*, 72); et Xénopithès qui l'aime ne s'irrite pourtant pas qu'un autre l'aime aussi :

> Unissons-nous ensemble, mon cher ami, lions nos intérêts, et tâchons de la rendre traitable : Vous l'aimez comme moi; étant dans le même vaisseau, comme dit le proverbe, nous courons le même risque (*idem*, 73).

L'homme marié se compose une morale accommodante :

> Les sentiments que j'ai pour ma maîtresse ne détruisent pas ceux que j'ai pour mon épouse. Plût aux Dieux, que ces deux rivales pûssent aussi bien s'accorder ensemble, que j'accorde les sentiments que j'ai pour elles (P. II, L. X, 140–141),

écrit Apollogenes à son ami Sofias. Finalement, de cette recherche du plaisir le libertin ne conserve que déception, acceptée avec fatalisme ainsi que Callicœta l'avoue à sa maîtresse : « Ce penchant impétueux qui nous entraîne vers plusieurs objets à la fois, ne prouve-t-il pas assez bien que rien ne peut remplir nos désirs. » (P. I, L. XVII, 76)

En 1721 Rémond de Saint-Mard reprend le thème sans en modifier la forme et présente avec ses *Lettres galantes et philosophiques par Mlle de **** un ouvrage trop inspiré de celui de Fontenelle pour qu'on accorde à l'auteur la célébrité qu'il en attendait. À cette date le public s'intéresse davantage aux débuts d'un personnage aux façons plus actuelles et surtout moins précieuses et qui, sans ressembler en tous points au petit-maître, l'annonce pourtant sans équivoque.

En 1714, dans *la Voiture embourbée*, Marivaux l'appelle « bel esprit » :

> C'était un homme qui parlait beaucoup, qui s'admirait à chaque fin de phrase, dont le geste brillait d'une vivacité plus présomptueuse que raisonnable, qui poussait la délicatesse jusqu'aux espaces imaginaires, qui la perdait de vue, et la faisait perdre aux autres, et qui, malgré le néant sur lequel il parlait, trouvait le secret de ne point tarir son discours[4].

---

[4] Marivaux, *Œuvres de jeunesse*, pp. 319–320.

À l'occasion, il devient le sujet idéal pour égayer une situation désagréable; il connaît et apprécie les romans héroïques et rêve plus d'aventures impossibles que de petites intrigues de salon. De Trissotin il conserve la retenue du geste, mais il s'en faut de peu que son esprit ne donne à ses compliments un ton de badinage que les moins accoutumées prendront pour le langage de l'amour. À la différence de son successeur, il lui suffit seulement de se savoir écouté pour être satisfait de sa personne. Le bel esprit veut passer pour galant homme sans prétendre pour cela subjuguer son interlocutrice. Il se contente de la charmer et non de la conquérir.

Dans le même passage, Marivaux introduit aussi le neveu d'un curé de campagne, tout disposé à suivre la bonne compagnie pour mettre à profit ses rudiments d'instruction :

> C'était un jeune homme d'environ vingt-deux ans; il avait assez bien fait ses études, et malgré l'éducation champêtre qu'on lui avait donnée, au travers de la grossièreté qu'elle avait pu lui inspirer, on remarquait briller en lui une disposition d'esprit excellente que n'avait pu étouffer l'habitude de vivre avec des paysans; entre autres choses, il avait lu des romans et assez d'autres livres (330).

Il veut briller devant les dames, il aime parler et l'on remarque même que « malgré tous ces compliments originaux » il ne lui manque plus qu'un peu d'éducation pour connaître « la civilité du monde ». Le « paysan parvenu » n'est pas loin et Jacob de la Vallée ne sera pas si dégourdi quand il ira livrer le vin de son père à Paris.

Aucun de ces précurseurs ne connaît pourtant un succès littéraire qui puisse justifier ou simplement expliquer la vogue du petit-maître dans la littérature romanesque du xviiie siècle. Si les romanciers appelés « libertins » deviennent très vite les éducateurs écoutés du public et les arbitres des mœurs nouvelles, on s'aperçoit aussi que la licence qui succède spontanément à l'austérité imposée par Louis XIV leur suggère leurs premiers essais : « Les livres suivent les mœurs et les mœurs ne suivent pas les livres. La Régence a fait Crébillon, ce n'est pas Crébillon qui a fait la Régence », écrit Théophile Gautier en 1835 dans la « Préface » (19) de *Mademoiselle de Maupin*.

Les « petits érotiques », ainsi nommés pour leur format réduit, souvent à la mesure de leur originalité, révèlent l'existence de réunions mondaines au cours desquelles se livraient des parties de débauche que les auteurs les plus lestes n'eurent qu'à transcrire exactement pour rehausser les désordres de leur imagination. L'élite de la société aimait édifier des théâtres privés pour s'y divertir en y recevant ses amis. Certaines de ces salles de plaisirs se réduisaient à une scène, comme celles qui agrémentaient les maisons du prince d'Hénin, du duc d'Orléans, du maréchal de Grammont ou du fermier général Le Riche de la Popelinière. D'autres pouvaient accueillir jusqu'à 500 personnes, comme celle de la danseuse Guimard. Les scènes scandaleuses qu'on y présentait inspiraient les couples dissimulés dans leurs loges grillagées. Les chroniqueurs et les mémorialistes du temps ont dépeint sans surprise les programmes et l'atmosphère de ces soirées. Commentant les remarques de Bachaumont et de Mercier, B. de Villeneuve écrit dans son introduction au *Théâtre d'amour au XVIIIᵉ siècle* :

> Non seulement les dames en supportèrent la représentation [il s'agit de *La Princesse AEIOU* présentée à Choisy devant le roi et la reine au mois d'octobre 1777, et des farces qui l'accompagnaient], mais elles les jouèrent devant un public choisi, et avec des parades — genre à dessein plus trivial qu'obscène — elles se complurent à représenter « de petites pièces voluptueuses et libres, infiniment propres à débarrasser les femmes de ce reste de pudeur qui les fatigue ». Ce répertoire, au dire de Mercier, réalisait la peinture trop aisée d'un riant et facile libertinage, le ton nouveau d'une débauche déraisonnée et qu'on appelait *décente*. À chaque ligne, des équivoques, des plaisanteries grossières, une corruption bien profonde. Et toutes ces femmes dont on peignait l'esprit et la dépravation, étaient ou comtesses ou marquises, ou présidentes ou duchesses; pas une seule bourgeoise. « Il n'appartient pas à la bourgeoisie d'avoir ces vices distingués »...
>
> Dès la première moitié du siècle, la matrone Lacroix ou Delacroix, abbesse de maison close, flairant le goût de sa clientèle aristocratique pour les spectacles libertins, voire même obscènes, voulut donner, le 1ᵉʳ janvier 1741, dans sa maison de la rue de Clichy, une représentation sensationnelle. La pièce jouée avait un titre qui convenait parfaitement au décor : *L'art de foutre ou Paris foutant,* ballet en un acte, en vers, « sur la musique de l'*Europe galante* ». Les courtisanes les plus en renom de Paris étaient mises en scène avec une manifeste impudeur : Mlles Petit jeune, Lesueur, Duplessis, Rosette, Mouton, Lempereur et autres prostituées donnaient au public des échantillons de leur savoir-faire et les préceptes de la plus active obscénité (II).

Quelques écrivains bien renseignés ont décrit les cérémonies d'initiation de sociétés très particulières, sortes de francmaçonneries du plaisir, dont *les Aphrodites* de Nerciat attestent encore l'existence au début de la Révolution. Ces loges ouvertes à l'aristocratie des deux sexes, ou réservées uniquement aux femmes, nécessitaient un personnel toujours renouvelé d'officiantes et de servants frais et sains. Au tome X de *l'Espion anglais* (1784), l'énigmatique mouchard Pidansat de Mairobert conte, sous la forme d'une « confession de Sapho », l'histoire de la secte des anandrynes au XVIIIe siècle et décrit en détail les soins prodigués aux postulantes.

Recrutée dans son village de Villiers-le-Bel par la célèbre Gourdan, la future vestale est dès le lendemain menée chez un dentiste :

> Revenue, on me mit de nouveau dans le bain; après m'avoir essuyée légèrement, on me fit les ongles des pieds et des mains; on m'enleva les cors, les durillons, les callosités; on m'épila dans les endroits où des poils follets mal placés pouvaient rendre au tact la peau moins unie; on me peigna la toison que j'avais déjà superbe... Deux jeunes filles de la jardinière, accoutumées à cette fonction, me nettoyèrent les ouvertures, les oreilles, l'anus, la vulve; elles me pétrirent voluptueusement toutes les jointures... Mon corps ainsi disposé, on y répandit des essences à grands flots, puis on me fit la toilette ordinaire à toutes les femmes, on me coiffa avec un chignon très lâche, des boucles ondoyantes sur mes épaules et sur mon sein; quelques fleurs dans mes cheveux; ensuite on me passa une chemise faite dans le costume des tribades, c'est-à-dire ouverte par devant et par derrière depuis la ceinture jusqu'en bas, mais se croisant et s'arrêtant avec des cordons; on me ceignit la gorge d'un corset souple et léger[5].

« L'historienne » décrit ensuite les cérémonies qui marquèrent son initiation aux mystères de la secte. Le passage mérite d'être reproduit car il apporte une dimension nouvelle aux récits que Nerciat rédigera vers la même époque. Sapho est d'abord frappée par l'ordonnance et la décoration des lieux, décors antiques appropriés au ton de la cérémonie :

> Au centre du temple est un salon ovale, figure allégorique qu'on observe fréquemment en ces lieux; il s'élève dans toute la hauteur du bâtiment et n'est éclairé que par un vitrage supérieur qui forme le cintre et s'étend autour de la statue dominant extérieurement, et dont je vous ai parlé. Lors des assemblées, il s'en détache une petite statue, toujours représentant Vesta, de la taille d'une femme ordinaire; elle descend majestueusement, les pieds posés sur un globe, au milieu de l'assemblée, comme pour y présider; à une cer-

---

[5] Pidansat de Mairobert, *la Secte des anandrynes, confession de mademoiselle Sapho*, pp. 20–22.

taine distance on décroche la verge de fer qui la soutient; elle reste ainsi suspendue en l'air sans que cette merveille, à laquelle on est accoutumé, effraie personne.

Autour de ce sanctuaire de la déesse règne un corridor étroit où se promènent pendant l'assemblée deux tribades qui gardent exactement toutes les portes et avenues. La seule entrée est par le milieu, où se présente une porte à deux battants; du côté opposé se voit un marbre noir où sont gravés en lettres d'or des vers dont je vous ferai bientôt le récit; à chacune des extrémités de l'ovale est une espèce de petit autel qui sert de poêle, qu'allument et entretiennent en dehors les gardiennes. Sur l'autel, à droite en entrant, est le buste de Sapho, comme la plus ancienne et la plus connue des tribades; l'autel à gauche, vacant jusque-là, devait recevoir le buste de Mlle d'Éon, cette fille la plus illustre entre les modernes, la plus digne de figurer dans la secte *Anandryne* [...] Autour, et de distance en distance, on a placé sur autant de gaines les bustes des belles filles grecques chantées par Sapho comme ses compagnes [...] Au milieu s'élève un lit en forme de corbeille à deux chevets, où reposent la présidente et son élève; autour du salon, des carreaux à la turque garnis de coussins, où siège en regard, et les jambes entrelacées, chaque couple composé d'une mère et d'une novice, ou en termes mystiques de *l'incube* et *la succube* (*idem*, 30–33).

La cérémonie consiste à dévoiler à l'assemblée les charmes de la postulante et, après les avoir comparés aux « trente grains de beauté » de la belle Hélène — du moins d'après ce qu'en a dit Jean de Nevizan, poète latin du xve siècle —, à décider par vote de son intronisation :

Au bout de quelques minutes, l'une des deux gardiennes vint m'apprendre que j'avais été, par acclamation, admise à l'épreuve. Elle me déshabilla, me mit absolument nue, me donna une paire de mules ou de souliers plats, m'enveloppa d'un simple peignoir et me ramena de la sorte dans l'assemblée où la présidente ayant descendu de la corbeille avec son élève, on m'y étendit et me retira le peignoir. Cet état, au milieu de tant de témoins, me parut insupportable, et je frétillais de toutes les manières pour me soustraire aux regards, ce qui est l'objet de l'institution, afin qu'aucun charme n'échappe à l'examen [...]

Chaque couple vient successivement à la discussion et donne sa voix à l'oreille de la présidente, qui les compte et prononce. Toutes furent en ma faveur et, après avoir reçu successivement l'accolade par un baiser à la florentine, je fus ramenée, et l'on me donna le vêtement de novice [...] Alors, me jetant aux pieds de la présidente, je prêtai entre ses mains le serment de renoncer au commerce des hommes et de ne rien révéler des mystères de l'assemblée, puis elle sépara en deux moitiés un anneau d'or sur chacune desquelles Mme de Furiel [amie et cliente de la Gourdan] et moi écrivîmes respectueusement notre nom avec un poinçon; elle rejoignit les deux parties en signe de l'union qui devait régner entre mon institutrice et moi, et me mit cet anneau au doigt annulaire de la main gauche. Après cette cérémonie, nous fûmes prendre notre place sur le carreau qui nous était destiné, afin d'entendre le discours de vêture que devait, suivant l'usage, m'adresser la présidente (*idem*, 35, 38, 39).

Les particularités de ce récit attribué à Pidansat de Mairobert qui, dès les quatre premières parties de *l'Espion anglais* publiées l'année de sa mort, en 1779, cache sous un esprit de chroniqueur une curiosité de policier, sont confirmées par certaines lettres de la correspondance probablement apocryphe de cette même Gourdan avec ses clients et ses fournisseurs. Dans une lettre du 16 février 1776 écrite par une « honnête » personne que la simple curiosité pousse à visiter la maison de celle que l'on nommait plus discrètement « la petite Comtesse », après le décret de prise de corps lancé contre elle, on lit une description des lieux et des usages de cette maison semblable à celle de Mlle Sapho; nous la reproduisons afin de pouvoir mieux apprécier par la suite l'intérêt documentaire des extravagances d'Andréa de Nerciat :

Je passe à la *piscine*. C'est un cabinet de bain, où l'on introduit les filles qu'on recrute sans cesse pour madame Gourdan dans les provinces, dans les campagnes et chez le peuple de Paris. Avant de produire un pareil sujet à un amateur, qui reculerait d'effroi s'il le voyait sortant de son village ou de son taudis, on le décrasse en ce lieu, on lui adoucit la peau, on le blanchit, on le parfume; en un mot, on y maquignonne une Cendrillon comme on prépare un superbe cheval. On nous ouvrit ensuite une armoire où étaient les différentes essences, liqueurs et eaux à l'usage des demoiselles. On nous fit remarquer *l'eau de pucelle*; c'est un fort astringent, avec lequel la dame Gourdan répare les beautés les plus délabrées, et rend ce qu'on ne peut perdre qu'une fois [...] Du cabinet des bains on nous conduisit dans *le cabinet de toilette*, où les élèves de ce séminaire de Vénus recevaient leur seconde préparation. Je ne vous y retiendrai pas longtemps. Vous avez quelquefois assisté à cet exercice journalier des femmes, et je ne vous apprendrais rien de nouveau. Imaginez-vous seulement ce séjour garni de tout ce qui peut contribuer à rendre une nymphe neuve et séduisante. La *salle de bal* suit après, et quoiqu'elle ne serve point à danser, elle n'est pas mal nommée, parce qu'en effet c'est là précisément où chacune recevait son déguisement convenable, où la paysanne était métamorphosée en bourgeoise, et la femme de qualité quelquefois en chambrière [...] Pour mieux nous mettre au fait, le président nous fit ouvrir une armoire dans laquelle nous aperçûmes, avec le plus grand étonnement, une porte [...] il nous dit que cette porte rendait dans un appartement d'une maison voisine, où elle était recouverte d'une semblable armoire, en sorte que ceux qui y entraient ne se doutaient en rien de la communication; que cet appartement était occupé par un marchand de tableaux, de curiosités, etc., chez lequel tout le monde pouvait entrer sans scandale [...] Ce marchand était d'intelligence avec sa voisine, et c'est de chez lui que pénétraient chez elle les prélats, les gens à simarre, les dames de haut parage, qui avaient besoin, d'une manière ou d'une autre, des services de la dame Gourdan [...]

On nous fit passer de là dans l'infirmerie [...] il n'est point question de maladie pestilentielle, mais de ces voluptueux blasés dont il faut réveiller les sens flétris par toutes les ressources de l'art de la luxure. Ce lieu ne reçoit le jour que d'en haut, ce qui le rend plus tendre; de toutes parts on ne voit sur les murs que des tableaux, des estampes lubriques [...]

En parcourant tant de choses, mes yeux se portèrent sur de petits faisceaux de genêt parfumés [...] il faut vous apprendre l'usage de ces verges, car c'en sont de réelles, et elles sont destinées à une flagellation même souvent violente. Il est des paillards malheureux qui se font de cette sorte agiter le sang à tour de bras par une ou deux courtisanes; ainsi en mouvement il se porte dans les muscles, trop paresseux organes du plaisir, et ces libertins se trouvent alors une vigueur dont ils ne se seraient pas crus capables [... Le président] me montra en même temps une petite boule en forme de pierre, appelée *pomme d'amour*. Il m'assura que la vertu en était si efficace, qu'introduite dans le centre du plaisir, elle entrait dans la plus vive agitation et causait à la femme tant de volupté qu'elle était obligée de la retirer avant que l'effet en cessât [...]

J'observai alors, en maniant un de ces objets ingénieux, inventés dans les couvents de filles pour suppléer aux fonctions de la virilité, que sans doute les bonnes connaisseuses négligeaient celui-ci pour l'autre [...]

Je vis ensuite une quantité de petits anneaux noirs, mais beaucoup plus grands que des bagues et dont la destination n'était pas faite pour les doigts [...] On les met vous concevez où; elles se prêtent suivant la grosseur du cavalier. Elles sont fort souples, mais en même temps elles sont parsemées de petits nœuds, qui excitent une telle titillation chez la femme, qu'elle est forcée de suivre l'impulsion de l'amoureux et de prendre son allure.

Pour finir l'inventaire de ces curiosités du cabinet de madame Gourdan, il ne faut point omettre une multitude de redingotes appelées d'Angleterre, je ne sais pourquoi [...]

Nous terminâmes par une dernière pièce, que le concierge appela le *salon de Vulcain*. Je n'y trouvai rien d'extraordinaire qu'un fauteuil dont la forme me frappa [...] À peine je m'y fus jeté que le mouvement de mon corps fit jouer une bascule; le dos se renversa et moi aussi; je me trouvai les jambes écartées et enlacées mollement, ainsi que les bras en croix. Ma foi, répondis-je, les filets du dieu de Lemnos ne valaient pas mieux.

Le magistrat m'apprit que ceux-ci se nommaient les *filets de Fronsac*; qu'ils avaient été imaginés par ce seigneur pour triompher d'une vierge qui, quoique d'un rang très médiocre, avait résisté à toutes ses séductions, à tout son or et à toutes ses menaces[6].

La Gourdan comptait parmi ses amies intimes la lesbienne Raucourt, comédienne d'ailleurs assez célèbre pour gagner la

---

[6] *Correspondance de madame Gourdan, dite la Petite Comtesse,* précédée d'une étude-causerie par Octave Uzanne, Bruxelles, Kistemaeckers, 1883, pp. 248–259; correspondance probablement fictive attribuée parfois à Théveneau de Morande (voir p. VII).

confiance de Bonaparte qui lui confie la direction des théâtres d'Italie. On sait que le premier consul s'est d'ailleurs montré curieux d'en apprendre davantage sur les mœurs des anandrynes, comme en témoignent les notes qu'il inscrivit dans la marge de son exemplaire de *l'Espion anglais*. Cette demoiselle Raucourt, poursuivie pour dettes, seul grief qu'il fut possible de porter contre elle, s'enfuit en Allemagne où elle se mit à la tête de sa propre troupe de théâtre. En 1778 elle sollicite la protection de Frédéric II, margrave de Hesse-Cassel, et fait la connaissance du marquis de Luchet assez flatté d'une telle rencontre[7]. Ce dernier eut donc la possibilité de bien étudier les mœurs ambivalentes de la comédienne, comme le montre une confidence significative de l'un des personnages de son *Vicomte de Barjac*, Mlle Sophie, chez qui les lecteurs du temps reconnurent les mœurs de la Raucourt :

> Son esprit [parlant d'une autre actrice] me fit illusion, et j'en demande pardon à la nature, mais il n'est pas possible de la tromper avec plus d'adresse. Ce genre de distraction me sauva de la perfidie des hommes, ou de leur tyrannique empire[8].

Signalons dès maintenant qu'un an après cette rencontre Luchet nommait sous ses ordres, aux fonctions de sous-bibliothécaire, le diplomate espion Andréa de Nerciat qui put ainsi recueillir certains renseignements indispensables à la composition des *Aphrodites*.

En 1759, dans *la Capitale des Gaules ou la Nouvelle Babylone*, le « cosmopolite » Fougeret de Monbron se lance dans une diatribe aussi féroce qu'inattendue contre les mœurs qui sévissent à Paris. Si l'ensemble du pamphlet ne présente qu'un tableau partiel de l'état de la société parisienne, les détails par contre confirment les usages que dépeignent les romanciers. Les cafés — malheureux successeurs des tavernes au dire de Fougeret —, les spectacles — incitant les filles honnêtes à quitter leurs allures réservées —, « le corps des femmes galantes et des catins en titre » (180), le jeu et la spéculation qui entraînent à un luxe sans mesure, les couvents, « ces fourmilières d'animaux équivoques, sans état et sans sexe, connus sous le nom d'abbés »

---

[7] Jean de Reuilly, *la Raucourt et ses amies, Étude historique des mœurs saphiques au XVIIIᵉ siècle*, pp. 87–90.

[8] Jean-Pierre-Louis de la Roche du Maine, marquis de Luchet, *le Vicomte de Barjac ou Mémoires pour servir à l'Histoire de ce siècle*, pp. 141–142.

(148), ont fait de Paris — mais seulement pour ceux qui disposent de la fortune — « la première ville du monde pour les agréments et les commodités de la vie, un paradis terrestre où l'on trouve généralement tout ce qu'on peut souhaiter » (133). Et Mirabeau reprend la formule quand il écrit dans *Ma Conversion* que « cette Babylone [...] ne renferme plus de corruption qu'ailleurs que parce qu'il y a plus de monde (car les vices plus rassemblés en produisent de nouveaux)[9] ».

La petite histoire est encore plus prolixe quand il s'agit des aventures libertines des grands. Tout en laissant aux chroniqueurs de l'histoire des mœurs le soin d'évoquer le libertinage mondain de la cour et de la ville, signalons les *Mémoires* romancés du Vénitien Casanova (1735–1798), plus escroc qu'honnête homme, ou les aventures réelles dans lesquelles se fourvoie le duc de Richelieu (1696–1788) qui usera souvent de son immunité ducale et de prétendues missions auprès de ses régiments pour conserver la liberté et sauver l'honneur. Du duc de Lauzun (1747–1793) on retient, à la suite de Taine, la double image d'un courtisan léger, galant et libertin, et d'un gentilhomme audacieux qui restera à son poste au plus fort de la Révolution malgré la perspective de l'échafaud[10]. Le prince de Ligne fut le plus européen de tous. On a dit que Belge de naissance — quoique la Belgique n'existât pas encore —, Autrichien de nationalité, Français de cœur et amoureux de Marie-Antoinette, il put espionner contre la France, tantôt pour le compte de l'Autriche, tantôt pour celui de la Russie. « L'amour, pour [lui], écrit Hubert Juin dans une présentation des *Contes immoraux*, n'est pas une question où le cœur doit donner une solution : c'est une affaire privée entre nos cinq sens et le plaisir. Il ne regrette jamais une femme : il en conquiert une autre[11]. » Et citons également Choderlos de Laclos qui, pour séduire sa voisine et future épouse de La Rochelle, Marie-Soulange Duperré, aurait utilisé — selon les déductions de Fernand Caussy — un souterrain qui passait sous les jardins de l'hôtel Duperré[12].

[9] Honoré Gabriel, comte de Mirabeau, *le Libertin de qualité ou ma Conversion*, p. 90.

[10] Voir la préface du général Weygand à l'ouvrage de R. de Gontaut-Biron, *Un célèbre méconnu, le duc de Lauzun (1747–1793)*.

[11] Charles-Joseph, prince de Ligne, *Contes immoraux;* voir la présentation de Hubert Juin, p. 9.

[12] Dans *Laclos, 1741–1803*, p. 79n.

Les succès féminins et les aventures souvent scandaleuses de ces célébrités contribuèrent beaucoup à l'essor de ce type de personnage riche et entreprenant dans la littérature romanesque du XVIIIe siècle. Cette figure littéraire devint à son tour si populaire qu'elle parvint à influencer ses premiers modèles historiques au point que l'on peut se demander avec Versini (*op. cit.*, 34–36), dans quelle mesure, dans ses *Mémoires*, Richelieu, par exemple, n'aurait pas tenté d'imiter Crébillon et Laclos, et non l'inverse.

CHAPITRE II

LES JEUNES NOBLES

> Du clinquant, des grâces, une nuance
> d'esprit sur un grand fond de fatuité, c'est
> l'essence d'un petit-maître, cette espèce
> d'être féminisé, infiniment raisonnable à
> son jugement, et infiniment sot au nôtre.
>
> François-Charles Gaudet[1]

BIEN QU'IL NE SOIT PAS LE PREMIER en date dans la littérature romanesque, Meilcour reste le modèle et le chef de file de tous ces apprentis libertins inexpérimentés, hésitants, mais impatients de jouer aux petits-maîtres. Les jugements sévères qu'il portera lui-même dans ses « Mémoires » ne parviendront pas à atténuer l'impression de douceur et d'innocence qui couvre sa première aventure. La netteté et la précision avec lesquelles Crébillon analyse le caractère de Meilcour, et les limites qu'il fixe à son libertinage en font une figure de référence idéale. Comme Versac et surtout comme Chester, il établit les normes d'un type littéraire qui connaîtra plus d'imitations que de variations originales.

Agréable à fréquenter, d'une éducation à la fois mondaine et familiale puisqu'il vit chez sa mère, Meilcour séduit par sa grâce personnelle et son désir d'être initié aux manières du monde. Sa maladresse puis sa brusque assurance avec sa première maîtresse, Mme de Lursay, ne modifient pas tout de suite sa timidité envers

---

[1] *Bibliothèque des petits-maîtres ou Mémoires pour servir à l'histoire du bon ton et de l'extrêmement bonne compagnie* (1741), préface.

Mlle de Théville. Pour le critique américain Clifton Cherpack,

> like every young man, he had two kinds of education : the formal one, which he now realizes was unusual in that it left him a rather decent person, and the informal one at the hand of society which, although painful, was not unusual for a young man, for « ce n'est jamais qu'à ses dépens qu'il s'instruit »[2],

ce que Duclos considère dans les *Mémoires sur les mœurs* (1751) comme une « éducation polie qui fait regarder la vertu comme un préjugé, et le devoir comme une sottise » (482) et qui, pour Jean-Auguste Jullien Desboulmiers, auteur de *Honny soit qui mal y pense* (1761), marque le petit-maître de « ce bon ton, qui n'est que la corruption, que le monde appelle une gentillesse et que la probité regarde comme un crime[3] ». La conduite du petit-maître est si tapageuse et déjà si controversée avant la fin de la première moitié du siècle qu'elle provoque le succès de la *Bibliothèque des petits-maîtres* (1741) de François-Charles Gaudet, petit ouvrage satirique à la manière des *Caractères* de La Bruyère[4] « pour servir à l'histoire du bon ton et de l'extrêmement bonne compagnie » et dont les nombreuses rééditions témoignent de l'actualité permanente du personnage qui s'y trouve ridiculisé.

Avec Gaudet, le Meilcour de Crébillon aurait pu dire qu'en « entrant dans le monde où tout est inconnu; dans un âge où l'on n'a pas encore d'esprit à soi, on adopte, on saisit tout ce qui est brillant; on veut plaire » (9). Comme plus tard le Lovelace des *Lettres anglaises* de Richardson — qui, lui, reviendra plusieurs fois sur ces deux points dans ses lettres à Clarisse —, il possède les deux atouts indispensables pour réussir dans la carrière qui s'ouvre à lui : « un grand nom... des biens considérables » (I, 142, 1–2), auxquels s'ajoute le désir d'être éclairé sur le chapitre de la galanterie soit, pour reprendre ses paroles, au début des *Égarements*, sur « l'idée du plaisir [qui] fut, à [son] entrée dans le monde, la seule qui l'occupa » (I, 142, 2).

---

[2] *An Essay on Crebillon Fils*, p. 81.

[3] *Honny soit qui mal y pense ou Histoire des filles célèbres du XVIIIᵉ siècle*, p. 136.

[4] Cette « caractérisation » des personnages par des textes (remarques, descriptions épistolaires) qui rappellent les « portraits » des précieux, des moralistes et des romanciers du XVIIᵉ siècle est soulignée et justifiée par Peter Brooks dans le premier chapitre de son étude sur le roman de la mondanité, *The Novel of Worldliness*, p. 33. En étudiant la technique des roués, et plus précisément celle de Versac, il va jusqu'à conclure que le portrait est devenu l'arme sociale du libertin mondain. Voir aussi Philip Stewart, *le Masque et la Parole : le langage de l'amour au XVIIIᵉ siècle*.

Malgré ses 17 ans et son manque d'expérience de jeune homme qui « n'avait encore appartenu à personne », trois jours suffisent à Meilcour, après sa promenade à l'Étoile avec Versac, pour devenir l'amant de Mme de Lursay. Bien que ce premier succès marque avant tout l'avance prise par celle-ci sur sa rivale Mme de Senanges, nul ne peut douter que la leçon de savoir-faire — plus que de savoir-vivre — de Versac ne l'y ait encouragé. Leur rencontre ne fut d'ailleurs pas fortuite et s'inscrit dans le cadre même de l'intrigue sociale du roman. Dans son *Novel of Wordliness*, Peter Brooks estime que Meilcour, conduit de par sa naissance à partager cette existence mondaine réservée exclusivement à la noblesse, n'est pas en mesure d'y jouer le rôle qui lui revient : « Il n'est pas un participant réel, il n'a pas encore appris les codes » (25) ni les subtilités des attitudes — basées sur les jeux de physionomie — qui régissent la vie de salon. Son ignorance ne peut que le ridiculiser tandis que la maîtrise des ridicules établira sa réputation d'homme du monde. Qu'il admire ou non Versac, lui seul peut l'aider à décoder ces règles de la « mondanité » qu'il doit posséder à la perfection. Comme le jeune héros des *Confessions du comte de **** de Duclos, que la marquise de Valcourt initie avec autant de délicatesse et avec les mêmes intentions que Mme de Lursay, Meilcour aurait pu ajouter, en reprenant les propos du comte de ***, que, pendant les premiers jours qui suivirent son succès apparent, il n'était « occupé que de [sa] bonne fortune, et du plaisir d'avoir une femme de condition, [et s'imaginait] que tout le monde s'en apercevait, et lisait dans [ses] yeux [son] bonheur et [sa] gloire » (13). Ce n'est que beaucoup plus tard, à l'époque où il rédige ses « Mémoires », qu'il reconnaîtra la légèreté de ses réflexions et qu'il admettra qu'en ce domaine les usages du monde n'étaient que des justifications déguisées de sa corruption :

> Ce que j'en puis croire aujourd'hui, c'est que si j'avais eu plus d'expérience, elle ne m'en aurait que plus promptement séduit, ce qu'on appelle l'usage du monde, ne nous rendant plus éclairés, que parce qu'il nous a plus corrompus (I, 211, 279).

La sérénité de ses remarques, dont le ton ne s'élève jamais au-dessus du jargon de la galanterie, montre que Meilcour ne s'est jamais lancé dans des projets trop risqués. Un peu comme le comte de Dorset de Duclos, qu'une « femme vertueuse, une amie tendre et fidèle », a sauvé de l'humiliation, il est devenu cet « homme de

condition » qu'il évoque dans l'introduction de ses « Mémoires »
pour avoir trouvé, grâce aux vertus d'une « femme aimable »,
l'équilibre qui manquait à l'adolescent.

Au-delà du plaisir sensuel réel et de l'amour-propre comblé,
nulle préoccupation intéressée n'altère le naturel et la franchise de
la première liaison de Meilcour; mais s'il peut revendiquer sa
première victoire c'est qu'en fait, comme l'indique Brooks, la
marquise accepte de « récrire le passé » (*op. cit.*, 31) à son avantage. Pour des raisons différentes, la marquise et le jeune homme
sont tous deux satisfaits, quoique Meilcour montre un remords
sincère quand il pense avoir trahi Mlle de Théville : « Hortense,
cette Hortense que j'adorais, quoique je l'eusse si parfaitement
oubliée, revint régner sur mon cœur. » (I, 211, 278) Aussi, un
libertinage où l'amour serait totalement absent lui paraît tout
d'abord insipide. « Sans connaître ce qui me manquait, je sentis du
vide dans mon âme. Mon imagination seule était émue et pour ne
pas tomber dans la langueur, j'avais besoin de l'exciter. » (*ibidem*)
Mais très vite la frivolité reprend ses droits. Il ne mêle pas encore,
comme Danceny, les égarements du cœur à ceux des sens. Une
courte réflexion suffit à le persuader qu'il n'avait « pu manquer à
Hortense, puisqu' [elle] ne [l'] aimait pas et qu' [il] ne lui avait rien
promis » (I, 212, 280). Il quittera donc Mme de Lursay « en lui
promettant, malgré [ses] remords, de la voir le lendemain de bonne
heure, très déterminé, de plus, à lui tenir parole » (I, 212, 281).

Les débuts de cet apprentissage ne furent pas toujours
glorieux. Meilcour subit les premières épreuves de la vie en société
lors de sa deuxième visite chez Mme de Lursay, à l'occasion de la
soirée et du repas qui réunissent chez elle tous les personnages du
livre (I, 175, 133 et ss). Il comprend bientôt qu'il doit cacher à
Versac ses rapports avec la maîtresse de maison et dissimuler à la
marquise ses sentiments envers Mlle de Théville[5]. Mais avec
Crébillon ces intrigues de salon ne conduisent à aucune tension
dramatique et, comme pour en rester au bon ton de circonstance,
cette scène se termine par l'image apaisante d'un Meilcour timide
et rougissant accompagnant Hortense à son carrosse, le cœur
envahi par un sentiment tout à fait hors de propos : celui de
l'amour naissant. Les jours suivants (cinq jusqu'à sa « félicité »
avec Mme de Lursay, si l'on estime à 13 jours la durée de

---

[5] Voir comment la scène permet à Brooks de justifier sa thèse, *op. cit.*, p. 28.

l'intrigue[6]) la situation devient assez confuse pour Meilcour. Lui qui, il y a seulement quelques jours, se trouvait à l'écart de toute intrigue, se voit maintenant sollicité par deux anciennes gloires de la société : Mme de Senanges et Mme de Lursay, et, bien que la seconde l'incite chaque jour à plus de hardiesse, il n'ose refouler ses derniers scrupules, craignant de trahir son amour secret pour Mlle de Théville. Ces scrupules accroissent ses maladresses : plusieurs démarches et rencontres malheureuses affaiblissent sa position vis-à-vis d'Hortense et de Mme de Lursay. Sa mère lui apprend le peu de plaisir qu'elle aurait à le voir fréquenter la jeune fille et son regret à le voir admirer Versac. Son attitude pitoyable chez Mme de Théville inquiète Mme de Lursay sans lui gagner les grâces d'Hortense. C'est au bras de Mme de Senanges, à la promenade des Tuileries, qu'il rencontre la jeune fille accompagnée de la marquise et qu'il ne recueille qu'un regard réprobateur de l'une et de l'autre. Honteux de sa conduite inconséquente, il refuse de se rendre à la partie de campagne de Mme de Lursay et s'aperçoit alors qu'il perd l'occasion tant cherchée d'un tête-à-tête avec Mlle de Théville.

Pourtant, malgré l'inexpérience de Meilcour et la contrainte habilement dissimulée que Versac exerce aussi bien sur lui que sur Mmes de Lursay et de Senanges, le libertinage ne dépasse jamais, dans les *Égarements*, la phase du caprice : fantaisie de Mme de Lursay qui veut s'offrir les prémices d'un jeune homme dont elle s'est amusée à éveiller les sens pour le soustraire à sa rivale, coup

---

[6] On peut établir l'emploi du temps de Meilcour de la façon suivante :
Première partie, soit 7 jours : Meilcour chez lui, réflexions, première déclaration à Mme de Lursay (1 jour, pp. 142, 1–149, 29); « le lendemain » tard, chez Mme de Lursay, à l'Opéra seul (1 jour, pp. 149, 29–151, 38); « trois jours après » l'Opéra, chez Meilcour, reproches de Mme de Lursay pour ce silence de 4 jours (4 jours, pp. 151, 38–155, 54); « le lendemain », rencontre de Mlle de Théville aux Tuileries, Meilcour chez Mme de Lursay avec tout le monde, seul après minuit (1 jour, pp. 155, 54–167, 102).
Deuxième partie, soit 1 journée : « le lendemain », Versac chez Meilcour, deuxième visite de Meilcour à Mme de Lursay avec tous les personnages du roman (pp. 167, 103–187, 180).
Troisième partie, soit 5 jours : « le lendemain », Meilcour parle à sa mère, il se rend avec Mme de Lursay chez Mme de Théville, puis aux Tuileries avec Mme de Senanges (1 jour, pp. 187, 181–194, 208), ne participe pas à la partie de campagne, promenade à l'Étoile avec Versac (1 jour, pp. 194, 208–202, 241); 3 jours après environ, chez Mme de Lursay, avec Versac et les invités, seul le reste de la nuit (3 jours, pp. 202, 241–fin).

de tête de Meilcour qui veut se prouver et montrer à Versac qu'il sait maintenant se comporter en « homme du monde ». Les familiarités restent assujetties aux exigences du bon ton. « Grâce aux bienséances que Mme de Lursay observait sévèrement » (I, 212, 281) et aux « progressions » qu'elle l'aide à respecter pour mieux profiter des plaisirs délicats qu'elle se propose de lui faire découvrir, Meilcour sortira affranchi d'une aventure dont il pourra retirer toute la gloire, s'il sait l'exploiter comme Versac le lui indique.

Les *Égarements du cœur et de l'esprit* restèrent inachevés. Rien n'indique que Meilcour n'épousera pas Mlle de Théville, même si la marquise ne semble guère disposée à l'accueillir comme belle-fille. Tout permet d'affirmer que Mme de Lursay sera suivie de bien d'autres. Mais ce libertinage reste avant tout un passe-temps agréable; il ne devient jamais dangereux pour les deux partenaires car, comme le précise Meilcour lui-même, il « s'en faut de beaucoup qu'on ait prétendu montrer l'homme dans tous les désordres où le plongent les passions » (I, 142, x). Rien de grave dans tous ces va-et-vient; pour sa première maîtresse Meilcour ne sacrifie ni sa fortune, ni son honneur, ni son amour. Bien qu'il profite des leçons de Versac, il n'accepte pas encore sa philosophie et le cynisme du roué à l'égard des femmes le révolte. Mme de Lursay n'aura jamais les projets de Mme de Merteuil et, surtout, se gardera bien d'appeler Versac pour la seconder. En aucun cas, l'apprenti libertin de Crébillon ne se trouve exposé à des liaisons dangereuses[7].

Le maintien de Meilcour, son éducation, le milieu dans lequel il évolue, comme ses dispositions pour la dissipation et les raisons qu'il en donne, seront copiés jusqu'à la fin du siècle par les auteurs qui se limitent à des ouvrages distrayants ou quelque peu critiques et moralisateurs. En 1745, avec *Thémidore ou mon Histoire et celle de ma maîtresse,* le fermier général Godart d'Aucourt publie le meilleur de ses ouvrages. Thémidore, le héros, vit encore chez son père; c'est « un jeune homme riche, beau, bien fait, d'un excellent caractère, plein d'esprit, et qui aime éperdument le

---

[7] On trouvera une étude détaillée des personnages de Meilcour et de Versac dans les *Paradoxes du romancier : les « Égarements » de Crébillon*, par un collectif de chercheurs sous la direction de Pierre Rétat.

plaisir » (1–2). Comme Meilcour — et l'expression convient aussi bien à l'inexpérience du personnage de Crébillon qui « fut six mois dans l'embarras » (I, 143, 7) —, « c'est un jeune homme qui entre à peine dans le monde et qui s'imagine souvent que le plaisir est une découverte de son invention » (62). Ses aventures pourraient faire suite à celles de Meilcour. Il profite du « moment » avec autant d'habileté et quitte la dévote Mme de Dorigny lui aussi « avec promesse de revenir ». Il prouve de plus que les leçons de Versac commencent à porter leurs fruits puisque, plus voluptueux et déjà plus roué que Meilcour, il ajoute :

> Je n'y ai pas manqué depuis le plus souvent que j'en trouvai l'occasion [...] Après tout j'aurais été un grand sot de ne pas profiter de mon aventure [...] Profitons de l'occasion, et pour mortifier les autres, ne nous interdisons pas le plaisir (152).

Le livre quitte le cadre étroit du décor scénique des *Égarements* et effleure des usages sociaux qui constitueront peu à peu les thèmes essentiels d'ouvrages qui se prévaudront pourtant des mêmes intentions littéraires. Aussi, n'est-il pas nécessaire d'y souligner des similitudes de situation avec l'*Histoire du chevalier des Grieux et de Manon Lescaut* (1731) et *la Religieuse* (1796) pour lui reconnaître des remarques spirituelles sur les dévotes, les coquettes et le libertinage qui régnait jusqu'au parloir des couvents.

L'année suivante, 1746, avec *Angola*, dont le sous-titre indique qu'il s'agit d'un « ouvrage sans vraisemblance », Rochette de la Morlière fait la satire de l'éducation d'un jeune noble. À 15 ans, le prince Angola, fils du roi Erzeb-can, est envoyé à la cour de sa marraine, la fée Lumineuse, pour y acquérir la légèreté d'esprit qui lui permettra de combattre le mauvais sort que lui a jeté la fée Mutine à sa naissance : l'asservissement auquel conduit « un attachement sérieux et tendre ». La cour de la fée Lumineuse « est l'*antidote* le plus excellent contre cette sorte de poison; la variété des plaisirs tiendra son cœur dans une espèce d'équilibre, qui pourra lui faire éluder en partie sa mauvaise destinée » (I, 46). Dans cette cour brillante et tumultueuse, « le vrai et le faux sont difficiles à distinguer » (I, 58).

Angola, qui « avait dans le cœur le germe de ce qui compose un homme à la mode, et un parfait Petit-Maître » (I, 89), est instruit des manières de la « bonne société » par le courtisan

Almaïr, « jeune homme de la plus haute naissance et un des Seigneurs de la Cour les plus à la mode » (I, 90). Grâce à lui il fait la connaissance de la belle Zobéide qu'il va retrouver dans sa loge de l'Opéra. Pendant la conversation « l'amour fut traité à la moderne, c'est-à-dire, qu'on le dépouilla de *Phébus*, et de ces protestations ennuyeuses, qu'il n'est pas en son pouvoir de tenir; on se trouvait réciproquement aimable, on se le dit, on se le laissa deviner » (I, 108–109). Par manque d'expérience, il « manque » cette fille qui avait pourtant eu l'obligeance significative de le retenir chez elle après le dîner. Zobéide, qui avait poussé la complaisance jusqu'à s'évanouir dans ses bras, est piquée de sa maladresse. Le lendemain Almaïr fait remarquer à son élève que « rien n'est si cruel pour une jolie femme, que de s'être évanouie en vain » (I, 143). Tirant profit de cette expérience malheureuse, il répond mieux aux avances de la fée Lumineuse qui, de son côté, avait résolu « de ne pas différer davantage le dessein qu'elle avait de jouir de ses rares prémices » (I, 147). Elle l'invite dans ses petits appartements et lui demande d'abord de lui lire un nouveau roman dans lequel il n'est question que « de cet amour aisé et agréable, débarrassé du fatras et des longueurs mortelles des anciens Romans » (I, 160). Ayant su parfaitement mimer tous les gestes de son modèle, il est ensuite en mesure de prouver à toute la cour qu'il « *avait de grandes dispositions à parvenir à l'art de minauder supérieurement* » (I, 181).

Almaïr, qui de son côté entretient avec Aménis, amie de Zobéide, « une passion tranquille, qui ne ferme point les yeux sur le mérite des autres femmes » (I, 185–186), lui propose d'échanger leurs maîtresses. Angola accepte car il sait qu'il est de bon ton de « regarder les passions comme *une affaire de convenance* » (II, 7). Luzéide, fille du roi de Golconde dont Boufflers immortalisera le nom en 1761, met un terme à ses frivolités. Pour cette princesse « dont la destinée a une liaison de malheurs » (II, 54) avec la sienne, car elle personnifie le mauvais sort que lui avait jeté la fée Mutine, « il éprouvait des mouvements différents et bien supérieurs à tout ce qu'il avait ressenti jusqu'alors » (II, 52–53). Il aura beau convenir avec Almaïr « que ce n'est qu'en le [l'amour] fuyant, ou en le traitant *cavalièrement*, qu'on peut se soustraire à sa tyrannie » (II, 98), il épousera Luzéide, sans pour autant abandonner l'amitié d'Almaïr qui « peut-être lui fit... faire quelques *faux bonds à l'hymen* » (II, 214).

L'ouvrage de La Morlière n'est pas le « petit chef-d'œuvre » dont parle Émile Henriot[8], il est loin de posséder l'esprit de *Thémidore*. Le style en est maladroit, les phrases longues et surchargées. Pourtant, à la manière de Fougeret de Monbron, La Morlière décrit avec vivacité les mœurs des « honnêtes gens » vers le milieu du siècle. Par lui, on apprend qu'il n'est pas décent de quitter la ruelle de sa maîtresse avant quatre heures du matin, qu'à la Comédie il est du « meilleur air » de parler plus fort que les acteurs en s'allongeant, plus qu'en s'appuyant, sur le rebord de la scène, qu'à l'Opéra il faut absolument se montrer dans les coulisses et par la fente du rideau ou dévisager sans respect avec sa lunette de théâtre les spectatrices des loges. Dix ans après les *Égarements*, *Angola* peut passer pour une habile récapitulation des situations et des thèmes illustrés par les auteurs libertins, mais il ne nous apprend rien que nous n'ayons déjà lu dans Crébillon ou dans Duclos. L'auteur puise sans scrupule dans les ouvrages de son époque et ceci peut expliquer pourquoi, dans son texte, les formules les plus heureuses sont en italique.

Pour La Morlière aussi les femmes « n'exigent qu'une flamme vive et *entreprenante*, qui ait tous les agréments par où finissent les grandes passions, sans avoir les ennuis qui en composent le cours » (I, 60). Avec elles, on s'engage « autant qu'il le faut pour son plaisir, et jamais assez pour qu'il soit suivi de peine » (*ibidem*). Angola apprend à saisir le « moment », à respecter les « gradations », à ne pas s'attacher à sa conquête. Dans une société où le faux est plus goûté que le vrai, son mentor lui évite bien des illusions sans l'empêcher pour autant d'épouser celle vers qui l'a conduit sa destinée.

C'est aussi à l'intérieur de limites étroitement fixées que se développe le libertinage du personnage le plus célèbre de Mme Élie de Beaumont, le marquis de Roselle, qui, comme le héros encore jeune des *Mémoires sur les mœurs*, aurait pu se plaindre qu'une « naissance illustre, une fortune considérable, un rang distingué, une figure aimable et peut-être de l'esprit » (385–386) furent la source de tous ses ennuis. Les *Lettres du marquis de Roselle* (1764) connurent le succès dès leur publication puisque, dès l'année suivante, Desfontaines en fait paraître un « supplément » fantaisiste avec les *Lettres de Sophie au chevalier de* ***. Si,

---

[8] *Les Livres du second rayon, irréguliers et libertins*, p. 221.

écrit-il, « les *Lettres du marquis de Roselle* ont commencé à faire connaître les mœurs des filles de spectacle [...] il fallait encore, pour ouvrir les yeux de la nation sur les dangers que courent les jeunes gens de famille qui se livrent à ces enchanteresses, développer à fond leurs intrigues, et présenter au jour le tableau de leur manège et de leur coquetterie » (III). Le livre de Mme de Beaumont était bien connu de Crébillon qui, quatre ans plus tard, dans la préface des *Lettres de la duchesse de *** au duc de ****, le considère comme l'un des meilleurs romans épistolaires français des années 1742–1768 :

> Ces lettres [*Lettres de la duchesse de *** au duc de ****] paraîtront, sans doute, fort sèches aux personnes qu'enchantent ces ouvrages du célèbre Richardson, qui, si l'on en excepte les *Lettres du Marquis de Roselle*, et fort peu d'autres peut-être, ont produit parmi nous tant de mauvaises copies... (II, 122, x).

Indépendamment de ce jugement, l'ouvrage mérite d'être cité pour deux raisons : Valville, le libertin mis en scène, reprend sur bien des points la doctrine de Versac tout en affichant une personnalité différente; par sa structure, sinon par son intrigue, le livre annonce la rigueur de composition des *Liaisons dangereuses*. Comme il n'en existe pas de réédition récente nous croyons utile d'en résumer l'intrigue.

L'action s'étend sur une période d'une année et deux jours, d'un 18 novembre au 20 novembre de l'année suivante. Dix-huit ans avant Laclos, et fait très rare à l'époque — si l'on excepte les *Lettres anglaises* —, les 143 lettres de Mme de Beaumont sont datées, obligeant l'auteur à tenir compte du facteur temps dans l'échange de courrier de ses personnages. Il s'agit d'une correspondance à plusieurs voix où les lettres de tous les correspondants sont connues.

L'argument est le suivant : la comtesse de Saint-Sever se doute que son jeune frère, le marquis de Roselle, est en train d'abandonner la vie rangée qu'elle désire lui voir mener (P. I, L. I). Elle s'en rapporte à ses amies, Mmes de Narton et de Ferval (P. I., L. III). Grâce au fils de cette dernière, le marquis de Ferval, elle découvre que son frère est amoureux d'une danseuse de l'Opéra, Léonor, qui le trompe d'ailleurs avec un vieux banquier. Malgré des cadeaux de plus en plus considérables, Roselle n'obtient rien de l'intrigante qui loin de vouloir devenir sa maîtresse cherche à l'épouser pour acquérir le titre qui lui permettrait de prendre sa revanche de fille entretenue sur la société qui la méprise. Roselle se ruine peu à peu et doit vendre une de ses terres. Un de ses amis, le libertin Valville, essaye de lui faire comprendre qu'un honnête homme peut profiter d'autant de filles qu'il le désire à condition de ne jamais devenir amoureux. Il applaudit à la liaison du marquis avec Léonor tout en l'exhortant à plus de discrétion (P. I, L. XXXI). Las des refus de Léonor dont il découvre l'inconstance (P. I., L. XXXII), Roselle tombe malade. Cet avertissement ne lui ouvre pas les yeux, au grand désespoir de sa sœur qui le veille jour et nuit. Il guérit et le bruit de sa liaison se répand dans la société. Mis au courant de toute l'intrigue par la servante de Léonor, Ferval obtient la correspondance de la danseuse avec une de ses amies encore plus rouée qu'elle. Il apprend que, pris au piège des fausses libéralités que Léonor distribue avec l'argent qu'il lui verse, Roselle s'est décidé à l'épouser en secret. Ayant raccourci son épée pour ne pas blesser son ami dont il craint les réactions, Ferval se précipite chez le marquis au moment où il signe son contrat de mariage avec Léonor. Le duel prévu a lieu : Ferval est blessé, mais Roselle accepte de lire les lettres de Léonor. Il reconnaît son erreur et chasse la danseuse.

L'intérêt dramatique faiblit durant la seconde partie où l'aspect moralisant domine l'enchaînement des événements. Au début du mois de juin, Mme de Narton se rend dans ses terres de Varennes, près de Bains-les-Bains dans les Vosges. Elle y reçoit la famille Ferval (Mme de Ferval, son fils et ses trois filles) qui s'installe ensuite dans son petit domaine situé non loin de là. Suivant les recommandations de son médecin et de sa sœur, Roselle, qui maintenant cherche le calme, va prendre les eaux à Bains et demeure chez Mme de Narton qui, en accord avec Mme de Saint-Sever, voudrait qu'il devienne amoureux de l'aînée des demoiselles Ferval et l'épouse ensuite. La situation évolue comme elle l'espérait jusqu'au jour où Léonor, complètement ruinée, arrive à Bains. Celle-ci est poussée par Valville qui lui conseille de ne plus tenter d'épouser Roselle — un libertin ne se marie pas — mais de lui soutirer tout l'argent qu'elle pourra. Roselle ignore la manœuvre, et la vue de la danseuse ébranle ses bonnes résolutions. Il s'absente trois jours de chez Mme de Narton, et reste à Bains où Léonor lui rend visite, l'air misérable et uniquement occupée de lui mendier un peu d'argent. Cette déchéance révolte le marquis qui, ayant repoussé la danseuse, revient à Varennes honteux et affligé. Mme de Ferval vient tout juste d'avoir vent de l'affaire, au moment où sa fille aînée lui annonçait qu'elle était amoureuse et aimée du marquis de Roselle, parti bien au-dessus de celui auquel elle pouvait prétendre. Tout s'arrange pourtant grâce à Mme de Narton à qui Roselle s'est confié et le mariage a lieu le 26 août. La première décision de la nouvelle marquise de Roselle est de procurer une pension de 1 500 livres à Léonor qui se retire dans un couvent de Nancy. Dès novembre, Roselle et sa femme s'installent à Paris à la satisfaction générale. Valville, qui raille tant qu'il peut la passion et le mariage de son ancien ami avec une provinciale, n'est plus admis chez lui. Quant à Léonor, c'est en repentie qu'elle écrit de son couvent à Roselle, pour lui confesser toute sa conduite passée.

À l'inverse de celle de Meilcour, l'histoire des aventures galantes de Roselle se termine avec le livre. La raison l'emporte intentionnellement sur le libertinage. Ce qui, chez Crébillon, n'était que le prélude à des frivolités plus sérieuses, tourne chez Mme de Beaumont à l'apologue pesant, comme en témoigne le grand nombre de personnages bien intentionnés qui entourent le marquis. Il ne s'agit pour l'auteur que de dépeindre les égarements d'un adolescent grisé par la facilité avec laquelle les divertissements se présentent à lui. Son maître roué, Valville, n'aura ni l'occasion de nous faire connaître en détail les principes de sa philosophie, ni la possibilité d'offrir à Roselle une leçon de libertinage. Aux « progrès du libertinage », Mme de Beaumont préfère le retour à la raison. Toute la seconde partie de son livre est consacrée au bonheur que peut offrir une existence simple et vertueuse. En 1764, la voie tracée trois ans plus tôt par *la Nouvelle Héloïse* est encore scrupuleusement suivie.

La querelle qu'entama Élie Fréron dans la septième lettre du tome troisième de l'*Année littéraire*[9] de 1782, sur le sens à donner à

---

[9] « Vous voyez d'un côté un tableau approfondi du monde; et qui, par malheur, n'est qu'une trop fidèle ressemblance... L'Écrivain, d'une main courageuse, a levé le voile qui nous dérobe ces excès monstrueux, dont la société est tous les jours plus coupable; grâce à l'abus du *bel esprit*, et aux suites affreuses du luxe, qui déprave tout, corrompt tout, et entraîne la perte totale du physique comme du moral. Ces lettres nous donnent de grandes leçons : qu'une mère, qu'une jeune épouse, ne sauraient être trop circonspectes dans leurs liaisons, que ces cercles si

la conclusion des *Liaisons dangereuses* en considérant la morale
de l'ouvrage « sous deux points de vue entièrement opposés », et
que continuent depuis les critiques[10] des *Liaisons*, illustre les
erreurs que l'on risque de commettre à vouloir regrouper trop
hâtivement tous les ouvrages qui présentent des types de libertins.
Mettre en scène un personnage libertin n'implique pas forcément
de la part de l'écrivain l'intention de rédiger un ouvrage libertin.
Au quatrième chapitre de son étude sur *le Dilemme du roman au
XVIIIᵉ siècle* Georges May établit les quatre facteurs qui, selon lui,
poussèrent les auteurs à défendre le moralisme de leurs ouvrages :

> Il suffit [...] de feuilleter quelques-uns de ces textes introductoires pour
> observer que le refrain le plus persistant que chantent les préfaciers du temps
> est celui qui vante l'incomparable profit moral que le public ne pourra pas
> s'empêcher de tirer de la lecture, par ailleurs assurément divertissante, des
> ouvrages qu'ils présentent (106).

Il s'agit bien entendu de la défense d'ouvrages dont le but réel et
bien souvent évident n'est pas d'instruire mais de divertir. Il suffit

---

vantés ne sont qu'une assemblée de gens atroces, qui sous les plus heureux
dehors cachent une âme *infernale*; que ce qu'on appelle en général la *bonne
compagnie*, est sans contredit *la plus mauvaise et la plus à fuir* [...] mais ce recueil, envisagé sous un autre coup d'œil, n'est-il pas susceptible de la critique la
moins indulgente ? Ces images continuelles de la dépravation la plus horrible,
qui ne sont adoucies par aucun autre caractère opposé, ne sont-elles pas révol-
tantes, dégoûtantes ? Ne blessent-elles pas même la délicatesse des mœurs ?
Osons le dire, combien de jeunes gens étudieront dans Valmont les moyens de
mettre en action leurs âmes vicieuses et corrompues ! » (Slatkine Reprints,
T. XXIX, p. 226.)
[10] Voir à ce sujet : D. A. Coward, « Laclos and the dénouement of the *Liaisons
dangereuses* », *Eighteenth-Century Studies*, vol. 5, n° 3, pp. 431–449; C. J.
Greshoff, « The Moral Structure of *les Liaisons dangereuses* », *The French
Review*, vol. XXXVIII, 1963–1964, pp. 383–399; Ronald Grimsley, *From Montesquieu to Laclos. Studies on the French Enlightenment*; William Mead, « *Les
Liaisons dangereuses* and Moral Usefulness », *P.M.L.A.*, vol. LXXV, 1960,
pp. 563–570; John Pappas, « Le Moralisme des *Liaisons dangereuses* », *Dix-
huitième siècle*, vol. II, 1970, pp. 265–296; Jean A. Perkins, « Irony and Candour
in Certain Libertine Novels », *Studies on Voltaire and the Eighteenth Century*,
T. LX, 1968, pp. 245–259; René Pomeau, « Le Mariage de Laclos », *Revue
d'histoire littéraire de la France*, vol. LXIV, 1964, pp. 60–72; John Preston,
« *Les Liaisons dangereuses* : Épistolary Narrative and Moral Discovery »,
French Studies, vol. XXIV, n° 1, pp. 23–36; P. M. W. Thody, « *Les Liaisons
dangereuses* : Some Problems of Interpretation », *Modern Language Review*,
vol. LXIII, n° 4, pp. 832–839.

de lire les préfaces de Crébillon, de Duclos, de Prévost, de Laclos et même de Sade pour comprendre quelle était la véritable préoccupation de ces écrivains en présentant leurs œuvres au public : échapper à ce « dilemme » du romancier en persuadant la censure que, mieux qu'un sermon édifiant, les aventures pourtant répréhensibles de leurs héros imaginaires encouragent le lecteur à fuir le vice et à imiter la vertu, tant qu'ils sont sanctionnés ou dédommagés selon les critères traditionnels.

Citons à titre d'exemple et de curiosité un ouvrage anonyme encore inconnu des principaux bibliographes du XVIIIe siècle : l'École des filles ou les Mémoires de Constance[11] (1753) — roman sans rapport avec le livre érotique du même nom[12], condamné par le Parlement de Paris en 1655. Avant de mourir chez les filles repenties de Sainte-Pélagie, à peine âgée de 18 ans, l'héroïne, Constance, rédige une « justification » de sa conduite à la protectrice que vient de lui faire connaître la supérieure de la maison. L'ouvrage se veut donc moral avant tout et la censure ne pouvait lui refuser son approbation. Constance, outrée des dérèglements de sa mère et des folies de son père qui dilapide sa fortune avec ses expériences de chimie et s'attire « l'exhérédation » paternelle à la suite de son second mariage, préfère toujours l'existence la plus misérable au luxe que lui proposent les séducteurs qui l'entourent; elle estime que « rien n'est capable de corrompre un cœur essentiellement vertueux : les exemples, loin de séduire, ne font que révolter » (II, 114–115).

Si, 44 ans avant l'Histoire de Juliette, le livre ne présente pas déjà le « vice récompensé », il montre pourtant la vertu constamment bafouée. Constance est toujours victime de ses actions charitables : la police l'accuse d'être la maîtresse de son père, elle est chassée de chez le marchand de modes qui l'employait pour avoir donné à l'épouse de celui-ci l'impression qu'elle séduisait son mari, quand elle tentait de résister à ses avances. La conduite de sa mère et ces deux incidents l'empêchent de prendre le voile des religieuses de l'Hôtel-Dieu où elle était parvenue à entrer comme garde-malade. Jusqu'au bout elle repousse les secours du jeune Maisoncourt, petit-maître qui, « après s'être livré aux em-

---

[11] À Londres, s.édit.; n'est cité ni par Barbier, ni par Quérard ou Cioranescu.
[12] Anonyme, l'École des filles ou la Philosophie des dames. Le livre aurait été composé et imprimé grâce à la collaboration de Jean L'Ange et Michel Millot, tous deux protégés de Fouquet.

portements de la jeunesse [...] à voir ce que l'on appelle la bonne compagnie [s'aperçoit] que l'on n'y trouve que le masque du bonheur; que tout y est faux ou frivole [...] en sorte qu'à trente ans le voilà dans la réforme » (I, 167–168). Tout en conservant discrètement l'espoir de l'attendrir en lui proposant une « liaison pure » (I, 357), Maisoncourt tente surtout d'améliorer son sort en la réconciliant avec son grand-père.

Il n'y parvient pas car son oncle, président influent qui vient de négocier pour lui un mariage avantageux, fait enfermer Constance à Sainte-Pélagie jusqu'à la conclusion de ce mariage. Dans ce couvent-prison la jeune fille retrouve sa mère qui meurt en fille repentie. Elle décide alors d'envoyer sa « justification » à sa protectrice en la priant de la communiquer à Maisoncourt.

> Quel exemple, écrit-elle en conclusion à ses aventures, pour les jeunes personnes qui se trouvent exposées aux mêmes dangers que j'ai courus ! Quelle École pour les Filles, soit que l'on considère les efforts que j'ai faits pour me soustraire à la fatalité de mon sort, soit qu'on se retrace tous les maux qui m'ont accablée depuis le moment où j'ai manqué de courage pour me refuser à des arrangements suspects (II, 334).

Et pourtant, pour ne s'être permis aucune faiblesse réelle, Constance meurt dans l'opprobre qui s'attache aux filles enfermées à Sainte-Pélagie. Sa destinée pouvait pourtant lui offrir une existence brillante : d'une femme entretenue, amie de sa tante, elle avait appris que « notre premier soin doit être de prendre un amant utile, comme l'on prend un mari; il faut avant toute chose pourvoir aux besoins de première nécessité; l'on songe ensuite à se procurer en secret les douceurs de la vie » (II, 152). Tout l'encourageait à prendre l'état de « Fille entretenue », titre flatteur à l'époque et qui procure une réputation bien supérieure à la condition dans laquelle elle se confine.

Avec le personnage de Maisoncourt, l'auteur expose en les critiquant les travers des petits-maîtres et de leur société. Il suit de près la nomenclature de la *Bibliothèque des petits-maîtres* publiée 12 ans plus tôt par Gaudet : les termes petits-maîtres (appelés aussi « aimables » et « merveilleux »), bon ton, bonne compagnie, reviennent souvent. Sans être originales en 1753 ses remarques demeurent pertinentes et il est le premier, et peut-être le seul, à noter que le petit-maître perpétue les excentricités des talons rouges : « Tes pareils, lance Maisoncourt à un ami, n'ont-ils pas aujourd'hui le même langage que les *Marquis* et les *Précieuses* qu'a frondés Molière ? » (I, 151)

En dépit de ces quelques remarques sur le « bon ton de la Bonne compagnie », le livre n'eut aucun succès. L'auteur manque de personnalité et cite trop ses contemporains Duclos (II, 9), Crébillon et Prévost (II, 242), Montesquieu (II, 261). Il ne publia pas, à notre connaissance — comme il l'annonçait en note : « si ce premier livre se vend bien » (II, 351) — les Mémoires de la baronne de Gerville dont Constance fit la connaissance à Sainte-Pélagie et qui cherchait elle aussi à justifier sa fin déshonorante.

À côté de ces moralistes de façade, le xviiie siècle abonde en censeurs rigoureux, dont le premier souci est de convaincre le public des avantages sociaux que l'on retire d'une conduite édifiante. Citons d'abord pour mémoire, en 1734, les 518 pages de la première édition de l'unique ouvrage de Le Maître de Claville : *Traité du vrai mérite de l'homme, considéré dans tous les âges et dans toutes les conditions, avec des principes d'éducation propres à former les jeunes gens à la vertu*, ouvrage moral rédigé pour les « gens du monde ». Vingt-cinq ans après, le marquis de Caraccioli situe d'emblée son traité sur la « Jouissance » en opposant, dès le « Discours préliminaire » de sa « Nouvelle Édition », son point de vue à ceux des libertins et des « idiots » : « *Jouir de soi-même*, disent les libertins, c'est jouir des plaisirs des sens [...] *Jouir de soi-même*, disent les idiots, c'est se regarder comme la dernière fin[13] », et pour ne pas s'aliéner le parti mondain il rappelle que « Madame la Princesse *Radzwill* [...] partageant avec plusieurs Dames *Polonaises* la gloire de penser et de vivre en Philosophe, au milieu du tumulte du monde, connaît tout ce que la Métaphysique a de plus sublime et de plus consolant » (xxi–xxii). D'une facture encore très dix-septiémiste le livre est dépourvu d'intrigue et traite simplement, de chapitre en chapitre, des sujets éternels du « Cœur » (V), de « L'Amour » (VI), des « Passions » (VII), des « Sens » (VIII), des « Plaisirs » (LVI), etc. Une telle présentation

---

[13] Louis-Antoine Caraccioli, *la Jouissance de soi-même*, Nouvelle Édition, p. ix. Dans la même veine, mentionnons l'adaptation romanesque de la vie du comte d'Aubigny par Louis Domayron, *le Libertin devenu vertueux ou Mémoires du comte d'****.

ne pouvait intéresser que les lecteurs déjà acquis aux principes de l'auteur. Celle de l'abbé Gérard, au contraire, en jouant le jeu des romanciers libertins, pouvait toucher un public plus varié : les six volumes du *Comte de Valmont ou les Égarements de la raison* (1774-1807), où il tente de définir ce que doivent être les ambitions d'un honnête homme, exposent le thème du rachat d'un jeune libertin et de son retour à la vie familiale.

Comme le marquis de Roselle, le jeune comte de Valmont se trouve tenté par les grâces d'une très jeune fille. Mais loin de rencontrer une danseuse corrompue, le comte est d'abord attiré par les charmes ingénus d'une amie de sa femme, Mlle de Senneville. Son émotion amuse ses anciens amis libertins qui l'encouragent à séduire la jeune fille. Le projet reçoit l'approbation de son confident, le baron de Lausane, qui pourra ainsi, de son côté, tenter de lui ravir sa femme Émilie. Les efforts inlassables du père du héros, le marquis de Valmont, l'exemple de ses amis les Veymur, et le calme de sa femme Émilie, à qui l'innocente Senneville rapporte tous les propos et toutes les attitudes de Valmont, ramèneront l'apprenti libertin sur le droit chemin. Après avoir tué Lausane au cours d'un duel qui préfigure celui de Danceny et du vicomte, le Valmont de l'abbé Gérard se retire à la campagne où il connaîtra un bonheur idyllique avec sa femme, ses enfants et ses petits-enfants, tandis que Mlle de Senneville épousera le chevalier de Veymur.

À l'opposé de Mme de Beaumont, dont le mari était athée, et qui ne mentionne pas une seule fois Dieu et la religion dans son ouvrage pourtant moralisateur, l'abbé Gérard étudie le problème du libertinage d'un point de vue religieux. Pour lui le libertin n'est pas seulement un parasite social, comme le Versac de Crébillon, ou un danger, comme le Valmont de Laclos, c'est d'abord un libre penseur qui cherche à détruire l'harmonie naturelle qui règne dans la société avec l'aide de Dieu :

O Valmont ! instruit par les idées les plus claires de ton entendement et les plus pures lumières de ta raison, convaincu par les sentiments de ton cœur, au milieu de cette harmonie universelle, de cet accord de tous les êtres à publier leur Auteur, serais-tu presque le seul qui osasse le méconnaître ? Nouveau Titan, en escaladant les Cieux, ne craindrais-tu pas d'être accablé du poids de l'univers ? Eh, que te reviendrait-il d'avoir refusé à Dieu ton hommage ? [...] Dans les sombres méditations de ta dangereuse philosophie, le monde ne t'offrirait plus qu'un triste chaos, un vide affreux, et un silence éternel.

> N'ayant plus de principe commun qui te lie à tous les êtres, ton âme presque insensible pour tout autre que pour toi, ne verrait bientôt plus dans l'univers qu'elle-même : la sécheresse et la dureté de l'égoïsme prendraient en toi la place du sentiment; et si tu cherches du plaisir, ah ! mon fils, tu changerais en des plaisirs faux, et restreints à des bornes trop étroites, des plaisirs véritables (T. I, L. IV, 45–46).

Bien que le mot ne soit pas prononcé, l'abbé Gérard définit avec justesse une des premières conséquences du libertinage : l'assèchement du cœur, qui ne permet de connaître que des plaisirs superficiels. Le père du comte, le marquis de Valmont, s'efforce de ramener son fils à la raison, à l'aide d'arguments historico-religieux. Ainsi, dans le deuxième volume, les 150 pages de la lettre XXXV constituent une longue apologie pseudo-scientifique du christianisme. L'apprenti libertin s'intéresse pourtant à cette fastidieuse rhétorique et demande de nouvelles explications. Et pour mieux justifier l'authenticité des lettres du vieux marquis, l'auteur, dans sa préface, prévient le lecteur de la façon dont le dévot expose ses arguments :

> Il y a quelques endroits qui auraient été susceptibles de plus de précision; mais on a cru s'apercevoir que dans le plan du père de Valmont, il était moins question de presser les raisonnements, que de les rendre, pour celui auquel ils s'adressent, plus faciles à saisir. D'ailleurs ces mêmes endroits renferment des vérités si utiles, ils développent pour la plupart le caractère d'une âme si tendre et si sensible, qu'on a cru devoir leur faire grâce, sur ce qui leur manque du côté de la précision et de l'art, en faveur de sentiment (T. I, x–xi).

Le Comte de Valmont, dont la publication coïncide avec l'accession au trône de Louis XVI, répondait aux vues de la réaction officielle, comme en 1802 *le Génie du christianisme* favorisera les projets de réconciliation religieuse du premier consul. Aussi, l'ouvrage de l'abbé Gérard souffre-t-il de l'influence romanesque de son époque et, bien que l'auteur y analyse avec discernement — après bien d'autres — la conduite du libertin, il n'offre pas, en retour, de programme suffisamment actif et brillant pour convaincre le débauché des avantages sociaux que lui réserverait une conduite plus régulière. Tout en recommandant à une mère, dans un « choix de lectures » pour l'éducation de sa fille, l'ouvrage antirousseauiste de l'abbé Bergier, *le Déisme réfuté par lui-même*[14], publié en 1765, l'abbé Gérard rejoint son adversai-

---

[14] Nicolas-Sylvestre Bergier, *le Déisme réfuté par lui-même ou Examen en forme de lettres des principes d'incrédulité répandus dans les divers ouvrages de M.*

re quand il conseille à son ancien libertin de s'établir à la campagne avec sa famille. Ainsi, selon lui, en 1774 le jeune homme de condition ne peut choisir qu'entre le libertinage qui règne à la cour et l'état de hobereau. On s'explique alors le choix de la majorité et l'on regrette même la morale plus stricte du siècle précédent qui, selon Rougeters, auteur présumé des *Tablettes de l'homme du monde*, « données en Étrennes à la Jeunesse de l'Europe pour l'Année 1715 », comptait parmi « les sept qualités » nécessaires à se « procurer le caractère d'Homme du Monde accompli [...] La qualité d'Homme craignant Dieu [...] celle d'honnête Homme vertueux [...] d'Homme poli [...] d'Homme savant [...] d'Homme sachant bien ses exercices [...] d'Homme de Guerre [...] d'Homme d'État[15] ». Si les doutes religieux du comte de Valmont sont profonds et constituent même l'unique sujet de ses premières lettres à son père, son libertinage se réduit en fait à devenir amoureux de Mlle de Senneville et à tenter de se rapprocher d'elle de la façon la plus discrète. À l'inverse de Meilcour et de Roselle, le comte de Valmont avoue constamment à son père et à sa femme les tentations dont il devient la victime. « L'unique chose qui me rassure, c'est la confiance que Valmont me témoigne. Il ne m'a pas dissimulé ses opinions et ses doutes, et me fournit par là les moyens d'y répondre » (T. I, L. V, 81), écrit le marquis à sa belle-fille.

Comme ses deux devanciers, le comte de Valmont ne s'adonne au libertinage que pour y avoir été entraîné par un débauché qui cherche avant tout à séduire son épouse. Cette pensée console la comtesse et lui donne la force de ne jamais lui adresser le moindre reproche. Le mal n'est ni dans le cœur de son mari, ni dans les attraits de la pudique et candide Mlle de Senneville; Lausane seul est responsable des égarements du comte de Valmont :

> Ô Ciel ! Valmont ne m'aime plus ! Valmont en aime une autre ! Il a si promptement oublié sa foi ! Lausane, cruel Lausane, voilà le fruit de tes dogmes pervers et de tes dangereuses maximes ! Non, mon mari n'était pas

---

Rousseau; ouvrage intransigeant dans lequel ce « Chanoine de l'Église de Paris » va jusqu'à rejeter la tolérance qui nous forcerait donc à « tolérer les idolâtres » (T. I, pp. 221 et ss).
[15] Anonyme, *Tablettes de l'homme du monde ou Analyse des sept qualités essentielles à former le beau caractère de l'homme du monde accompli*, p. 4. Une note manuscrite sur l'exemplaire consulté attribue l'ouvrage à un certain Rougeters.

fait pour être un jour un volage, un parjure; et avec tes pernicieux conseils que lui a-t-il fallu de temps pour le devenir (T. I, L. VIII, 142) ?

Par son manque d'expérience et par les liens qui le retiennent toujours à son père, le Valmont de l'abbé Gérard, à l'inverse de son plus célèbre homonyme, fait encore partie du groupe des apprentis annoncés par Meilcour. Sa situation familiale offre néanmoins une nouveauté intéressante. Chez Crébillon les dangers du libertinage étaient très réduits, puisque Meilcour était célibataire et ne fréquentait que des personnes, sinon de son âge, du moins de son rang. Nul ne souffre de sa conduite : on ignore tout des sentiments de Mlle de Théville qui, de plus, ne sait rien des incartades de Meilcour. La légèreté du marquis de Roselle, quoiqu'il fût célibataire lui aussi, était déjà plus dangereuse. Pour une danseuse de l'Opéra, il commence à dilapider le patrimoine familial, et il souille son blason en l'offrant à la demoiselle en mariage. L'abbé Gérard aggrave encore les données en faisant du comte de Valmont un époux qui sera bientôt père. Au thème principal de la rédemption du libertin grâce à l'influence et aux conseils de ses proches, s'ajoute ici l'étude des désordres engendrés par le libertinage d'un chef de famille. Toutefois, malgré ses distractions sentimentales, le comte de Valmont n'oubliera jamais ses devoirs. Il se montre très sensible au chagrin de son père exilé par le roi dans ses terres, et il travaille à la cour à faire revenir le roi sur sa décision. Comme Roselle l'avait fait avec Valville, il exaspère celui qui fut son ami et son mauvais génie, en redécouvrant dans l'amour conjugal le véritable chemin du bonheur.

Cette découverte d'un bonheur simple et familial devient même l'élément dominant de la fin du roman. En plus de l'idée de la foi en la religion révélée, l'abbé Gérard exploite un sujet déjà longuement développé par Mme de Beaumont, au point de modifier, dans son sixième et dernier volume, le sous-titre utilisé dans les cinq premières parties. Les cinq volumes du *Comte de Valmont* s'achèvent en effet par *la Théorie du bonheur, ou l'Art de se rendre heureux*[16] : supplément qui tend à répondre au souhait formulé par l'auteur dans la préface de sa seconde édition : « Puisse ce livre utile remplacer entre les mains de la jeunesse

---

[16] Louis-Philippe Gérard, *la Théorie du bonheur ou l'Art de se rendre heureux, mis à la portée de tous les hommes; Faisant suite au comte de Valmont;* la page de garde du livre porte simplement pour titre : *le Comte de Valmont,* tome sixième.

cette foule de Romans licencieux que le libertinage enfante, et dont la vogue et le succès ne sont fondés que sur les mérites affreux qu'ils ont de corrompre et de séduire. » L'analyse ultérieure du caractère du baron de Lausane nous montrera comment, en dépit des fastidieuses digressions moralisatrices annoncées dans la préface, l'ouvrage dénonce souvent avec perspicacité les manœuvres insidieuses des roués.

À l'inverse des *Lettres du marquis de Roselle*, le succès commercial du *Comte de Valmont* provoqua la célébrité de ses médiocres héros. Il ne faut pourtant pas en exagérer l'influence littéraire. La date de la première édition — les trois premiers volumes sont de 1774 — montre qu'il ne peut s'agir d'un antidote au roman de Laclos, comme voudrait l'indiquer Édouard Maynial quand il écrit dans son « Introduction aux *Liaisons dangereuses* » : « Laclos [...] songeait à écrire une suite aux *Liaisons*, — pour rendre populaire cette vérité qu'il n'existe de bonheur que dans la famille — [...] Cette édifiante réplique fut l'œuvre d'un chanoine, l'abbé Gérard, qui délaya en cinq volumes *Le Comte de Valmont ou les Égarements de la Raison.* » (XXXII) À l'opposé, tout en s'appuyant trop sur de simples similitudes patronymiques, les critiques François Richard et François Vermale affirment : « Que Choderlos de Laclos ait connu le roman de l'Abbé Gérard, cela n'est guère douteux. La preuve en résulte du nom de Valmont qu'il a donné au principal personnage des *Liaisons dangereuses*[17]. » Pour nuancer cette conclusion quelque peu hâtive, signalons qu'un chef-lieu de canton de la Seine-Maritime porte ce nom (c'est à Valmont que le peintre Delacroix passera son enfance avec sa mère) et que le Vénitien Goldoni parle dans ses *Mémoires*[18] d'un certain Valmont de Bomare (1731–1807), naturaliste du prince de Condé au château de Chantilly en 1765, détail confirmé par le voyageur anglais Edward Rigby, lors de son séjour en France au mois de juillet 1789[19].

---

[17] « Une source nouvelle des *Liaisons dangereuses. Le Comte de Valmont* de l'abbé Philippe Gérard », *Bulletin de la Librairie ancienne et moderne*, janvier 1964, pp. 1–5.

[18] Carlo Goldoni, *Memorie*, pp. 472–476.

[19] *Lettres du docteur Rigby*, dans *Voyage d'un Anglais en France en 1789*, p. 20, n. 2. En 1763, Valmont de Bomare travaillait avec Buffon au Jardin des Plantes, après avoir publié — à l'exemple de son maître — un *Dictionnaire d'histoire naturelle*, et offrait un cours d'histoire naturelle suivi par les enfants de la noblesse; voir Laurette de Malboissière, *Lettres d'une jeune fille du temps de*

Trois ans après l'abbé Gérard, Barthélemy Imbert — dont « la stérile fécondité » est raillée par le poète Gilbert en 1774 dans une lettre dédicatoire célèbre pour être devenue la satire de celui dont elle devait faire l'éloge[20] — exploite à son tour, dans les deux parties des *Égarements de l'amour*, toutes les possibilités dramatiques que peut offrir la conduite déréglée d'un jeune père de famille qui s'adonne au libertinage. Publié en 1777, ce roman épistolaire intéressait encore les lecteurs de 1789. Le héros du roman de Louvet, *les Amours du chevalier de Faublas,* le lit dans la retraite forcée où le retient son père et le compare même à « Crébillon fils et Laclos » (183).

L'intrigue se déroule à Londres vers 1770. Le héros, Milfort, est marié et père d'une fillette de six mois, Jenni. Sa femme, Faneli, est le parangon de toutes les vertus maternelles et conjugales. Un soir, au sortir d'un bal masqué où il s'était rendu seul, Milfort aperçoit dans le parc St James une beauté inconnue, Sophie, et c'est l'intrigue banale d'un homme indécis partagé entre deux femmes. Grâce aux démarches de son valet entremetteur, Belton, Milfort engage une correspondance avec Sophie. Mais la demoiselle conserve quelques principes. Elle répond invariablement à son soupirant que même si elle l'aimait, sa résolution est prise de ne rien lui accorder avant le mariage. « J'ai lu dans vos yeux; mais je n'ai pas lu dans votre cœur [...] Je ne me rendrai qu'à l'amour », lui écrit-elle dans son premier billet (P. I, L. XI). Elle devient encore plus explicite quand elle apprend que Milfort est marié :

> Tu ne peux m'appartenir à titre d'époux; à quel titre viens-tu t'offrir ? Quoi ! après ta perfidie, tu comptes assez sur ma faiblesse, pour nourrir un espoir criminel ! Et sur quoi le fondais-tu ? Milord, je suis Française, il est vrai : tu croyais peut-être qu'il n'était point de vertu hors de ta partie; tu voulais t'enorgueillir de ta honteuse victoire, aux yeux des Dames Anglaises (P. I, L. XXI).

Milfort, désespéré par cette obstination inattendue, fait disparaître sa femme et leur fille, en les enfermant l'une et l'autre dans deux

---

Louis XV (1761–1766), pp. 57, 68, 78, 88; lettres authentiques, publiées d'après les originaux par une descendante, la marquise de la Grange.

[20] Nicolas-Joseph-Laurent Gilbert, *Œuvres complètes*, p. 89; remarque plutôt effrontée de la part d'un poète dont la seule tentative dans le genre romanesque, *les Familles de Darius et d'Hidarne, ou Statira et Amestris, histoire persane,* publiée en 1770 à La Haye, est d'une mièvrerie agaçante.

terres éloignées (P. I, L. XXX). La nouvelle de la mort de Faneli se répand (P. I, L. LXI) et Milfort peut épouser une Sophie très amoureuse et secrètement très heureuse de ce dénouement providentiel (P. II, L. XXIX), en dépit de quelques réticences de principe.

Dès le début de son intrigue avec Sophie, Milfort est conseillé et encouragé par son ami, le libertin Curland. Mais, peu après avoir chassé sa femme, il se trouve questionné par une ancienne connaissance, le quaker Norton, qui s'inquiète de l'influence grandissante de Curland sur Milfort et qui reste sceptique sur la mort de Faneli. Norton découvre accidentellement le secret de son ami en faisant la connaissance (P. II, L. XXVIII) puis en devenant amoureux (P. II, L. XXXV) d'une mystérieuse inconnue qui vit en recluse à côté du château qu'il vient d'acheter. L'inconnue, sans lui révéler son nom, lui laisse deviner sa situation d'épouse trahie (P. II, L. XLVI). En se mettant à la recherche de ce mari indigne, Norton découvre qu'il n'est autre que son ancien ami Milfort (P. II, L. XLVII). Rongé par le remords, quoique toujours amoureux des deux femmes, Milfort meurt de tristesse mais l'âme en paix, pardonné par Faneli et Sophie qui toutes deux le pleurent et décident de ne plus se séparer dans leur veuvage commun.

Pour posséder celle qui refuse d'être sa maîtresse, mais qui accepterait de devenir sa femme, Milfort abandonne donc son épouse et son enfant sans même essayer d'adoucir leur séparation. Une telle dureté de cœur ne peut rapprocher Milfort de Meilcour, de Roselle ou du comte de Valmont. Son intrépidité pour parvenir jusque dans le salon de Sophie avant même d'y être invité et le calme avec lequel il lui annonce la mort fictive de sa femme prouvent qu'il n'en est plus à ses coups d'essai. Avec plus d'audace encore, il poussera l'ironie jusqu'à inviter l'intransigeant quaker à son « mariage adultère ». Pourtant, malgré tous ces signes de « maturité », Milfort ne se sent pas la force d'agir seul. Il a besoin d'être encouragé et parfois même rassuré.

Dès le lendemain de la rencontre du parc St James, il conte à Curland son aventure. Le ton et surtout les images sont déjà dignes du correspondant de Mme de Merteuil, pour qui les « affaires » deviennent des « projets ». En racontant ainsi son aventure à Curland, Milford tient à lui prouver surtout que le mariage ne l'a pas privé de sa liberté. Mais cette gloriole cède la place aux supplications, quand son intrigue avec Sophie n'évolue pas aussi vite qu'il l'espérait :

> Tente un effort en ma faveur auprès de l'inexorable Sophie. Je lui écris une Lettre, que je t'envoye et que tu fermeras après l'avoir lue. Tu sais où trouver Sophie, tâche de t'introduire; rends-lui ma Lettre toi-même. Ton adresse et ton amitié dirigeront tes démarches et tes discours. Tâche de lui représenter tout ce que je souffre pour elle. Ne te rebute point. Songe qu'il y va de la vie de ton ami (P. I, L. XXXVI).

Comme le Valmont de Laclos, dont il pourrait passer pour un des précurseurs n'eût été sa mort édifiante entre deux femmes en pleurs, Milfort reste un personnage difficile à définir. Un roué n'écrit que pour se vanter et pour éprouver la satisfaction de voir ses actions lui attirer l'admiration ou la jalousie de ses lecteurs. Il refuse jusqu'au bout l'idée du mariage. Divorcer ou, ce qui revient au même à une époque où le divorce n'existe pas, faire disparaître sa femme afin de pouvoir épouser une maîtresse constitue à ses yeux le comble de l'aberration. Pour le héros d'Imbert, il n'est nullement question de vaincre, mais de séduire pour posséder ce qu'il désire. Aussi Milfort cherche-t-il à gagner l'amour de Sophie et, pour satisfaire un caprice des sens, il ne craint pas d'engager son cœur. Dans la mesure où les deux mots pourraient se concilier, il fait figure de libertin sincère, c'est-à-dire d'homme faible devant les femmes. C'est pourquoi Milfort ne deviendra jamais un vrai roué, malgré les fourberies cruelles dont il est capable et la « maturité » de ses remarques.

Le roman souffre de ces faiblesses de composition et de la versatilité de caractère de ses personnages qui devraient faire davantage preuve de constance dans leurs intentions. Les patronymes manquent d'originalité; le nom du valet de Milfort, Belton, plagie celui de « l'espion » de Lovelace et le quaker Norton rappelle trop la « bonne Madame Norton » si chère à Clarisse Harlove.

Cependant, malgré la place trop importante tenue par les anecdotes au détriment de l'analyse — Milfort sera sur le point de provoquer Curland en duel à la suite d'un faux bruit annonçant le mariage du roué avec Sophie —, l'intrigue des *Égarements de l'amour* offre un intérêt dramatique réel. À l'opposé des ouvrages de Mme de Beaumont et de l'abbé Gérard, celui d'Imbert présente des personnages qui agissent eux-mêmes, par le biais de leur correspondance. Le jeu du laquais Belton est en cela significatif. Outre qu'il représente le précurseur immédiat d'Azolan, son rôle d'homme de main donne aux lettres que lui envoie son maître l'intérêt et la valeur de l'action. Entre l'ouvrage d'Imbert et celui de Laclos les rapprochements semblent nombreux. L'étude que nous ferons, plus loin, des principes de Curland accentuera encore cette première impression.

En transformant ses correspondants en hommes d'action et en sacrifiant ses héroïnes, sans toutefois les supprimer, Imbert ouvre la voie au roman libertin de l'action, dans lequel une intrigue mouvementée et des persécutions physiques remplacent les simples médisances de salon. Aux souvenirs de jeunesse, évoqués 30 ou 40 ans après, dans des Mémoires, s'oppose l'actualité de la lettre[21] qui conseille d'abord, puis ordonne et rapporte les faits du moment. Le libertinage oiseux de situation va faire place à un libertinage méthodique de combat qui pour Rétif et Sade offrira le seul moyen de réformer les mœurs et l'État. À l' « Homo-Ludens » personnifié par le petit-maître se substitue progressivement l' « Homo-Belligerens[22] » incarné par le roué. Mais, entre les deux, la distinction n'est pas toujours évidente. Vers la fin de sa vie Crébillon appréciera mieux la nature évolutive de l'homme poussé par l'instinct et guidé par la réflexion : au chapitre des roués, nous verrons comment le dernier de ses per-

---

[21] Voir les efforts de Rousseau à ce sujet : dans la première partie de *Julie ou la Nouvelle Héloïse,* Saint-Preux parvenu jusqu'à la chambre de Julie est tout heureux « d'avoir trouvé de l'encre et du papier » pour exprimer ce qu'il ressent et pour en « tempérer l'excès » (LIV, 122). Dans un premier brouillon, Rousseau, déjà guidé par le désir de paraître « vrai », faisait écrire plus naïvement encore à son héros, dont la lettre est déjà à moitié rédigée : « Voilà de l'encre et du papier. Exprimons ce que je sens pour en tempérer l'excès, et donnons le change à mes transports en les décrivant. » (Texte du ms. Rey cité par MM. Gagnebin et Raymond; Jean-Jacques Rousseau, *Œuvres complètes,* La Pléiade, T. II, p. 1 428, n. 147a.) Cette préoccupation se retrouve même chez Crébillon, quand il fait écrire à la duchesse de ***, pour apaiser l'impatience que lui cause le retard d'un courrier du duc de *** : « Ce qui pourtant me rassure un peu sur mon état, c'est qu'à quelque point que me pèse mon loisir, je ne me suis point avisée, pour charmer mon impatience, et mon ennui, de relire les beaux manuscrits que j'ai de vous [...] mais, que mets-je à la place ? Je vous écris... » (*Lettres de la duchesse de *** au duc de ***,* T. II, p. 199, 125.)
[22] Maria Toplak, « Homo Ludens et Homo Belligerens », *Modern Language Quarterly,* vol. XXVIII, n° 2, pp. 167–176.

sonnages, l'Alcibiade des *Lettres athéniennes*[23] (1771), se comporte souvent en petit-maître tout en formulant des intentions agressives. De même, si le libertinage du vicomte de Valmont de Laclos n'évoque guère les amusements inoffensifs d'un Angola ou d'un Thémidore, c'est pourtant pour avoir su « autrefois » allier l'effronterie galante au désir de plaire que la marquise de Merteuil ne parviendra pas à s'en détacher.

À l'opposé de ces petits-maîtres qui voient dans le libertinage la seule façon de tenir le rôle qui leur est dévolu dans la société des privilégiés, le vicomte de Barjac présente vers la fin du siècle le rare exemple d'un jeune homme doué et réfléchi qui se résout au libertinage par désenchantement. En 1784, ce héros du marquis de Luchet s'apparente toujours à la famille des petits-maîtres traditionnels. Il offre « une figure distinguée, un esprit facile et pénétrant, un caractère aimable, une disposition précoce à toutes espèces de jouissances » (13). Son éducation, semblable à celle de Meilcour, « médiocre », « fut si négligée [...] que jamais il n'eut de gouverneur pour le former, ni de précepteur pour l'instruire, ni de maîtres pour lui donner du maintien » (12). L'époque toutefois ne permet plus de jouir sans la moindre inquiétude des privilèges de la naissance; le plaisir et plus encore maintenant la recherche du bonheur deviennent des préoccupations qui requièrent une réflexion personnelle nuancée. La carrière du héros de Luchet est une suite de victoires passagères suivies de pénibles désillusions qui lui procurent matière à réflexion. Les quatre femmes qu'il aimera le quitteront par scrupule ou le trahiront par caprice. Mlle d'Alizon, avec qui il partage l'hospitalité de Mme de Lanove, le provoque, quand il allait simplement lui présenter dans sa chambre une chanson qu'il venait de composer. Prise de remords, elle avoue sa faute à leur protectrice commune puis se retire au couvent où elle mourra trois ans plus tard. Elmire, qui lui fait sentir des « gradations » qu'il n'était pas encore capable de distinguer, l'éveille en dépit de sa sensibilité à la perception de l'amour-goût qu'il ressent avec la clairvoyance d'un personnage de Crébillon :

> Car enfin, quelques efforts que l'on fasse pour spiritualiser l'amour, il faut avouer que le désir le fait naître, que le plaisir l'alimente, et que l'art de jouir le fixe entre deux êtres qui adorent ensemble le dieu charmant (36).

---

[23] *Lettres athéniennes extraites du porte-feuille d'Alcibiade, Œuvres complètes* (réimpression chez Slatkine Reprints), T. II, pp. 221–408.

Amèrement surpris de découvrir qu'Elmire est aussi la maîtresse en titre de son ami Barages, il apprend à ses dépens que

> l'amour est rarement un sentiment profond, mais un prétexte d'avoir et de donner du plaisir; que la femme qui vend ses charmes, ne livre presque jamais son cœur; qu'il est une classe d'êtres féminins chez lesquels il faut chercher seulement la beauté, l'amusement, et des sensations voluptueuses; que lorsqu'on fait profession d'obéir à ses sens et à ses caprices, le goût de la nouveauté suffit seul pour faire une infidèle (53).

Pour des raisons plus admissibles que celles du Monrose de Nerciat, il devient pour un temps « libertin par fatalité ». Sans avoir rencontré Versac ou tout autre roué pour parfaire son éducation, « le Comte se mit en tête d'acquérir du talent » et décida d'étudier les manières de ses rivaux. « L'étude des hommes, le premier des besoins, devint aussi la première de ses occupations. De là, plus d'indulgences pour les erreurs, plus d'égards pour les talents, plus de respects pour les vérités, plus de foi aux vertus humaines. » (54) Il devint « plus aimable [... et] aussi plus dangereux ». Déçu de l'infidélité de Mme de Berlitz et après s'être vu frustré d'un poste diplomatique en Allemagne au profit d'un jeune fat « protégé par deux femmes de chambre » (80), « il renonça à l'ambition comme à l'amour, et se confirma dans sa résolution de se livrer exclusivement au plaisir » (81).

Il s'adonne donc de son mieux au libertinage mais, bien qu'il sache diversifier la qualité de ses conquêtes, il n'en recueille que de nouvelles humiliations :

> Il eut donc successivement une fille d'opéra qui lui écrivait avec chaleur et le trompait avec adresse, baisait le jour son portrait, et la nuit son rival; une femme de la cour, qui partagea avec lui son lit et son écrin; c'était une Comtesse qui donnait dans les sciences occultes, et qui croyait avoir toutes les connaissances, parce qu'elle avait tous les goûts; une bergère timide, qui lui promit son innocence, et lui donna quelque temps après un enfant dont il était père comme elle était vierge; une grande dame, qui en devint éperdument amoureuse, et le préféra à tout, excepté son laquais (81–82).

À 40 ans il décide de se retirer, « véritablement revenu des erreurs qui prennent les besoins des sens pour les affections de l'âme » (82). Mais il ne se dérobe pas pour autant aux occasions qui se présenteront encore à lui. Il répond plus d'une fois aux sollicitations de son étrange voisine, la fausse magicienne Orithie, et, s'il est désormais en mesure de contrôler ses accès de plaisir, il s'attache toujours autant à des marques d'affection véritables ou simulées. Avec Mme Orithie,

> il possédait l'utile talent de graduer le plaisir, et de laisser reposer les mouvements du cœur, sans avoir recours aux interruptions qui glacent. Tout entier à la femme qu'il croyait aimer, il parlait successivement à son imagination, à son âme, à ses sens, et le passage d'une sensation à l'autre prolongeait des instants que depuis des siècles on reproche à la nature d'avoir faits trop courts (99).

De retour chez lui, où l'attend une pupille de 15 ans qu'il élève avec toutes les attentions et tous les scrupules d'un père, il ressent devant le chagrin que son absence a causé à la jeune fille « une sensation plus douce qu'une nuit entière d'ivresse tant il y a de différence de l'amour à la volupté, du bonheur au plaisir. L'innocence a ses expressions qui pénètrent le cœur de l'homme qui n'est que faible; il chérit toujours la vertu. » (103)

Finalement, le personnage intéresse ou déçoit selon que l'on attribue cette faiblesse de cœur à la délicatesse de sa sensibilité — comme en témoigne sa discrétion à l'égard de sa pupille — ou à la maladresse avec laquelle il termine ses liaisons. À la fois sentimental et curieux de connaître le plaisir, il échoue pour demander de simples distractions à la femme passionnée et pour exiger de la coquette l'exclusivité de ses faveurs. Pour ce petit-maître par dépit plus que par inclination le libertinage n'aura été, tout au plus, qu'une série d'aventures pitoyables qui n'auront fait que hâter sa retraite. Les réflexions désabusées de Barjac sont loin de constituer un « système » et, comme celles des petits-maîtres imbus de leurs succès ou distraits par leurs conquêtes, relatent simplement des aventures sans chercher à les proposer pour modèle. On verra donc sans surprise, avec la Ninon de Lenclos de Louis Damours[24], que les meilleurs conseils que puisse recevoir un jeune libertin débutant ne proviennent ni d'un de ses pairs ni d'un roué, mais d'une petite-maîtresse expérimentée qui prend plaisir à éduquer un jeune marquis qui s'en remet à ses talents pour mener à bien sa première intrigue.

Malgré ses prétentions, sa fatuité et sa futilité, le petit-maître demeure le personnage le plus agréable de la littérature légère,

---

[24] *Lettres de Ninon de Lenclos au marquis de Sévigné; avec sa vie.*

celui qui en prolongera la vogue jusqu'à la Révolution. On ne peut guère parler de méthode avec lui. Le Meilcour des *Égarements*, nous l'avons dit, n'est pas encore suffisamment instruit pour nous livrer des réflexions utiles sur ce point. « Je connaissais si peu les femmes, avoue-t-il à Versac, qu'il serait peu convenable de me décider sur ce que j'en dois penser. » (I, 203, 240) Sans que le « système » adopté par les petits-maîtres soit aussi distinctement défini que celui des roués, on parvient toutefois à en discerner les principales caractéristiques, et *les Confessions du comte de* *** offrent souvent, dès la première moitié du siècle, les meilleures précisions à ce sujet. Quatorze ans avant Crébillon, et avec autant de netteté, Duclos y définit l'amour-goût à propos de la liaison du comte de *** avec la coquette Mme de Sézanne :

> Le hasard forme ces sortes de liaisons; les amants se prennent parce qu'ils se plaisent ou se conviennent, et ils se quittent parce qu'ils cessent de se plaire, et qu'il faut que tout finisse (47).

Au début de *la Nuit et le Moment*, Crébillon en donne une définition qui deviendra classique, quand il fait dire à Clitandre :

> On se plaît, on se prend. S'ennuie-t-on l'un avec l'autre ? On se quitte avec tout aussi peu de cérémonie que l'on s'est pris. Revient-on à se plaire ? On se reprend avec autant de vivacité que si c'était la première fois qu'on s'engageât ensemble. On se quitte encore, et jamais on ne se brouille (II, 61, 14).

Cette opinion est encore de mode vers la fin du siècle, comme en témoigne en 1780 la remarque de St Léger à la comtesse de ***, deux héros épisodiques de *Honny soit qui mal y pense* de Desboulmiers :

> De quoi vous plaignez-vous [...] le hasard nous a joints, l'habitude nous a liés, le dégoût et l'ennui nous séparent; quelle perfidie trouvez-vous dans tout cela ? Je suis raisonnable, moi (I, 23).

Dans *les Confessions* Duclos expose également le « système » d'un « jeune homme à la mode » qui « se croirait déshonoré s'il demeurait quinze jours sans intrigue, et sans voir le public occupé de lui » (71). Il s'agit bien de la mentalité du petit-maître puisqu'à la différence du roué, le jeune homme ne cherche qu'à se rendre intéressant, sans songer un instant à se venger sur toutes les femmes d'une mésaventure éventuelle. Il trace aussi le portrait des différentes « espèces » de petites-maîtresses : les coquettes et les dévotes. Il stigmatise cet « esprit dans le monde » qui ne consiste qu'en « beaucoup de facilité à s'exprimer, du brillant et de la légèreté [...] un grand nombre de traits, d'épigrammes et malheureusement des pointes assez triviales » (89–90). À la fin, le comte de *** , las de cette vie frivole, se retire dans ses terres de Bretagne avec l'épouse qui détermina sa conversion.

Le libertinage mondain ne discrédite pas toujours le petit-maître, soit qu'il s'y livre au sein de sa société, soit qu'il rejette les filles de rencontre dès qu'elles ont satisfait ses fantaisies. Il ne modifie pas non plus les projets que ses parents peuvent avoir conçus à son sujet. Après avoir eu le plaisir de voir sa maîtresse « maintenant attachée à son commerce [... et] heureuse avec son mari qu'elle aime et qui lui rend la pareille » (179), le héros de *Thémidore* suit « les avis de [son] père et [est] actuellement épris d'une aimable Demoiselle, avec laquelle [il sera] peut-être assez heureux pour [s']unir par les liens sacrés du mariage » (180). Barjac se sacrifie pour le bonheur de sa pupille Coraly, très amoureuse du duc de Morsheim qui vient demander sa main au vicomte. En dépit de la malédiction de la fée Mutine, Angola épouse Luzéide, répondant ainsi aux élans de son cœur et aux souhaits de son père. Quant à Meilcour, nous avons déjà noté qu'il se présente aux lecteurs comme un homme de qualité, rangé et respecté. Bien souvent cependant la réaction indulgente qu'éveille la lecture des intrigues ingénieuses des petits-maîtres est due davantage à l'art du romancier qu'à la valeur véritable du personnage mis en scène. Si, à côté de Meilcour, nous nous intéressons aussi au jeune Montade du quatorzième dialogue des *Tableaux des mœurs du temps* (*circa* 1750), c'est que Crébillon, dans ce chapitre au moins, dictait ses réparties au financier Le Riche de la Popelinière qui, flatté du résultat, en aurait peut-être présenté séparément sur son théâtre privé les dialogues VI et VIII vers 1760[25].

Attribué tantôt à Crébillon, tantôt au fermier général, le livre divisé en 17 tableaux expose diverses situations choisies parmi les plus marquantes dans la vie d'une jeune femme. Les sept premiers

---

[25] Voir B. de Villeneuve, *le Théâtre d'amour au XVIIIᵉ siècle*, pp. 205–236.

décrivent les aventures de Thérèse confiée à un couvent en attendant qu'on la marie. Son séjour est marqué par sa liaison avec
Mlle Auguste dont les fessées et les flagellations graduées éveillent
en elle les premières sensations libidineuses. Trois jours avant de
quitter l'institution, sa mère lui fait dire qu'on va la marier dans une
semaine, et sa gouvernante lui apprend que son futur mari a une
maîtresse. Au huitième dialogue, Thérèse, devenue comtesse,
satisfait la curiosité de sa mère en lui racontant, le lendemain de ses
noces, comment le comte, son époux, est parvenu à la violer
malgré l'obstination qu'elle mit à se défendre. Les tableaux IX et X
traitent des aventures galantes du comte et des roueries des filles
de l'Opéra qui exploitent sa crédulité. Les trois dialogues suivants
sont consacrés à Mlle Auguste devenue Mme de Rastard.

Jusqu'ici le livre de Le Riche de la Popelinière n'offre qu'un
étalage plaisant d'images grivoises, de situations ambiguës ou
indécentes, le tout ponctué de propos grossiers et de gestes obscènes. Par contre, la délicatesse des attitudes, les nuances du
dialogue et la subtilité de mouvement qu'offrent le quatorzième
tableau et certains passages des deux suivants permettent d'y voir
une substitution momentanée d'auteur. Plus de liberté dans le
langage, plus de gestes indécents; le jeu de Montade rappelle
maintenant celui de Clitandre assis au pied du lit de Cidalise. Détail
de style significatif : les deux amants se vouvoient encore après
s'être prouvé la chaleur de leurs sentiments, comme avait continué
de le faire la marquise de M*** dans sa lettre XXIX au comte de
R***; chez les auteurs médiocres le tutoiement consacre
généralement cet exploit. Crébillon, pour sa part, ne l'utilise que
pour souligner l'attitude méprisante de ses héroïnes — tel le tutoiement de Lucie avec Chester dans la lingerie de Fanny Yielding
dans *les Heureux Orphelins* (I, 442, 79) ou celui de la duchesse
de Suffolk avec le même petit-maître (I, 468, 181). Dans les *Tableaux*, le « tu » reparaît à la fin du quinzième dialogue, et dès le
milieu du suivant les scènes d'exhibitionnisme prémédité domi-
nent à nouveau, au point de voir la comtesse placer de grands
miroirs sur tous les murs et au plafond de sa chambre. Ce dernier
détail, peu conforme à la retenue descriptive de Crébillon, n'est en
fait que la reproduction d'une scène de la *Thérèse philosophe*
(1748) du marquis d'Argens, où l'on voit un « voluptueux courtisan usé de débauche » conduire des filles « dans un cabinet
environné de glaces de toutes parts, disposées de manière que

toutes faisaient face à un lit de repos de velours cramoisi qui était placé dans le milieu[26] ».

Comme Meilcour, Montade est encore sensible. Il désire obtenir par la douceur les dernières faveurs de la comtesse de ***, mais il ne cherche pas à lui arracher des aveux passionnés — « une déclaration de désir (d'amour ce n'est pas la peine) », précisera bientôt l'héroïne de *Félicia* (179) —; il veut seulement faire admettre à la comtesse le goût qu'il lui inspire. Celle-ci partage d'ailleurs les vues de son amant; mais pour conserver à ses yeux sa dignité et son prix, elle l'aidera, avec autant de finesse que Mme de Lursay, à observer quelques gradations. Les avances de Montade offrent de ce fait un exemple caractéristique de courtoisie mondaine, telle qu'on l'entendait au XVIIIe siècle, et la scène mérite mieux que l'oubli auquel la réduit la médiocrité générale du roman.

Montade rend visite à Thérèse; en guise d'introduction il se plaint qu'on ne la voit plus en public :

> Avouez-le; un cœur comme le vôtre ne saurait être sans objet : on ne vous en connaît aucun, vous vous refusez à tout, vous vous plaisez chez vous plus qu'ailleurs, vous vous y retirez souvent : qu'est-ce qui vous attache ? qu'est-ce qui vous y occupe ? On a beau chercher, on ne découvre en tout cela que votre mari (163–164).

La remarque se veut humiliante pour que la comtesse dissipe l'impression qu'on prétend avoir de sa conduite. Si cette rumeur persistait, le comte — un peu naïf — aurait une trop bonne « raison d'être superbe et glorieux ». Montade, galant homme, estime qu'une femme ne doit pas être l'esclave de son mari; il suffit déjà qu'il soit le maître. Et la première attaque est amorcée, suscitée par la pose nonchalante de la comtesse sur son sopha. Il obtient sans peine la permission de s'asseoir à l'autre extrémité, comme le Clitandre de *la Nuit et le Moment* l'avait obtenue au pied du lit de Cidalise. Comme la comtesse n'est pas de marbre il lui rappelle qu'à sa place il songerait d'abord à s'amuser : s'il se « trouvait quelqu'un dans la foule digne de m'y [à la vie] faire trouver encore plus de goût je ne m'y opposerais pas […] Tôt ou tard, il en faut venir là ou périr de langueur et d'ennui. » (167–168)

---

[26] *Thérèse philosophe ou Mémoires pour servir à l'histoire du P. Dirrag et de Mlle Éradice avec l'histoire de Mme Boislaurier,* pp. 123–124.

La comtesse ne le contredit plus, mais l'opinion qu'elle s'est faite des hommes la protège contre toute faiblesse. Pourtant, ces hommes qu'on dit trompeurs et qui, une fois satisfaits, changent complètement de procédés, sont les premiers à souffrir de leur état. Ce sont les malheurs en amour, les soupçons, « un refroidissement dans ce qu'ils aiment, une apparence de légèreté » qui, selon Montade, les rendent ainsi.

Chacun ayant fini d'exposer son avis, et mis en valeur l'esprit pour Montade, la jambe pour la comtesse, celle-ci reprend l'offensive : « Combien avez-vous attaqué de femmes en votre vie ? » Question délicate à laquelle Montade ne se laisse pas prendre. Si la sincérité inspire confiance, la discrétion reste de rigueur et il observe cette première règle de la réussite : « Je n'ai jamais attaqué personne, madame... Et quand je l'ose... j'y réussis fort mal... J'aime trop bien... La timidité est inséparable de l'extrême amour. » (170) Et la comtesse apprend, ou plutôt se fait préciser, que Montade est amoureux. Reste à lui faire avouer l'objet de ses soupirs et, comme elle le devine fort bien, c'est avec tact qu'elle aide son amant à se déclarer progressivement et sans jamais paraître lui usurper la victoire. La discrétion de Montade la touche et la ravit :

> Montade... que votre situation est attendrissante, et qu'elle me touche !... Faites-la connaître cette personne que vous aimez si parfaitement. Si elle est digne de votre amour, elle mérite de ne pas l'ignorer; je veux qu'elle le sache, quand je devrais moi-même l'en informer et lui faire sentir de quel prix doit être un amant si délicat (172).

En guise de réponse, il pose la main de la comtesse sur son cœur. Elle se récrie et se défend faussement en ne proposant que son amitié : « Doit-on penser que l'amour seul mène les hommes [...] Devrais-je vous croire incapable d'une amitié tendre et vertueuse ? » Affectation de circonstance qui provoque immédiatement la réaction traditionnelle de tout libertin rompu à cet exercice :

> Une amitié pure, madame ?... Hélas il n'est point d'homme sur terre assez fort pour se contenir ainsi. On ne se donne point le choix de vous aimer comme on veut lorsqu'on est près de vous... Vous occupez depuis deux ou trois mois tous les moments de ma vie (174).

Le « moment » si précieux aux héros de Crébillon est arrivé. Montade ne veut pas le laisser s'échapper : « Combien de fois ai-je soupiré après un moment comme celui-ci !... » Dès lors, la scène se poursuit selon le schéma habituel. La comtesse prétend chasser Montade. Tout en feignant d'accepter son renvoi, il demande un gage d'amitié en échange de sa soumission. On lui permet donc d'admirer le bas blanc et la couleur de la jarretière, puis d'effleurer les doigts, les mains et la bouche. Mais un baiser trop passionné suscite un nouveau renvoi. Montade toujours docile feint de se retirer à nouveau, n'espérant plus jamais retrouver « un moment comme celui-ci ». En finale, il joue la scène du désespoir et prétend s'éloigner pour toujours. Comme nous n'en sommes pas encore à l'époque des cruautés, la comtesse est si émue qu'elle ne sait plus si elle doit permettre ou défendre à Montade de la revoir. Le mari qui arrive, « à propos pour lui », ne vient d'ailleurs pas plus « mal à propos[27] » pour Montade. Étonné de voir sa femme chercher querelle à un visiteur si aimable, il tient à réconcilier les amants : « Embrassez-la, Montade [...] Souffre qu'il t'embrasse et que ce soit le baiser de paix. » L'auteur ne précisera pas davantage le succès remporté par le petit-maître, mais le seizième tableau illustre sans mystère les privilèges dont il jouit désormais auprès de la « petite Comtesse ».

Le plaisir à peine voilé avec lequel l'héroïne refuse d'abord d'agréer les « agaceries » de Montade, l'esprit avec lequel elle mystifie son mari, enfin l'habileté qu'elle déploie pour inviter son amant à plus de conviction dans ses démarches prouvent qu'une « affaire » bien menée n'est pas toujours l'apanage du petit-maître. La petite-maîtresse est partout présente dans la littérature galante du XVIIIe siècle. Pour des raisons identiques à celles que nous évoquions à propos des petits-maîtres, se conduire en petite-maîtresse est à la fois le dessein de la plupart des filles de l'Opéra et celui de nombreuses veuves ou femmes mariées de la haute société. Les premières penseront trouver là le moyen le plus efficace et le plus rapide de parvenir; les secondes y verront un divertissement qui leur permettra de répondre aux impertinences des petits-maîtres et de prévenir les ruses des roués.

---

[27] Dans *Lettres de la marquise de M*** au comte de R****, L. XXVIII.

CHAPITRE III

LES PETITES-MAÎTRESSES

Tenez, madame, les hommes ne nous
trahissent et ne nous manquent jamais
que par notre faute... Quand un homme
attaque une jolie femme... quel est notre
but ?... En passer sa fantaisie. Voilà le
fait, et voilà ce qu'une femme qui se sent
poursuivie devrait se dire à elle-même...

Crébillon — Le Riche de la
Popelinière[1]

LE XVIIIᵉ SIÈCLE N'A PAS DÉCOUVERT le libertinage féminin. Quand
en 1632 Jacques Olivier se propose dans son *Tableau des piperies
des femmes mondaines*[2] de déjouer « les ruses et les artifices dont
elles se servent », il pouvait déjà puiser ses références dans cinq
siècles de littérature. Dès 1160, l'auteur inconnu du *Roman
d'Énéas* expose longuement les « mines et les agaceries » de la
reine de Carthage. Tout le Moyen Âge s'est délecté des plaisanteries grivoises sur les coquetteries des femmes et, sous la Renaissance même, les « gauloiseries » qu'apprécient les « dames
galantes » de Brantôme ne permettent plus de douter des surprenantes débauches auxquelles se livrent les femmes de la haute
noblesse.

---

[1] *Tableaux des mœurs du temps*, p. 227.
[2] *Le Tableau des piperies des femmes mondaines où par plusieurs histoires se
voient les ruses et artifices dont elles se servent.*

Toutefois, en 1758, pour Pierre Joseph Boudier de Villemert, auteur de *l'Ami des femmes*, les observations désobligeantes émises à l'égard des dames dénoncent aussi bien l'état d'esprit des chroniqueurs malveillants :

> C'est ainsi que le dépit ou l'amour aveuglant les hommes leur ont dicté des éloges outrés ou des satyres injustes. Chacun parle de ce sexe suivant les dispositions de son cœur, et les hommes les plus vicieux doivent être les plus disposés à en faire d'odieuses peintures (6).

On pourrait donc se demander à qui revient la première faute. Ainsi Robinet, fils d'un riche marchand de Paris, ne serait jamais parvenu à séduire sa Fanchon s'il ne l'avait d'abord confiée à sa cousine Suzanne pour qu'elle lui mette en tête les fredaines de l'amour. Plus d'un siècle avant *la Philosophie dans le boudoir* du marquis de Sade, Suzanne, l'institutrice « amorale » de *l'École des filles ou la Philosophie des dames*, « empaume si bien l'esprit de la jeune [fille], par ses discours comme de fil en esguille, et lui scait si bien représenter les douceurs de l'amour, dont elle jouissait d'une bonne partie, avec des instructions et des naivetez si plaisantes qu'elle lui en fait venir l'eau à la bouche » (XLIX).

Ce qui n'était pourtant qu'accident marginal dans la littérature officielle du XVIIe siècle, devient sujet de prédilection au siècle suivant. Dès le début des *Confessions du comte de ****, Duclos nomme, situe et décrit une petite-maîtresse :

> Madame de Persigny était ce qu'on appelle dans le Marais une petite-maîtresse; elle était née décidée, le cercle de son esprit était étroit : elle était vive, parlait toujours, et ses réparties, plus heureuses que justes, n'en étaient souvent que plus brillantes (49).

Cinq ans après, le chevalier de la Morlière leur dédie son *Angola*, sachant bien que leur suffrage constitue la meilleure garantie de succès :

> Aux petites-Maîtresses :
> C'est à vous que je dédie ce Livre, à vous qui êtes l'élixir précieux du beau Sexe que j'adore, qui avez hérité si parfaitement des grâces enchanteresses dont je trace une légère esquisse : ce Livre est votre bien, puissiez-vous le regarder comme tel, et le traiter comme un enfant bien aimé; vous seules pouvez faire sa destinée. Quel mortel assez ennemi de soi-même pourrait s'élever contre lui, quand il aura votre suffrage (19).

Honoré Gabriel de Mirabeau conserve le terme quand en 1783, dans *le Libertin de qualité ou ma Conversion*, il note à propos de sa dernière victime, une présidente de 35 ans, que « ce serait une petite-maîtresse, si le jargon ne l'ennuyait pas » (18), et quand, huit ans plus tard, l'année de sa mort, il parle de « l'art des petites-maîtresses » dans le troisième chapitre du *Degré des âges du plaisir*[3] qui ne paraîtra qu'en 1793.

Le libertinage féminin est si répandu dans la littérature romanesque du XVIIIᵉ siècle qu'il est permis — dans la mesure où il exprime réellement l'éthique du personnage — de le considérer parfois comme un humanisme sensualiste. Il atteint, avec des expressions différentes, tous les échelons de la société, des filles de la ville et de la campagne aux demoiselles et aux dames de la noblesse. Au niveau le plus bas se regroupent les types les plus variés, et l'âge, le milieu et certaines dispositions naturelles déterminent la nature de ce libertinage. Les provinciales livrées à des appareilleuses qui leur forment le corps et l'esprit acquièrent plus difficilement leur liberté d'action et le profit de leur vénalité. Les filles de la ville, formées au théâtre de la rue ou familiarisées par leurs parents avec le commerce de leurs charmes, cherchent à obtenir la protection d'apprentis petits-maîtres fortunés et naïfs ou, malencontreusement, de roués cyniques. Dans *les Confessions du comte de ****, Duclos remarque que

> les filles qui vivent de leurs attraits ont la même ambition que les femmes du monde; non seulement la conquête d'un homme célèbre met un plus haut prix à leurs charmes; mais cela les élève encore à une sorte de rivalité avec certaines femmes de condition qui n'ont que trop de ressemblance avec elles; de sorte que vous entendez souvent citer les mêmes noms par des femmes qui ne seraient pas faites pour avoir les mêmes connaissances (123).

Celles de Paris exploitent leurs relations pour rejoindre l'essaim privilégié des « nymphes du *Magasin* de l'Académie royale de musique », plus « vulgairement dit l'Opéra », comme le précise un guide touristique de l'époque, l'*Almanach du voyageur à Paris*[4] de l'année 1785. Elles bénéficient de l'immunité policière,

---

[3] *Le Degré des âges du plaisir ou Jouissances voluptueuses de deux personnes de sexes différents aux différentes époques de la vie, Recueilli sur des mémoires véridiques par MIRABEAU, ami des plaisirs*, p. 40.

[4] M. Thiery, *Almanach du voyageur à Paris, année 1785. Contenant une description sommaire, mais exacte, de tous les monuments, chefs-d'œuvre des arts,*

statut privilégié que beaucoup leur envient; le premier effet en est de les soustraire à l'autorité paternelle et, par là, d'éviter aux nobles les poursuites qui pourraient naître de leurs fredaines. Jusqu'à la fin du siècle les auteurs insisteront sur ce privilège. Dans son *Journal* du mois de mars 1750, Barbier écrit que « les filles de spectacle ont un état qui les met à couvert de toute recherche de la police, quelque libertinage qu'il y ait ». C'est d'ailleurs le cas de l'héroïne de Fougeret, Margot, la « ravaudeuse », dont l'inscription à l'Académie royale de musique lui permet de réintégrer le domicile d'où elle avait été expulsée pour activités contraires aux bonnes mœurs, « n'ayant plus rien à redouter des gens de Police » (69). Brochure, le « colporteur » de Chevrier, feint de désapprouver ces « prérogatives singulières attachées aux filles de spectacles qui, n'étant plus sujettes à la correction paternelle, ni à la rigueur de la police, peuvent être dénaturées et libertines avec impunité[5] » et, pour en illustrer les conséquences, il cite la lettre adressée par la danseuse Brillant au commissaire de police qui l'avait interpellée à la suite d'un éclat avec deux religieux :

> « Faut-il, mon petit Monsieur, que je vous apprenne votre devoir, et un homme qui a passé, ainsi que vous, les deux tiers de sa vie à donner la chasse aux demoiselles du monde, devrait-il ignorer qu'une personne attachée au théâtre n'est point sujette aux influences de la police ? Sachez donc que je ne dépens, pour mes mœurs, que du coffre-fort d'un financier, et de la figure d'un joli homme [...] connaissez mieux une autre fois les filles de théâtre, et respectez l'étendue de leurs privilèges... » (177)

Mirabeau qui, dans *Ma Conversion*, défend la pratique d'un libertinage vénal, en juge différemment. Il constate avec satisfaction qu'il n'est même plus nécessaire d'enfermer à Bicêtre les pères qui refuseraient la liberté à leurs filles : « Une sage institution sait arracher ces tendres plantes à la tyrannie paternelle; on la fait recevoir à l'*Académie de musique*; alors elle peut librement lever une tête effrontée, faire marcher le vice et la bassesse sous les couleurs du luxe et les livrées de l'opulence. » (136) Le règlement est toujours en vigueur à la fin du siècle quand cette même police

---

établissements utiles, et autres objets de curiosité que renferme cette capitale : ouvrage utile aux citoyens et indispensable pour l'étranger; voir pp. 26–31.
[5] François-Antoine Chevrier, *le Colporteur, Histoire morale et critique*, p. 99.

offre pendant quelque temps « sa honteuse tutelle » à Elmire, deuxième passion sans suite de l'infortuné vicomte de Barjac.

Ces filles de basse condition, poussées par l'appât du gain et l'ambition, se lancent dans des aventures qui rappellent parfois celles des héros picaresques. D'origine souvent rurale, l'héroïne connaît des débuts modestes avant de rencontrer le protecteur qui l'initiera à l'art de tirer profit de ses charmes. Après une période de prospérité — sorte d'épreuve qui détermine et fixe son évolution morale — le personnage connaît une fin honnête ou misérable suivant la nature de son caractère et de son ambition, mais aussi selon le tempérament et l'habileté littéraire de l'écrivain. Dans les œuvres de qualité, comme celles de Marivaux, les héroïnes parviennent à une fin honorable tandis que celles des ouvrages médiocres ou vulgaires sont affligées de maux incurables et souffrent une agonie dégradante, qui prétend souligner l'action de la justice divine. Avec Nougaret et Rétif, leurs aventures prennent une allure tragique. La Lucette du premier, déshonorée par un jeune abbé, puis enlevée par un militaire de passage dans son village, qui l'abandonne dès son arrivée à Paris, connaît à deux reprises des moments de gloire tapageuse. Mais le mauvais sort et la maladie sauront lui faire expier ses folies : elle mourra sur la paille, accablée de remords inutiles, sous les yeux horrifiés de sa mère. Un sort presque semblable attend l'Ursule du *Paysan et la Paysanne pervertis*. Déshonorée par son frère, elle le surpasse vite dans la débauche. De plus en plus insatiable, malgré la vérole qui l'a définitivement défigurée, elle recherche les hommes les plus vils et engage ses compagnes à faire de même. Elle ne reviendra dans son village que pour voir ses parents mourir du chagrin qu'elle et son frère leur ont causé.

Mirabeau conserve rigoureusement ce schéma dans les parties IV, V et VI du *Degré des âges du plaisir*. Son héroïne, Constance, enceinte d'un ami de la famille, l'abbé de Gerville, est forcée de quitter la maison. Elle se rend à Paris avec son séducteur qui lui a suggéré d'emporter avec elle les bijoux de sa mère. Bientôt volée et abandonnée par Gerville, elle gagne joyeusement sa vie grâce à une liaison suivie avec un procureur de capucins et son installation dans un bordel. Elle y retrouve son premier séducteur, le lieutenant de Belleval — nom sous lequel se dépeint l'auteur —, qui l'en retire « pour en faire ce que l'on appelle une demi-honnête femme » (91–92). Après avoir usé « tous les charmes d'une possession mutuelle », chacun continue de son côté « à s'abandonner » sans réserve « à la jouissance de leurs plaisirs ». À 40 ans, la vérole emporte Constance tandis que Belleval continue à fréquenter les prostituées et « devient philosophe par nécessité ».

Pour ces « chauves-souris de Cithère », comme les nomme Nougaret dans *Lucette ou les Progrès du libertinage*, la retraite est toujours prématurée. Très peu réussissent à s'établir par des mariages avantageux. Si la Sophie de Desfontaines parvient à épouser son chevalier, cet exploit ne se reproduira guère car il y a loin de la maîtresse en titre à l'épouse officielle. Les plus sages deviennent marchandes de modes et de frivolités et continuent à traiter avec la même clientèle, telles la « ravaudeuse » Margot et Rozette, l'ancienne maîtresse de Thémidore. Les plus déterminées profitent de leur expérience pour former à leur tour des postulantes dont elles monnaient les charmes. Pour beaucoup cependant et surtout pour les plus vicieuses — car tous ces livres se piquent de moralité — l'hôpital, la prison-couvent ou la déportation mettent fin de bonne heure à leur liberté. Bicêtre, la Salpêtrière, Sainte-Pélagie ou Sainte-Aure offrent aux romanciers prudents les décors des conclusions édifiantes qu'impose la censure.

Avec l'*Histoire du chevalier des Grieux et de Manon Lescaut* (1731) l'abbé Prévost crée le meilleur portrait de ces aventurières à la fois dépravées, sans scrupule et sensibles. Exemple, mais aussi exception, Manon, avec son inconstance pathologique, sa sincérité désarmante, puis sa conversion demeure le personnage le plus attachant dans son genre, qu'aucune imitation n'a su égaler. Sa versatilité soulève deux questions qui sont longtemps restées sans explications suffisamment probantes : de quelle nature est l'amour de Manon pour des Grieux ? Pourquoi choisit-elle une existence de petite-maîtresse quand elle peut épouser, d'abord en secret, un homme de qualité ? Deux critiques américains, Madeleine Morris[6] et Alan J. Singerman[7], offrent des interprétations déterminantes pour comprendre les causes de l'attitude de Manon, puis sa conduite à l'égard de des Grieux.

---

[6] « Nouveaux Regards sur *Manon Lescaut* », *The French Review*, vol. XLIV, n° 1, pp. 42–50 et surtout p. 45.

[7] « A fille de plaisir and Her greluchon : Society and the Perspective of Manon Lescaut », *l'Esprit créateur*, vol. XII, n° 2, pp. 118–128.

Pour Madeleine Morris, Manon est essentiellement une fille du peuple que ses parents veulent enfermer au couvent « pour arrêter sans doute son penchant au plaisir qui s'était déclaré », et le critique insiste sur ce « penchant au plaisir [...] déjà déclaré ». Comme son frère, Manon possède les défauts et les ruses qui sont généralement attribuées aux personnes de leur condition : goût du jeu et esprit querelleur pour Lescaut, recours à ses charmes pour la jeune fille. Bien que la rencontre fortuite de des Grieux lui offre l'occasion d'orienter sa vie comme elle le désire, c'est aussi grâce au chevalier qu'elle connaît un repentir tardif mais sincère. Selon Morris, des Grieux transforme Manon en la revalorisant à ses propres yeux. En quittant « le service de Dieu pour entrer au service de Manon » (op. cit., 45) et tout en ne changeant que l'objet de son adoration, sans cesser d'adorer, il fait prendre conscience à Manon de sa personne et, à la fin, de ce qu'elle représente vraiment pour lui. Pour Manon, « personnage sartrien » aux yeux du critique, « l'apparence extérieure est la vérité de l'être » (47), et Morris rappelle qu'à l'auberge d'Amiens Manon passe de longs moments à sa fenêtre, à observer le chevalier; qu'elle aime Paris pour ses promenades sur les places et sur les boulevards, et pour le foyer de l'Opéra; qu'en prison l'absence des regards d'autrui la rend humble et soumise. Comme le chevalier est le seul à l'aimer véritablement, c'est-à-dire à idéaliser sa personne, c'est à lui « qu'elle retourne car aucun autre amant ne peut lui donner d'elle-même une image plus séduisante » (47). Elle commence à l'assurer de sa fidélité quand elle refuse de suivre le prince italien et elle la lui prouve quand, à La Nouvelle-Orléans, elle ne songe pas à se donner à Synnelet pour améliorer sa situation matérielle.

Ce « miracle de l'amour » est rejeté par Alan J. Singerman : Manon n'est pas tant créée par le « regard des autres » que par le regard « cynique et collectif de la société » (op. cit., 123). La société est à la fois son juge et un monde qui lui est interdit. Destinée au couvent, Manon était virtuellement condamnée à mort par la société. Aux yeux de Voltaire, de Diderot et surtout de Prévost — qui en avait fait l'expérience — le couvent représente en effet une négation de la vie, un véritable tombeau. En s'enfuyant avec des Grieux, Manon repousse en quelque sorte sa condamnation à mort, même si elle se proscrit et ne pourra jamais se réintégrer dans une « structure sociale légitime ». Il lui faut accepter l'exil précaire d'un demi-monde en marge de la société établie. Elle adopte pour cela les mœurs d'une « fille de plaisir » et, par là, devient la propriété légale de tout le monde. Sa décision prise, elle ne peut que recevoir « froidement » la première proposition en mariage de des Grieux. Le chevalier, qui incarne les « perspectives sociales » que Manon a dû abandonner, ne peut pas comprendre son refus. Dans cette société marginale — qui pour d'autres raisons est aussi celle du frère de Manon — il serait dérisoire de parler de morale. Pour survivre, Manon est forcée d'adopter une morale utilitaire conforme au seul rôle qu'il lui soit permis de jouer. Ainsi, souligne Singerman, il est normal que Manon considère la fidélité comme une « sotte vertu », puisque l'infidélité devient l'artifice essentiel pour sa survie.

Devenue « fille de plaisir », Manon recherche véritablement le plaisir sous toutes ses formes. Elle force des Grieux à devenir son « greluchon » car la passion du chevalier — et ceci pour les raisons définies par Madeleine Morris — est parfois ce qui lui plaît le plus. Dans cette optique, loin d'illustrer l'infidélité de Manon, l'épisode du prince italien souligne avant tout son « humeur folâtre ». Des Grieux — qui en fait lui-même la remarque : « elle s'était fait un second plaisir de me faire entrer dans son plan, sans m'en avoir fait naître le moindre soupçon » (124, cité par Singerman) — n'est qu'un objet propre à accroître son plaisir. Son dessein, ici, était d'humilier le prince, et Manon pour une fois peut allier son amour pour des Grieux à son obsession du plaisir.

Le voyage en Louisiane modifie complètement les données du roman — établies dès la rencontre d'Amiens — tout en maintenant son unité psychologique. En suivant Manon en Louisiane, des Grieux rejette lui aussi la société officielle. Il peut désormais devenir tout pour elle, comme elle était déjà tout pour lui. Il n'est plus permis à la jeune fille de traiter le chevalier en « greluchon » et elle refuse donc d'habiter avec Synnelet. Mais cette conversion la rend vulnérable. À l'inverse de ce qui se produisait à Paris, toute séparation serait maintenant mortelle. Quand elle a lieu, Manon en meurt effectivement. Après l'avoir exploitée, la société qu'elle ne devait plus réintégrer s'est finalement vengée au moment où elle tentait de s'y rétablir dans la légalité.

Il serait pourtant dangereux de porter un jugement définitif sur le caractère de Manon. F. Deloffre et R. Picard estiment que Prévost a voulu « ménager la coexistence des contraires[8] ». Selon

---

[8] *Histoire du chevalier des Grieux et de Manon Lescaut*, introduction, p. CLVI.

eux, même la mort de Manon est sujette à caution quand on veut en faire la preuve irréfutable de sa fidélité envers des Grieux : « elle se laisse en effet mourir pour son amant. Mais elle n'a pas la force de vivre pour lui. Avec les futilités parisiennes ses vraies raisons de vivre lui sont arrachées. » (*op. cit.*, CL) À son tour Jean Sgard hésite à juger trop sommairement le personnage : « L'histoire du chevalier des Grieux est un chef-d'œuvre d'ambiguïté [...] Car l'histoire du chevalier en elle-même, ce n'est rien : l'histoire d'un escroc, a-t-on dit; mais il n'est pas même sûr que des Grieux soit un escroc, ni Manon une catin; ce jugement est déjà une interprétation, celle-là même que des Grieux s'efforce d'esquiver[9]. »

Pour Manon, beaucoup plus que pour une fille de l'Opéra, l'état de petite-maîtresse s'est présenté comme une nécessité accidentelle. Mais cette expérience forcée et inattendue fut loin de lui déplaire. Elle lui permit enfin, à l'opposé de ses congénères, d'échapper et non de s'intégrer à la « bonne société ».

Les réactions désordonnées et immodérées de Manon reflètent la complexité du personnage qu'elle est conduite à jouer : celui de petite-maîtresse. Le mot possède d'ailleurs plusieurs synonymes selon le milieu où la personne évolue. On attribue généralement le titre de petite-maîtresse à une jeune évaporée de sang noble; c'est ainsi que l'entend Jean-Jacques Rousseau en 1762 dans la critique des « femmes à la mode » placée au début de son traité sur l'éducation de la femme[10]. À l'opposé, pour Dreux du Radier, le « Berger Sylvain » du *Dictionnaire d'amour*, les « grisettes » sont « ces jeunes beautés, nées de parents pauvres » dont les « petits ménages » avec « l'ami du cœur [...] se terminent souvent par un lien plus sérieux » (I, 96–97). Pour l'auteur inconnu de *l'École des filles ou les Mémoires de Constance*, « caillette » (I, 377; II, 252 et 299) est synonyme de « grisette » au sens dé-

---

Voir également l'article de Graham C. Jones, « *Manon Lescaut,* la structure du roman et le rôle du chevalier des Grieux », *Revue d'histoire littéraire de la France*, 71e année, n° 3, pp. 425–438, et l' « Avant-propos » et la « Petite bibliographie commentée des œuvres de Nerciat » par Pierre Josserand dans *Félicia*, Paris, La Bibliothèque privée, 1969, pp. IX–XX et 309–310.

[9] *Prévost romancier*, p. 241.
[10] *Émile ou de l'Éducation*, livre cinquième, « Sophie ou la Femme », pp. 445 et ss.

fini par Dreux du Radier et que nous lui accordons encore de nos jours. Ainsi l'emploie également Rousseau, détaillant au début de l'*Émile* la lie populaire qui mène les « grands » de ce monde (68). C'est de ce même terme de mépris dont se sert la duchesse de *** de Crébillon pour dénigrer les courtisanes de coulisses, quoique dans *les Confessions du comte de* *** Duclos aille jusqu'à distinguer la « caillette de qualité » et la « caillette bourgeoise » :

> La *caillette* de qualité ne se distingue de la *caillette* bourgeoise que par certains mots d'un meilleur usage et des objets différents; la première vous parle d'un voyage à Marly, et l'autre vous ennuie du détail d'un souper au Marais. Qu'il y a des hommes qui sont caillettes (119–120) !

« Poulette », « diminutif trop familier » pour Dreux du Radier (*op. cit.*, II, 64), est l'épithète populaire dont Nougaret et Godart d'Aucourt gratifient les filles vénales que fréquentent leurs héros, mais c'est aussi l'appellation familière que M. de Geneval donne à son épouse, la logeuse de *la Paysanne parvenue*, à Versailles (III, 30). De plus, dans la société où évoluent les petites-maîtresses proprement dites, il faut aussi distinguer la jeune intrigante qui ne désire que mener à bien une affaire de cœur (femme sensible et séductrice sans le savoir), l'épouse négligée ou la veuve heureuses de retrouver une certaine forme de liberté (femmes frivoles pour qui séduire ou être séduites n'est plus qu'une question de terminologie et qui, selon Nerciat, se donnent des airs « de filles ») — et qui correspondent à la deuxième forme du libertinage définie par Mauzi —, enfin la coquette et la prude qui trouvent dans l'amour, chacune à sa façon, la cause de leur aveuglement et l'excuse à leurs faiblesses.

Ce premier aperçu social et littéraire des dérèglements féminins ne répond pourtant pas à l'idée du libertinage mondain que nous avons précisée au cours du chapitre précédent. S'il est certain que le petit-maître du meilleur ton — c'est-à-dire du meilleur milieu — trouve à sa soubrette étendue les mêmes vertus qu'à une marquise réputée, il n'accorde pourtant pas un mérite égal à leurs prouesses. Le libertinage mondain se règle entre personnes de même distinction. C'est, en effet, parce que des dames de qualité, que ne dirige aucune considération matérielle, cherchent à séduire à leur tour par coquetterie ou par vanité, que les petits-maîtres purent exalter leurs bonnes fortunes.

On a déjà noté la fin tragique de la marquise de M*** de Crébillon. Bien que la sincérité de son amour ne puisse pas être mise en doute, elle se félicite pourtant de voir son mari s'éloigner d'elle et reprochera même au comte son peu d'empressement. L'étude des incidents qui vont conduire la jeune étourdie à une mort pathétique mais pitoyable, met en relief l'ambiguïté morale des romans de ce genre, qu'il est souvent inexact d'appeler libertins. L'intrigue des *Lettres de la marquise de M**** est simple, et très souple aussi, puisqu'elle suit la courbe passionnelle de l'héroïne. La jeune marquise, délaissée par son mari, rencontre un comte aussi désœuvré qu'elle et dont le seul souci est d'ajouter de nouvelles conquêtes féminines à sa gloire mondaine. Au début, il n'est donc nullement question d'émotions ni même de sentiments de circonstance. Une correspondance s'établit entre ces deux personnages par simple jeu ou plus exactement en guise de passe-temps.

Mais très vite le ton change. À l'insouciance du début fait place, dès la neuvième lettre, une sorte de moquerie légèrement persiflante qui n'aurait nulle raison d'être si un facteur nouveau, la naissance de l'amour, n'était survenu chez l'un des correspondants. La lettre XV place résolument la marquise sur la défensive. Il faut éclaircir la situation et l'on parle « du mot », de ce mot que l'on se refuse pourtant de prononcer. La marquise cherche à marchander pour gagner du temps : « Votre cœur me suffit, pourquoi ne bornez-vous pas vos vœux à la possession du mien ? » (XVI) Mais à vouloir défendre ainsi sa bonne conscience beaucoup plus que sa position délicate de femme mariée, elle ne peut dissimuler très longtemps sa jalousie (XXIV).

Et nous en arrivons — assez rapidement — à cette lettre XXIX qui fit couler beaucoup d'encre[11]. Si le comte n'a pas triomphé de la marquise, comment expliquer le début de la lettre :

> De l'amour tant qu'il vous plaira, mais un peu plus de sagesse et de discrétion ou je suis perdue. Vous m'embrassiez hier avec tant d'emportement, et il paraissait tant de fureur dans vos yeux, qu'il était impossible de ne pas s'apercevoir de ce que nous avons tant d'intérêt à cacher (XXIX).

---

[11] Voir Émile Henriot, *les Livres du second rayon*, p. 186; préface de Pierre Lièvre aux *Lettres de la marquise de M*** au comte de R****, dans *Œuvres complètes de Crébillon*, Le Divan, 1930, T. IV, p. xiv; Jean Rousset, *Forme et Signification*, p. 80.

Ce n'est pourtant pas la fin du roman; au contraire, il faut maintenant suivre cette correspondance d'un œil nouveau puisque nous savons que l'histoire écrite ne sert plus qu'à susciter, dissimuler ou raviver une aventure beaucoup plus concrète. De plus, connaissant la raison de ces subtilités de plume, nous en apprenons incidemment beaucoup sur les bienséances de l'époque, c'est-à-dire sur les distances à respecter entre ce qui se passe et ce qui doit paraître. L'intrigue s'étoffe, bien que nous nous trouvions en présence de deux personnages de plus en plus distants. Plus la marquise s'égare, aveuglée par sa passion, plus le comte s'en détache, jusqu'à la laisser mourir dans la solitude la plus complète. Fait unique chez Crébillon, aux jeux de l'amour-goût succède l'aveuglement de l'amour véritable, avec les conséquences tragiques qu'il peut susciter.

La deuxième lettre nous renseigne sur la génèse de cette correspondance : l'aversion de la marquise pour son mari :

> Il m'a dégoûtée d'aimer les hommes. Je ne les hais cependant pas; leur ridicule m'amuse; sans celui que vous vous donnez, de vouloir m'aimer malgré moi, vous ne me paraîtriez pas si divertissant (II),

et montre avec quel esprit enjoué l'héroïne répond au comte :

> Vous me croyez fâchée contre vous. Je ne sais sur quoi vous vous l'imaginez.

Pourtant, dès le début, la situation n'est pas aussi nette que la marquise veut le faire paraître ou même s'efforce de le penser. Ses répétitions de plus en plus insistantes seraient inutiles à moins d'un pressentiment inavoué :

> Je ne veux point aimer (I).

> Quoique je ne vous aime point (II).

> Ne vous obstinez pas à vouloir être mon amant (III).

> La seule chose dont je puisse vous assurer, c'est que je ne vous aime pas, et que sans doute je ne vous aimerai jamais (V).

Ce « sans doute » permet de douter de ces affirmations répétées et la marquise reconnaît très vite sa mauvaise foi, peut-être inconsciente, du début : « à force de vous écrire que je ne vous aimais pas je vins enfin à vous écrire que je vous aimais » (XVI).

Trois phases apparaissent à l'analyse du comportement de la marquise. Dans les 28 premières lettres, il ne s'agit que de « ruses galantes ». Moins innocemment qu'elle ne le prétend, la marquise provoque le comte à l'aide des artifices traditionnels du libertinage : rendez-vous chez une amie commune, rencontres acceptées de plus en plus régulièrement ou refusées par pure coquetterie. Aucune relation charnelle n'existe encore et la correspondance n'est qu'un exercice de style, à la fois monologue décousu d'une coquette flattée et dérivatif émotif d'une épouse délaissée. Les réflexions de la marquise marquent pourtant une évolution. Les rencontres qui, au début, ne faisaient que satisfaire des caprices, répondent bientôt à un désir plus vif, à une réalité plus sensuelle : « Je vous écris que je vous aime, je vous attends pour vous le dire » (XV), et aboutissent au prélude normal à toute chute : « Nous souperons ce soir en tête à tête. » (XVI) Capricieuse mais encore libre, la marquise pose ses conditions : « Trouvez bon que je refuse toutes les lettres qui viennent de votre part » (III), et fait preuve d'une grande subtilité d'esprit : « si je suis insensible à l'amour, je suis fort tendre en amitié » (V), affirmation qui sera rapidement démentie quand elle rappelle que si « son mari arriva hier à propos pour lui, il vint fort mal à propos pour [le comte] » (XXVIII). Dès lors, la marquise adopte la fausse réserve de celles qui brûlent de ne plus avoir la décence de se refuser encore longtemps. Elle paraît songer à congédier définitivement le comte mais, à court d'arguments et de plus en plus prisonnière de son correspondant qui la fascine, elle se lance dans une défense maladroite : « Quel aveu exigez-vous et que fait à votre bonheur ce mot que vous demandez tant ? » (XV) Cette défense du mot n'offre plus rien de convaincant et la suite de la lettre précise les véritables préoccupations de la marquise :

> Vous êtes ami de mon mari... Songeons à prévenir tous les malheurs qui pourraient nous accabler, il est aisé d'y réussir... [Ses amours] lui fermeront les yeux sur les nôtres.

Ces préparatifs se concrétisent dans la lettre XXIII quand elle se réjouit de la passion toute nouvelle de son mari pour une cousine du comte. La préparation psychologique est terminée. Le « je ne

vous donnerai pas de rendez-vous parce que je ne suis pas folle »
(XXIII) est un « véritable projet de capitulation ».

À partir de la lettre XXIX, le ton des lettres révèle aussi le
comportement du comte. La marquise agit maintenant en
amoureuse comblée qui, par coquetterie mêlée à un reste de
pudeur, ne veut jamais dévoiler complètement ses sentiments. Il
n'est plus question ici de simple bavardage épistolaire. Bientôt, la
lassitude de son amant et ses projets de tromperie, véritables ou
feints, se devinent au ton des lettres quoique la marquise parvienne
encore à dissimuler ses craintes en énumérant, par exemple, les
infidélités qu'elle pourrait jouer au comte : « Rien n'était plus
plaisant que de voir à mes genoux ce vieillard chancelant. »
(XXXV) L'alerte du magistrat paraît plus sérieuse car il n'est plus
seulement question de s'amuser des ardeurs du comte, mais bien
de raviver sa fidélité en suggérant le vrai tout en prêchant le faux :
« Je vous instruis de toutes les perfections de votre rival, afin que
vous puissiez mieux comprendre que ma blessure est sans
remède. » (XLVIII) Nous passons de l'amour-divertissement à
l'amour-passion. Le changement s'effectue au cours de la lettre
XXXVI. Au début, la marquise peut encore écrire :

> L'absence qui, pour les vrais amants, est un supplice insupportable, n'est-elle
> pour vous qu'un repos ? Que je vous plains de savoir si mal aimer ! Que vous
> y perdez de plaisirs ! Dans le même temps que je connais toute votre
> indifférence, je jouis d'un bonheur que vous ne sentirez jamais...,

tandis qu'à la fin sa passion éclate sans artifice : « Comptez-vous
comme moi les effroyables jours de votre absence ? »

Ces derniers mots résument l'intrigue : la courbe sentimentale du comte ne se développe plus parallèlement à celle de la
marquise, et, à partir de la lettre XLIX, nous assistons au
développement unilatéral de la passion. Sûr de son emprise
définitive sur la marquise, le comte ne songe plus guère à cette
femme qui n'est déjà qu'un nouveau trophée galant dans sa panoplie. Il répond avec négligence à ses appels de plus en plus
passionnés et il la laisse quitter le pays sans la moindre parole
réconfortante, ni la moindre promesse d'aller la rejoindre.

Cette marquise se présente comme un phénomène isolé dans
l'œuvre de Crébillon. En effet, il ne lui vient jamais à l'esprit de
s'amuser aux dépens des petits-maîtres et de son amant. Non
seulement elle ne succombe — « une fois, une seule sans doute »,

selon Étiemble — que poussée par le désir qu'engendre la passion, et non par caprice et par divertissement, mais en se vouant exclusivement à son amour elle ne se lassera jamais de son unique amant. C'est alors que certaines remarques des *Mémoires sur les mœurs* de Duclos prennent une dimension nouvelle : « L'amour est, dit-on, l'affaire de ceux qui n'en ont point; le désœuvrement est donc la source des égarements où l'amour jette les femmes » (413), et la marquise de Crébillon aurait beaucoup gagné à reconnaître les trois gradations que la marquise de Retel distingue en amour :

> aimer c'est de l'amitié; désirer la jouissance d'un objet, c'est de l'amour; désirer cet objet exclusivement à tout autre, c'est passion. Le premier sentiment est toujours un bien; le second n'est qu'un appétit de plaisir; et le troisième, étant le plus vif, augmente et prépare les peines (418–419).

Du Crébillon sans crébillonnage, note Pierre Lièvre dans sa préface aux *Lettres de la marquise de M****, et pour Ernest Sturm qui retrouve chez la marquise le même conflit sentimental et aristocratique que chez la princesse de Clèves, ces lettres « incarnent la confusion sentimentale qui égare une femme de mentalité traditionnelle[12] », dont Jean Rousset résume ainsi le drame : « une passion douloureuse qui ne rencontre qu'un goût », c'est-à-dire une véritable passion « aux prises avec un sentiment incertain et capricieux[13] ».

La duchesse de Suffolk connaîtra plus tard presque la même aventure. Veuve jeune et fortunée qui n'était pas parvenue — malgré des efforts consciencieux — à aimer un mari qui de son côté ne fit rien pour la seconder, celle qui devient en fait la véritable héroïne des *Heureux Orphelins* est fascinée et flattée de se sentir l'objet des soins apparemment exclusifs de lord Durham. Bien qu'elle n'ignore pas la réputation qu'a value au libertin son séjour en France, elle se flatte de découvrir en lui une passion sincère, malgré ses avances quelque peu précipitées. Devant les empressements sans équivoque du lord, la duchesse veut se défendre. Mais tous ses subterfuges offrent à son amant autant de preuves de sa passion.

---

[12] Dans Crébillon, *Lettres de la marquise de M*** au comte de R****, Paris, Nizet, 1970, préface, p. 31.

[13] Dans Crébillon, *Lettres de la marquise de M*** au comte de R****, Lausanne, La Guilde du livre, 1965, préface, p. 18.

À propos de la marquise de M***, Ernest Sturm écrivait : « déchirée entre le rigorisme d'une morale inadéquate et ses propres désirs érotiques, la marquise marque par son drame le niveau le plus bas d'une courbe soulignant la détérioration de la supériorité aristocratique » (*op. cit., 32*). Placée dans la même situation sentimentale, mais libre de sa personne, la duchesse de Suffolk des *Heureux Orphelins* peut résoudre son dilemme en proposant au lord de l'épouser. L'argument embarrasse le libertin, « le temps de chercher quelque fable qui excusât à ses yeux un refus qu'elle était si éloignée de prévoir » (II, 55, 193). Le roman change alors de ton et, se refusant à donner dans le genre larmoyant, Crébillon opte pour l'aventure galante traditionnelle. La duchesse prévenue deux fois par la reine des mensonges du lord (Durham n'a jamais été dans l'obligation de se marier avec une cousine hollandaise pour relever son patrimoine, mais il n'est pas libre non plus de courtiser qui bon lui semble puisque la reine elle-même se propose de l'épouser en remerciement des services reçus de sa famille) cède cependant très vite à ses avances, puis accepte de devenir la pensionnaire attitrée d'une de ses trois « petites maisons ». Sa complaisance précipite sa disgrâce; elle accepte que Durham s'affiche avec une nouvelle maîtresse, soi-disant pour mieux cacher leur union. Mme de Suffolk s'aperçoit enfin qu'elle n'est que l'enjeu d'un pari. À son retour à la cour de Londres, Durham s'était en effet vanté devant témoins de séduire trois femmes aperçues dans une loge de théâtre, la duchesse étant considérée comme la conquête la plus flatteuse du trio.

Mais, plus énergique que la marquise de M***, la duchesse ne s'abandonne pas au désespoir. Malgré le bruit que fait son aventure à la cour, elle y conserve ses amis. Bien qu'elle regrette sa faiblesse, elle ne se sent pas « criminelle » (I, 470, 191). Elle quitte l'Angleterre et voyage en Europe pour oublier ce libertin qu'elle ne peut revoir « sans sentir réveiller, dans [son] propre cœur, ces cruels sentiments qui font l'opprobre de [ses] jours » (*ibidem*). Une fois encore, Crébillon se joue des poncifs du roman libertin : la chute n'est pas fatale à la victime. À l'anecdote à sensations, il préfère l'analyse du cœur, « son délire particulier, le manège de la vanité, de la fausseté dans la plus intéressante des passions » (II, 19, 48).

En raison de ces « développements », les héroïnes de Crébillon trahissent tous leurs secrets. Qu'elles soient sincères ou coquettes, triomphantes ou dupes, elles agissent sans affectation, selon leurs penchants. Leurs actions sont le reflet d'un système ou de convictions faciles à définir. Bien que Mme de Lursay ne nous livre pas directement sa pensée, les observations notées à son sujet par Meilcour dans ses « Mémoires » permettent de se former une idée précise de son caractère.

À l'opposé, nous n'apprendrions presque rien de la personnalité de la Marianne de Marivaux si nous n'avions que ses faits et gestes pour la juger. En négligeant de terminer *la Vie de Marianne*, Marivaux laisse le lecteur dans l'incertitude : que va devenir Marianne à la fin du livre X de ses « Mémoires » ? L'introduction en tête du récit n'apporte aucune précision sur la suite des aventures de Marianne, qui n'en sont encore qu'à leurs débuts quand l'ouvrage se termine. Le sous-titre du livre, *les Aventures de madame la comtesse de* ***, indique qu'elle s'est mariée, mais le ton du récit peut laisser supposer qu'elle se trouve à nouveau seule. Aucun détail ne nous renseigne sur sa vie actuelle : veuve fortunée et choyée, ou pensionnaire retirée dans un chapitre de « Nobles Dames » ? On peut toutefois lui reconnaître une certaine habitude de la vie en société. Il semble qu'elle ait su se montrer vive et étourdie, suivant le ton qui convenait le mieux. Elle aussi observa les hommes et leurs défauts : « On se récria tant sur ma vivacité; et bien en conscience, je n'étais qu'une étourdie. Croiriez-vous que je l'ai été souvent exprès, pour voir jusqu'où va la duperie des hommes avec nous. » (9) Jolie femme, on lui a donc trouvé de l'esprit, mais un esprit qui « n'est bon qu'à être dit », c'est-à-dire, un peu comme pour Marivaux lui-même, une conversation spirituelle. Enfin, « tout [lui] réussissait ».

Si la conformité de ses actes avec ses réflexions se vérifie jusque dans les moindres détails de sa vie, les subtilités de sa logique féminine permettent parfois de douter de son intégrité. Marianne n'adopte pas les mœurs des petites-maîtresses, parce que la confiance de Mme de Miran lui paraît plus convenable et plus solide que les offres du vieux Climal. « Si le méchant respecte la vertu, fera remarquer le libertin Noirceul à Juliette, c'est qu'elle lui sert, c'est qu'elle lui est utile. » (Sade, *Histoire de Juliette*, VIII, 145) Pour Laurent Versini le personnage, comme tous ceux de Marivaux, est ambigu et sait profiter de son ambiguïté de caractère. Mme de Miran, note-t-il, voit en elle « une dangereuse petite fille » (*Laclos et la Tradition,* 137). Mais en relevant également ce trait, Olivier de Magny estime que « le sens de dangereux est précisé quelques lignes plus bas par ces paroles que Mme de Miran adresse à Marianne : Je ne saurais te savoir mauvais gré d'être aimable[14] ». On ne peut accuser Marianne de libertinage. Pourtant, ses observations minutieuses sur les faiblesses humaines, son habileté à sacrifier ses sentiments pour mieux se faire agréer de ses protectrices, ainsi que ses refus systématiques aux avances des libertins dénotent l'esprit rusé et volontaire d'une personne décidée à reconquérir par ses talents féminins le rang social dont un accident de voyage l'a privée dès le berceau. Elle semble bien avoir réussi. Il y a loin de la jeune Marianne qui, dans la situation où la laisse Marivaux, ne voyait « rien d'assuré », à la douairière vive et spirituelle que nous imaginons en train d'écrire à une amie le récit de ses aventures de jeunesse[15].

Avec *la Paysanne parvenue*[16] (1735–1736) le chevalier de Mouhy poursuit très fidèlement la voie tracée par Marivaux. Le livre, publié un an après *le Paysan parvenu*, suit la diffusion de la première partie de *la Vie de Marianne*, « une brochure [...] qui était fort courue » (III, 284), ainsi que le précise l'héroïne qui découvre ce livre dans sa bibliothèque et qui n'en quitte « point la lecture qu'elle n'eût achevé cette première partie » et qui aurait « donné tout ce qu'elle avait pour avoir les suivantes » (III, 285).

Le titre de l'ouvrage prête à confusion puisque, éloignée très tôt de sa famille et de son village, Jeannette commence son éducation de « demoiselle » dès l'âge de 14 ans. Dès cette époque elle s'éprend du jeune seigneur qui deviendra son mari quatre ans plus tard. Mouhy insiste encore plus nettement que Marivaux sur les bénéfices à retirer d'une vie exemplaire. Aux thèmes habituels du couvent où l'on enterre « toute vive » (I, 361) la jeune fille qui rejette les décisions de ses parents, et des « Égarements » de

---

[14] Dans Marivaux, *Vie de Marianne,* Lausanne, Éditions Rencontre, 1961, p. 554, n. 191.
[15] Pour une analyse détaillée du caractère des personnages de Marivaux on pourra consulter les travaux de Henri Coulet, notamment *Marivaux romancier. Essai sur l'esprit et le cœur dans les romans de Marivaux.*
[16] Charles de Fieux, chevalier de Mouhy, *la Paysanne parvenue ou les Mémoires de Mme la marquise de L. V.*

l'esprit et du cœur (III, 279), l'auteur oppose un jugement complaisant à l'égard des mœurs de la haute société et de la cour. En dépit de la remarque du vieux marquis de L. V. qui « ne regarde notre origine que comme une introduction à la conduite que nous devons tenir dans la vie » (IV, 150), le rang confère à tous les personnages de Mouhy dignité et distinction; seuls les subordonnés sont capables de se livrer à des pratiques répréhensibles.

Quand la vanité surprend Jeannette, il ne s'agit tout au plus que d'un sentiment de satisfaction bien compréhensible. Au cours d'une séance d'habillage, qui marque son passage de l'état de paysanne à celui de « demoiselle », elle avoue se trouver d'un « éclat infini » et demande l'indulgence du lecteur pour ce trait de vanité, ajoutant qu'elle n'a « point trouvé mauvais [...] que M. de la Vallée fît valoir tout le mérite dont il est pourvu » (I, 204). De Marivaux, Mouhy reproduit aussi avec soin la technique descriptive; ses portraits de Mlle Duparc (I, 81), du financier M. de G*** (I, 185), du fermier général Gripart (I, 222) représentent de véritables exercices d'imitation. L'auteur accroît cette impression de dépendance en contant, dans la première anecdote en marge de l'intrigue, une « histoire de Marianne » (I, 145–172), et en comparant les aventures de sa paysanne à celles de l'héroïne de Marivaux :

> Je m'oubliai moi-même, pour ainsi dire, en faveur de l'aimable Marianne que je lisais; il me semblait trouver un rapport parfait de sa vie avec la mienne. Elle trouvait une protectrice, le portrait qu'elle en faisait convenait à Madame de G***. À chaque page je faisais des applications... (III, 284)

En dépit de son manque d'originalité le roman de Mouhy offre une description vivante et précise de la société et de ses rites mondains. Comme Jacob, Jeannette vit sa première soirée publique à la Comédie et, comme lui, y dévisage avec la même curiosité et la même satisfaction d'amour-propre les habitués des loges. Sans qu'il soit question pour elle de libertinage, elle s'accommode pourtant fort bien de cette vie nouvelle et accepte de bonne grâce de partager l'existence des petits-maîtres (le terme revient fréquemment dans le livre). Elle se montre sensible à leurs avances et ne trouve aucun ridicule dans leurs « politesses ». Elle étudie même avec soin les « mines » qui lui permettront de déjouer leurs

entreprises et qui la débarrasseront de ses gaucheries de
« provinciale ».

L'héroïne de Marivaux créa donc, bien avant celle de Rousseau, une vogue littéraire bien définie qui suscita à son tour, une
trentaine d'années avant les caprices de Marie-Antoinette à
Trianon, cet engouement de la société féminine pour les plaisirs
idylliques de la campagne. Cette filiation romanesque est encore
peu connue. Si *la Nouvelle Marianne ou les Mémoires de la
baronne de *** écrits par elle-même*[17] (1740) de l'ex-jésuite
Claude-François Lambert est parfois citée, on oublie souvent
« L'Histoire mise en dialogues » de *Marianne ou la Paysanne de
la forêt d'Ardennes*[18]. L'ouvrage, paru en 1767, est pour la forme à
mi-chemin de la narration et du roman épistolaire. L'auteur
demeuré inconnu précise dans un « Avertissement » que, « cette
Héroïne étant une paysanne, on a cru devoir choisir le genre du
dialogue, comme le plus propre à conserver cette simplicité, cette
naïveté si convenable au genre rustique » (VII). Ergaste, jeune
noble que Marianne rencontre à Paris et qui restera son correspondant, relate — en imaginant un dialogue avec elle — les aventures
de cette fille de paysans des Ardennes que la fortune — sous les
traits d'un officier — conduit à Paris. Après quelques mois
difficiles elle goûte aux plaisirs de la capitale tout en conservant
son honneur : promenade aux Tuileries où elle s'aperçoit qu'on
l'admire, dîner au Palais-Royal où elle découvre les ridicules de la
« bonne compagnie », enfin l'Opéra qui ne l'impressionne pas
puisque, comme le lui explique son protecteur, le comte de ***,
« l'Opéra est une espèce de souterrain où les gens désœuvrés vont
se rassembler; les uns pour y faire des parties, des soupers, les
autres pour s'y voir, s'y lorgner » (149). Plus heureuse que ses
compagnes de la fin du siècle, Marianne reviendra à son village
pour y trouver le vrai bonheur, en épousant Antoine, berger
qu'elle avait abandonné à la légère en allant à Paris. Elle rompt
sans peine avec ses connaissances de la ville, car si peu lui importe
« le bon ton, la bonne compagnie; [elle qui est] du ton
campagnard » (294), elle se rend compte qu'il faut à Ergaste « des

---

[17] Notre exemplaire de cet ouvrage date de 1740 alors que Barbier, dans son *Dictionnaire des ouvrages anonymes,* n'en mentionne la première édition qu'en
1765.
[18] Cet ouvrage anonyme n'est cité ni par Barbier, ni par Quérard ou Cioranescu.

propos fleuris, élégants » (295) qu'elle ne pourrait pas lui offrir dans son pays.

Le roman suit les transitions précisées par Marivaux : en revêtant son premier vêtement de « demoiselle », la Marianne des Ardennes se sent transformée : « Mes peines, mes chagrins, ma bassesse, ma naissance, toutes mes misères enfin semblaient être disparues comme par une espèce d'enchantement, comme pour faire place aux richesses, aux honneurs et à la considération. » (69–70) À part cette remarque, peu de notations psychologiques pertinentes, nulle étude de mœurs originale. Marianne s'établira selon les lois de sa naissance et son séjour à Paris ne modifie ni sa fortune ni sa personne; et l'on peut penser que la lecture de ces 13 dialogues produisit un effet semblable sur le lecteur de 1767.

On ne peut parler de filles ou de femmes pour qui la recherche du plaisir devient plus un art de vivre qu'un moyen de réussir sans rappeler dès maintenant les pages les mieux connues de Nerciat, auteur voluptueux et écrivain doué dont nous aurons l'occasion de reparler. Pour lui, les femmes, de par leur constitution physiologique et morale, ne peuvent être que ces « femmes galantes » qu'a si bien jugées Crébillon dans sa préface aux *Lettres de la duchesse de *** au duc de **** : « Ces femmes si tendres ! si tendres ! à qui il faut toujours tant d'amour ! tant d'amour, que, sans forcer nature, il est presqu'impossible de les satisfaire. » (II, 123, XIII) Pour que la frivolité constitue l'unique sujet sérieux de ses ouvrages, les femmes y tiennent les rôles principaux et conduisent les intrigues. Les petits-maîtres qui papillonnent autour ou les valets qu'elles louent et paient suivant leur vigueur ne prennent jamais l'initiative, sauf quand il s'agit de leur organiser des « parties » de haute voltige. Plus précisément, nous verrons comment Nerciat relève constamment l'originalité du libertinage féministe prôné par ses personnages, tant par les dispositions narratives et dialoguées de ses ouvrages que par les propos de ses héroïnes (*cf. infra*, chap. V).

Félicia, son personnage le plus célèbre et le plus représentatif, le seul pour lequel il tente une esquisse d'analyse, reparaît sous des noms divers dans tous ses ouvrages. C'est l'Érosie du *Doctorat impromptu*, lesbienne déclarée qui se permet pourtant un « commencement de galanterie » avec le jeune Solange qui l'avait « intéressée ». Ce sont surtout la marquise et la comtesse de

Motte-en-Feu du *Diable au corps* et toutes les clientes de l'asile des *Aphrodites*. Dans *les Livres du second rayon* Émile Henriot estime que la confession de Félicia, à l'exception d'une « dizaine de passages un peu lestes, [pourrait] faire un roman charmant, léger sans doute, mais guère plus que *les Liaisons dangereuses* ou *les Amours du chevalier de Faublas* que d'ailleurs il a devancés » (282). Dans *Félicia ou mes Fredaines*, les commentaires de l'héroïne, ses réflexions l'emportent sur l'aspect descriptif tel qu'on le trouve dans *les Aphrodites* et *le Diable au corps*. Le livre reste pourtant fidèle à la structure de ces deux ouvrages. Hubert Juin note qu'on « y trouve le récit d'une initiation, un *voyage* dans l'intérieur de la société, une *philosophie* qui, prêtée à l'héroïne, est celle de l'auteur [...] Félicia ne manque pas de traits moraux, qui, cela va sans dire, compromettent la moralité en cours[19]. »

Née de parents inconnus, en plein océan, « sur un monceau de morts et de mourants, parmi les horreurs d'un combat naval » (6), Félicia est adoptée par le couple Sylvina-Sylvino, deux noms qui indiquent avec quelle légèreté l'auteur entreprend son récit. Sylvina, née de bonne famille, peut vivre de ses rentes et entretenir son mari artiste peintre. Au début, tous deux considèrent l'enfant adoptée comme une cousine ou comme une amie. Mais en grandissant, Félicia devient la rivale galante de Sylvina. Avant de partir pour un long voyage d'affaires en Italie, Sylvino met sa pupille en garde, non pas contre le libertinage — ce mot n'est jamais prononcé —, mais contre les erreurs d'insouciance communes aux jeunes filles qui ne songent pas à leur sécurité quand jeunesse et beauté leur permettent de se constituer des rentes substantielles. En bonne libertine qu'elle est déjà, en dépit de ce qu'elle en pense, elle refuse toute déclaration d'amour éternel mais n'hésite pas à provoquer l'amant trop lent à lui prouver la solidité de ses sentiments. Le premier billet du chevalier d'Aiglemont la comble de joie car « il n'y manquait que ce serment d'une ardeur éternelle que pour la première fois de [sa] vie [elle avait] le bonheur de ne pas rencontrer dans un écrit amoureux » (44). Aussi est-elle prête à lui donner des « facilités, et à supprimer autant qu'il dépendait

---

[19] Dans *Dictionnaire des œuvres érotiques*, Paris, Mercure de France, 1971, pp. 175–176. Sur les rares commentaires suscités par ce livre, voir l' « Avant-propos » et la « Petite bibliographie commentée des œuvres d'Andréa de Nerciat » de Pierre Josserand dans sa réédition de *Félicia*, Paris, La Bibliothèque privée, pp. IX–XX et 309–310.

[d'elle] les formalités ennuyeuses ». À l'image de ceux qui la fréquentent, elle ne s'attache à personne et quitte Aiglemont dont elle « raffolait » pourtant la veille et qu'elle ne déteste pas encore, pour être libre d'accepter les avances de l'oncle du chevalier, un monseigneur, petit-maître dont la générosité lui permettra de traiter en égale avec Sylvina. Par la suite elle séduira consciemment un noble anglais, lord Sydney, qui peu après se révèle être son père. L'amant comblé qui lui avait légué un château spécialement aménagé pour le plaisir cède la place à un père aussi bien intentionné, et la fortune de Félicia se trouve définitivement établie. Elle ne prétend pas s'amender pour autant et continue à s'adonner par plaisir à ce libertinage qui se révéla le moyen le plus agréable et le plus efficace d'acquérir un rang dont une naissance dramatique l'avait momentanément éloignée.

En dépit de son inconséquence de caractère, reflet de l'incohérence de l'intrigue, Félicia acquiert au cours de ses aventures et de ses rencontres une propension de plus en plus vive au plaisir. Il y a loin de la petite jouisseuse écervelée, déniaisée par Aiglemont, à la voluptueuse délicate qui parcourt l'Italie, « pensant comme un homme doué d'une assez bonne tête et sentant comme une femme très fragile » (313). Novice quand elle rencontre le chevalier, lui échappait alors « la jouissance d'une infinité de gradations que [son] voluptueux amant savourait avec le dernier transport » (46). Mais s'étant bientôt aperçue qu'il ne fallait pas compter sur son cœur, inutile dans ces sortes d'affaires, elle adopte le système du chevalier, et, sans s'occuper de l'avenir, elle ne songe plus « qu'à jouir du présent » (69). Par la suite, elle découvre avec l'Italien Géronimo l'exaltation sensuelle du « moment », qu'elle juge d'une qualité bien supérieure à tous les plaisirs grossiers dont se satisfont ceux qu'elle nomme dédaigneusement « les libertins ».

> L'amour qui pétillait dans ses yeux, dans les vives couleurs de son charmant visage, le délire pathétique de ses sens se communiquaient aux miens; j'étais à mon tour muette, immobile; mes mains, ma gorge étaient abandonnées à ses baisers. Le plaisir concentré dans mon âme n'éclatait au dehors que par la rougeur de mon visage et les oscillations précipitées de mon sein. S'il eut osé... (122)

> Il existait enfin ce fortuné moment après lequel nous languissions l'un et l'autre depuis si longtemps, faute de nous entendre. Vous pouvez seuls en apprécier les charmes, lecteurs délicats, pour qui de semblables instants ont

eu lieu. Vous ne vous en ferez pas une idée juste, multitude libertine, aux plaisir de qui l'amour et la volupté ne présidèrent jamais, et qui vous rassasiez sans choix de saveurs vénales, lorsqu'un besoin incommode aiguillonne vos sens grossiers (128).

Enfin, riche et libre à nouveau par la mort de son mari, elle voyage en Italie et trouve dans les arts de nouveaux agréments qui affinent ses goûts. Félicia, note encore Emile Henriot, « exprime à la perfection ce soin méticuleux de ne laisser corrompre par aucun idéalisme la pureté de ses plaisirs... » (*op. cit., 295*). En se laissant guider uniquement par ses penchants, elle ne tente pas d'imposer un système recommandable, quoiqu'elle puisse se flatter d'avoir connu une existence parfaitement heureuse et de « n'avoir jamais fait le malheur de personne » :

> si quelqu'un de ces gens sévères qui aiment *qu'on fasse une fin* me remontrait ici que, sortie d'un état équivoque dans lequel j'étais peut-être excusable de me *conduire* mal, j'aurais dû me réformer et vivre plus *honnêtement*, je lui répondrais que je n'y pensais pas dans le temps et que d'ailleurs j'aurais peut-être fait des efforts inutiles. Car un homme de génie, qui connaît le cœur humain, a dit pour ma consolation et pour celle de beaucoup d'autres : « N'est pas toujours femme de bien qui veut » (313).

Ces lignes qui servent de conclusion aux « fredaines » de Félicia exposent, en les distinguant, les deux raisons qui, d'après elle, poussent les femmes au libertinage, qu'il soit mondain ou populaire. Félicia, d'origine équivoque et de fortune modeste, s'adonne au libertinage par besoin. Mais redevenue la fille du riche lord Sydney, elle conserve le même genre de vie par goût des plaisirs et de l'éclat. À partir de ce moment, elle devient petite-maîtresse au sens exact du mot. Quand l'argent et l'acquisition d'un titre nobiliaire ne sont plus les mobiles des dérèglements, il est alors permis d'en relier les causes à des dispositions sensuelles ou — comme nous le verrons bientôt — à des raisons personnelles que certaines affirmeront être méritoires. Ce libertinage féminin intentionnel se manifeste surtout durant la seconde partie du siècle et, à l'époque des écrits de Sade, revêtira lui aussi un caractère de plus en plus agressif. Avant de devenir cette arme pernicieuse qu'utilisera la marquise de Merteuil pour éconduire Valmont, il représente déjà pour certaines un « bouclier contre l'amour » qui leur offre des artifices divertissants pour déjouer les ruses des petits-maîtres. En s'émancipant à leur tour, les petites-maîtresses entrent à chances égales dans le jeu des libertins.

C'est pourquoi, vers la fin du siècle, l'œuvre de Nerciat mise à part, la littérature n'offre plus guère d'exemples de personnages pour qui la passion de jouir est l'unique mobile de leurs actions. Le marquis de Luchet le constate quand, au début du *Vicomte de Barjac*, il rappelle qu'Elmire

> était du petit nombre des femmes dont la jouissance fait d'un goût une passion [...] Jamais femme n'a porté plus loin la magie de la jouissance. Elle avait le rare et délicieux secret d'inviter la pudeur où tant d'autres la croient gênante. Il semblait qu'on avait toujours deviné le moment de ses désirs. Pendant les calmes, le sentiment le plus vrai et le plus tendre persuadait qu'on avait tout accordé au cœur, et rien à la nature (35–36).

Barjac qui l'a connue lors de son premier séjour à Paris, quand il n'était qu'un jeune lieutenant sans fortune, partage avec elle les moments les plus heureux de sa vie et, même s'il « n'était pas encore assez avancé pour analyser ces gradations, il jouissait avec ivresse, sans connaître la cause de son bonheur » (36). Sa deuxième liaison quelques mois plus tard, avec la comtesse de Berlitz, femme d'un gentilhomme aixois, n'aura plus cette chaleur à la fois généreuse et réservée. Très épris l'un de l'autre, les rares moments d'intimité qu'ils arrachent à la surveillance du mari ne font qu'aggraver leur mal. Mme Orithie, par contre, revenue de cette galanterie qui n'est que pure comédie inutile si l'on ne considère que les résultats, est « guérie des grandes passions traînant à leur suite tant de contraintes » (96) mais demeure sujette « aux caprices expéditifs ». Pour supprimer les « langueurs du sentiment » elle éblouit ses visiteurs par son « catéchisme inintelligible » de pseudo-magicienne et s'offre à eux au moment où ils sont le plus désorientés. Aussi décidée que les héroïnes de Nerciat, elle n'en goûte pas moins les louanges adressées à son esprit et le respect qu'elle impose aux plus crédules :

> C'est que, s'il est glorieux d'être belle, il est bien flatteur de passer pour philosophe, d'avoir l'ivresse du plaisir, et les honneurs de la sagesse; d'être tout à la fois F... comme un ange et respectée comme une divinité. Quoiqu'il faille être femme pour bien apprécier tout cela, j'entrevois cependant les côtés utiles d'un semblable système (96–97).

Au libertinage féminin on peut rattacher aussi les aventures romanesques des plus célèbres religieuses de la littérature. À partir du Moyen Âge, la licence des mœurs conventuelles fournit aux écrivains un de leurs thèmes les plus colorés. *Le Concile de Remiremont* remonte aux premières années du xiie siècle. On y voit les chanoinesses du chapitre réunies dans la salle capitulaire de la célèbre abbaye vosgienne pour décider qui vaut mieux en amour d'un clerc ou d'un chevalier, c'est-à-dire d'un religieux ou d'un laïque. La déléguée du dieu Amor, qui préside le concile, donne l'avantage — déjà à cette époque — aux clercs et oblige celles qui avaient préféré des chevaliers à faire pénitence pour ne pas être exclues de la communauté. *Le Concile de Remiremont*, composé de 238 vers latins, aurait — selon Émile Langlois[20] qui, à la fin du siècle dernier, fut un des premiers à nommer ainsi un texte d'abord connu sous le nom de *Concile d'amour* — servi de point de départ à toute une série de poèmes à travers lesquels son influence se serait étendue jusqu'au *Roman de la rose*.

Dans ce contexte particulier, le libertinage ne devient synonyme de scandale que lorsque la rumeur publique s'en empare, et les héroïnes sont alors jugées davantage sur la publicité donnée à leur conduite que sur la gravité de leur faute : constatation notée par le Mirabeau de *Ma Conversion* qui remarque qu'au « cloître comme ailleurs, péché caché n'est rien » (107). Les moniales de Remiremont connaissaient déjà cette morale; les séances du concile se tiennent à huis clos et les hommes en sont exclus, à l'exception des clercs du diocèse de Toul accueillis par privilège spécial à titre d'observateurs.

Au xviie siècle, en dépit du rigorisme hypocrite du Roi-Soleil, le sujet n'est pas totalement négligé et assure le succès d'ouvrages clandestins ou qui seront aussitôt censurés. En 1655 dans *l'École des filles ou la Philosophie des dames*, Suzanne explique à Fanchon comment « les filles [...] se contentent de gaudemichis[21] ou de simples engins de velours ou de verre, [...] se servent avec des cervelas, de grosses chandelles de quatre à la livre, ou faute de cela mettent le doigt [...] Et tant de pauvres filles recluses malgré elles, et toutes les religieuses qui ne voient le monde que par un trou, sont bien contraintes d'en user ainsi, et ne peuvent chasser les

---

[20] *Origines et Sources du Roman de la rose*, pp. 6–9; voir aussi les remarques de Jeanne Ponton dans son étude sur *la Religieuse dans la littérature française*, ouvrage bien construit mais qui passe volontairement sous silence le thème essentiel de la nonne libertine, pp. 33–35.
[21] Du latin *gaude mihi*; deviendra godemiché.

tentations autrement. » (124–125) Une trentaine d'années plus tard, sœur Angélique confie à sœur Agnès, la jeune religieuse « en chemise » de *Vénus dans le cloître* : « Je veux te faire part de mes plus secrètes habitudes, et te donner une idée parfaite de la conduite d'une sage religieuse. » (15) Ce genre de remarque revient constamment; on se souvient de la réflexion du visiteur dans l'appartement de la Gourdan à propos des pommes d'amour (*cf. supra*, 27). Tandis que les livres que possèdent les deux cloîtrées rappellent ceux que Pantagruel admirait à la librairie Saint-Victor, les remarques du jésuite Raucourt et de sœur Angélique sur le rôle social des couvents, sur la justification naturelle des dérèglements sexuels et sur la définition d'un plaisir purement sensuel annoncent celles de Sade. Mais l'abbé Barrin respecte les limites établies par le sous-titre de son livre, *Entretiens curieux*. À l'exception de quelques baisers « à la florentine », de quelques caresses bien précises, il ne livre au lecteur qu'un dialogue « instructif » entre une religieuse avertie — pour qui *l'École des filles* n'est qu'un ouvrage « dont toutes les parties ne valent rien » (95) — et une jeune novice ravie de l'écouter. À la même époque La Fontaine qui veut que

> [...] les nonnains
> Fassent les tours en amour les plus fins[22]

consacre trois de ses *Nouveaux Contes* (« Les Lunettes », « Le Psautier », « L'Abbesse ») à leurs « bons tours ».

À propos des aventures de la religieuse portugaise, Henry Bordeaux — qui, à la grande indignation de Frédéric Deloffre[23], considère Marianna Alcoforado comme l'auteur spontanée des lettres — remarque que, grâce à la discrétion de Chamilly, la religieuse-auteur de Béja, à l'exemple des participantes du *Concile de Remiremont*, n'est jamais accusée de libertinage, bien que ses lettres ne laissent aucun doute sur la facilité qu'elle avait « de céder à l'instinct qui nous porte au plaisir des sens ». La sincérité de sa passion et les tourments qu'elle lui valut émurent ses confidentes au point que, « le 30 juillet 1709, les religieuses ayant à

---

[22] « Les Lunettes », *Œuvres complètes*, p. 276.
[23] Dans Gabriel de Lavergne de Guilleragues, *Lettres portugaises, Valentins et autres œuvres*, pp. VII–XVII.

élire leur abbesse, Marianna eut quarante-huit voix contre cinquante-huit données à Donna Joanna Velloso de Bulhâo qui fut élue. Ses compagnes l'estimaient assez pour se confier à elle[24]. »

L'ouvrage attribué à Guilleragues en 1669 n'est pas hors de propos dans une étude sur le xviiie siècle puisque, vers 1770, le poète Dorat se flatte d'offrir une version améliorée de ces lettres qui l'ont séduit mais dont « la forme [... l'] a souvent dégoûté ». Des cinq lettres en prose du diplomate et ami de Jean Racine, Dorat tire, tout en les condensant — du moins si l'on en croit ses « réflexions préliminaires » — 16 lettres en vers sous le titre : *Lettres d'une chanoinesse de Lisbonne à Melcour, officier français*[25], dont il défend ainsi la présentation :

> Le but de mes efforts est de remettre, s'il est possible, sous les yeux du Public, un excellent tableau, privé de la moitié de son succès par la faiblesse de son coloris. Je me suis pénétré de l'ensemble de l'Ouvrage; j'y ai retranché, ajouté, développé ce qui ne l'était pas assez, resserré ce qui l'était trop; et pour le rajeunir tout à fait, j'ai osé l'écrire en vers. J'ai cru que cette forme était infiniment plus favorable, et ferait ressortir davantage des beautés éparses, qui ne demandent qu'à être mises sous un point de vue plus rapproché. Les vers sont, en effet, la langue du sentiment (vi–vii).

Euphrasie, nouveau nom de Marianna, dont l'auteur admet l'historicité, ne connaît pas la fin douloureuse de son modèle. Melcour, revenu en France depuis un an, durant lequel il n'a pas écrit, lui annonce dans la dernière lettre du récit qu'il revient pour l'épouser, comblé d'honneurs par son roi. Il lui explique alors la raison de son silence, c'est-à-dire la crainte de la décevoir s'il lui était arrivé de lui annoncer faussement son retour. Un passage intéresse plus directement notre sujet, puisqu'il traite de la qualité de l'amour d'une religieuse comparé à celui des femmes du monde. À la suite des observations de Marivaux et de Duclos, dont nous reparlerons, Dorat indique pourquoi la passion d'une religieuse est la plus violente :

> L'Habitante d'un Cloître a, dit-on, peu d'attrait;
> Et pourquoi donc, cruel ? d'autres soins peu troublée,
> Son âme est bien plus tendre, étant plus isolée.
> Oui, dans la solitude, on est tout à l'amour;
> On y rêve la nuit, on y pense le jour;
> De l'objet qu'on adore on s'occupe sans cesse,
> Et le recueillement augmente encore l'ivresse (98–99).

---

[24] Henry Bordeaux, *Marianna, la Religieuse portugaise*, pp. 163–164.
[25] Claude-Joseph Dorat, *Collection des œuvres*, T. II, pp. 1–187.

Malgré la maladresse de l'adaptation et les faiblesses de la versification, le récit de Dorat offre, au xviiie siècle, un des rares exemples littéraires de religieuse qui, tout humaine et faible qu'elle soit, ne se trouve nullement discréditée aux yeux de ses connaissances comme à ceux du lecteur.

Le nom de sœur Simonin évoque plus confusément une suite de tableaux scandaleux, car la fatalité s'acharne sur la religieuse de Diderot, victime de sa naissance illégitime. La détermination avec laquelle elle tente d'échapper au serment de ses vœux perpétuels comme la bonne volonté résignée qu'elle met à observer les règles du cloître se retournent toujours contre elle. Sa fuite ne lui apporte pas la délivrance qu'elle en espérait, elle avoue même qu'elle serait revenue au couvent si elle en avait eu la possibilité. Le roman de Diderot, se voulant à la fois social et psychologique (on dira naturaliste au siècle suivant), n'accorde aucune place au sentimentalisme. De religieuse martyre qu'elle est en réalité, sœur Simonin devient, pour le public ignorant de sa situation, « une mauvaise religieuse sans mœurs, sans religion, et qui s'amourache d'un vilain moine avec lequel elle se sauve de son couvent[26] ». Soixante ans plus tôt, Mlle de Tervire, la seconde religieuse que l'on rencontre dans *la Vie de Marianne*, avait connu les mêmes désillusions. Une remarque de Fougeret qui, dans *le Cosmopolite*, décrit plus en observateur qu'en romancier les singularités sociales qui persistent en Europe au siècle des philosophes, confirme l'authenticité de la scène essentielle du roman de Diderot : la cérémonie de la prise de voile forcée, sans qu'il lui soit nécessaire d'en dramatiser la réalité :

> J'ai eu la curiosité, écrit-il lors de son passage à Florence, d'assister à la prise d'habit d'une de ces déplorables victimes de l'avarice de leurs parents. La tristesse peinte dans ses yeux n'annonçait que trop que sa vocation n'était pas sincère; mais les regards menaçants d'une mère inhumaine lui arrachèrent un consentement contre lequel son cœur protestait malgré la violence qu'elle se faisait pour cacher son trouble... (98)

Ni Marivaux ni Diderot ne furent donc les premiers à exploiter le thème de la nonne libertine. L'histoire de la religieuse des *Lettres portugaises* ne doit pas non plus faire oublier les aventures

---

[26] Denis Diderot, *la Religieuse, Œuvres romanesques*, p. 391.

de cloîtrées moins célèbres pour qui, déjà, l'amour consistait en parties de plaisirs clandestines. L'ambiance du couvent qu'évoquent sœur Angélique et sa jeune disciple sœur Agnès dans les cinq premiers dialogues de *Vénus dans le cloître* annonce en effet en tous points, dès 1683, l'atmosphère de la maison de Saint-Eutrope d'Arpajon, troisième et dernier couvent où vécut la sœur Simonin de Diderot.

Mais si Marianna, Mlle de Tervire et sœur Simonin représentent des cas extrêmes, il ne faut pas oublier que les religieuses ne sont pas les seules pensionnaires des couvents. Internats pour demoiselles titrées attendant qu'on leur désigne un mari, maisons de retraite pour veuves fortunées et même instituts de redressement pour filles galantes, les couvents jouent souvent davantage le rôle d'une institution publique que celui d'une maison de prières. Carmel pieux ou Bastille pour femmes, chaque maison défend sa spécialité, chaque chapitre interprète les règles de son ordre suivant les fantaisies de son abbesse. Les rendez-vous sont autorisés au parloir et les grilles n'empêchent ni les « poulets » de circuler, ni les baisers de s'échanger — quand ce n'est pas mieux, au dire de Thémidore —, tandis que les confessionnaux offrent aux « directeurs » les retraites propices aux propositions concrètes. Les ouvrages licencieux circulent dans les cellules des pensionnaires et des novices, comme porte à le penser, outre les assertions des romanciers, l'exemplaire des *Monuments du culte secret des dames romaines*[27] de Hugues d'Hancarville (imprimerie du Vatican, 1787), découvert dans les coffres de la bibliothèque municipale de Remiremont, dont les ouvrages les plus anciens proviennent directement des collections du « Chapitre des Nobles Dames » dispersé en 1791. Pour l'ensemble des romanciers libertins du XVIIIe siècle les couvents sont les premières écoles de débauche féminine : « Auguste, je ne reviens pas de mon étonnement; qui pourrait imaginer dans une maison comme celle-ci de telles folies, un libertinage pareil ? », avoue Thérèse à l'amie

---

[27] *Monuments du culte secret des dames romaines, pour servir de suite aux « Monuments de la vie privée des douze Césars »*; en réalité imprimé à Nancy chez Le Clerc (voir Barbier, *Dictionnaire des ouvrages anonymes*, T. III, p. 350); ce livre dont la destruction fut ordonnée « par arrêt du 19 septembre 1826, à cause des gravures obscènes qu'il contient », se trouve à la Bibliothèque nationale aux cotes Enfer 915, 916, 917 (éd. 1784), Enfer 912, 913 (éd. 1785), Enfer 930 (éd. 1787).

qui vient de lui conter, dans le cinquième dialogue (51) des *Tableaux des mœurs du temps*, à la suite de quels jeux champêtres elle fut initiée un soir de la Saint-Jean aux amusements des jeunes religieuses. « Que serait-ce donc si je peignais les amours des jardiniers ?... les ruses pour faire entrer des amants ? les horreurs du despotisme que les vieilles discrètes exercent sur les pauvres enfants qu'on leur a livrées ? Que serait-ce si, te racontant mille scènes dignes de l'Arétin, je t'effrayais de la corruption que ces demoiselles vont puiser, jusqu'au moment où on les marie, dans ces lieux consacrés à la vertu et prostitués aux vices ? » (113), écrit l'auteur de *Ma Conversion* lors du séjour de son héros au couvent.

Mais pour Mirabeau, la légèreté des nonnes est encore un moindre mal, comparée aux intrigues qui rongent les congrégations. « On ne peut pas toujours prier, il faut médire », constate-t-il au cours du même épisode (112), quand à la suite de médisances qui, par l'intermédiaire d'un confesseur jaloux, parviennent au bureau de l'évêque, son libertin doit quitter l'appartement qu'il partageait depuis six semaines avec l'abbesse. Mais du même coup — probablement sans l'avoir voulu — il rend justice à la discipline religieuse puisqu'il suffit à l'abbesse frivole d'apprendre la venue de son supérieur pour congédier en hâte son visiteur. « Je voulais l'attendre [l'évêque]; ma chère abbesse me fit concevoir que je la perdrais; et je partis », écrit le libertin (114). Par contre, quatre pages du *Degré des âges du plaisir* suffisent au député d'Aix pour donner libre cours à son anticléricalisme. C'est au couvent, où ses parents l'enferment de sa dixième à sa quinzième année, que Constance est « mise au fait du mécanisme de la nature » (31). Dans la lettre qu'elle envoie à son ami d'enfance Belleval — lui-même pensionnaire chez des bénédictins qui l'encouragent aux mêmes observations — elle rapporte ses séances d'initiation avec une jeune religieuse de la communauté. Rien n'est dissimulé à la curiosité de l'élève qui, en attendant mieux, rêve dans les bras de sœur Angélique aux « charmes ravissants et inexprimables de la jouissance » (32). Si l'on est encore surpris d'apprendre du respectueux Rousseau, au cinquième livre de l'*Émile*, que les « couvents sont de véritables écoles de coquetterie, non de cette coquetterie honnête [...], mais de celle qui produit tous les travers des femmes et fait les plus extravagantes petites-maîtresses » (491), on ne doit plus s'étonner de lire dans l'*Histoire de Juliette* que la libertine de Sade acquiert les bases de son éducation sous la direction de Mme Delbène, abbesse du couvent de Panthemont d'où « sortaient depuis des années les femmes les plus jolies et les plus libertines de Paris » (VIII, 15). Sur le plan artistique on comprend pourquoi la permanence du décor et l'uniformité des acteurs qu'il suppose limitent l'originalité des intrigues monastiques. Libertinage est synonyme de gestes osés dans ces circonstances quoique licites en d'autres lieux. En général les écrivains se contentent de présenter les couvents comme l'endroit idéal pour se familiariser avec l'usage des succédanés de l'amour naturel. Une exception importante est cependant à noter avec la diffusion clandestine en 1740 du livre « pornographique » le plus célèbre du siècle : *Histoire de Dom B*** portier des chartreux*. Le ton du récit de Dom Bougre diffère violemment de celui de ses contemporains et suffirait à priver Rétif des prérogatives de la nouveauté en ce domaine. Aux orgies des moines s'ajoutent les dérèglements des nonnes, car le livre présente aussi un des meilleurs exemples du libertinage supposé de certaines religieuses. De même que « l'histoire du père Jérôme » constitue dans *la Nouvelle Justine* un abrégé des théories philosophiques et des anecdotes particulières aux ouvrages de Sade, les 40 pages du récit de sœur Monique offrent un aperçu assez complet des aventures qui, selon les romanciers, arrivent nécessairement à une pensionnaire sans vocation : jalousie provoquée chez ses compagnes par ses succès au parloir, découverte accidentelle du godemiché de la mère supérieure, intrigues de confessionnal avec le directeur officiel de la maison, rendez-vous nocturnes à la chapelle, etc. (46–89). Malgré (!) les poursuites policières et les procès dont il fut l'objet le livre fut aussitôt célèbre. En 1745 le marquis d'Argens le cite à deux reprises dans *Thérèse philosophe*. Celle qui s'offre de « former le cœur et l'esprit » (57) de Thérèse et qui jouit à Volnot (Toulon) d'une solide réputation de dévote en lit quelques pages en attendant l'abbé T***, son amant, et estime que « ses portraits sont frappants; [qu'] ils ont un certain air de vérité qui charme; [et que] s'il était moins ordurier, ce serait un livre inimitable dans son genre » (77)[28]. Il est rangé à côté de l'*Histoire galante de la tourière*

---

[28] Sur la nature « scandaleuse » de l'ouvrage, rappelons cette remarque dans l'introduction de l'édition consultée : « Les réimpressions furent assez nombreuses, et toujours avec des illustrations trop libres pour être publiées ouvertement. C'est la folie des attitudes lubriques, de l'excitation factice par le dessin. »

des carmélites (*circa* 1745, et non 1770 comme l'indique Cioranescu) de Meusnier de Querlon — « ouvrage fait pour servir de pendant au *Portier des chartreux* » —, des *Lauriers ecclésiastiques ou les Campagnes de l'abbé de T *** (1747) de La Morlière et de *Thémidore*, dans la bibliothèque de « l'honnête » comte qui accueille Thérèse dans son château, pour en faire sa maîtresse en titre.

Il est cependant assez rare que les écrivains traitent ce sujet avec la vulgarité du *Portier des chartreux*, ce livre « fameux » qui, avec *Thérèse* et *la Religieuse en chemise*, aida la Constance du *Degré des âges du plaisir* à connaître « les moyens employés par les filles libertines qui s'étaient trouvées dans les mêmes embarras [qu'elle] » (58). En général les romanciers préfèrent suggérer ces divertissements de recluses plutôt que de les détailler. Ainsi l'Érosie du *Doctorat impromptu* de Nerciat mentionne seulement « ces mondaines guimpées qui savent, en dépit de la règle et des vœux, se procurer à peu près l'équivalence des jouissances du siècle » (138). En matière de religion la crainte superstitieuse est encore très prononcée; une autre héroïne de Nerciat, Mme de Montchaud, qui « parfois [a] bien voulu souffrir qu'on aiguisât ses outils à [ses] meules » et qui paie quatre louis « un de ces meubles de religieuse », ou godemiché, qui n'en vaut pas deux, quitte précipitamment l'hospice des Aphrodites pour ne pas manquer sa messe dominicale à Paris (V, 14).

Le rôle social des couvents dont on se sert, selon l'abbé Barrin, « pour le soulagement des familles », semble également avoir refréné la verve satirique des auteurs. De plus, bien souvent les maisons dont les abbesses sont filles de haute lignée prospèrent grâce à la protection de personnages influents. Pour preuve du danger réel que l'on courait à railler cette aristocratie religieuse, rappelons l'anecdote — un peu particulière puisqu'elle implique une princesse — survenue au chevalier de Boufflers.

(pp. v–vi) Cet anathème continue à priver le public du texte original du marquis d'Argens; en 1961, Roger d'Oliba présente une « première édition expurgée, et en partie récrite, de *Thérèse Philosophe* », d'autant plus surprenante qu'il reconnaît n'avoir « rien lu de foncièrement immoral dans *Thérèse Philosophe* » (pp. 217 et 218). Précisons que ces scènes lascives qui constituent l'essentiel du *Portier des chartreux* ne sont détaillées qu'une seule fois dans le livre du marquis d'Argens pour relater le genre d' « extase » que le P. Dirrag faisait connaître à sa jeune pénitente, Mlle Éradice.

Marie Leszczynska, préoccupée par les mœurs dissolues de son père, espérait le ramener à une vie plus régulière en tentant de lui faire épouser Marie-Christine de Saxe (1735–1782), chanoinesse coadjutrice de l'abbaye de Remiremont, celle-là même où le poète médiéval avait situé son concile d'amour. Fille de roi, princesse d'empire, l'abbesse était un parti de choix; malheureusement elle était fort laide. Stanislas déclina la proposition en écrivant à sa fille : « Votre idée sur mon mariage m'a fait crever de rire [...] Cet événement ne sera pas mis au nombre des événements du siècle. » Il avait 84 ans et la princesse 27. Pour atténuer l'amertume de celle qui se voyait déjà conquérir une couronne, Stanislas la fit nommer abbesse de l'insigne chapitre de Remiremont et pour lui transmettre ses compliments il lui envoie en délégation, au mois de juin 1762, son célèbre filleul, l'ancien séminariste déjà trop connu à Saint-Sulpice pour s'y être déclaré, l'année précédente, l'auteur d'*Aline, reine de Golconde*, le chevalier de Boufflers, ce Fulbert qu'un des pamphlétaires de *la Galerie des États-Généraux* (1789) plaindra « d'avoir des succès dus à de très petits moyens[29] ». On ne pouvait choisir plus mal, puisque la princesse imputa le refus du roi à la mère du chevalier, maîtresse en titre de Stanislas à Lunéville. Accueilli dans une « campagne » appartenant à l'abbesse, Boufflers ne fut reçu que deux jours plus tard au palais abbatial. Il faisait froid et il souffrait d'une fluxion à la joue. Il est probable aussi qu'il se montra mécontent de n'avoir pas été logé au palais où résidait toute la cour de jeunes chanoinesses, la plus brillante de Lorraine après celle de Lunéville. La réception fut tendue et s'en trouva fort écourtée. À son retour, pour complimenter Mme de Saxe, le chevalier rédigea son épigramme « à la princesse boursouflée » qui se chantonna sur l'air de « Et j'y ai pris bien du plaisir » :

---

[29] Anonyme, *la Galerie des États-Généraux et des dames françaises*, P. I, p. 52. Les 92 portraits présentés dans cette deuxième édition sont tous identifiés dans la « table des noms », sauf celui de Cneis (P. II, pp. 80–83), « le peintre de la galerie », qui, selon Barbier, représenterait Rivarol. Cet ouvrage collectif auquel auraient participé Luchet, Mirabeau (qui s'y est dépeint sous l'anagramme Iramba, P. I, pp. 34–40) et Laclos, aurait imité dans sa présentation la brochure anonyme parue en 1786, également en 3 parties : *la Galerie de l'ancienne cour ou Mémoires anecdotes pour servir à l'histoire des règnes de Louis XIV et de Louis XV*.

Avec une joue enflée
Je débarque tout honteux :
La princesse boursouflée,
Au lieu d'une en avait deux;
Et son Altesse sauvage
Sans doute avait trouvé mauvais
Que j'eusse sur mon visage
La moitié de ses attraits.

L'écrit lui aurait valu quelques jours à la Bastille et ne serait pas étranger à sa disgrâce quand il fut nommé en 1787, dix ans après Lauzun, gouverneur du Sénégal et de la province de Gorée[30].

Pour éviter des ennuis semblables, certains auteurs préfèrent renoncer à la satire directe de la religieuse et se limiter à celle de la dévote. Le sujet les autorisait à critiquer « décemment » la religion, puisqu'il n'est plus question que des hypocrisies mystiques de femmes qui, dans leur « réforme », ont pris le parti de la dévotion. Le ton en fut d'abord donné par les auteurs les plus modérés. Dans *le Paysan parvenu*, Marivaux se permet bien sur la religion des observations qui dépassent la boutade conventionnelle, mais son esprit chrétien veille à ce que ses réflexions ne puissent pas porter tort à l'Église. La bigoterie mesquine et prétentieuse de l'aînée des demoiselles Habert l'autorise à critiquer ce comportement sans porter préjudice aux bien-pensants. Si la conduite de la sœur cadette, la désinvolture avec laquelle elle concilie avec ses désirs les impératifs sociaux et religieux, engagent l'auteur sur une voie plus équivoque, la sincérité de ses raisonnements, sa générosité et, en fin de compte, la légitimité de ses actions offrent par contre à Marivaux des arguments suffisants pour confondre ses détracteurs.

Conscient du danger, il prend soin dès le début de son récit d'éviter toute confusion en donnant à l'adjectif « pieux » un sens édifiant et en qualifiant de « dévots » ceux qui miment les attitudes de la dévotion. Catherine, la cuisinière des sœurs Habert chez qui loge le « paysan parvenu », « était grande, maigre, mise blanchement, et portant sur sa mine l'air d'une dévotion revêche, en colère et ardente […] sans compter que le cerveau d'une dévote, et d'une dévote cuisinière, est naturellement sec et brûlé […] Tels sont ceux que j'appelle des dévots, de la dévotion desquels le malin

---

[30] Renseignements communiqués par J. J. Bammert, journaliste et historien de Remiremont.

esprit a tout le profit.» (47–48) Par contre l'auteur n'en dirait « pas tant [...] d'une pieuse; car il y a bien de la différence entre la véritable piété et ce qu'on appelle communément dévotion [...] À l'égard des personnes véritablement pieuses, elles sont aimables pour les méchants mêmes.» (46–47) Et, formulant d'avance les principes auxquels s'en tiendront de nombreux écrivains, il termine en soulignant que « les dévots fâchent le monde, et [que] les gens pieux l'édifient ».

Duclos, qui à maintes reprises exploite aussi les possibilités dramatiques du personnage, prend soin d'observer les mêmes distinctions. S'étant vite lassé de la « pétulance » de sa petite-maîtresse, Mme de Persigny, le comte de *** offre ses services à Mme de Gremonville, « la première des dévotes qui adopta la mode singulière des petites maisons, que le public a passée aux femmes de cet état par une de ces bizarres inconséquences dont on ne peut jamais rendre compte » (*les Confessions du comte de ***,* 54). Pour prévenir le scandale que ce genre de propos aurait pu causer en 1741, Duclos avait pris soin de préciser qu'il ne s'agissait que d'une fausse dévote car « les vraies dévotes sont assurément très respectables et dignes des plus grands éloges; la douceur de leurs mœurs annonce la pureté de leur âme et le calme de leur conscience » (*idem*, 53). On conçoit tout de même l'ironie discrète qui se dissimule sous ce distinguo moins subtil qu'il ne le paraît.

Vers la fin du siècle, le thème de la dévote prend une allure beaucoup plus satirique quand les écrivains ne se soucient même plus de maintenir un semblant de distinction. Ce changement devient évident à partir de 1780 quand, avec *les Exercices de dévotion de M. Henri Roch avec Mme la duchesse de Condor,* l'abbé de Voisenon exploite sans scrupule et sur le ton amusé le thème de *Tartuffe* :

> M. Henri Roch avait autant de sortes de réputations qu'il y a de quartiers dans Paris : au Palais-Royal, on le prenait pour un amateur du beau sexe; aux Tuileries, il passait pour un philosophe [...]; dans le faubourg Saint-Germain, on le regardait comme un dévot (21).

Cette dernière réputation vaut à M. Roch la confiance de la duchesse de Condor. Il propose donc à la dévote un programme de « lectures spirituelles » destiné à calmer ses angoisses. L'évocation de l'amour mystique échauffe l'esprit de la duchesse au point de permettre à son lecteur de passer sans difficulté des lectures aux exercices, préparés par une flagellation mortifiante distribuée de part et d'autre. Roch estime sa mission terminée quand il a complètement détourné sa pénitente de ses anciennes pratiques de dévotion. Elle reconnaît l'erreur de sa conduite en allant à la comédie de *Tartuffe* : « les écailles, en voyant jouer ce Tartuffe, lui tombèrent des yeux. Elle ne vit plus dans son confesseur qu'un fourbe, un scélérat qui, pour la séduire plus facilement, la rendait imbécile. De dévote acariâtre, elle devint une femme très raisonnable. » (59) Et l'histoire de Voisenon se termine à la manière d'un conte voltairien, par le triomphe de la philosophie sur la religion.

Le succès du conte de Voisenon, qui parut cinq ans après sa mort, vers 1780, est confirmé par les imitations qui suivirent. En 1789, un autre abbé, embastillé au moment où il écrit « ces vérités et ces fadaises », l'abbé Théophile de Duvernet, publie *les Dévotions de madame de Bethzamooth et les Pieuses Facéties de monsieur de Saint-Ognon*. Il récidive l'année suivante avec *la Retraite, les Tentations et les Confessions de madame la marquise de Montcornillon*, sorte de pendant à son premier ouvrage. Les arguments de Duvernet calquent ceux de Voisenon au point que, dans son premier conte, l'auteur mentionne le héros de son prédécesseur, à la suite d'une méprise de sa dévote :

D'ailleurs Mme de Bethzamooth crut reconnaître M. de St-Ognon, elle le prit pour Monsieur Henri Roch, dont elle avait entendu parler comme d'un grand dévot, qu'elle avait vu à l'assemblée des saints, et qu'elle désirait connaître particulièrement (6).

Mais à l'inverse de son modèle, il ne craint pas la publicité et se laisse citer par ses personnages : « L'enfer, dit souvent l'abbé Duvernet, n'est pas une demeure qui convienne à tout le monde. » (41) Comme Henri Roch, M. de Saint-Ognon parvient à se glisser dans le lit de sa pénitente et, en guise de lecture spirituelle, commence à lire avec elle, et à lui interpréter, le *Cantique des cantiques* « pour célébrer les noces de [leurs] âmes » (65). Une seule réplique du texte suffit à imaginer la progression de l'histoire et le piquant de ces « messes d'amour » :

L'Épouse.
Que mon bien-aimé entre dans mes jardins ! Qu'il en parcoure toutes les
allées, qu'il goûte les pommes de mes espaliers, et qu'à son choix, cueillant la
plus belle fleur de mon parterre, il m'entende lui chanter : Je suis tout à lui,
comme il est tout à moi (67).

Vite convertie à la suite de ces lectures commentées, l'héroïne
prend goût au théâtre et même aux promenades sur les boulevards.
Son père et son époux, enchantés de cette transformation dont ils
n'ignorent pas les causes, décident de garder leur bienfaiteur.

Ces chrétiennes tolérantes se rachètent généralement avec
honneur. À la marquise de Merteuil qui plaisante la maladresse de
Valmont en jetant son dévolu sur la présidente (V), le vicomte
rétorque : « Elle est prude et dévote, et de là vous la jugez froide et
inanimée ? Je pense bien différemment. » (VI) Il n'a probablement
pas tort quand on sait, à la suite de l'expérience conjugale de Jacob
de la Vallée, de Marivaux, de quelle nature peut être l'amour d'une
dévote :

Pour aimer comme elle, il faut avoir été trente ans dévote, et pendant trente
ans avoir eu besoin de courage pour l'être; il faut pendant trente ans avoir
résisté à la tentation de songer à l'amour [...]
Qüand une femme vous aime, c'est avec amour qu'elle vous le dit; c'était avec
dévotion que me le disait la mienne, mais avec une dévotion délicieuse; vous
eussiez cru que son cœur traitait amoureusement avec moi une affaire de
conscience, et que cela signifiait : Dieu soit béni qui veut que je vous aime, et
que sa sainte volonté soit faite; et tous les transports de ce cœur étaient sur ce
ton-là, et l'amour n'y perdait qu'un peu de son air et de son style, mais rien de
ses sentiments (163–164),

ou quand on se souvient des observations du comte de *** de
Duclos à leur sujet :

Une dévote emploie pour son amant tous les termes tendres et onctueux du
dictionnaire de la dévotion la plus affectueuse et la plus vive (58),

et de l'impression que Mme Dorigny fit sur le Thémidore de Godart
d'Aucourt :

si vous devenez sensuel, délicat et raffiné de plaisirs, prenez-moi une dévote
pour amie, vos vœux seront comblés; elles seules ont la clef du bonheur, il
faut qu'elles nous introduisent elles-mêmes dans leur temple (163).

Le sujet de la nonne libertine n'est pas une innovation du XVIIIe siècle; en 1740, en publiant à La Haye *les Nonnes galantes ou l'amour embéguiné*, le marquis d'Argens ne faisait que manifester avec vivacité la prédilection des romanciers pour un thème qui se rattache à une tradition déjà bien établie dans la littérature médiévale. Il est cependant évident qu'au siècle de l'*Encyclopédie* les critiques se sont multipliées et surtout précisées. Pourtant, au cours des premières décennies, le rôle social tenu par les couvents incite les écrivains à la prudence et leurs railleries restent banales et même lassantes. Par la suite, encouragés par la diffusion des idées antireligieuses que nulle censure ne parvenait à refréner, ils spécifient leurs attaques et la plupart laissent entendre que les couvents sont les premières écoles de débauche féminine. Vers la fin du siècle la moquerie persiste mais, sous la forme apparemment plus anodine des « exercices de dévotion » de molinistes émancipées, les petits auteurs insinuent que la religion peut induire à la débauche celles qu'elle devrait en préserver.

De la caillette dévergondée à l'émancipée de sang noble, en passant par la nonne et la dévote, la galerie des petites-maîtresses reproduit fidèlement tous les types sociaux déjà recensés chez les petits-maîtres. « Petite-maîtresse [...] se dit d'une femme qui affecte les manières d'un petit-maître », précise d'ailleurs en 1768 une réédition populaire du grand *Dictionnaire de l'Académie française*[31] de 1762. Pourtant rares sont ici les personnages qui nous exposent les motifs puis les principes de leur comportement. Crébillon nous présente bien Mmes de Lursay et de Senanges en train d'illustrer brillamment leur conception du savoir-vivre mondain, mais il ne leur offre pas l'occasion de la justifier. Félicia, à la fin de son « très cher ouvrage », se complaît visiblement à se disculper de ses « fredaines », mais elle ne tente jamais sérieusement de propager un système (si ce n'est la prééminence des plaisirs sensuels). Quant à la marquise de Merteuil des *Liaisons dangereuses*, on peut déjà supposer que son persiflage essentiellement destructif n'aida jamais aucune demoiselle à tourner à son avantage les frasques des petits-maîtres : le rôle qu'elle réserve à Cécile et sa propre chute le démontrent suffisamment. Si l'on parvient, dans ses lettres à Valmont, à re-

---

[31] Nîmes, Pierre Beaume, 1768, T. II, p. 52. Il s'agit de la quatrième édition populaire in-quarto en deux volumes de l'édition officielle in-folio de 1762.

constituer un « système », il s'agit bien entendu d'une opinion qui ne correspond plus à la frivolité des petites-maîtresses.

Dans les *Lettres de Ninon de Lenclos au marquis de Sévigné* (1750) nous découvrons, par contre, une héroïne occupée surtout à expliquer et à défendre les intrigues des petites-maîtresses auxquelles elle s'identifie avec une pointe de fierté. Attribué d'abord à Crébillon fils à la suite d'une remarque erronée de Voltaire, ce roman épistolaire serait l'œuvre d'un avocat d'Angers, Louis Damours, mort en 1788. Ces lettres parurent si pertinentes que le livre passa jusqu'à la fin du xviiie siècle pour le recueil d'une correspondance authentique échangée entre Ninon de Lenclos et le fils de la marquise de Sévigné. Il jouit toujours d'une certaine estime littéraire et dans son *Essai sur les personnages des « Liaisons dangereuses », en tant que types littéraires*, Alfred Owen Aldridge en souligne les similitudes d'intrigue et de caractères avec *les Liaisons dangereuses*. Mais avant d'être considéré comme une des nombreuses sources possibles du roman de Laclos, le livre de Damours nous intéresse parce qu'il est le seul, à notre connaissance, à livrer les réflexions lucides d'une femme sur la conduite que doit tenir un jeune homme dans une affaire de cœur et, surtout, à énoncer les principes qui déterminent une femme de condition et de bonnes mœurs à adopter délibérément et non pas seulement pour son plaisir les travers d'une petite-maîtresse.

L'intrigue en est fictive. Désœuvré comme tous ceux de son rang, le jeune marquis de Sévigné — que Ninon qualifie de petit-maître (I, 153) — demande à sa correspondante, qui pourrait facilement être sa mère, de lui faire connaître par lettres son opinion sur la galanterie et la conduite des aventures galantes. Comme au même moment il fait la connaissance d'une belle et vertueuse comtesse, veuve de fraîche date, et qu'il désire la séduire, les lettres de Ninon se transforment en un véritable cours de séduction par correspondance. Pour Ninon qui refuse le sentiment et pour qui l'amour est uniquement physique, « le caprice est le sel de la galanterie ». Tour à tour, elle conseille à son élève du sang-froid et de l'effronterie dans ses attaques, de la modération dans l'expression de sa passion, et l'emploi d'une seconde maîtresse pour forcer la première à dévoiler ses sentiments. Au cours d'une visite à la campagne, Ninon rencontre la comtesse. Elle est conquise par les charmes et la vertu de la jeune femme, et se lie d'amitié avec elle. La conclusion du récit varie cependant selon les éditions. Dans celle de 1750, on voit Ninon changer d'opinion et conseiller au marquis de choisir entre le mariage et la simple amitié. Le premier conseil l'emporte et avec l'approbation de Ninon le marquis propose le mariage à la comtesse. En 1782, Damours rédige une conclusion différente, encore plus à l'honneur de Ninon. Après son retour à Paris il n'est plus fait mention de la comtesse; le marquis, par contre, insiste pour obtenir de sa correspondante « les preuves d'amour » que lui a refusées la comtesse. Finalement il accepte de s'en tenir à l'amitié que lui propose Ninon et il conserve la liberté de courtiser qui bon lui semble.

Pour Ninon qui, dans ces lettres, veut « traiter l'amour un peu cavalièrement » (I, 225), la femme n'est pas libre de sa conduite devant une attaque en règle menée par un libertin habile. En se refusant indéfiniment à ses avances, elle sera rejetée de la société puis soupçonnée de vices cachés; mais en se rendant plus tôt que ne l'exigent les convenances, elle sera méprisée et placée au rang des femmes de petite vertu et n'intéressera plus les personnes de qualité. Cette double constatation est d'autant plus embarrassante que la « femme est continuellement agitée par deux passions inconciliables; le désir de plaire, et la crainte du déshonneur » (I, 206). Pour ne pas devenir victime de sa condition, il faut que la femme trouve un dérivatif à sa sensibilité et développe « un sentiment qui, bien dirigé, peut [lui] servir d'antidote » (II, 6–7). La coquetterie dont on accuse les femmes répond à cette nécessité.

> Tandis qu'une femme s'occupera du désir de plaire [...] elle perdra de vue le sentiment qui la fait agir [...] Livrée tout entière au soin de se perfectionner dans le genre de gloire qu'elle veut acquérir, ce même désir, dont l'amour sera la source, tournera contre l'amour même, en partageant l'attention de l'esprit et les affections du cœur : en un mot, il fera diversion (II, 8).

De plus, les hommes ont tant perfectionné l'art de séduire et la société a pris une si fausse idée de la vertu « qu'à bien apprécier les choses, la véritable gloire d'une femme consiste peut-être moins à ne point se rendre, qu'à faire une belle défense » (II, 8).

Les avis de Ninon sont confirmés par les confidences que fait à M. de la Sablière, chez qui elle s'est retirée, la jeune comtesse dont le marquis de Sévigné brigue les faveurs. Elle aussi a constaté que, « destinées à vivre parmi les hommes, faites pour leur plaire, pour partager leur bien-être, [les femmes doivent] aussi souffrir de leurs travers, et [ont] surtout à craindre leur malignité » (II, 31). La comtesse a également saisi ce paradoxe de toute existence féminine, résultat d'une éducation orientée exclusivement vers les plaisirs amoureux, qui ne présente comme seule gloire que « celle de résister à ce penchant » (II, 31). Comme beaucoup d'autres, elle constate avec la même pointe de présomption :

> lorsque j'entrai dans le monde, ce qui me révolta davantage dans les hommes, c'est leur inconstance et leur fausseté. Cependant, avec un peu plus d'expérience, j'ai vu que le premier de ces défauts les rend plus malheureux que coupables (II, 33).

Aussi, ne voulant pas prendre « les choses au tragique » et constatant qu'elle ne pourra pas toujours fuir l'amour, même en menant une existence retirée, elle choisit de jouer le rôle de petite-maîtresse (II, 37). En arborant les ridicules à la mode, les hommes seront « dans la nécessité de vouloir [lui] plaire par la frivolité et par les ridicules » et leurs défauts lui donneront des armes pour les repousser plus facilement :

> Une petite-maîtresse est-elle obligée [...] d'avoir un attachement ? Ne la dispense-t-on pas d'être tendre ? Il suffit qu'elle soit aimable et qu'elle donne tout à l'extérieur. Dès qu'elle joue bien le rôle dont elle s'est chargée, on ne se défie seulement pas qu'elle ait un cœur [...] elle peut être au fond vertueuse impunément. Quelqu'un s'avise-t-il de l'attaquer, s'il trouve de la résistance, bientôt il renonce à l'inquiéter : il suppose que la place est prise (II, 40).

L'héroïne de Damours jette donc un jour nouveau sur le portrait romanesque de la petite-maîtresse. Ninon n'adopte des attitudes extérieurement légères que pour se préserver de l'effronterie des petits-maîtres et les amener à commettre des impertinences qu'il sera tout à son honneur de réprouver. Toutes les petites-maîtresses ne recèlent pas un tel fond de décence, mais qu'un tel livre, qui connut le succès, leur ait été consacré, nous oblige à nuancer notre jugement général sur celles que des attitudes pourraient discréditer à première vue quand elles sont leur meilleur « bouclier » contre le libertinage.

Dans une perspective plus générale, tous les exemples que nous venons de citer démontrent que les femmes se livraient avec autant de talent et d'intentions que les hommes aux désordres du libertinage à la mode. Loin d'accepter d'être les dupes ou les victimes des libertins, elles cherchent à prévenir leurs intrigues en se jouant, à leur façon, de leurs faiblesses. Sous le despotisme éclairé de la Pompadour, la femme redevient l'enjeu consentant des rivalités galantes et Crébillon fils redécouvre d'instinct, avec ses « gradations », les charmes de la littérature courtoise, au point que pour Ernest Sturm « la Marquise [de M***] de Crébillon appartient à une race tourmentée de femmes passionnées, dont l'ascendance remonte à Phèdres et à la Princesse de Clèves[32] ». À Thérèse, la petite comtesse des *Tableaux des mœurs du temps*, qui lui demande comment discerner chez les hommes « des cœurs et des âmes que la corruption n'a pas gagnés », Montade répond : « par des épreuves très longues, par l'étude qu'on en fait » (168). Ces épreuves nous sont connues depuis le *Roman de la rose*.

En dépit d'une misogynie de bon ton et des excès de domination de quelques roués, la littérature libertine du XVIIIe siècle est féministe au sens le plus actuel du terme. Par leur gaîté, leur charme et leur esprit, les femmes, que l'on a tort de considérer trop souvent comme des dupes ou des victimes, régentent toutes les formes de la vie mondaine et s'imposent naturellement comme les compléments indispensables des petits-maîtres. En participant de bonne grâce à leurs manœuvres, par leurs « mines » et leurs « agaceries », les petites-maîtresses apportent au libertinage mondain le piquant et l'ingéniosité d'un jeu de société. Mais dépendant de la complicité des hommes, les petites-maîtresses ne survivront pas au déclin de ce libertinage. Toute mode connaît une fin; et quand cette mode est l'effet de conditions sociales particulières et discutables, son terme n'en est que mieux dénoncé. Lorsque de petits-bourgeois, des valets, des paysans et des frocards pourront se contenter des complaisances d'un jeune tendron et bafoueront par leurs excès les ridicules des petits-maîtres, les petites-maîtresses perdront les raisons d'être de leur autorité mondaine.

---

[32] Dans Crébillon, *Lettres de la marquise de M*** au comte de ****, Paris, Nizet, 1970, p. 9.

CHAPITRE IV

LES PAYSANS ET LE LIBERTINAGE DÉVERGONDÉ

> Je n'ai jamais entendu louer la main dans notre village; ici, une belle main a son prix. Un pied mignon, caché dans un sabot ou dans une chaussure grossière, n'est pas remarqué chez nous; ici, on n'oublie rien pour faire briller cet avantage et celui d'une jolie jambe.

> Rétif[1]

TANDIS QUE CES ADOLESCENTS bien nés, que la fortune et l'oisiveté prédisposent au libertinage, retiennent l'attention des lecteurs, un type romanesque socialement très différent — et qui pour certains, nous l'avons vu, ne répond plus à la définition du petit-maître « classique » —, le paysan émancipé ou le petit-bourgeois, fait ses débuts dans le roman libertin. Homme du peuple, il parvient à s'immiscer dans la société des privilégiés en adoptant, par opportunisme plus que par goût, le comportement des petits-maîtres. Ses succès matériels et mondains répondent de plus en plus aux aspirations puis à la montée de la petite bourgeoisie des commerçants et des fermiers aisés. En 1734, avec *le Paysan parvenu*, Marivaux crée ce type nouveau, qui restera cependant une exception parmi les imitations littéraires que provoquera son succès. Si la bonne mine de Jacob, ce « gros brunet » au teint encore fortement marqué par le grand air, tranche avec

---

[1] *Le Paysan et la Paysanne pervertis*, p. 16.

l'aspect famélique des héros des romans picaresques espagnols et ne permet pas de l'assimiler — en dépit de la remarque de Frédéric Deloffre (*cf. infra*) — même à celui de leur version française, Gil Blas, sa descendance nombreuse le place à la tête d'une nouvelle génération d'aventuriers qui, des héros de Nougaret à ceux de Sade, connaîtront les fortunes les plus diverses.

Jacob estime que de la ferme à la boutique et de la boutique à la bonne société, tout n'est affaire que d'un « étage » de plus ou de moins (131). Chez lui, le libertinage est avant tout un fond de polissonnerie naturelle, qu'en des circonstances plus conformes à ses origines il aurait normalement dominé avec plus de rigueur. Deloffre le rappelle dans la préface de son édition du *Paysan* :

> Pour Jacob, le stoïcisme n'est pas son fort. Différent en cela des gueux de la tradition espagnole ou allemande, mais tout proche de ses confrères de la tradition française, le fond de son caractère est l'épicurisme. Ce qu'il y ajoute est une grâce qu'il tient de l'auteur. En règle générale, il lui suffit d'avoir la sorte d'honneur et de conscience qui convient à son personnage du moment. Valet à Paris, il accepte sans difficulté l'argent de Geneviève : mais resté paysan dans l'âme, il se refuse à l'épouser, car il y va de l'honneur de cet état de ne pas épouser une fille perdue de réputation. Inversement, lorsque son mariage avec Mlle Habert aura fait de lui un « honnête homme », il se fera plus de scrupule d'accepter l'argent de Mme de Ferval que d'être infidèle à sa femme [...] Sa morale en un mot est affaire d'état (xxi).

Car c'est à lui, le moins préparé à ce rôle et qui n'était « pas passé par assez de degrés d'instruction et d'accroissement de fortune » (265), malgré son « œil vif, qui annonçait un peu d'esprit » (9), que s'offre la possibilité de faire ses premiers pas dans le monde grâce aux caprices de femmes puissantes et bien disposées à son égard.

L'adjectif ou le substantif « parvenu » n'est pas rare à l'époque. Comme chez Marivaux, il implique rarement une nuance péjorative même si le *Dictionnaire alphabétique et analogique de la langue française* de Robert, en citant le *Glorieux* de Destouches (« Que ces gens inconnus sont fiers. Voilà l'orgueil de tous nos parvenus »), retient surtout le sens que nous lui accordons aujourd'hui. On a vu que le chevalier de Mouhy, homme à l'esprit « usagé » parce qu'au fait des usages — comme il l'indique dans sa *Paysanne parvenue* à propos de son petit-maître quinquagénaire Geneval (III, 23) — lui prête le même sens que Marivaux. Éléazar de Mauvillon lui conserve cette acception en rédigeant *le Soldat parvenu*[2] (1753). Outre l'intérêt historique qu'offre l'ouvrage pour les campagnes militaires du début du siècle (désastreuse guerre des Flandres contre le prince Eugène, siège de Barcelone et guerre de la Succession d'Espagne de 1713, campagnes de Sardaigne et de Sicile contre les impériaux de 1717 à 1719), Mauvillon y récapitule avec précision les thèmes développés par Marivaux, dont il admet d'ailleurs l'influence dès sa préface en écrivant que « ce Manuscrit n'a point été trouvé au fond d'une vieille armoire ». Ce fils de « boutonnier » de Saint-Omer est séduit par « l'énormité de [la] gorge » (I, 130) qu'une dévote libertine semble « vouloir [faire] sauter par-dessus les bornes du corps de jupe qui la resserrait » (I, 126). Rédigeant ses « Mémoires » à une époque où il a « plus d'expérience et [sait] mieux juger des passions » (I, 138), il note, à son tour, que « les jeunes gens aiment mieux qu'on leur trouve le corps bien fait, que l'esprit et le cœur » (I, 49). Il considère sa réussite comme un « retour dont la Providence paye ceux qui font un bon usage des richesses » (II, 276). Cette rigueur morale justifie sa « bonne fortune » et donne sa vraie valeur au « Vous parviendrez » (I, 38) — et donc à son futur état de « parvenu » — dont on l'assure dès le début de ses aventures militaires. À la fin du siècle, une des « Histoires des filles célèbres » recueillies par Desboulmiers dans *Honny soit qui mal y pense* a pour titre : « La Marmotte parvenue ou l'Histoire De la V... » et, en 1819, Mme de Genlis publiait encore dans ce sens : *les Parvenus ou les Aventures de Julien Delmours écrites par lui-même*. Peu après, le terme prend le sens défavorable communément retenu aujourd'hui. Balzac ne lui en accorde plus d'autre bien qu'il ne pût ne pas songer au personnage de Marivaux en qualifiant le père de la vieille fille Sophie Gamard, l'héroïne du *Curé de Tours* (1832), d' « espèce de paysan parvenu »[3].

Chez Marivaux au contraire, Jacob, paysan parvenu, c'est-à-dire qui parvient à se détacher de l'avenir que lui réservait sa naissance, n'acquiert pas les vices du parvenu. Des person-

---

[2] *Le Soldat parvenu ou Mémoires et Aventures de M. de Verval, dit Bellerose, par M. de M****.

[3] Cette réminiscence du roman de Marivaux est confirmée quand, dans *Pierrette* (1840), Balzac donne au curé de Provins le nom de M. Habert et à sa sœur celui de Mlle Habert (p. 185).

nages que nous venons de passer en revue, il ne possède — mais avec plus de franchise — que l'appétence sensuelle, quoique bien souvent ses goûts et ses remarques sur les attitudes des femmes ne fassent que se conformer à la mode du temps. Ainsi, en entrant dans le salon de Mme de Ferval, prend-il plaisir à regarder sa jambe et, comme les héros de Rétif et de Louvet sensibles aux effets fétichistes qu'engendrait alors la vue d'un pied déchaussé, il admire son « joli pied sans pantoufle » (172), tandis que Mme de Fécour reste dans son souvenir « une assez grosse femme, de taille médiocre, qui portait une des plus furieuses gorges [qu'il ait] jamais vues » (179). Sa sensualité de jeune homme s'exprime aussi dans la satisfaction qu'il éprouve à goûter un confort bourgeois nouveau pour lui. Quand il écrira ses « Mémoires », Jacob, devenu M. de la Vallée, se souviendra avec autant de plaisir de sa première paire de pantoufles et de sa robe de chambre, que de sa première nuit avec Mlle Habert devenue sa femme.

Plutôt que de questionner le lendemain, il se plaît à observer la société qu'il côtoie ou dans laquelle il est introduit, et à profiter du présent. Bien que l'on en trouve toujours une auprès de lui, il n'envisage jamais la possession des femmes comme un succès d'homme à bonnes fortunes. Son mariage disparate, « monstrueux », ne le surprend même pas. S'il courtise Mmes de Ferval et de Fécour, c'est toujours avec bonhomie, encouragé par la situation et plus pour obéir à leurs caprices et à sa propre curiosité que pour poursuivre une carrière d'arriviste. Chez la Rémy, sa mésaventure avec Mme de Ferval — dont les complaisances annonçaient pourtant sa première « affaire » sérieuse — ne l'afflige pas plus que l'état désespéré de sa protectrice, Mme de Fécour. Son véritable triomphe, il ne le remportera pas sur les femmes, mais sur la société, non en la modifiant, mais en s'y intégrant : triomphe qu'il sait accepter avec modestie, mais dont il savoure tout le plaisir. Au « chauffoir » de la Comédie où l'a conduit son nouveau protecteur, le comte d'Orsan, il est plus confus que gêné de ne pouvoir soutenir « hardiment » les regards de ses nouveaux compagnons :

Mes yeux m'embarrassaient, je ne savais sur qui les arrêter ; je n'osais prendre la liberté de regarder les autres, de peur qu'on ne démêlât dans mon peu d'assurance que ce n'était pas à moi à avoir l'honneur d'être avec de si honnêtes gens (265).

Mais ne cherchant pas à payer son monde « d'effronterie », son « hétéroclite figure » n'entraîne que des plaisanteries anodines dont les rieurs sont les premiers à le mettre « au fait ».

Un instinct qui progresse au rythme de son ascension sociale semble rappeler à Jacob qu'en dépit de sa première éducation, il s'adaptera à la société brillante qui l'accueille; et il endosse progressivement, avec un minimum de désagréments et de maladresses, les dehors du personnage qu'il va devenir. En cela, ses réflexions sur sa robe de chambre, étape bourgeoise, et sur son épée, étape noble, sont beaucoup plus que de simples rappels qui flattent son amour-propre. En toute bonne foi, Jacob tient à bien jouer le personnage que sa bonne fortune le conduit peu à peu à représenter. Après avoir sauvé la vie du comte d'Orsan, grâce à l'épée qu'il venait de recevoir de sa femme, en se battant « à bras raccourci; car c'est là la manière de combattre d'un homme qui a du cœur et qui n'a jamais manié d'épée », c'est avec une satisfaction certaine qu'il avoue sa réussite :

> et je vous avoue qu'en l'état où je me supposais, je m'estimais digne de quelques égards, que je me regardais moi-même moins familièrement et avec plus de distinction qu'à l'ordinaire; je n'étais plus ce petit polisson surpris de son bonheur, et qui trouvait tant de disproportion entre son aventure et lui. Ma foi ! j'étais un homme de mérite, à qui la fortune commençait à rendre justice (251–252).

En somme, s'il doit sa bonne fortune à une épée qu'il ne possédait pas encore la veille, c'est le hasard qui l'a conduit à jouer au libertin. Il plaît aux femmes parce qu'il arrive à Paris à une époque où, selon les romanciers, les femmes recherchaient la fraîcheur et les façons spontanées des campagnards. On sait que la ravaudeuse Margot de Fougeret de Monbron, « née avec un tempérament de Messaline », avait toujours à ses gages « un jeune et vigoureux Laquais » pour compenser les faibles transports de ses vieux clients fortunés, et qu'elle eut toujours « la précaution de les prendre tout neufs, exactement de la tournure d'esprit et de corps du Paysan, que l'ingénieux et élégant Mr. de Marivaux nous a peint d'un coloris si naïf et si gai » (131). Mais le fait que Jacob doive sa véritable promotion à un acte de bravoure, et non à une intrigue de boudoir, limite avec netteté la part qu'il faut accorder à ses premières intrigues dans l'établissement de sa fortune. Comme Marianne qui, elle aussi, est parfaitement consciente de ses talents personnels et qui refuse de les utiliser comme l'y invite le vieux Climal, Jacob sait se respecter. S'il acquiert certains travers de son nouvel état, il en gagne aussi les qualités. S'il joue un jeu, du moins joue-t-il son propre rôle, celui que lui dictaient son cœur et sa raison, puisque celui de sa naissance ne lui convenait plus.

En faisant de son Jacob un opportuniste toujours guidé par les principes moraux et par les convenances sociales de l'état dans lequel il se trouve, Marivaux a su éviter les excès d'un genre romanesque très riche en possibilités d'intrigues. L'équilibre psychologique et moral atteint par Jacob ne lui survivra cependant pas. Au bon sens du paysan parvenu mais conscient de sa chance et de ses audaces succédera, 30 ans plus tard, la mentalité dépravée des paysans et paysannes pervertis pour qui l'argent devient la clef des plaisirs les plus déréglés.

Dans la *Lucette ou les Progrès du libertinage* de Pierre-Jean-Baptiste de Nougaret, le sort pitoyable du berger Lucas illustre cette évolution. Le roman ne mérite pas l'attention que lui accordent certains critiques, et qui ne peut s'expliquer que par la classification que lui attribue encore la Bibliothèque nationale[4]. L'intrigue en est des plus banales, même pour le lecteur de 1765. Une jeune bergère, Lucette, attirée en qualité de servante au château de son seigneur, le banquier Mondor, est séduite par le jeune abbé Frivolet qui s'y trouve en vacances. Quelques semaines plus tard, un officier lui ayant proposé de l'amener à Paris, elle abandonne ses parents et son village, laissant « avec plaisir et avec chagrin » (I, 48–49) la seule personne pour qui elle éprouvait quelques sentiments de tendresse, le berger Lucas.

À Paris, abandonnée par son ravisseur, Lucette doit se mettre au service d'une souteneuse, Mme Commode. La fortune lui sourit quand un prince allemand excentrique qui, « pour acquérir de la célébrité [...] prenait les usages des lieux où il se trouvait » (II, 20), décide de la prendre pour maîtresse en titre. L'existence princière que connaît alors Lucette ne dure que six mois, car son prince doit rentrer brusquement en Allemagne à la mort de son père, « ayant eu la gloire [grâce aux extravagances coûteuses de Lucette] de

---

[4] C'est le cas de Georges May quand il range ce livre, d'un « auteur inconnu », dans « ce genre de romans obscènes qui commencent à fleurir peu avant le milieu du siècle » (*le Dilemme du roman*, p. 115). Le livre de Nougaret se trouve à la Bibliothèque nationale sous la cote Enfer 466.

s'être fait en France une réputation brillante » (II, 31). Pendant ce temps, Lucas, désespéré, s'est engagé dans un régiment de La Rochelle et y a subi un entraînement en tout point semblable à celui de Candide chez les Bulgares. Il déserte peu après, poussé par « l'envie [...] de voir Paris » (I, 135). Il y retrouve Lucette dont les nouvelles occupations n'altèrent en rien ses premiers sentiments. Comme elle, il sait profiter de la décadence de la haute société en devenant simultanément l'amant entretenu d'une duchesse et d'une comtesse. De nouveau seule, c'est-à-dire sans riche protecteur, Lucette décide de se faire comédienne et se joint à une troupe de Rouen. Mais la misère et la maladie ruinent bientôt ses projets. Grâce aux soins assidus d'un étudiant en médecine, elle guérit de la vérole sans en garder de marques trop visibles, et prouve au carabin qu'elle fera « encore plus d'un heureux » (II, 97). Toujours amoureuse de son « cher Lucas », elle revient dans la capitale où elle doit s'associer « avec ces filles prévenantes qui inondent tout Paris » (II, 113). C'est dans cet état que la retrouve Lucas qui, devenu membre de la société des « Tapageurs » (ramassis de mauvais garçons, assez semblables aux « Braves et Généreux » de *l'Histoire comique de Francion* (1623) de Charles Sorel)[5], va joindre à son titre d'amant celui de souteneur.

Lucette et Lucas connaîtront une nouvelle période de prospérité, l'une en devenant la maîtresse d'un dignitaire de l'Église, l'autre en se faisant nommer secrétaire d'un riche marquis. Mais le livre de Nougaret voulant se montrer encore « plus utile qu'un traité de morale » (III, iv), c'est sur un grabat sordide que les deux amants, maintenant mariés, mourront dans les bras l'un de l'autre, sous les yeux horrifiés de la mère de Lucette. On a vu précédemment que pour accentuer la crédibilité morale du roman, Lucette deviendra la « paysanne pervertie » de la version remaniée qu'en donnera Nougaret en 1777.

Entre Jacob et Lucas il n'y a plus que des similitudes fortuites. Tandis que Marivaux fait constamment preuve de recherche artistique en analysant les réactions d'un personnage bien défini et dans un contexte donné (l'ascension sociale de son paysan), le comte de Nougaret ne cherche qu'à multiplier les situations scabreuses pour s'assurer un succès facile à une époque où le genre poissard

---

[5] Voir *Lucette ou les Progrès du libertinage*, T. II, pp. 56–60 et *l'Histoire comique de Francion*, pp. 237–291.

commençait à se répandre. Malgré son ingéniosité et ses bonnes fortunes passagères, Lucas ne s'élève jamais au-dessus de la canaille avec laquelle il joue et se bat. Il ne possède ni le bon sens de Jacob ni la volonté de réussir de Gil Blas. Bien que le libertinage soit le thème du roman, Lucas ne possède aucune des « qualités » dont se vante le Versac de Crébillon, et dont saura faire preuve le Valmont de Laclos. Il ignore toute idée de contrainte et se montre incapable du moindre refus. Esclave des sens, son libertinage n'est que l'expression dégénérée de la débauche la plus triviale. Au libertinage de salon de Meilcour et de Roselle, s'oppose maintenant un libertinage de trottoir qui, au milieu du siècle suivant, constituera une des bases du réalisme de Champfleury et de Duranty, et, à un degré moindre, de Sue, puis de Zola.

Comme le reconnaît l'auteur, « le pauvre Lucas était né vingt-cinq ans trop tôt » (III, 34). Bien que personne ne prenne au sérieux le dénouement subitement édifiant des petits romans libertins, le public continue à préférer une morale traditionnelle qui ne bouleverse pas sa conception de la société et qui ne met ni en doute ni en cause ses critères d'évaluation. Malgré la nouvelle profession de foi de son *Anti-Sénèque*[6] et l'exaltation du « coquin heureux », La Mettrie « donne encore à la morale un fondement relativement stable[7] ». En dépit du jugement réservé de Jacques Lecan dans son interprétation du dernier dialogue de *la Philosophie dans le boudoir*, où il voit dans l'image symbolique de la mère vérolée et cousue, donc interdite, une confirmation de son « verdict [...] sur la soumission de Sade à la loi[8] », il faudra attendre *Justine* (1791) et surtout l'*Histoire de Juliette* (1797) pour voir « la vertu punie et le crime récompensé ».

Une dernière remarque à propos de la composition de l'ouvrage de Nougaret : les deux héros, Lucas et Lucette, se trouvent absolument libres d'agir à leur guise; personne ne les harcèle de conseils bien intentionnés ou pernicieux. Lucas ne connaîtra aucun maître, aucun conseiller en libertinage, avant l'édition de 1777, dans laquelle se trouve introduit le comte

---

[6] Julien Offray de la Mettrie, *Anti-Sénèque ou le Souverain Bien;* voir Mauzi, *l'Idée du bonheur,* pp. 249–252.

[7] Pierre Rétat, *le Dictionnaire de Bayle et la lutte philosophique au XVIIIᵉ siècle,* p. 268; et, sur la pensée morale de La Mettrie, pp. 264–270.

[8] Postface de *la Philosophie dans le boudoir,* dans Sade, *Œuvres complètes,* T. III, p. 577.

de C***. Les bons conseils que peut recevoir Lucette se résument à la leçon que lui donne sa mère dans le deuxième chapitre du roman : « Comment une mère doit instruire sa fille », et à laquelle « Lucette ne comprit presque rien » (I, 15).

Les nombreuses réimpressions, plus ou moins modifiées, de l'édition de 1765–1766 témoignent du succès du livre, malgré ses faiblesses, à la fin du xviiie siècle. Elles semblent donner raison à l'auteur qui se vante dans son introduction d'avoir produit « quelque chose de nouveau » et qui se loue « du Public parce que [son] livre s'est bien vendu ». Il n'est alors pas surprenant que 25 ans plus tard Mirabeau reprenne, chapitre par chapitre, les aventures de Lucette et de Lucas au profit de Constance et de Belleval, héros du *Degré des âges du plaisir*, son ouvrage posthume. Entre temps, Rétif aura développé le sujet avec la trilogie de ses paysans et paysannes pervertis. « Le Pithécanthrope de Balzac », comme le surnomme Paul Bourget[9], y exploite les possibilités romanesques de ces alternances d'honnêteté et de débauche, d'opulence et de misère. En 1784, dans la deuxième version du *Paysan perverti* (1775), devenu *la Paysanne pervertie*[10], Ursule, après avoir connu les plus viles humiliations, trouve dans la piété la force de son redressement moral qu'un mariage légitime semble confirmer, en la faisant marquise, quand le sort l'accable à nouveau et elle meurt assassinée par son frère.

---

[9] Dans Rétif, *la Paysanne pervertie ou les Dangers de la ville*, préface d'André Maurois, p. xii.

[10] Marc Chadourne fait remonter à 1784 la fusion des deux premiers ouvrages (*Restif de la Bretonne ou le Siècle prophétique*, p. 180, n. 1). Tandis que dans sa « Bibliographie raisonnée des ouvrages de Restif de la Bretonne » qui précède son édition des *Contemporaines mêlées*, Jean Assezat écrit : « 1775. XIV. *Le Paysan perverti, ou les Dangers de la ville*, histoire récente, mise au jour d'après les véritables Lettres du Personnage. Par N-E. Restif de la Bretonne. » (p. 102) « 1784. XXVII. *La Paysanne pervertie ou les Dangers de la ville ou histoire d'Ursule R***, sœur d'Edmond, le Paysan*, mise au jour d'après les véritables Lettres des personnages, avec 114 estampes : par l'auteur du *Paysan perverti*... Imprimé à la Haie. Et se trouve à Paris chés la dame veuve Duchesne, libraire, en la rue Saint-Jacques, au Temple du Goût, 1784. » (pp. 117–118) « 1787. XXXII. *Le Paysan et la Paysanne pervertis ou les Dangers de la ville.* Seize parties en 4 vol. in–12. Titre encadré, 120 figures, y compris 8 frontispices. Imprimé à la Haie. 1784 (date fausse). » (p. 121) Précisions confirmées par le *Catalogue de la Bibliothèque nationale* : « *Le Paysan et la Paysanne pervertis ou les Dangers de la ville*. 1784; mais paru en février 1787. » (*Catalogue de la Bibliothèque nationale*, n° 149, 1938, p. 665.)

Le Paysan et la Paysanne pervertis publié en 1787 à La Haye n'est que la refonte des aventures des deux villageois de Rétif. L'intrigue est assez semblable à celle de la *Lucette* de Nougaret quoique l'auteur affirme s'appuyer sur des souvenirs personnels : « Je fis les premières lettres avec un plaisir infini, parce qu'en parlant de mon héros [Edmond], je racontais les aventures de ma jeunesse, à mon arrivée à Auxerre, en 1751[11]. » Fait nouveau dans ce genre d'aventures, les deux héros sont frère et sœur. Venus à Auxerre chez le ménage bourgeois des Parangon pour y apprendre la peinture, Edmond et Ursule se trouvent endoctrinés, à l'inverse de Lucas et de Lucette, par un roué expert, le père Gaudet d'Arras. Edmond adhère avec enthousiasme aux idées pourtant surprenantes de son nouvel ami. Tandis que Jacob, à la mort de son seigneur parisien, et que Lucas, après avoir déserté son régiment, se trouvent sans emploi, Edmond, lui, pourra profiter d'une certaine sécurité matérielle. À Auxerre, comme plus tard à Paris, le logis lui sera fourni par ses maîtres et ses premiers tableaux lui procureront quelques commandes.

Avant de connaître Gaudet, Edmond ressemblait beaucoup à Jacob, dont il possède la fraîcheur de teint qui plaît tant aux Parisiennes de l'époque. « Il est beau et modeste comme une fille [...] Vous riez tous de sa timide innocence, et peut-être un jour verrez-vous en lui un petit-maître » (15), remarque Mme Parangon lors de leur première rencontre. Comme Jacob, et pour les mêmes raisons, il refuse les propositions de la première femme de chambre de sa protectrice, quand il découvre qu'elle est la maîtresse de M. Parangon et que les économies qu'elle lui offre en dot sont le résultat des privautés qu'elle accorde à son maître. Ce refus contrarie M. Parangon qui, sachant sa servante enceinte, désire lui faire épouser Edmond. Il confie son projet à l'un de ses amis, le père Gaudet, cordelier défroqué, riche mais sans naissance.

Avec beaucoup plus d'habileté que Versac, Gaudet sait gagner la confiance de son pupille. Sur ses conseils, Edmond abandonne progressivement l'étude de la peinture pour se vouer à celle du libertinage, d'abord mondain, avec l'argent et les relations de Gaudet, puis de plus en plus scandaleux et crapuleux, à la suite de maladresses et de son entêtement à négliger les convenances. Finalement, Edmond sera condamné aux galères pour n'avoir pas

---

[11] Cité par Jean Assezat, *les Contemporaines mêlées*, p. 57.

pris « un juste milieu, en ne faisant rien qui ne soit indigne du seigneur le plus poli, et rien qui ne soit au-dessus du bourgeois bien élevé le plus modeste » (P. II, L. V).

En dépit de leur vif désir de se montrer à la hauteur du rôle qu'on attend d'eux, et malgré leur connaissance d'une société pour laquelle ils ont été éduqués, Meilcour et Danceny seront loin d'égaler, dans l'art de la séduction, le petit-maître Edmond à l'époque de ses succès mondains. Pour mieux connaître ses forces, et pour gagner l'admiration de son protecteur, Edmond « débute » avec une aventure aussi délicate que dangereuse, en décidant de séduire la respectable Mme Parangon, chez qui il vit et travaille encore. Comme plus tard Valmont parlant de Mme de Tourvel, Edmond veut posséder sa bienfaitrice, pour satisfaire les désirs qu'elle fait naître inconsciemment en lui : « Dis-moi, écrit-il à Gaudet, comment j'amènerais la plus aimable et la plus sincère des femmes à satisfaire les désirs qu'elle inspire avec tant de frénésie. » (P. I, L. LV) Pour vaincre sa victime il saura se montrer tour à tour tendre et brutal. Devant une première réticence de Mme Parangon, il était devenu « plus tendre et moins entreprenant [... et avait] fait des protestations qu'on [avait] crues sincères et qui l'étaient » (P. I, L. LVIII), mais c'est bientôt avec « une odieuse frénésie » qu'il abuse de la situation. Cet emporte-ment prive Edmond du plaisir qu'il attendait et ce n'est que trois jours plus tard, lors d'une seconde tentative beaucoup plus calme, qu'il goûte un bonheur partagé par sa nouvelle maîtresse.

Bien que les héros de Crébillon fils soient encore, à ce moment-là, les maîtres incontestés de la diplomatie galante[12], Edmond découvre par la pratique et grâce aux commentaires de

---

[12] Dans *la Nuit et le Moment ou les Matinées de Cythère*, Crébillon ne met pas moins de deux cents pages pour décrire comment Clitandre, entré à l'improviste dans la chambre de sa maîtresse déjà couchée, en obtient la permission de ne pas se retirer, puis de s'asseoir au pied de son lit, de s'y glisser, et d'y être enfin parfaitement heureux. Ce n'est pourtant pas cette habileté artistique qui retient d'abord l'attention du critique américain Leopold Tyrmand quand il écrit à propos de ce livre : « In 1775, Crébillon fils, a French libertine writer whose openness would cause the New-York avant-garde to blush and whose fitness would poison them with corrosive envy, wrote in his novel « *La Nuit et le Moment* », one of the classics of licentious literature : « Perhaps we are unaware of it ourselves, but even though everything we understand as principle and decency is so much discredited these days, we still feel a need for it. » » (*The New Yorker*, 28 février 1970, p. 96.)

Gaudet l'utilité des « gradations » qu'il faut savoir s'imposer. C'est presque à la manière d'un Valmont racontant sa première nuit avec Cécile qu'il relate à Gaudet l'habileté avec laquelle il vient d'obtenir les prémices de sa cousine Laure :

> Je me suis approché du lit de l'aimable fille, pour lui souhaiter le bonsoir et l'embrasser. Un baiser, deux baisers ! La petite cousine souriait [...] Une liberté ! La petite cousine se défendait !, mais si maladroitement ! [...] Pour dérober son sein elle livrait tout le reste (P. I, L. XXVI).

Après ces premiers essais, devenu le peintre en vogue grâce à quelques nus très naturels et flatteurs, Edmond obtient les faveurs de marquises et d'autres femmes à la mode, auprès desquelles il tient son rôle de petit-maître avec autant d'effronterie et de succès que le plus fortuné cadet de grande maison. Mais ses excès vont le perdre : après avoir lui-même favorisé la dépravation de sa sœur pour le compte du mari de sa plus célèbre maîtresse, il doit la faire interner à la Salpêtrière pour qu'elle y soigne sa vérole. Grisé par ses succès, et à la recherche de jouissances toujours plus violentes, il rejoindra Lucas sur le trottoir en devenant souteneur, heureux et fier de sa dégradation :

> Me voilà un peu monarque comme tu vois !... J'étouffe tous les sentiments d'honneur qui se présentent à mon souvenir, je les repousse [...] J'ouvre devant moi une carrière immense, je trouve des plaisirs nouveaux que je ne connaissais pas au sein du cynisme doré et délicat. Avec des habits semblables à ceux des bourgeois, leurs filles et leurs femmes ne me paraissent rien; en habit de mendiant, elles sont au-dessus de moi, elles me font illusion, et se confondent à mes yeux avec les princesses; je les envie, je voudrais les humilier; moi qui suis poli, tendre même pour leur sexe, sous mes mauvais habits je change d'inclination : si je vois une jolie femme, le soir, je l'insulte et l'entretiens de propos grossiers [...] Enfin, je jouis de les souiller (P. III, L. I),

écrit-il à son ami Gaudet qui, tout en déplorant la déchéance et la trivialité de son élève, applaudit à sa dépravation.

Comme Jacob, le Lucas de Nougaret et l'Edmond de Rétif sont venus à Paris plus ou moins conduits par le hasard. Comme lui (et c'est en quoi ils ont une place dans un recensement des apprentis libertins), ils comptent beaucoup sur les femmes pour parvenir. Leurs scrupules moraux se dissipent au fur et à mesure de leur ascension sociale et ils adoptent les libertés et les arrogances qu'il est permis d'afficher dans leur nouveau milieu. Mais à la réflexion admissible du paysan « parvenu » satisfait de se découvrir

« homme de mérite » correspond, chez le « perverti », l'arrogant étalage de ses plaisirs lubriques. Pour Lucas et, d'une manière plus consciente, pour Edmond, le libertinage abandonne ses objectifs de galanterie esthétique et gratuite et cède le pas à la trivialité de jouissances grossières et désordonnées. Ni l'un ni l'autre ne sont en fait parvenus à s'immiscer dans les rangs de ceux qu'ils tentent d'imiter. Leur naissance toujours réaffirmée par la bassesse de leur état et de leurs plaisirs les exclut de la communauté des petits-maîtres, tandis que leur inaptitude à concevoir des projets dépassant le simple contentement des sens ou l'acquisition d'un lucre immédiat leur interdit de s'identifier aux roués. Ils forment auprès des libertins une classe de marginaux, qui, par sa diversité et ses effets, ne peut cependant être exclue d'une étude du libertinage. D'une façon paradoxale — car le style et les sujets des ouvrages de Nerciat s'opposent à ceux de Nougaret et de Rétif — c'est aussi par leurs excès de débauche que les héros des *Aphrodites* et du *Diable au corps* aviliront les principes déterminés du libertinage mondain.

CHAPITRE V

LA DÉCADENCE ET LA « RÉACTION NOBILIAIRE » : NERCIAT OU L'ART VOLUPTUEUX

> Mon frère [un comte]... pour pouvoir soutenir à Paris le genre de vie très dispendieux qu'il y avait choisi s'était mis, pendant quelque temps, à gruger des femmes sur le retour; mais comme ce métier fatigant l'ennuyait et le privait de meilleures fortunes, il trouva plus avantageux d'avoir des complaisances pour quelques hommes...
>
> Nerciat[1]

EN 1751, DUCLOS, QUI RELÈVE avec plus d'esprit que de sévérité les dérèglements des jeunes nobles de la cour et de la ville, rappelle dans ses *Mémoires sur les mœurs* la lente dégénérescence de cet ancien titre de gloire de petit-maître :

> Il n'y a point de travers qui ne puisse être en honneur, et qui ne tombe ensuite dans le mépris. Tel a été le sort des *petits-maîtres*. On ne donna d'abord ce titre qu'à des jeunes gens d'une haute naissance, d'un rang élevé, d'une figure aimable, d'une imagination brillante, d'une valeur fine, et remplis de grâces et de travers. Distingués par des actions d'éclat, dangereux par leur conduite, ils jouaient un rôle dans l'état, influaient dans les affaires, méritaient des éloges, avaient besoin d'indulgence, et savaient l'art de tout obtenir [...] Cette espèce d'êtres singuliers, presqu'aussi rares que des grands hommes, n'a pas

---

[1] *Le Diable au corps*, T. IV, p. 50.

> subsisté longtemps; leurs successeurs, c'est-à-dire ceux à qui on en donna le nom, n'ayant avec les premiers rien de commun que la naissance et l'étourderie, le titre est presque resté vacant à la cour. On en voit peu qui soient dignes de le soutenir, de sorte qu'aujourd'hui il est relégué dans les classes subalternes ou dans les provinces; on le donne, par abus ou par dérision, à de plats sujets qui ne sont pas faits pour des ridicules de cette distinction (441–442).

Cette opinion — dénoncée par Marie-Joseph de Chénier qui, dans son *Tableau historique de l'état et des progrès de la littérature française depuis 1789*, estime que « Duclos et Crébillon le fils [...] se plurent à peindre des mœurs dont l'existence est restée problématique » (195) — est partagée par Frédéric Deloffre quand il écrit dans son introduction au *Petit-Maître corrigé* de Marivaux qu'à « l'image du petit-maître guerrier de 1695, du petit-maître galant de 1730, une troisième image se substitue à partir de 1740–1750 environ, celle du petit-maître esprit fort », mais que « le jugement porté sur le personnage devient plus sévère » (34–35).

Dans certains cas, le petit-maître ne se présente plus que comme le pâle imitateur[2] d'un roué célèbre : c'est le Pranzi des *Égarements* de Crébillon qui rêve en secret d'égaler Versac, son modèle :

> Né sans esprit comme sans agréments, sans figure, sans bien, le caprice des femmes et la protection de Versac en avaient fait un homme à bonnes fortunes, quoiqu'il joignît à ses autres défauts le vice bas de dépouiller celles à qui il inspirait du goût. Sot, présomptueux, impudent, aussi incapable de bien penser, que de rougir de penser mal; s'il n'avait pas été un fat (ce qui est beaucoup, à la vérité), on n'aurait jamais su ce qui pouvait lui donner le droit de plaire (152–153).

C'est aussi, jusqu'à un certain point — car le personnage de Laclos possède une tout autre envergure —, le Prévan des *Liaisons*. Comme les précieux, et pour les mêmes raisons, le petit-maître devient un personnage ridicule et de plus en plus ridiculisé. Dans la littérature romanesque, Meilcour, le comte de *** et Montade

---

[2] Sur la variété des libertins et des systèmes de libertinage que l'on trouve dans les ouvrages de Crébillon, voir l'étude d'Ernest Sturm sur *Crébillon fils et le Libertinage au dix-huitième siècle*, ainsi que son édition critique déjà citée des *Lettres de la marquise de M*** au comte de R****, faite en collaboration avec Lucie Picard.

représentent l'élite de ces personnages : une classe hors série qui ne mérite pas les critiques qui lui sont adressées. À côté d'eux, nombreux sont ceux dont la piètre notoriété est pleinement justifiée.

Dans *la Belle Allemande* (1745), petit ouvrage sans autre intérêt que la description qui suit, Claude Villaret présente un petit-maître véritable sosie de Pranzi :

> Mon curieux observateur, content d'avoir détaillé ma figure, se mit à son tour à me provoquer à la critique de la sienne. Coups d'œil distraits, échantillons d'opéra chantés à demi-voix, pas irréguliers qui présentaient sous différents points de vue tout le leste et tout le brillant d'une taille élégante; attitudes de tête semées avec d'autant plus d'art qu'elles paraissaient moins étudiées, airs indécents, risqués avec toute l'intelligence d'une effronterie maniérée; rien ne fut épargné pour captiver mon suffrage[3].

Le thème, en fait, commence à essouffler les romanciers secondaires; mais la véritable décadence du roman libertin va prendre une tournure très différente quand, à partir de 1780, le luxe et les raffinements excessifs des héros d'Andréa de Nerciat ne parviendront plus à dissimuler l'obscénité intrinsèque de leurs mœurs. Cette tendance sera confirmée par les écrits libertins de l'un des plus célèbres intrigants politiques : le vicomte de Mirabeau.

Avant de juger les ouvrages du futur « confident de la reine de Naples », il convient de rappeler les différences légales aujourd'hui établies entre l'obscénité, la licence et l'immoralité. Au cours de son réquisitoire contre l'éditeur Jean-Jacques Pauvert, accusé d'outrages aux mœurs le 15 décembre 1956, pour avoir entrepris la première publication officielle en France des œuvres complètes de Sade, le substitut Maynier spécifiait que « l'obscénité [...] serait l'évocation sensuelle grossière, la licence

---

[3] Anonyme, *la Belle Alsacienne ou telle mère, telle fille* (1745), Paris, Bibliothèque des Curieux, *circa* 1912, p. 96. Le titre de l'ouvrage ainsi que les remarques sur son auteur supposé, Antoine Bret, placées dans l'introduction de cette édition, sont erronés et suivent en cela la première édition du *Dictionnaire des auteurs anonymes* de Barbier. Il s'agit plutôt de *la Belle Allemande ou les Galanteries de Thérèse*, de Claude Villaret; *cf.* Barbier, T. I, pp. 396–397 et T. II, p. 515 et le *Catalogue de la Bibliothèque nationale*, n° 209, 1970, 892. Antoine Bret est l'auteur d'une « Vie de Ninon de Lenclos » placée en tête de plusieurs rééditions des *Lettres de Ninon de Lenclos au marquis de Sévigné* de Louis Damours.

[...] ayant le même objet, s'exprimerait avec plus d'élégance et l'immoralité [...], sans faire particulièrement appel aux sens, chercherait à détruire certains principes moraux[4] ». L'œuvre de Nerciat suffit à elle seule à illustrer et à justifier la deuxième définition : licencieux, nul — y compris Sade — ne le fut plus que lui bien qu'il soit difficile de trouver dans ses récits, pourtant riches en descriptions hardies, un exemple d' « évocation sensuelle grossière ». Quant à l'immoralité, il serait surprenant que l'auteur de la pantomime du *Diable au corps* ait eu la moindre idée de chercher « à détruire certains principes moraux ».

À l'opposé de Crébillon fils qui, sans titre de noblesse, parvint à se faire adopter par la société aristocratique de la cour et de la ville, qui aimait retrouver en lui l'auteur du *Sopha* et des *Égarements*, le vicomte Andréa de Nerciat connaît dès 1778 les fausses douceurs d'un exil doré à demi imposé. À cette date, il avait obtenu le poste de sous-directeur de la Bibliothèque royale de Hesse-Cassel, grâce au marquis de Luchet à qui Frédéric II en avait offert la direction. De 1782 à 1792 il séjourne fréquemment en France, mais il émigre de nouveau en 1792 pour entrer au service du duc de Brunswick. Passé sous les ordres de Bonaparte en 1797, il est envoyé en mission diplomatique à Naples où il meurt au début de l'année 1801, après avoir connu de nouveaux démêlés avec l'administration française quand elle dirigea ce royaume.

De cette époque datent *Félicia ou mes Fredaines* publié en 1775, *le Diable au corps* paru en 1803, deux ans après la mort de l'auteur (une édition apocryphe signalée dans la préface en situe la rédaction en 1784–1785), *les Aphrodites* publiées en 1793 quoique composées après *le Diable* (plusieurs remarques « historiques » du texte permettent d'en faire remonter la composition aux années 1790–1791) et *Monrose ou le Libertin par fatalité, ou Suite de Félicia* dont les quatre volumes offrent encore, en 1792, de nombreux passages significatifs de l'art et de l'esprit de l'écrivain. Ces quatre ouvrages ne constituent pas toute la production romanesque de Nerciat mais ils suffisent à montrer l'originalité de sa fécondité formelle : ils illustrent explicitement ses procédés artistiques et développent à fond sa conception unique d'un libertinage voluptueux fondé exclusivement sur la jouissance excessive de

---

[4] *L'Affaire Sade,* « Compte rendu exact du procès intenté par le Ministère public aux Éditions Jean-Jacques Pauvert », Paris, Jean-Jacques Pauvert, 1957, p. 80.

plaisirs physiques partagés dans une atmosphère raffinée mais artificielle puisque calquée sur celle qu'idéalisaient les excès de la micro-société privilégiée et influente qui venait de disparaître.

Dans les remarques placées en tête de son étude sur les « écrits » de Sade, de Fourier et de Loyola, Roland Barthes explique qu'il « faut, en effet, pour fonder *jusqu'au bout* une langue nouvelle, une quatrième opération, qui est de *théâtraliser.* Qu'est-ce que théâtraliser ? Ce n'est pas décorer la représentation, c'est illimiter le langage [...] Si donc Sade, Fourier et Loyola sont des fondateurs de langue et s'ils ne sont que cela, c'est justement pour ne rien dire, pour observer une vacance [...] Le Texte est un objet de plaisir. La jouissance du Texte n'est souvent que stylistique : il y a des bonheurs d'expression[5]. » On ne pourrait mieux définir l'art de Nerciat et ses composantes. L'écrivain écrit pour le plaisir et d'abord pour le sien. Son texte est l'expression d'une jouissance intérieure, d'une « revie » idéalisée et, de ce fait, exprime et illustre avec force toutes les jouissances charnelles imaginées ou vécues par les libertins expérimentés. Dans *le Diable au corps* plus encore que dans *les Aphrodites*, Nerciat devient le chantre unique de la débauche voluptueuse. Dans cette littérature de compensation où l'élan devance l'image, mais où l'image procède de l'expression, l'auteur transpose du sublime au physique, de l'impression au mot.

Un glossaire de 56 expressions, déjà significatif en soi, sert de postface à la réédition récente du *Diable au corps* que nous citons. Ces innovations lexicologiques déjà répertoriées en partie par Alfred Delvau en 1864 dans son *Dictionnaire érotique moderne*[6] renseignent d'emblée sur les expédients terminologiques de Nerciat : néologismes faciles à identifier comme « androphyle », « pygolâtre », « pygomane »; termes désignant des usages ou des fonctions de l'époque et dont les libertins exploitaient les vices des titulaires, tels les « housards », les « matassins » et les

---

[5] *Sade, Fourier et Loyola,* pp. 10–12.
[6] La première édition à Bruxelles, chez l'imprimeur Gay, en 1864, fut condamnée par le Tribunal correctionnel de la Seine en 1865. Mort en 1867, Delvau n'eut pas le temps d'en terminer une seconde édition plus complète. C'est toutefois à partir de ses travaux inachevés que furent imprimées les éditions posthumes, notamment celle de Bâle (s.d.) qui servit de modèle à la réimpression de Slatkine, à Genève, en 1968.

« menins »; circonlocutions mi-précieuses, mi-grivoises mais toujours compatibles avec un certain bon ton (et qui ne se retrouvent ni dans les textes qui lui sont parfois attribués comme *l'Odalisque*[7] (1779), ni chez ses imitateurs, y compris Mirabeau), telles « l'adorable sillon », « l'as de pique » (*les Aphrodites*, II, 72) pour le « bijou », « le corail », c'est-à-dire « la notable embouchure des bonnes grâces » (*Monrose*, II, 21) de ces dames qui ont pris « le parti de plaire de la poche » (*les Aphrodites*, I, 304); ou expressions particulières rappelant les bizarreries de comportement des célébrités de l'époque : « postdamique », que l'on peut rattacher à post-dame — qui vient derrière les dames — ou qui rappelle les préférences du seigneur de Potsdam, Frédéric II, et « villettes », pour ceux qui se livraient aux débauches berlinoises du marquis de ce nom — et dont la réputation était bien établie comme en témoigne le surnom populaire de « villette » accordé à une voiture de louage — d'abord nommée « cul-de-singe » — dans laquelle on prenait place par une porte placée à l'arrière. Mais ce glossaire ne prétend pas recenser tous les vocables érotiques de Nerciat. Ayant découvert dans la sonorité du mot une illustration directe de l'acte ou de l'objet qu'il transcrit, celui-ci se plaît à multiplier les constructions verbales. Ici encore, la perception du mot suffit à provoquer l'impression et l'écrivain en est si conscient qu'il accompagne fréquemment ses trouvailles de notes explicatives. Pour compléter la portée des trois mots utilisés par la comtesse de Motte-en-Feu du *Diable au corps* et soulignés par Nerciat : « Je ne *gitonne* jamais sans que j'éprouve réellement quelque chose de fort agréable, même quand je dispense mon *fauconnier* de me *clitoriser* » (II, 138–139), on peut lire en note à propos de cette « dépravation anti-conine » : « La Comtesse a beaucoup de ces mots peu connus, qu'elle a, pour la plupart, inventés, comme *Anuiste*, qu'on a déjà vu; *Boutejoie*, pour le membre viril; *Clitoriser*, pour ce vilain mot *Branler*; *Gitonner*, pour se faire f... en cul, mot fort sale, et qui n'est nullement de bonne compagnie. » Quant à ce « fauconnier » qui avec ses amis

---

[7] *L'Odalisque, ouvrage traduit du turc par Voltaire.* Quoique présenté avec les œuvres de Nerciat par Cioranescu, dans sa *Bibliographie de la littérature française du XVIIIe siècle*, ce livre est aussi attribué à Jean-François Mayeur de Saint-Paul (1758–1818) (*cf.* Jean-Paul Ponthus dans *Dictionnaire des œuvres érotiques*, Paris, Mercure de France, 1971, p. 363) ou à Pigeon de Saint-Paterne (*cf. Catalogue de la Bibliothèque nationale*, n° 123, 1933, p. 549).

les « janicoles » et les « andrins » se contente de « fauconner »,
ce n'est naturellement pas du dresseur d'oiseaux dont il s'agit,
mais d'un de ces « villettes » pour qui « uno avulso, not deficit
alter » (les Aphrodites, V, 63). D'autres termes donnent naissance à de véritables familles de mots. Après avoir adopté
« langueyeur » souligné par la remarque : « On ne saurait enrichir
assez la stérile nomenclature du plaisir » (idem, 73), on lit quelques
pages plus loin, à la suite de « langueyage [...] in potta et in culo » :
« Langueyage doit passer si l'on conçoit langueyer et
langueyeur. » (idem, 86) Comme cette pratique est assez courante
dans cette société hermaphrodite aussi dévouée à « St. Luc » qu'à
« St. Noc », on trouve encore, pris dans le même sens, le verbe
« gamahucher » et ses dérivés « gamahuchage » et « gamahucheur », dont l'auteur précise aussitôt l'origine :

> J'ai vu bien des Français se creuser la tête pour trouver l'origine du mot
> gamahucher, et dire ensuite qu'il était de pure fantaisie. — Point du tout,
> messieurs; il existe, au fond de l'Égypte, une secte de bonnes gens qui rendent
> un culte à l'ami de Priape [...] Or, il semble que le mot quadmousié, apporté
> d'Égypte en France, peut fort bien s'être altéré pendant la traversée.
> L'essentiel est que le culte lui-même se soit transmis et sans doute
> perfectionné parmi nous. Quant à la racine de l'expression, elle peut bien être
> adoptée sans difficulté par une nation qui de Rawensberg a fait Ratisbonne;
> Liège de Luttich; La Haye de Gravenhage [...] (Note du censeur, maître de la
> Société des antiquités de C...) (les Aphrodites, II, 131)[8].

Signalons, pour les sceptiques, que ce temple dédié à Priape existe
réellement et peut être visité dans la vallée du haut Nil. Pour
terminer cette initiation linguistique, ajoutons que « gamahucher » se rend aussi par l'expression : « donner » ou
« administrer une lesbienne », comme dans les cas suivants :
« mais l'inutilité des moyens ordinaires les mieux administrés ne
laisse que la ressource d'une lesbienne, elle ne fait pas beaucoup
d'effet » (le Diable, V, 159) et « Célestine lui prend une main
qu'elle fourre dans sa gorge, le tout en remuant le croupion pendant cette lesbienne que le vicomte a le galant caprice de lui
administrer » (les Aphrodites, V, 82). Nerciat joue en virtuose de
ces sujets délicats; ainsi, dans Monrose, définit-il la « copulation »

---

[8] Notons qu'au mot « gamahucher », Delvau ne signale pas la contribution de
Nerciat (il ne cite que le Parnasse satyrique, les rimeurs Dumoulin et Louis
Protat) et n'en mentionne donc pas ces dérivés si démonstratifs; voir son Dic-
tionnaire érotique moderne, p. 202.

comme « le procédé mécanique de la matière » (II, 62) et son produit passe pour « les précieux éléments de quelque possible arc-boutant de la diplomatie » (II, 68). Approfondissant les mérites de la « doctrine copulative », il en vient à traiter de « copulation burlesque » (III, 90) une fredaine partagée entre deux hommes et une femme.

Si l'expression « joujou de couvent » (III, 179) n'est pas nouvelle, bien des termes aussi suggestifs sont le résultat d'analogies beaucoup plus simplistes que l'auteur n'essaye d'ailleurs pas de dissimuler. Ainsi le « langueyage » est qualifié de « procédé frictif » : « pourquoi pas frictif de friction, comme accusatif d'accusation, justificatif de justification, fictif de fiction, etc. ? » (*les Aphrodites*, III, 247) Sur le même modèle nous trouvons encore « Anuiste, d'*Anus*; comme Casuiste, de *Casus* » (*le Diable*, I, 69) ou « fellateur », dans l'expression « la bouche du galant fellateur », construction immédiatement justifiée par la note : « *Fellator*, en latin, celui, et *fellatrice*, celle qui applique sa bouche à la partie sexuelle d'un objet désiré. Mart., épig. Horace » (*le Diable*, V, 70); et dans *Monrose*, Nerciat propose encore « potelure de potelé, comme enflure d'enflé » (II, 59).

Cette complicité de l'expression et de l'image est aussi rendue par l'emploi fréquent de qualificatifs outranciers, c'est-à-dire d' « éloges superlatifs » (*Monrose*, II, 39). Le « superlatif » Belamour — garçon coiffeur toujours prêt à répondre aux complaisances de ses maîtresses tant en « orient » qu'en « occident », à « l'œillet » qu'à la « boutonnière » — jure fidélité à la marquise du *Diable* en admirant en « habilissime » (IV, 37) ses rondeurs. Nerciat excelle aussi dans l'utilisation d'appositions inattendues qui parsèment le texte de véritables eaux-fortes verbales. Un homosexuel qui trahit ses goûts particuliers au cours de la première « partie » organisée par le prélat allemand Le Tréfoncier est qualifié « d'Androphile démasqué » (V, 136). De Nicole, la seconde servante de la marquise, qui vient de se fixer un godemiché pour satisfaire les penchants saphiques de sa maîtresse, l'auteur rappelle « les traits parfaits de la factice hermaphrodite » (V, 147), à l'opposé de Belamour considéré comme un « intéressant hermaphrodite » (VII, 97). Pour compléter l'impression d'enfantillages que doivent nous laisser les amusements de ces dames, Nerciat s'amuse visiblement à prêter à leurs répliques des sonorités de comptines enfantines. À la marquise qui, pour la taquiner et l'exciter davantage, vient de lui reprocher ses excès, la comtesse de Motte-en-Feu répond : « Cela sera : Félix viendra, l'enfilera, le ranimera; le comte bandera, me le mettra, déchargera; ma bonne amie verra tout cela, s'en amusera, et son propre compte s'y trouvera. » (*le Diable*, VII, 111) Toujours au chapitre des boutades grivoises, certaines réparties lestes et spontanées créent l'illusion de diversions galantes improvisées. Mme Culchaud du *Diable*, qui rétorque un peu vivement à M. le baron : « Et si je vous prenais au mot ? », s'entend répondre aussitôt : « Je vous prendrais à la motte » (VII, 90); de même, à la Durut des *Aphrodites* qui défie sa pétulante cliente par un « je vous prends au mot », Mottenfeu réplique : « Et je prétends que dès demain ton lugubre baronnet me prenne à la motte. » (VI, 153)

Cette lexicologie originale, bien qu'elle porte autant la marque d'un milieu et d'une époque que celle de l'écrivain, permet à Nerciat, même dans ses ouvrages les plus volumineux (*le Diable au corps* compte près de 1 000 pages dialoguées et les premières éditions réunies de *Félicia* et de *Monrose* offriraient huit volumes), d'éviter la grossièreté et la monotonie, deux défauts dont Sade ne s'est guère soucié. Ce style d'esthète se caractérise par un équilibre exact entre l'image licencieuse et la prosodie subtile de la narration. De cet accord harmonieux se dégage l'impression à la fois délicate et rassurante que procurent les petits plaisirs innocents. Les descriptions pourtant minutieuses et sensuelles des anatomies féminines dévoilées et des ébats les plus lestes des héros sont ainsi transcrites en phrases fluides et douces, mais qui ne perdent rien de la vivacité de leurs sujets, comme l'illustre ce passage où Nerciat montre l'un des habitués du « couvent » des *Aphrodites*, Limecœur, expérimenter avec la marquise de Fièremotte ce que Monrose appelle une « épreuve absolument philosophique » et que Fougeret de Monbron nommait, avec sa délicatesse particulière, « les douceurs de la copulation » :

> Pendant cette tirade sentimentale, dont la marquise, quoique enchantée, ne fait que sourire, Limecœur, jouant des mains, d'abord avec circonspection, est étonné de cette taille si fine, de cette gorge si séparée, si ferme, qu'on lui laisse parcourir. Limecœur, qui ne sent rien à demi, s'enflamme à l'excès; il soulève avec timidité des jupes d'une légèreté non moins indicative que commode. Comme on fait en même temps chez lui des progrès en proportion des siens, il se permet de palper amoureusement les cuisses et le reste... La perfection qu'il y trouve n'ajoute pas moins à sa passion qu'à son étonnement. Le bijou brûle encore à la suite du vif exercice que vient de lui

donner le petit préludeur. Limecœur, croyant ne pouvoir faire trop humble-
ment amende honorable devant les charmes provisoirement outragés par ses
doutes, assez peu présomptueux d'ailleurs pour ne pas abuser si vite du droit
de triompher, se précipite et, collant sa bouche sur l'adorable sillon, lui donne
en maître cette magnétique friction que bien des dames préfèrent aux plus
solides services [...] La marquise renversée, une cuisse jetée par-dessus
l'épaule du délicat Limecœur, endure jusqu'au dénouement, qui n'est pas
éloigné, cet hommage sublime. À peine son effet ravissant commence-t-il à se
tempérer, que, se soulevant et saisissant en silence le savant gamahucheur,
elle l'attire sur elle, l'entraîne sur son sein, le dévore de baisers, affranchit de
toutes ses entraves le boute-joie bouillant d'impatience et d'ardeur, et, d'une
main palpitante de lubrique fureur, se le plante [...] Il n'est pas encore totale-
ment intronisé, que déjà des flots de vie ont frappé les voûtes du sanctuaire
des voluptés, mais ce n'est qu'un à-compte fortuit de tout ce que cette union
va faire naître de délices (*les Aphrodites*, II, 130–132).

À l'encontre de ces premières constatations, certains estiment que Nerciat n'aurait profité de son exil à demi forcé que pour
prendre le relais des auteurs libertins dont il ne voulut retenir que le
pire, c'est-à-dire les anecdotes. Pour Hubert Juin, « le Chevalier
de Nerciat, au fond, épouse d'un seul mouvement tout ce qui
scandalisait [...] Son œuvre dans sa continuité est la louange du
seul plaisir[9]. » Et pourtant ce plaisir qu'il faut sans cesse perfectionner pour apaiser une avidité sensuelle excessive, ou plus
précisément la recherche de ce plaisir sous toutes ses formes,
constitue l'unique passion des libertins de la décadence, ceux qui
paraissent dans la littérature romanesque du dernier quart du siè-
cle, qu'il s'agisse de plaisirs admis comme dans les œuvres
antérieures de Crébillon fils ou de Duclos, des jouissances lubriques évoquées dans les fantasmes de Rétif (avec qui Nerciat correspondait, selon l'éditeur Poulet-Malassis, avis d'ailleurs repris
par Apollinaire) ou des plaisirs criminels revendiqués par Sade.
Pour Nerciat, le plaisir répond aux besoins vitaux et suffit aux
aspirations éthiques de chacun, au point qu'il constitue un
humanisme en soi, comme le montre l'anecdote suivante. Le
Tréfoncier, qui désire savoir si la marquise du *Diable* est encore
plus exigeante pendant ses périodes critiques, lui propose de participer à une « soirée musicale » organisée à sa petite maison.
Comme elle prétend d'abord que « l'abstinence » est le seul
régime qui lui convienne au cours de ses « invalidités », le prélat
lui prend le pouls tandis qu'il lui fait part des « merveilles » qu'il a

---

[9] Dans Nerciat, *les Aphrodites*, postface, T. II, pp. 6–7.

préparées et de la qualité des « cousins » germaniques qui sont également invités. Contredisant sa « raison » ou ses « préjugés », le tempérament de la marquise s'échauffe assez pour que Le Tréfoncier puisse lui expliquer le mobile de son geste :

> La liqueur d'un thermomètre près duquel on approche successivement de la glace ou du charbon ardent ne varie pas plus sensiblement que l'a fait votre pouls ingénu selon ce que j'affectais de dire. Au mot *plaisir* votre sang a bouilli; celui de *morale* a failli le coaguler tout de suite : de quoi, sans être un grand sorcier, j'ai pu conclure que si je proposais pour la soirée quelque récréation un peu gaillarde, loin d'être refusé, je devais au contraire me flatter d'être applaudi, car il est évident que vous avez besoin... je dis, grand besoin d'un bon confortatif-priapique des plus vigoureusement administré : et, comme je vous suis totalement dévoué... (V, 99)

La scène laisse entrevoir aussi le rôle subtil joué par les sens. Si les propos de l'héroïne de *Félicia* ne sont pas neufs quand elle rappelle que « les quatre saisons mises à contribution pour ses plaisirs, fournissaient à la fois à sa table des fleurs et des fruits, étonnés de s'y rencontrer » (126), on trouve cependant chez Nerciat une philosophie sensualiste nettement exprimée. Pour susciter l'harmonie des plaisirs qui mène à la volupté, il faut flatter tous les sens à la fois. Dans un bosquet retiré du parc de son père, lord Sydney, Félicia découvre une sorte de jardin d'amour très proche de celui décrit par Guillaume de Lorris :

> tous les sens à la fois y étaient flattés. Un filet [...] tenait prisonniers une multitude d'oiseaux de toute espèce qui donnaient l'exemple et l'envie de faire l'amour. La fleur d'orange, le jasmin, le chèvrefeuille prodigués avec l'apparence du désordre, répandaient leurs parfums. Une eau limpide tombait à petit bruit dans un bassin qui servait d'abreuvoir aux musiciens emplumés. On marchait sur la fraise; d'autres fruits attendaient, çà et là, l'honneur d'être cueillis (193).

Cette philosophie sensualiste se trouve encore plus explicitement exposée par la plus écervelée des deux héroïnes du *Diable*, la comtesse de Motte-en-Feu : « Tous mes sens, avoue-t-elle à son amie la marquise, j'en suis sûre, ont chez moi des fils qui aboutissent à la région du plaisir amoureux. Entends-je de la bonne musique ? je désire : vois-je un tableau galant ? mon sang s'agite : touche-je une peau humaine, mâle ou femelle ? je suis en feu. » (III, 62–63)

À l'opposé des auteurs grivois et en désaccord complet avec les propos de Sade, Nerciat ne conçoit le plaisir que s'il est progressif et partagé et si l'initiative des attitudes ou des « figures » reste à la discrétion des dames. Dès *Félicia*, on note le caractère féministe de ses romans. Ses autres œuvres narratives, *le Doctorat impromptu, Monrose*, sont aussi présentées par des femmes (ce qui n'est pas le cas pour *l'Odalisque*) et l'auteur, s'identifiant aux narratrices, insiste davantage sur les réactions voluptueuses de ses héroïnes que sur ses propres sensations imaginaires. Dans les textes dialogués se sont toujours les partenaires féminines qui mènent l'action et qui émettent les aphorismes les plus expressifs et les plus caractéristiques de l'opinion générale. Ce libertinage féministe est exposé sans ambiguïté quand la marquise du *Diable* affirme à Philippine que, « quelque catin que soit une femme, il faut qu'elle sache se faire respecter, jusqu'à ce qu'il lui plaise de lever sa jupe » (I, 25). Elle maintient ce principe dans *les Aphrodites* quand elle reproche à la Durut de vouloir l' « assujettir [au] sentimentage » du « protégé » qu'elle lui propose (I, 192). Et Félicia, qui dans *Monrose* peut passer pour une femme pondérée, affirme que « l'ascendant de [son] sexe sur quelqu'un d'ardent est infaillible » (III, 7). Enfin, ici encore, rien n'établit mieux cet aspect essentiel de la pensée de Nerciat que la préciosité à la fois discrète et suggestive de son style narratif. Comme dans un tableau de Watteau ou de Fragonard, la volupté émane des impressions et des sensations à la fois douces et explicites ressenties par l'observateur et par le lecteur. Tout en indiquant bien que ces dames n'ont pas toujours besoin des services de leurs cavaliers pour s'étourdir, le passage qui suit, où Nerciat lève le voile sur les ébats de la marquise avec ses deux servantes et compagnes de lit, Philippine et Nicole, témoigne de ce style si propre à transcrire les mouvements du plaisir :

> Elle assujettit Philippine, et lui manie la gorge, qu'elle a, comme on sait, de la plus fraîche beauté. Nicole fait l'autre office avec toute la vivacité qu'y mettrait l'amant le plus épris. Philippine, par ses soupirs, par les oscillations précipitées de son sein, par le trémoussement de ses fesses, et par ce léger bruit intestin que les experts connaissent à merveille, donne des indices frappants du plaisir extrême qu'elle goûte. Nicole, embrasée, veut passer une de ses mains par la fente de ses jupons (*le Diable au corps*, I, 250).

Aussi les femmes servent-elles souvent de sujet de référence pour l'évaluation du plaisir, qu'il s'agisse d'une « volupté féminine » ou d'une « vraie jouissance de nonne » (*les Aphrodites*, IV, 268). Par contre, elles représentent, elles réalisent également ce fruit défendu que recherchent les voluptueux. Monrose est « ensorcelé » à la vue d'une femme « au point parfait du plaisir, animé (*sic*) de grâces et de goût, dardant le désir, et visiblement folle de cette folie contagieuse après laquelle courent les hommes » (*Monrose*, II, 39). Une remarque d'abord désabusée de Félicia, qui pourrait troubler un instant l'euphorie générale : « On sait bien que notre sort est de n'avoir pas plus tôt pardonné qu'on se plaît à nous offenser plus grièvement » (*Félicia*, 189), témoigne, mieux qu'une longue digression, de la délicatesse de l'auteur pour ses héroïnes, même si aussitôt après Félicia restitue à sa réflexion son eudémonisme habituel en ajoutant : « C'est ainsi qu'en usent avec nous, pour notre bien, les hommes qui se piquent le plus d'honnêteté. »

On comprend alors qu'aucun auteur de son milieu n'ait mieux ressenti que lui pourquoi la femme hésite à se livrer : si l'homme connaît très vite « l'égarement des sens », sa compagne n'est jamais assurée de parvenir aux « transports » espérés. Par contre, dans ce jeu inégal, elle goûtera une « félicité » supérieure à celle de son cavalier si, préludant par gradation, celui-ci sait éveiller puis brusquer en elle les impulsions des sens. Pour l'un et l'autre le plaisir se conçoit d'abord comme le résultat et la récompense d'expériences aussi délicates qu'extravagantes; il n'est jamais accidentel. « Le nec plus ultra du bonheur » (*le Diable*, IV, 13) est la conclusion d'approches savamment dosées. Le chevalier Alphonse, à qui une journée chez les Aphrodites suffit à prouver sa valeur, connaît parfaitement « le mécanisme de la jouissance » qui conduit aux « superlatives délices » (*les Aphrodites*, I, 45), délices dont les femmes sont en retour les premières bénéficiaires.

Cette conception originale du plaisir est constamment réaffirmée dans *le Diable*, *Monrose* et *les Aphrodites*. La directrice de l'hospice des Aphrodites, Mme Durut, maquerelle vulgaire qui ne songe qu'à ses louis en proclamant son attachement à la monarchie et son mépris des jacobins, fait pourtant partie, au dire d'Alphonse, de ces femmes « aussi habiles à goûter et à faire goûter le plaisir » (I, 9). Le chevalier parle en connaisseur puisque, avec la duchesse de l'Enginière, aussi exigeante sur le fond que sur les formes, « il a du plaisir, il en donne » (I, 56). Cette conception altruiste du plaisir, essentielle pour acquérir une perception plus complète de la jouissance, est également évidente dans *le Diable*, que ce soit pour Zamor, le nègre de Motte-en-Feu, qui « sait si bien goûter et faire goûter le suprême bonheur » (V, 139), ou pour la comtesse elle-même qui, aux prises avec quatre moines qui lui permettent ainsi de satisfaire tous ses sens à la fois[10], à quatre sources de plaisirs, s'écrie spontanément dans son délire˙ luxurieux : « j'étais, ils étaient aux cieux. Nous fondîmes tous comme la cire sur un brasier » (VII, 64). Même la décoration et l'ameublement des salles où se déroule la seconde « débridée » du *Diable*, ainsi que la mise en scène préparée par l'entremetteuse Couplet, sont pensés pour que ceux et celles qui le désirent « puissent aller, pour leur compte, prendre et donner du plaisir » (IX, 197). Félicia, au lit avec Mme d'Aiglemont et avec Monrose qui leur raconte ce qui se passe la nuit dans les appartements de son château, « jouissait délicieusement des émotions de son ami » (*Monrose*, III, 143). Tout en définissant, avec une rigueur qui aurait dû séduire jusqu'à Roger Vailland, les quatre étapes d'une conquête galante menée avec l'arrière-pensée vindicative d'un roué — l'attaque, la résistance (mines et contre-mines), l'assaut et la capitulation (*idem*, II, 222) — le petit-maître Monrose approuve un de ses amis de « juger volontiers, comme spectateur, du degré de plaisir que ses maîtresses sont susceptibles de prendre » (II, 245). Il s' « électrise » ainsi « de plus en plus, heureux encore des voluptés où [il voyait ses] amis s'abandonner, se confondre; échos mutuels, piqués d'amoureuse émulation » (III, 108), et quelques pages plus loin il résume et justifie l'originalité de la pensée libertine de Nerciat quand il dit « que le sacrifice de quelques intérêts de pur préjugé n'a point été dicté par le grossier instinct des sens, mais qu'il est l'effet du plus noble désir de faire tout le possible pour ajouter au bonheur des êtres qu'on se pique d'aimer délicatement » (III, 125).

---

[10] L'exploit n'est pas neuf dans la littérature galante de l'époque et l'héroïne de Nerciat ne surclasse pas ici un personnage épisodique de Mirabeau, Rose, qui en 1786 dans *le Rideau levé* agrée simultanément les avances de « cinq fouteurs » (*le Rideau levé ou l'Éducation de Laure*, p. 138). Bien que depuis 1874, à la suite de Barbier, le livre soit généralement attribué au marquis de Sentilly, « gentilhomme bas-normand », nous préférons lui conserver la paternité qui lui fut reconnue à sa publication, l'existence dudit Sentilly n'ayant jamais été prouvée (voir dans *le Rideau levé,* préface, p. 9).

Aucune entrave ne doit restreindre la poursuite du plaisir. Les libertins ne sont retenus que par les limites de leur imagination ou de leur constitution, quoique sur ce point la plupart soient capables de prouesses qu'on ne peut accepter que si l'on voit dans l'œuvre de Nerciat une sorte d'épopée du plaisir. S'il est vrai, comme l'affirme Émile Dard à propos de Valmont, que « chez les membres d'une même caste, tranquillement assise dans sa supériorité séculaire et inaccessible au mérite lui-même, car le temps seul anoblit, la rivalité ne peut plus s'exercer qu'entre pairs, c'est-à-dire qu'elle ne peut plus porter que sur les inégalités naturelles, qui ne sont jamais plus sensibles qu'en amour[11] », les prouesses des héros de Nerciat sont, pour cette société devenue libertine, les répliques des hauts faits guerriers de ses ancêtres. Le sopha remplace le champ clos, mais le défi et l'esprit héroïque et glorieux des tournois continuent à fortifier l'ardeur lubrique des petits-maîtres et des petites-maîtresses. Il n'est plus surprenant que chacun tente de se singulariser par l'excentricité de ses manies et par sa résistance physique. Les femmes sont aussi favorisées que les hommes car, nous l'avons vu, tous les sens concourent chez elles à leur procurer le plaisir. Bien que les « figures » ou « tableaux lubriques » dus à l'imagination des couples normaux ou hermaphrodites de Nerciat provoquent des réactions excessives chez leurs exécutants, comme le « limage » du Gascon Trottignac sur la Durut dont « le foutre moussait de son côté comme une savonnade » (*les Aphrodites*, III, 162), la jouissance qu'ils en attendent est plus douce, plus voluptueuse qu'excitante. La violence des héros est toujours modérée par les règles ou par les accessoires imposés. Si les « jeudis » ou « janicoles », encore appelés « andrins » ou « culomanes », préfèrent et sont autorisés à servir l'amour « à la florentine », c'est que leurs facultés les destinent naturellement à des offices plus réduits. Pour les mêmes raisons, les sujets trop pourvus se voient imposer le port des « croquignoles », anneaux de terre cuite qui, à l'inverse de ceux que l'on trouvait chez la Gourdan (*cf. supra*, 27), limitent les dispositions naturelles, bien qu'il soit glorieux de les briser à l'usage. Par délicatesse, Dupeville, qui vient d'échapper à la rétribution ordinaire de Vénus, s'impose ces « maussades robes de chambre » qui révoltent tant la marquise (*le Diable*, II, 96).

---

[11] *Un acteur caché du drame révolutionnaire; le général Choderlos de Laclos, auteur des Liaisons dangereuses, 1741–1803*, p. 73.

Chez les Aphrodites, la licence était « familière sans impertinence, spirituelle sans tour de force, gaie sans pétulence, ardente sans brutalité » (IV, 307). La comédienne Charlotte, qui est parvenue à s'installer dans la voiture du marquis d'Aiglemont, est étonnée « des manières si délicates ! des propos si séduisants, si gais, sans manque de respect ! si voluptueux sans indécence ! » de son compagnon de voyage — pourtant qualifié de franc libertin (*Monrose*, IV, 156).

Comme la volupté et le bonheur sont deux états fragiles qui, pour le libertin, dépendent uniquement de la vivacité des sens, il est naturel — en dépit de la remarque précédente — que les héros de Nerciat dépassent la mesure du commun. Leurs prouesses et surtout le plaisir continu qu'ils se donnent mutuellement tendent à prouver qu'ils savent chercher et trouver « le vrai beau du libertinage » (*le Diable*, IX, 198) « bien au-delà des bornes du libertinage ordinaire et tolérable » (VIII, 125). Il s'agit d'une exigence si essentielle que celui ou celle qui la rejette en mourra. La marquise, qui tout au long du *Diable* ne le cédait qu'à son amie Motte-en-Feu dans ses folies, veut imposer une opinion plus réservée dès la fin de ce premier ouvrage : « le parfait amour est dans la mesure », prétend-elle, et pour cela elle « veut du choix, des bornes et du mystère » (VIII, 128). Redevenue « honnête femme tout de bon », tandis que la comtesse « est depuis lors quatre fois plus libertine [...] qu'en est-il arrivé ? Que la sage est morte [...] tandis que la petite dissolue, âgée de trente-six ans, ribaudant depuis vingt, crève de santé. » (*les Aphrodites*, V, 25–26) Pour parvenir à ces « félicités » il n'est plus question d'avoir recours aux méthodes naturelles mais astringentes de Voltaire :

> à Cythère [...]
> L'amant modérant sa raison [...],
> Sait bien arroser le gazon
> Sans imbiber la terre[12],

ni aux artifices empiriques de la Suzanne de *l'École des filles ou la Philosophie des dames*, « en mettant un petit linge à la tête du [...] » (126), ni aux « éponges » que le père putatif de la Laure de

---

[12] « Gaillardise », poème de 32 vers en 4 strophes reproduit par Georges Pillement dans son *Anthologie de la poésie amoureuse*, T. I, pp. 240–241.

Mirabeau utilisait avec ses servantes et avec sa fille[13] et dont se prémunissaient les « garces » de *l'Anti-Justine* (55), et les « petits sacs en peau de Venise » que préconisent les héros de Sade paraissent bien grossiers à côté de « ces robes de chambre » que les fournisseurs de ces dames importent de chez la marchande Phillips de Londres. Comme Nerciat s'engage volontiers dans ce sujet, ses ouvrages décrivent aussi toute la panoplie des « confortatifs-priapiques » utilisés à l'époque ainsi que les manières les plus habituelles de se les procurer.

Avant d'initier la jeune Eugénie de Mistival aux « sexercices » du libertinage, Dolmancé, « l'instituteur immoral » de *la Philosophie dans le boudoir*, aurait pu faire l'inventaire des appareils de « médecine » proposés par le colporteur-entremetteur Bricon du *Diable au corps*. Il faut toute la dextérité descriptive de Nerciat pour présenter ces « succédanés de l'amour » avec ce ton candide de fausse ingénuité qui en minimise l'usage équivoque. Et pourtant, malgré cette habileté incontestable, l'abondance des objets présentés surprend tandis que la profusion des détails descriptifs finit par lasser. Mais si ces véritables inventaires de bazar oriental affaiblissent la teneur artistique de ces récits, ils accentuent encore plus l'appauvrissement irréversible d'un genre littéraire qui pendant une cinquantaine d'années mérita mieux que le « second rayon » des bibliothèques et sont révélateurs de la futilité des divertissements auxquels rêve un public ébranlé par dix ans d'insécurité et de répression : deux constatations naturelles quand on se souvient que Nerciat écrivait sous la Constituante et fut publié pendant les années folles du Directoire. Ces circonstances atténuantes permettent de mieux apprécier l'art avec lequel il s'acquitte des descriptions les plus délicates. Ainsi, Bricon présente à la marquise du *Diable* un « bijou de couvent » à deux plançons en forme de Y « dont voici la position, celui d'en haut [...] se présente naturellement à l'endroit ordinaire [...] et l'autre, par conséquent, se trouve à portée de

---

[13] À noter que le héros du *Rideau levé* se trouvait encore plus prudent que Cupidonnet. Son « éponge fine [est retenue] par un cordon de soie délicat qui la traverse en entier et qui sert à la retirer. On imbibe cette éponge dans de l'eau mélangée à quelques gouttes d'eau-de-vie [...] et quand bien même les esprits subtils de la semence passeraient par les pores de l'éponge, la liqueur étrangère qui s'y trouve, mêlée avec eux, en détruit la puissance de la nature » (p. 50); la préparation de cette liqueur nous est expliquée avec minutie, en note, à la fin de l'ouvrage (pp. 152–153).

l'endroit voisin » (I, 51–52). Cet instrument est fixé à une plaque, « espèce de masque de la nature masculine, qu'une Dame s'attache autour du corps avec des rubans ; car, dans le principe, ce joujou fut imaginé pour l'amusement de deux amies » (I, 53). Comble du raffinement, il possède des « testicules qui contiennent une espèce de ressort,. lequel pressé fait l'effet du piston d'une seringue et darde à travers le cylindre [...] une dose de lait » (VIII, 132). D'autres précisions sur la couleur, la consistance et l'aspect de ces instruments (voir *les Aphrodites*, V, 16–17) laissent deviner le degré de perfectionnement qu'avait réellement atteint cet artisanat « italien » à la fin du siècle. Environ cinq ans avant Nerciat, Mirabeau signalait déjà un dispositif semblable quand Laure se voit promettre par son père un godemiché assez particulier qu'il se contentait d'appeler « l'Y du Saint-Père » (*le Rideau levé*, 70). Sade connaît aussi l'appareil de Bricon puisqu'en 1797, à la fin de l'*Histoire de Juliette*, on voit la lesbienne Zatta de Venise proposer à Juliette d'expérimenter avec elle un objet similaire, quoique encore plus étrange, mais que l'auteur ne décrit, lui aussi, que superficiellement : « cet outil singulier avait quatre têtes » (IX, 503). Les rapports de police de l'époque nous apprennent d'ailleurs que les « appareilleuses » les plus respectées offraient effectivement à leurs clients aristocrates un choix très varié de ces appareils.

On doit aussi à la faconde créatrice de Nerciat d'avoir pressenti les avantages d'un mobilier fonctionnel, qui n'était pas fictif à l'époque en dépit des termes fantaisistes et des jeux de mots irrespectueux utilisés pour le décrire :

> Dans ces hospices [ceux des Aphrodites], où rien n'est ordinaire, on nomme *fouteuse* un meuble qui n'est ni un sopha, ni un canapé, ni une ottomane, ni une duchesse, mais un lit très bas, qui n'est pas non plus un lit de repos (il s'en faut de beaucoup), et qui, long de six pieds, sanglé de cordes de boyaux comme une raquette de paume, n'a qu'un matelas parfaitement moyen entre la mollesse et la dureté, un traversin pour soutenir la tête d'une personne, et un dur bourrelet pour appuyer les pieds de l'autre. On a trouvé bon de nommer *fouteuse* cette espèce de duchesse[14], d'abord parce que duchesse et

---

[14] Le *Petit Robert* accorde indirectement à Nerciat la parenté de ce mot en indiquant : « (1770) *Fig.* Sorte de lit de repos à dossier ». Indiquons cependant que le mot pris dans ce sens était déjà utilisé en 1753 par l'auteur anonyme de l'*École des filles ou les Mémoires de Constance* : « Eh de grâce, s'écria sa femme en se renversant sur la duchesse où elle était assise. » (T. I, p. 398) Bien entendu,

fouteuse sont synonymes; ensuite, parce qu'on nomme dormeuse une voiture où l'on peut dormir, causeuse une chaise où l'on cause, etc. (*les Aphrodites*, II, 127–128).

Pour répondre à des exigences encore plus caractérisées, ces dames utilisent une *avantageuse*, « espèce d'affût destiné à recevoir un groupe de deux jouteurs » (II, 246). Même le bidet trouve place parmi les meubles nécessaires au plaisir et son usage constant souligne le souci de propreté et d'hygiène des personnages. Les salles de fêtes sont toujours doublées d'un « cabinet de propreté » et l'auteur insiste sur la « propreté à l'excès » de ses héroïnes. Les machines fréquemment employées par les héros de Sade sont aussi utilisées par ceux de Nerciat. On sait que le fils du duc de Richelieu, Fronsac, avait imaginé le fauteuil qui porte son nom, ou plus exactement celui de « filets de Fronsac », avec lequel, nous dit Rétif dans *l'Anti-Justine*, « il effrayait les Filles récalcitrantes, que des Parents maladroits lui avaient vendues » (208). Les Aphrodites ont recours à un « certain lit électrique [...] imitation en petit du lit du docteur Graham » (VIII, 283). C'est sur un de ces lits que la Conbanal, doyenne de la secte, connaît une « mort glorieuse [...] dans les bras d'un huitième carme ». Ce lit dans lequel, selon l'Anglais Graham, passaient des courants magnétiques, n'aurait été en réalité qu'un simple divan au chevet duquel se tenaient de superbes vestales dévêtues à l'antique, dont la simple contemplation suffisait à ranimer les patients les plus déprimés.

En dépit de la primauté qu'elle accorde à la femme, l'œuvre de Nerciat présente en filigrane un aperçu des différents types de petits-maîtres de la littérature de son époque, où les abbés et les religieux tiennent une place de choix. On se souvient que dès les *Lettres philosophiques*, Voltaire raillait « cet être indéfinissable, qui n'est ni Ecclésiastique ni Séculier, en un mot ce que l'on appelle un Abbé » et scandalisait ses interlocuteurs anglicans en leur apprenant « qu'en France de jeunes gens connus par leurs

le mot pris dans ce sens n'est pas accepté par l'Académie, comme le montre le *Dictionnaire de l'Académie française*, T. I, p. 398. À l'époque, une duchesse, au sens imagé, signifie plus communément une sorte de coiffure élaborée qu'affectionnent les petites-maîtresses : « Je me trouve à faire peur, ma duchesse m'excède » (*les Délices du jour*, écrit humoristique anonyme d'une vingtaine de pages du milieu du siècle reproduit par Maurice Tourneux dans *les Promenades à la mode*, Paris, Librairie des Bibliophiles, 1888, p. 21).

débauches et élevés à la Prélature par des intrigues de femmes, font publiquement l'amour, s'égaient à composer des chansons tendres[15] ». C'est encore un Anglais, James Rutlidge, venu dissiper sa fortune au cours de sa *Quinzaine anglaise à Paris*, qui apprend de son domestique les avantages et le prestige que l'on acquiert en portant la soutane : « Vous ne sauriez croire [...] les ressources que le petit collet nous met à la main. Avec lui on entre partout[16]. » On sait que c'est en se déguisant en abbé que Thémidore est admis au parloir du couvent-prison où est enfermée sa maîtresse. Chez Nerciat, viennent en tête de grands dignitaires raffinés, tels le « Monseigneur » qui amène Félicia dans son diocèse de province, ou ce prélat allemand, Le Tréfoncier, capable de battre les libertins français sur leur propre terrain et de passer pour galant homme à force d'extravagances coûteuses. Viennent ensuite les jeunes abbés emperruqués, tel cet abbé Boujaron qui, après avoir forcé en « orient » et en « occident » la marquise obligée de lui céder sous la menace du chantage, est arrêté au moment où il sodomise son enfant de chœur à la sacristie. Enfin, dans ce cortège luxurieux et capitulaire qui enchanterait Fellini, un rôle important est réservé aux moines : moines fortunés dont les abbayes somptueuses permettent d'accueillir les dames égarées, avec le luxe que l'on doit à leur condition, ou moines mendiants, sales et grossiers, heureux de jeter le froc à la première occasion.

Le monde oisif et fortuné de Nerciat est aussi un monde de laquais entretenus pour le plaisir et choisis avec soin pour devenir la propriété exclusive de leurs maîtresses. Il est de bon ton de les appeler « jockeys » — vogue confirmée par Rutlidge qui parle de « Jacqys » dans *la Quinzaine anglaise* (194) — et ils jouent déjà le rôle de ceux que Sade nommera plus justement « gitons », « bardaches » ou « ganymèdes ». C'est le Limecœur des *Aphrodites*, ou son sosie du *Diable au corps*, ce Belamour qui finira ses jours dans les rangs de la noblesse grâce à la reconnaissance posthume d'une douairière repentante.

---

[15] *Lettres philosophiques ou Lettres anglaises,* p. 26.
[16] *La Quinzaine anglaise à Paris ou l'Art de s'y ruiner en peu de temps,* p. 261. Ouvrage attribué au chevalier J. J. Rutlidge, ou James Rutlidge (*cf. Catalogue de la Bibliothèque nationale,* n° 169, 1940, p. 401). Les mésaventures rapportées dans cet ouvrage ne découragèrent pas le jeune voyageur qui un an après publie *le Retour de Mylord dans cette capitale après sa majorité.* Pour plus de renseignements sur l'auteur, voir Raymond Las Vergnas, *le Chevalier de Rutlidge, « gentilhomme anglais », 1742-1794.*

Aussi Nerciat qualifie-t-il indifféremment tous ses personnages de petits-maîtres ou de roués, car pour lui une rouerie n'est qu'une impertinence plaisante, une polissonnerie licencieuse qu'il est honnête de paraître réprouver mais qui flatte la personne qui en est l'objet. Dans *le Diable*, la comtesse de Motte-en-Feu rappelle à Belamour qui prétend devoir lui refuser « jusqu'à ces familiarités coupables que son excessive jeunesse pouvait seule lui donner alors la patience de tolérer », qu'elle lui pardonnerait « plutôt une rouerie adroite et spirituelle qu'une imbécile retenue » (IV, 59), et l'auteur nomme rouées « les patraques à grands besoins » (*les Aphrodites*, II, 150). Si dans *Monrose* il cite une fois, et d'une façon très superficielle, des « roués charmants » (I, 109), il les présente généralement comme de « francs libertins », des individus « immoraux », des « renomistes » — gens qui veulent à toute force que l'on parle d'eux, précise une note (II, 45) — et va jusqu'à les traiter de « vrais fléaux de la galanterie » (III, 143). Les termes petits-maîtres et petites-maîtresses demeurent les plus usités et c'est normal puisqu'il s'agit uniquement de libertins nés pour le plaisir, de ceux que Nerciat qualifie en général de « désœuvrés du bon ton ». La marquise du *Diable*, à la tournure « si délicieusement *fille* » quand elle veut enhardir les timides, est appelée « petite-maîtresse » (VI, 170) ou « femme décidément *cavalière* et libertine » (I, 87). Son amie Motte-en-Feu se promet de « libertiner », c'est-à-dire de s'égayer en se dissipant. Les inconnus invités à la « fête priapique » de Le Tréfoncier forment « une bande libertine » « vite affranchie de cette gêne que des inconnus réunis, pour la première fois, ne sauraient manquer d'éprouver » (IX, 154 et 189). Dans *les Aphrodites*, la marquise de Fièremotte passe pour « petite-maîtresse sans le savoir » (II, 106) et deux des plus riches clients de l'hospice sont traités de petits-maîtres, et l'un deux est même un « charmant petit-maître à ruban vert » (IV, 304). Dans ce milieu de haute aristocratie certains se piquent pourtant d'adopter les mœurs grossières que nous avons signalées. L'abbé napolitain Boujaron, dont les impertinences révoltent la marquise, se justifie avec la désinvolture d'un « perverti » :

> Allons, allons, belle Marquise, n'extravagons point [...] J'avoue que je suis un
> peu bougre; mais malgré cela, j'ai l'estime des honnêtes gens [...] Au bout du
> compte, je ne vole pas sur les grands chemins; en faut-il davantage, dans ce
> siècle philosophique, pour être un homme de bonne compagnie ? (*le
> Diable*, I, 74)

La Durut, qui vient d'éprouver les qualités du rustre Trottignac, estime que le Gascon « a déjà le fond d'impertinence, de morgue et de haute opinion de lui-même qu'il faut pour que bientôt il puisse singer avec succès l'homme du bon ton, et tenir son coin dans un certain monde » (*les Aphrodites*, III, 172).

Fidèles aux principes des libertins mondains qui ne cherchent dans le « commerce des femmes » que des sensations et parfois quelques émotions agréables et superficielles, tous ces héros repoussent les appels du cœur qui — selon Félicia — n'offrent en retour que des illusions pénibles. « Le parfait amour est une chimère. Il n'y a de réel que l'amitié, qui est de tous les temps, et le désir qui est du moment », rappelle Sylvino à Félicia (32). Et quelques mois plus tard, celle-ci affirme qu'elle se soucie « fort peu d'être adorée. Cela ne m'a jamais flattée : j'ai toujours souhaité court amour et longue amitié. » (177) Quant à la marquise du *Diable*, elle reproche à son valet-coiffeur Belamour « cet amour bête qui fait soupirer, gémir et languir pour un objet unique » (III, 208) et elle trouve que le « sentimentage de Dupeville, mi-partie de *galanterie-gauloise* et de *philosophie dramatique* à la mode, n'a rien de séduisant » (I, 87). Aussi, quand ces « honnêtes gens » parlent d'aimer, ne s'agit-il que de cet amour « à fleur de peau » signalé par Chamfort, encore plus superficiel que l'amour-goût prôné par Crébillon, et qui aboutit au libertinage « à fleur d'esprit » que pratiquait déjà le président, complice du dévergondage de Thémidore (30). « Nous ne nous connaissons point, pourquoi vous aimerai-je ? Vous êtes joli cavalier, pourquoi ne vous aimerai-je pas ? », fait remarquer l'hôtesse Célestine à un client des Aphrodites (I, 41). À une intrigante, qui d'un « Mais, Monsieur, je n'ai pas l'honneur de vous connaître », repousse par coquetterie les avances du grand chanoine que lui présente Monrose, le prélat rétorque : « Tant mieux : nous y gagnerons le plaisir de nous étudier. » (*Monrose*, II, 243) Aussi l'auteur discerne-t-il avec autant d'exactitude que Crébillon ce « moment » qu'il faut savoir saisir et même susciter. Félicia l'éprouve lors de sa première rencontre avec Géronimo :

> L'amour qui pétillait dans ses yeux, dans les vives couleurs de son charmant visage, le délire pathétique de ses sens se communiquaient aux miens; j'étais à mon tour muette, immobile; mes mains, ma gorge étaient abandonnées à ses baisers. Le plaisir concentré dans mon âme n'éclatait au dehors que par la rougeur de mon visage et les oscillations précipitées de mon sein. S'il eût osé... (*Félicia*, 122)

Ici encore, la femme est la première à extérioriser son intuition, cet instant que Nerciat nomme très pertinemment le « coup de sympathie » (*Monrose*, I, 111).

La société dans laquelle évoluent ces personnages est relativement peu nombreuse mais très unie : « des sociétés de transport en commun », écrit un Émile Henriot[17] fort satisfait de l'effet déplacé de sa boutade à propos des *Aphrodites* et de cette abbaye de Thélème authentique dont les règles légalisaient par avance les abus qui ne pouvaient manquer de se glisser dans la meilleure des congrégations rabelaisiennes. Sans voir déjà dans l'ensemble de l'œuvre de Nerciat une sorte de « comédie humaine », d'étude des mœurs d'un fragment du microcosme aristocratique de son temps, on constate pourtant de nombreux transferts de personnages d'un livre à l'autre, soit ouvertement, soit dissimulés sous des noms différents. Nous avons déjà noté au chapitre sur les petites-maîtresses (*cf. supra*, 85) que Félicia était en quelque sorte l'héroïne féminine unique, constamment présente dans tous les romans : c'est l'Érosie du *Doctorat impromptu* tout comme la marquise et la comtesse du *Diable* et des *Aphrodites*. Dans *Monrose ou Suite de Félicia* c'est toujours elle — ainsi que l'indique le titre du premier chapitre — qui continue à s'adresser aux lecteurs qui voulurent « bien [l']écouter avec tant d'indulgence la première fois [qu'elle s'avisa de les] entretenir ». Nous y retrouvons donc tous les héros présentés en 1775. De la même manière les principaux personnages du *Diable au corps* se retrouvent, sous les mêmes noms, dans *les Aphrodites*. La comtesse de Motte-en-Feu dont l'entrain anime toutes les pages du *Diable* se prête aussi à toutes les folies qui s'exécutent chez les Aphrodites où, pour être à la mode — nous sommes en 1791 —, elle dissimule sa particule sous le patronyme démocratisé de Mottenfeu. Le Rapignac des *Aphrodites* est l'homologue du Trottignac du *Diable*, comme Dom Ribaudin et Bricon y sont les neveux de leurs homonymes du *Diable*. Quant au grand chanoine de *Monrose*, sosie moral du « Monseigneur » de *Félicia*, « l'excès de ses libertins caprices » (III, 179) en fait le digne émule de Le Tréfoncier et, comme lui, il profite du nouveau régime imposé par l'Assemblée constituante pour « *décentifier* [...], légitimer » sa maîtresse (IV, 208, n.). Seule l'existence anachronique de la vieille Conbanal — dont la

---

[17] *Les Livres du second rayon*, p. 294.

mort survient une première fois dans *le Diable* — prête à confusion puisque cette même dame devenue haut dignitaire de la secte des Aphrodites meurt à nouveau à la fin de cette seconde histoire dont on peut situer l'intrigue, grâce à l'âge de Mottenfeu, une douzaine d'années après celle du *Diable*.

Cette société fermée et difficilement concevable de nos jours n'est pas seulement le fruit de l'imagination de l'écrivain et le sujet des *Aphrodites* n'est pas aussi neuf en littérature que l'ont affirmé les admirateurs de Nerciat. D'ailleurs, dès l'année précédente, en 1792, dans *Monrose*, celui-ci annonçait le sujet du livre. Dans le château que lui avait légué son père, Félicia s'était « mis en tête de les [ses amis] rendre propres à devenir membres d'une société fortunée où [elle avait] l'honneur d'être la principale dignitaire » (III, 119), et l' « Éditeur » précisait en note qu'il s'agissait des Aphrodites, dont l'histoire nous serait peut-être contée. C'est la grande époque de la franc-maçonnerie mais, en France, les loges demeurent interdites aux femmes qui, pour calmer leur dépit, trouvent plaisant de créer leurs propres loges de fantaisie dont elles codifient les statuts. Ainsi s'organisent — à la satisfaction des vrais maçons qui voient là un moyen inoffensif de satisfaire les ambitions des beaux esprits féminins — des loges quelque peu excentriques, comme la loge des Nymphes, celles de la Mouche à miel, de Minerve, de la Rose, à laquelle aurait appartenu Marie-Antoinette, si l'on accorde quelque signification à la rose qu'elle porte dans son portrait peint par Mme Vigée-Lebrun. D'autres loges revendiquent une hiérarchie militaire et l'ordre de la Félicité, qui nous intéresse ici, s'inspire de la marine à voile. Les premières réunions de « l'Ordre hermaphrodite ou les Secrets de la Sublime Félicité » eurent lieu en 1750 et accueillaient aussi les hommes. Cette société, dont l'auteur de *l'Espion anglais*, Pidansat de Mairobert, avait décrit les cérémonies au dixième volume déjà cité, était aussi connue de l'abbé de Voisenon. Son *Histoire de la félicité*, petit conte d'une quarantaine de pages publié en 1751, serait la transcription d'un débat auquel il aurait participé dans ce cénacle. « Tous les secrets de l'Ordre, écrit B. de Villeneuve dans sa présentation du récit, résident dans une bienheureuse navigation pour aborder l'île, cette merveilleuse île de la Félicité, toujours demeurée invisible aux yeux de tous les peuples qui, dans tous les temps, l'ont recherchée et, faute de l'avoir trouvée, se sont enfermés dans une volupté grossière et toujours insipide. » (176)

L'ordre comprend quatre grades et, détail important pour juger de la précision des renseignements de Nerciat, les femmes accédant aux grades supérieurs portent des noms de plante; or, dès *le Diable au corps*, la marquise confie mystérieusement à sa servante Philippine qu'elle se nomme *la Fougère* « dans une certaine confrérie » dont une note de l' « Éditeur » précise les fonctions :

> Je me rappelle parfaitement qu'autrefois j'entendis dire au Docteur Cazzoné, qu'il existait, sous le nom d'*Aphrodites*, une société de voluptueux des deux sexes, voués au culte de Priape, et qui renouvelaient dans leurs secrètes orgies toutes les débauches antiques [...] les *véritables Aphrodites*, en assez petit nombre, tiraient, tous, leurs noms du règne minéral, tandis que les *affiliés*, c'est-à-dire, des membres beaucoup plus nombreux qu'on admettait aux pratiques, sans qu'on leur donnât la parfaite connaissance des mystères et sans qu'ils prêtassent le *grand serment*, tiraient leur nom du règne végétal (I, 20).

La teneur des *Aphrodites* — que rien ne nous interdit de ne pas accepter dans son ensemble — renseigne éloquemment sur les moyens mis en œuvre par ces dames pour parvenir à la « félicité ».

Ainsi, grâce à des artifices littéraires originaux secondés par une facilité d'expression remarquable et une profonde connaissance des milieux qu'il met en scène, Nerciat apporte à la débauche, ou plus exactement à la recherche des satisfactions sensuelles, un caractère d'absolu sur lequel il sera difficile de renchérir. Cette ambition est confirmée par la composition cyclique de ses ouvrages les plus marquants : *Félicia, le Diable au corps* et *les Aphrodites*. Or, tout mouvement circulaire ou oscillatoire, s'il n'est pas violent, suggère des sensations agréables. Nerciat le sait qui utilise fréquemment une métaphore vive et hardie pour symboliser cette constatation : « la volupté circule », c'est-à-dire va et vient, s'échange d'un acteur à l'autre ou mieux d'un couple à l'autre. Ce mouvement perpétuel se retrouve au niveau de la composition de ses chansons narratives, car l'œuvre de Nerciat constitue bien dans son ensemble une véritable épopée du plaisir. Après une crise de luxure illustrée par les descriptions de super-parties priapiques ou « débridées », tout paraît rentrer dans l'ordre à la satisfaction de chacun. Avec l'assentiment de leurs maîtresses, les domestiques trouvent à se marier selon leurs penchants et parviennent même à des emplois honnêtes. L'héroïne du *Diable*, la marquise vérolée mais sauvée par les assauts d'un moine quêteur, « conserve ou plutôt augmente le trésor de ses agréments. Depuis le dernier excès que nous lui avons vu faire [sa fantaisie du moine], elle ne s'en est permis aucun; elle vit avec Pasimou; le trompe; en est trompée; mais ils s'aiment de manière à ne pas se séparer de longtemps. » (IX, 232) Et jusqu'à la dernière ligne du livre l'auteur insiste sur ce retour au calme :

> Voilà, cher lecteur, tout ce que je pouvais vous apprendre. En somme, vous voyez que nos amis ne sont pas malheureux et puisqu'on ne peut plus leur reprocher l'extrême et scandaleuse conduite qu'a peinte cette rapsodie [...] ils ont apparemment cessé d'avoir le *Diable au Corps* (IX, 234).

Pour Nerciat qui, depuis la Révolution, revit dans ses écrits les illusions d'un monde perdu, tout n'est que jeu et dissipation. Par le biais des extravagances auxquelles se livrent ses personnages, il présente un condensé des plaisirs réels que recherchent les libertins voluptueux de la seconde moitié du siècle.

Mais ses héros ne se soucient pas d'élever leurs principes en systèmes. L'essentiel de leur philosophie ou, pour reprendre une précision d'André Malraux, le motif de leur « attitude[18] » est contenu dans une remarque de la marquise du *Diable* à sa servante Philippine : « Toute à tous, voilà quel doit être notre cri de guerre » (I, 36), devise reprise par Le Tréfoncier peu avant d'amener ses amies à la fête qu'il vient d'annoncer : « le *fin mot* de la partie est que chaque Dame sera *toute à tous*, chaque homme *tout à toutes* » (VIII, 142), et qui reste le précepte que Félicia rappelle à ceux qu'elle va inscrire à l'ordre des Aphrodites : « être toute à tous, tout à toutes » (*Monrose*, III, 126). La surintendante Durut résume l'opinion générale quand elle affirme que « tout irait bien, si l'on ne voulait mettre que de la folie à ce qui est uniquement affaire de plaisir » (*les Aphrodites*, I, 61). Aussi l'aspect purement anecdotique des intrigues, le manque de discernement dans la recherche de plaisirs où l'esprit ne joue plus aucun rôle ne permettent pas d'accorder à l'œuvre de Nerciat l'attention que nous portons à celle de Crébillon ou même à celle de Rétif. À la fin du livre, Nerciat qualifie *le Diable au corps* « d'érotique rapsodie » : observation discrète mais sérieuse qu'il reprendra à la fin de *Mon-*

---

[18] « Les philosophes du XVIIIe [...] appelaient philosophie une attitude, plus qu'une discipline »; dans *l'Homme précaire et la littérature*, p. 186.

rose quand Félicia taquine les lecteurs qui auraient ri « d'un grave traité de morale qui, pour n'effaroucher personne, avait cru devoir se masquer des chiffons de la frivolité » (IV, 218, n.). À perdre de vue que le libertinage mondain consiste avant tout en une sorte d'exercice mental plus que physique, au cours duquel le libertin est plus intéressé par la satisfaction d'amour-propre que lui vaudra la certitude de la victoire que par la jouissance physique qu'il pourra obtenir de la femme conquise, et à oublier que ce procédé doit rester uniquement une manière de se divertir aux dépens de la susceptibilité féminine, on réduit la personnalité du libertin à celle d'une marionnette conditionnée par des réflexes physiques. Incapables alors de voir en la femme plus que « le complément d'un sexe[19] », les personnages ne servent qu'à former des tableaux animés parmi des décors qu'ont généralement négligés les auteurs plus pénétrants. En ne mettant en scène que des automates mus par les ressorts de la lubricité (dans *Monrose*, présentant au lecteur tous les personnages du livre réunis chez elle, les anciens que nous avons rencontrés dans *Félicia* et les nouveaux, la narratrice parle des « anciennes et des nouvelles marionnettes » (III, 28), l'œuvre de Nerciat demeure trop académique, c'est-à-dire trop formelle et trop intellectualisée. Si grâce à son talent de conteur l'écrivain décrit avec un naturel séduisant des « lupercales » à laisser Sade béant d'envie, et s'il sait dépeindre sans trivialité, jusqu'aux moindres détails, les « superlatifs » amusements des libertins voluptueux, c'est qu'en fin de compte — comme il le dit lui-même — il n'écrivait que pour le plaisir d'écrire et de décrire ses fredaines vécues et chimériques. Il en est ainsi venu à imaginer un véritable langage du plaisir, comme Sade créera celui du mal. Cette langue du plaisir suscite à son tour un style élégant et coloré, propre à rehausser les scènes voluptueuses qu'improvisent ses personnages. L'écriture représente pour lui, comme pour les « grands libertins » de Sade, la première expression du libertinage mondain car, ainsi que le fait remarquer l'abbesse du couvent de Panthemont où Juliette acquiert les premiers principes du libertinage, « ce n'est pas tout que d'éprouver des sensations, il faut encore les analyser. Il est quelquefois aussi doux d'en savoir parler

---

[19] André Malraux, *la Voie royale*; voir début.

que d'en jouir, et quand on ne peut plus celui-ci, il est divin de se jeter sur l'autre » (Histoire de Juliette, VIII, 68)[20].

Il faut pourtant se méfier des innovations lexicales de Nerciat. La plus célèbre, le verbe « gamahucher » et ses dérivés, pourrait facilement lui être attribuée grâce au soin qu'il prit à en expliquer l'origine dans la note fantaisiste que nous avons citée. Ces mots, il est vrai, ne se retrouvent dans aucun texte publié avant 1783 et il est permis de penser que Nougaret, auteur aussi prolixe et imagé que Nerciat dans ce genre de description, n'aurait pas manqué de s'en servir s'il les avait connus. Mirabeau par contre emploie le verbe une fois à la fin du Libertin de qualité qu'il rédigea à la prison du château de Vincennes en 1780, trois ans avant de pouvoir le faire publier : « une cinquième, à genoux [...] la gamahuche de toute sa force » (141). Il ne l'utilisera cependant plus dans le Rideau levé, dont certains passages décrivent pourtant des « bordées » à quatre personnages dignes des meilleures « débridées » de Nerciat. À cette date, Mirabeau ignorait les projets littéraires du diplomate espion qui, de son côté, ne pouvait avoir pris connaissance des textes du prisonnier aixois. Les deux hommes auront pourtant l'occasion de se rencontrer presque quotidiennement au cours des trois premiers mois de l'année 1786, quand, chargé d'un semblant de mission diplomatique par le ministre Calonne qui cherchait surtout à l'éloigner de Versailles, Mirabeau réside à Potsdam et à Hesse-Cassel où, grâce à Luchet, il est lui aussi présenté au prince Frédéric. Sade, qui de 1778 à 1781 aurait pu s'entretenir avec le fils de « l'Ami des Hommes » (quoique Mirabeau, qu'il faut toujours lire avec circonspection, ne manifeste que mépris à son égard) dans la cour de Vincennes où il était également interné pour rapts, viols et autres « crimes d'état[21] », emploie parfois le mot, notamment dans l'Histoire de Juliette, où il applique cette fantaisie tant à « l'orient »

---

[20] « Dans un style précieux, qui rappelle Marivaux et Crébillon fils, avec le sel supplémentaire de l'argot des boudoirs, il nous a laissé le document le plus libre sur la vie mondaine d'un temps troublé, et l'histoire la plus complète des effets du désir à l'état pur », écrit Alexandrian en conclusion d'une étude sur « Andréa de Nerciat et le libertinage chevaleresque » : étude superficielle parce qu'en grande partie paraphrase des textes commentés et que seul le défaut d'articles sur le sujet nous dispose à mentionner (les Libérateurs de l'amour, p. 74).

[21] Castries, duc de, Mirabeau ou l'Échec au Destin, p. 138; voir aussi les remarques de Pierre Dominique dans Mirabeau, pp. 75–105.

qu'à « l'occident » de ses libertins (VIII, 8, 283 et 413 et IX, 341 et 504).

Avec *le Diable au corps* en particulier, Nerciat semble avoir voulu surpasser l'auteur de l'*Erotika Biblion* (1783), dont le dernier chapitre, « La Linguanmanie », démontre la suprématie des anciens dans le domaine du libertinage qui « n'est après tout et ne sera jamais que le penchant plus ou moins vif d'un sexe vers l'autre[22] ». Rappelant le degré de dégénérescence qu'avaient atteint les gymnases grecs qui, au lieu d'aider « à conserver la santé [...] en vinrent à ne chercher qu'à faciliter et étendre les jouissances », Mirabeau dénombrait, parmi le personnel hautement spécialisé de ces établissements publics, les « jatrapiles » ou « essuyeurs en cygne », les « unctores » ou « parfumeuses », les « fricatores », « pressureuses » ou « pétrisseuses », les « dropacistoe » ou « enleveuses de durillons », les « alipsiaires » ou « épilateurs », etc., et, parmi les dérèglements les plus communs, la « clitoride », la « corinthienne », la « lesbienne », la « sphnissidenne » (le « postillon » chez Nerciat), termes dont Balzac se souviendra en 1829 pour pimenter quelque peu la « Méditation 8 » de la *Physiologie du mariage*[23].

Pourtant, à côté de terminologies visiblement fabriquées avec autant d'imagination et de plaisir que les patronymes de ces personnages, Nerciat se contente bien souvent d'ennoblir des expressions du vocabulaire libertin vulgaire en les incorporant à des textes élégants; il ne s'agit guère alors de nouveautés. Le « postillon » que s'administrent volontiers ses acteurs est aussi proposé au « libertin de qualité » de Mirabeau (90). Cet auteur rappelle aussi que c'était le plaisir préféré du marquis de Villette qui le partageait avec son hôte de Ferney. Sade le nomme « donner la diligence » au commencement de l'*Histoire de Juliette*, quand les religieuses de Panthemont sont encouragées à se « faire la chouette ». Si Belamour, garçon coiffeur de la marquise du *Diable*, recherche le « nec plus ultra du bonheur », le jeune Belleval du *Degré des âges du plaisir* explique comment à 15 ans il goûta au « nec plus ultra de la lubricité » (46).

Sade, qui écrit à la même époque que Nerciat, connaît aussi les sociétés de plaisir. La « Société des Amis du Crime », que

---

[22] Dans Mirabeau, *Œuvres érotiques*, p. 128.
[23] « Des premiers symptômes », dans *la Comédie humaine*, T. VII, p. 422.

Clairwil fait connaître à Juliette, leur emprunte, malgré son nom, plusieurs de ses statuts. Pour y être admis il faut être riche, jurer de ne pas se livrer à des passions cruelles entre adhérents, faire du plaisir l'unique prétexte à son intempérance car « le véritable libertinage abhorre la progéniture » (*Histoire de Juliette*, VIII, 406). La propriété décrite par Sade est peut-être celle des Aphrodites, dissimulée elle aussi dans un faubourg à deux heures de Paris. Un décor luxueux sert de cadre aux réunions et Sade insiste à son tour sur la propreté et la commodité du mobilier. Ici aussi, on dispose « aux environs de la salle de plusieurs cabinets d'aisances servis par des jeunes filles et de jeunes garçons, obligés de se prêter à toutes les passions » (VIII, 408). Parlant de la « Société », Clairwil précise que « chacun [y] jouit de tout ce qui lui plaît davantage, n'ayant d'autre règle que ses désirs, d'autre frein que son imagination » (VIII, 285).

Ces excentricités, signe évident de l'appauvrissement moral et intellectuel de la société du « bon ton », se retrouvent chez Mirabeau mais dépouillées en toute bonne foi de l'éclat illusoire de la mondanité. Ayant renoncé aux apparences si rigoureusement maintenues par les personnages de Nerciat, ceux de Mirabeau préconisent une hiérarchie sociale d'un genre nouveau, fondée sur la virilité et dominée par des libertins crapuleux. Le « libertin de qualité », issu de la meilleure noblesse et doué de tous les attributs du petit-maître, renonce aux mœurs aristocratiques devenues superficielles et soutient, après sa « conversion », la cause des aventuriers sans condition que la Révolution vient de délivrer de toutes les contraintes sociales. Le titre du pamphlet de Mirabeau, *le Libertin de qualité ou ma Conversion*, est aussi exact qu'ironique : il s'agit bien ici de la « conversion » d'un libertin mondain qui se proclame « libertin de qualité » en rejetant toutes les règles du libertinage, à commencer par la première : le caractère gratuit et inconséquent des aventures galantes :

> Jusqu'ici, mon ami, j'ai été vaurien ; j'ai couru les beautés, j'ai fait le difficile : à présent, la vertu entre dans mon cœur ; je ne veux plus foutre que pour de l'argent ; je vais m'afficher étalon juré des femmes sur le retour, et je leur apprendrai à jouer du cul à tant par mois (5).

Tandis que Meilcour cherchait à goûter les plaisirs détaillés des gradations, le libertin de Mirabeau en vient à éprouver des

« dégradations » : « Voilà les dégradations que j'éprouvai chez la duchesse pendant quinze jours. » (66) L'apprenti libertin, aux débuts du siècle, ne pouvait concevoir une affaire dans laquelle il n'entrerait aucun sentiment. Cette contrainte échappe à celui de la fin du siècle qui n'en est pas plus libre pour autant, car ses exigences sensuelles la remplacent :

> Malgré que je possédasse son cœur, écrit Belleval à propos de Constance, je sentais qu'il manquait quelque chose à mon existence. Ardents prosélytes du plaisir, nous ne pouvions, Constance et moi, parvenir à nous contenter (*le Degré des âges du plaisir*, 87).

Même si, parlant de ses « facéties » littéraires, Mirabeau écrit de Vincennes, vers le 19 novembre 1780, à La Fage, l'amant de Julie Dauvers, sa correspondante du donjon : « *Ma Conversion* [...] est une grotesque chose, et pourrait au besoin tenir une place éminente dans votre *Sottisier* [et] aurait un cours du diable, surtout avec des estampes[24] », des propos plus sérieux ne laissent aucun doute sur le caractère de ses personnages. Leurs débauches triviales cachent un désir de corrompre que les petits-maîtres n'ont jamais ressenti : « Je veux donc corroder tous les germes de vertu qui pourraient s'élever encore, écrit-il dans *Ma Conversion*. Je veux enfoncer dans son âme toute la scélératesse de la mienne. » (137–138) Avec des accents qui font songer à ceux de l'Edmond de Rétif, il prédit avec certitude les bouleversements sociaux de la Révolution. Dès la satire du *Chien après les moines*, il en menace les « penaillons » :

> Déjà l'orage fond, la foudre tonne et gronde,
> Bientôt vous allez être exterminés du monde (16),

et, l'année suivante, son libertin converti l'annonce aux nobles : « Une révolution, éloignée peut-être, mais certaine, menace de nouveau le monde; nous foulerons aux pieds ces hommes superbes qui osent nous dédaigner, nous commanderons encore. » (*le Libertin de qualité*, 170) Il est aisé de constater qu'avec le *Libertin de qualité*, publié sous l'anonymat en 1783, il expose des principes résolument contraires à ceux du libertinage mondain, tandis que les fantaisies lexicologiques de l'*Erotika Biblion*, paru la même

---

[24] *Lettres à Julie. Écrites du donjon de Vincennes (1777–1780)*, publiées par Dauphin Meunier et Georges Lenoir, p. 153.

année, et la trivialité rebattue des scènes du *Degré des âges du plaisir* accentuent le caractère décadent de cette littérature plus libertaire que libertine.

Nous sommes parvenu aux limites de ces deux types de libertinage que nous définissions dans l'introduction de cette étude : celui des petits-maîtres opposé à celui des roués. Ces limites, ou plus exactement modifications d'état, sont soulignées par la rupture qu'affirme le « libertin de qualité » dans son comportement. Petit-maître de par son éducation et son milieu, il devient roué par choix car ce second état, nous le verrons, offre plus de liberté et surtout moins de contraintes sociales à celui qui s'y livre. Le personnage de Mirabeau présente l'exemple unique dans la littérature du XVIIIe siècle de ce passage conscient de l'état de petit-maître authentique, c'est-à-dire noble, raffiné et soucieux de maintenir l'illusion des convenances, à celui de roué vulgaire et brutal. Son « libertin de qualité » ne conserve aucun lien de parenté avec le petit-maître que nous venons de définir et dont nous avons suivi les transformations au cours de cette première partie de notre étude; il rejoint ceux que nous avons nommés les roués et dont nous allons analyser le caractère. La dégénérescence du petit-maître, annoncée par ses imitateurs maladroits des classes inférieures et par les extravagances raffinées de quelques jouisseurs privilégiés, contribuera en partie à la formulation de certains des principes de la conduite beaucoup plus nuisible des roués.

Au « Siècle des Lumières et de la Philosophie[25] » parut se substituer vers 1785 celui de la frivolité inconsciente des fins d'empire.

> Faublas court de femmes en filles. C'est le Français tel que les étrangers se le représenteront pendant cent cinquante ans, agité, libertin, frivole, volage, tendre et cynique, ensorceleur et champion des caresses, « aimant les femmes qu'il rencontre, et amant de la sienne »,

note Tchou au dos de son édition des *Amours du chevalier de Faublas*. Qu'on n'oublie pas cependant que ce Français appartient à la classe des privilégiés. Sa naissance ennoblit ses prouesses qui, à leur tour, deviennent la marque de sa classe. Le libertin en vogue incarne aux yeux des moins fortunés l'état d'honnête homme idéal

---

[25] Crébillon, *les Heureux Orphelins, Œuvres complètes,* T. II, p. 30, 94.

et nous avons noté que les paysans, les bourgeois et les petits abbés jouent aux petits-maîtres à l'époque de leurs succès mondains, bien que ce genre d'affectation, au dire de Jean-Jacques Rousseau, soit déjà passé de mode en 1761[26]. Mais en même temps il devenait de plus en plus difficile pour beaucoup d'accepter cette conception révolue de l'existence inutile, onéreuse et scandaleuse d'un petit nombre de privilégiés. La tentative littéraire de Nerciat, reflet des clinquants d'une société en décomposition, ne survivra pas à ses modèles. Dès lors, les libertins les plus affranchis des préjugés se préparent à exploiter les bouleversements qui leur paraissent imminents. Le petit-maître futile et démodé fait place au roué pragmatique qui voit dans la débauche universelle qu'il cherche à susciter, la réaction la plus favorable à l'établissement de sa tyrannie.

---

[26] « Douce Julie, à combien de titres vous allez vous faire siffler ! Eh quoi, vous n'avez même pas le ton du jour ! Vous ne savez pas qu'il y a des *petites-maîtresses*, mais qu'il n'y a plus de petits-maîtres. » (*Julie ou la Nouvelle Héloïse*, P. II, L. XXVII, p. 277n.)

CONCLUSION

En dépit d'une grande variété de modèles, le petit-maître reste un type bien défini dans la littérature romanesque du XVIIIe siècle. L'aspect gratuit du libertinage mondain, qui ne recèle aucune arrière-pensée tyrannique, rapproche les petits-maîtres de Nerciat de ceux de Crébillon. Avec eux, il n'est pas interdit aux femmes d'entrer dans le jeu des désirs et du hasard. La partie devient même plus intéressante quand elles prétendent appliquer à leur tour les principes conventionnels d'une défense limitée.

Le petit-maître ne vise pas à humilier sa conquête. Il recherche ses faveurs et s'efforce de les obtenir et de les conserver — le temps d'établir sa victoire aux yeux de l'opinion — sans recourir aux procédés faciles de l'émotion : le petit-maître ne joue jamais les grandes scènes de larmes quoiqu'il n'hésite pas à piquer la sensibilité de sa partenaire en menaçant de se donner la mort. Il diffère en cela du Don Juan — qui subjugue en émouvant — et du roué qui, par cruauté, s'appliquera souvent à éveiller l'amour chez sa victime.

Pour parvenir à ses fins il se fait un honneur de n'utiliser que des apparences, c'est-à-dire des mérites superficiels. Tous ses portraits insistent sur l'art de faire valoir une tournure élégante, de mettre en valeur une belle jambe, une voix haute, des coups de tête dégagés... Le vrai petit-maître, car il existe des imitations, tient à respecter les limites de son passe-temps favori; et les petites-maîtresses aussi. Meilcour se divertit avec Mme de Lursay mais il continue d'adorer Hortense. Il est intéressant de noter qu'une cinquantaine d'années plus tard Louvet créait le caractère de Faublas à partir de cette seule constatation et que les auteurs qui semblent le moins enclins à l'affection expriment parfois une grande délicatesse de sentiments. « Tricis aime à voir ses moutons paître avec ceux de Sylvandre; ils sont l'image de la réunion de leurs cœurs. C'est pour lui qu'Amour la fit belle; il mourrait de douleur si elle ne lui était pas toujours fidèle. » Ces lignes que l'on croirait tirées de *l'Astrée*, sont extraites de *l'Art de jouir* (184) de La Mettrie dont le matérialisme scientifique — et non philosophique, comme il le précise bien — s'accorde étonnamment ici à l'humanisme païen et courtois de la Renaissance.

En raison de l'aspect divertissant de sa conduite, le petit-maître refuse toute théorie et tout système qui pourraient limiter sa liberté. Meilcour reste sceptique aux réflexions de Versac. Il l'écoute mais refuse, pour le moment du moins, de bafouer celle qu'il cherche à émouvoir. Ce qu'il retient surtout de la leçon du roué, c'est que, sous des apparences plus ou moins sévères, les femmes cherchent autant que les hommes à contenter leurs instincts et que, loin de se formaliser des démarches encore timides d'un novice inexpérimenté, elles s'irritent plutôt de leurs pauvres effets.

Avec son *Angola*, La Morlière répertorie la plupart des clichés qui contribuèrent à préciser la silhouette littéraire du petit-maître traditionnel. La futilité et l'inanité composent l'essentiel de son caractère; c'est pourquoi il est souvent difficile de s'en tenir, à son sujet, à de simples jugements de réalité. Mais, négligeant volontairement toute considération morale, on trouve alors en lui un des personnages clefs de la littérature romanesque du xviiie siècle. Bien que la tradition littéraire accorde surtout aux œuvres de Rousseau, de Voltaire et des philosophes l'honneur d'avoir répandu les idées françaises à travers « l'Europe des lumières », on ne doit pas oublier pour autant l'influence qu'exerça sur les mœurs de l'époque la grande variété des ouvrages appelés secondaires qui s'imprimaient clandestinement en France ou que l'on importait de Londres ou de La Haye. La conformité physique, psychologique et morale des personnages qu'on y rencontre — bien qu'individuellement marqués par la personnalité de chaque auteur — a créé peu à peu un milieu cohérent, « le beau monde des honnêtes gens », peuplé d'aimables parasites occupés à dilapider leur fortune pour séduire des filles qu'ils n'envisageront pas un instant d'épouser, ou à rechercher dans les salons la compagnie flatteuse de femmes influentes et mondaines.

En dépit de la remarque de Rousseau, les petits-maîtres et les petites-maîtresses n'étaient pas passés de mode en 1761. Crébillon cite deux fois le mot en 1768 dans les *Lettres de la duchesse de * * * au duc de * * **[27]. Vers 1770 paraît un petit recueil de contes : *le*

---

[27] « Ces petits-maîtres gorgés de bonnes fortunes, et qui ne peuvent pourtant encore se vanter que de Mesdames * * * et de quelques filles d'Opéra » (T. II, p. 167, 7); « Votre engagement avec elle [le duc et une danseuse], et son peu de durée, vous donnent [...] un air de petit-maître qui ne peut que vous dégrader infiniment dans l'esprit de tous les gens sensés » (T. II, p. 180, 48).

Soupé des petits-maîtres. Attribué à Jean-François Cailhava de l'Estendoux (1731–1813) surtout connu pour ses parodies théâtrales, le livre est constamment réimprimé sous des titres différents jusqu'à la fin du siècle, comme en témoignent *les Contes en vers et en prose de feu l'abbé de Colibri, ou le Soupé*, en 1798. Le conteur chargé de lier entre elles les diverses histoires qui composent le récit est un petit abbé du Palais-Royal, « assez semblable à une poupée de quatre pieds de haut » (*le Soupé des petits-maîtres*, 5). Rappelons enfin qu'en 1776 l'Anglais James Rutlidge nomme encore « petits-maîtres » les jeunes nobles français qui « bourdonnent » autour des « Déesses » de l'Opéra.

Cet art de vivre particulier ne saurait se concevoir sans la participation bénévole des petites-maîtresses. Les motifs de leurs jeux diffèrent parfois de ceux des petits-maîtres quand elles cherchent par leur coquetterie à décourager ceux qu'elles jugent trop malintentionnés. Ce libertinage les aide aussi à remédier à la carence de leurs satisfactions conjugales. De la jeune pensionnaire du couvent attendant l'époux qui lui sera destiné, à la dévote cherchant dans sa « réforme » la garantie de ses mœurs, toutes y succombent et procurent ainsi aux petits-maîtres les partenaires indispensables à leurs plaisirs.

L'opinion demeure sévère à l'égard des petits-maîtres. Pourtant, à une époque et dans une société où l'idée de travail est méprisable, où le souci du capital à conserver n'existe pas encore, où les droits seigneuriaux accordent toujours aux nobles qui le désirent des pouvoirs et une immunité commodes, la conduite d'un Meilcour, d'un Thémidore ou d'un Montade peut passer pour fort raisonnable. Elle ne provoque tout au plus que la prospérité des boutiques de modes, de meubles et de bijoux. De plus, la plupart des petits-maîtres dont nous connaissons l'état au moment où ils rédigent leurs « Mémoires », admettent leurs folies de jeunesse — sans toutefois les regretter — et reconnaissent qu'ils n'ont trouvé le bonheur véritable que dans une existence plus calme et plus conformiste.

Ce petit-maître idéal (noble, fortuné, spirituel et agréable) est vite entouré d'une foule d'imitateurs de condition inférieure : petits-bourgeois et paysans émancipés. Leurs imitations plus ou moins réussies ne parviennent cependant pas à réduire les écarts de la naissance. Les plus prudents ou les plus perspicaces admettront d'ailleurs que l'habit ne dissimule pas le défaut de sang bleu.

L'échec de leurs tentatives, à de rares exceptions, envenimera leur ressentiment. Ils bafoueront leurs modèles en exagérant des travers dont ils ignorent les causes et les raisons. Certains en viendront même à haïr ceux qu'ils cherchèrent d'abord à imiter et, par leurs menaces révolutionnaires, ils rêveront de détruire l'ordre social qui leur refusait d'accéder au rang convoité. N'ayant plus de points communs avec leurs premiers modèles, ils se « convertissent » au système des roués qui leur proposent les expédients dont ils ont besoin pour surmonter leur infériorité sociale.

Le malentendu qui persiste à l'égard des petits-maîtres provient surtout de la confusion qui existe entre ces premiers libertins insouciants et inconséquents et ceux que nous nommons les roués. Ainsi, nous le verrons, pour le Gaudet d'Arras de Rétif, le « libertin de qualité » de Mirabeau et le Valmont de Laclos, il n'est plus question de distractions mais de conquêtes menacées du sort réservé aux vaincus; et cette oppression de la femme n'est bien souvent que le prétexte inconscient qui cache une soif insatiable de domination. En s'adonnant au libertinage mondain, le petit-maître et la petite-maîtresse — dont les exemples littéraires sont beaucoup plus nombreux que ceux de leurs successeurs — comblaient le désœuvrement forcé de leur état. Au contraire, en considérant le libertinage comme un moyen d'action et non comme une fin en soi, le roué s'attache d'abord à abuser d'une mode qui rehausse son prestige mondain et qui, vers la fin du siècle, lors de la suppression des privilèges nobiliaires, pourra parfois lui procurer les illusions d'une autorité utopique, parodie de la puissance politique et sociale que ses titres de noblesse — depuis longtemps anachroniques aux yeux de beaucoup — lui auraient autrefois octroyée.

Les roués et leurs systèmes

CHAPITRE VI

LES TENANTS DE L'ORTHODOXIE

> *Cidalise* — Taisez-vous; je vous dé-
> teste ! Que voulez-vous que pensent
> demain mes gens quand ils verront mon
> lit ?
> *Clitandre* — Rien du tout, Madame; car
> je le referai avant que de m'en aller.
>
> Crébillon[1]

BIEN QU'IL FAILLE attendre la fin du siècle et le deuxième dialogue de *la Philosophie dans le boudoir* (1795) de Sade pour connaître dans ses moindres détails la première leçon à la fois théorique et pratique de ce « catéchisme de la débauche » dont parle Valmont, où tout est nommé « par le mot technique » (CX), le penchant des roués à vouloir former des disciples — d'ailleurs incapables bien souvent de « briller dans le monde » sans leurs ob-servations — constitue dès le début le premier trait qui les différencie des petits-maîtres. Il se retrouvera constamment chez ceux que nous appellerons, pour cette raison, les doctrinaires ou les roués. Roland Barthes va jusqu'à écrire dans son *Sade, Fourier, Loyola* que « chez les libertins, le projet éducatif a une autre ampleur que celle du « système de punitions » des écoles : il

---

[1] *La Nuit et le Moment ou les Matinées de Cythère, Œuvres complètes* (réimpression de l'édition de 1777 chez Slatkine Reprints), T. II, p. 68, 41. (Quand il y a lieu, pour les œuvres de Crébillon, le premier nombre renvoie au tome, le second à la pagination Slatkine, le troisième à celle de l'édition réimprimée.)

s'agit d'arriver à l'absolu du libertinage » (10). Dorat, nous l'avons vu, parle dans l'avant-propos des *Malheurs de l'inconstance* plus simplement de « cette espèce d'hommes qui ont érigé le vice en système, la frivolité en principe, qui méprisent les femmes, sont à la fois leurs délices et leur fléau, amusent leur tête, ne croient point à leur cœur, les prennent avec projet, les quittent par air, et masquent leur corruption profonde d'une sorte de gaieté factice qui fait des dupes » (VIII–IX).

Bien que Crébillon n'utilise pas le mot « roué » et qu'il qualifie le Versac des *Égarements du cœur et de l'esprit* de « plus audacieux petit-maître qu'on eût jamais vu » (I, 166, 96), le personnage s'impose comme le premier modèle de cette lignée de libertins-philosophes-pédagogues dont le vicomte de Valmont représente le type le plus achevé, si l'on ne considère que les concordances qu'il tente d'établir entre les mobiles qu'il donne à ses actes et les principes des roués. Pour le héros de Crébillon comme pour ses successeurs immédiats, le plaisir physique doit peu compter à côté des satisfactions qu'ils éprouvent à voir leurs pupilles perpétrer leurs exploits; mais la disparité notoire qui existe entre leurs prouesses (qu'il est rarement permis d'observer) et les principes de leur éthique, affaiblit leur prestige. Cette fréquente disparité met bien souvent en doute leur habileté de séducteur et le bien-fondé de leurs théories.

Versac illustre cette remarque. Bien qu'il fasse agir et réagir tous les personnages — à l'exception d'Hortense —, ses rares apparitions n'auraient pu suffire à lui procurer la célébrité littéraire qu'il connaît et qui, à son tour, compte pour beaucoup dans le succès des *Égarements*; il se rend célèbre surtout grâce au cours d'initiation à la vie mondaine qu'il donne à Meilcour dans les dernières pages du livre. Bien qu'il n'apparaisse que trois fois et toujours à l'improviste — d'abord chez la mère de Meilcour, puis deux fois le lendemain chez Mme de Lursay — nous sommes déjà bien renseignés sur ce personnage que les femmes craignent et recherchent tout à la fois. Un peu comme Jacob, malgré un physique et un âge très différents, les femmes « l'avaient mis à la mode dès l'instant où il était entré dans le monde »; mais à l'inverse du paysan de Marivaux, « il avait toujours su tourner les choses si bien à son avantage, que la Dame n'en passait pas moins pour lui avoir appartenu » (I, 166, 96), constatation vérifiée par la remarque suivante :

Le vrai de l'aventure est que cette femme, qu'à peine je connais de vue, s'est coiffée de l'idée que je l'aimerais un jour, et qu'en attendant que cela arrive, elle dit à tout le monde que nous sommes bien ensemble (I, 174, 131).

L'amour l'ennuie : « Une grande passion est sans doute quelque chose de fort respectable, mais à quoi cela mène-t-il ? Qu'à s'ennuyer longtemps l'un avec l'autre. » (I, 168, 105) Plus que de simples plaisanteries de libertin, ce sont là de véritables expressions de misogynie, attitude fréquente au xviiie siècle alors que les mariages décidés par les familles avaient porté atteinte à la notion d'unions légitimes et heureuses. Si elle ne nous était par la suite expliquée, la conduite de Versac dénoterait un personnage assez grossier, sans gêne et sans distinction, mais qui conserve ses entrées dans une société qui se prétend éclairée et raffinée. Malgré ses visites bruyantes et ses remarques médisantes, il passe toujours pour le héros en vogue : l'homme à bonnes fortunes. Cette incompatibilité apparente devient plus plausible lorsqu'il dévoile, dans un échange avec Meilcour, les raisons de sa conduite. On voit alors comment tout, chez lui, est exactement calculé, et comment ses mauvaises manières sont adaptées aux défauts et aux manies de ses relations. Son comportement, qui jusqu'alors pouvait passer pour fruste et instinctif, suit en fait une ligne de conduite bien déterminée. Comme pendant la longue conversation au cours de laquelle la marquise de Retel de Duclos entreprend l'éducation sentimentale du narrateur des *Mémoires sur les mœurs* (406–424), tous les points qui touchent à la vie mondaine de l'époque, toutes les façons de se comporter en société et même les raisons de ce comportement sont examinés en détail par Versac. Meilcour apprend ce qu'on entend par relations galantes et ce qu'on doit en attendre; il découvre l'importance qu'il faut accorder à la célébrité mondaine et comment l'on y parvient en respectant les règles de la conversation et de la galanterie. Pour le roué, cet exposé est en même temps une justification de sa conduite, et en particulier de la brutalité et de la grossièreté feintes de ses mœurs : une sorte d'art de plaire qui réfuterait l'*ars amoris*.

Il déteste les femmes que la mode a instituées arbitres de la société. Il maudit ce bon ton auquel il faut se plier pour réussir, et qu'il ne fait consister que « dans la noblesse et dans l'aisance des ridicules » (*les Égarements*, I, 200, 233), ce qui, dans le détail, ne se traduit que par un laisser-aller vulgaire et des propos mesquins,

une négligence dans le maintien qui, chez les femmes, [va] jusqu'à l'indécence, [... des] tons et [des] manières affectées [... Et] comme c'est à la médisance uniquement que se rapporte aujourd'hui l'esprit du monde, on s'est appliqué à lui donner un tour particulier, et c'est plus à la façon de médire qu'à toute autre chose, que l'on reconnaît ceux qui possèdent le bon ton (I, 200, 234),

et il va jusqu'à conclure qu' « ignorer tout, et croire n'ignorer rien [...] prononcer des absurdités, les soutenir, les recommencer : voilà le bon ton² de l'extrêmement bonne compagnie » (I, 201, 236). En 1761, Rousseau notera dans *Julie ou la Nouvelle Héloïse* que « la première qualité de l'homme à bonnes fortunes est d'être souverainement impertinent³ ». Malgré « beaucoup de facilité à s'exprimer, du brillant, de la légèreté », tout cela était dit, selon le comte de *** de Duclos, dans ses *Confessions*, avec un vocabulaire « encore plus borné que celui de l'opéra », qui pourtant « ne renfermait pas plus de six cents mots » (88–89).

En dépit de ses réflexions et de ses tendances à la misogynie, Versac ne pourrait exister dans un monde sans femmes. Il les exploite, estimant que leur raison première est de permettre à l'homme d'accroître son prestige personnel et social. En 1741, le jeune comte de *** avouera s'être passé « la fantaisie » de Mme Derval, parce que « le bon air était de l'avoir eue » (121); selon Versac, tout jeune homme a « besoin d'une femme qui le mette dans le monde » (II, 196, 217) : telle est la grande règle mondaine de l'époque. La majeure partie de sa conversation avec Meilcour débat donc des moyens qui permettent d'assujettir les femmes, auxquelles il se refuse à reconnaître le même degré d'intelligence qu'à l'homme. Il cherche à les humilier et il les rudoie pour les mortifier. « De tous ceux [des ridicules] qui règnent aujourd'hui, le fracas est celui qui en impose le plus généralement, et surtout aux femmes. » (I, 199, 236) S'il couche parfois avec l'une d'elles, c'est uniquement pour « marquer des points » et pour étendre sa gloire de séducteur, car, pour ce qui est de sa situation dans le monde, à l'inverse de ce qui se produit chez les débutants, c'est lui « qui y met toutes celles qui veulent y être célèbres » (I, 196, 217). D'ailleurs, tout ce que l'on peut se permettre en ce domaine ne doit jamais aller au-delà d' « une sorte de commerce intime [...] d'une

---

² Voir, comme exemple de ce « bon ton », le texte de Gaudet reproduit en appendice.

³ *Œuvres complètes*, La Pléiade, P. II, L. XXI, p. 254.

amitié vive qui ressemble à l'amour par les plaisirs, sans en avoir les sottes délicatesses » (I, 196, 216). Comme le comte de *** de Duclos, il aurait recherché les faveurs d'une comtesse de Vignolles, libertine qui savait offrir à la fois « la commodité et les agréments que l'on rencontre avec une fille de l'opéra, et le ton et l'esprit d'une femme du monde » (74).

Versac oublie pourtant que certaines femmes ont percé le secret de sa conduite et qu'elles peuvent parfois adopter à leur tour ses principes. La marquise de Retel, dont nous avons mentionné le rôle d'institutrice de libertinage dans les *Mémoires sur les mœurs*, s'est fait une règle de vie de cet « athéisme en amour » qu'elle a discerné chez les libertins :

> Ce qu'ils appellent amour est l'usage de certains plaisirs qu'ils cherchent par intervalle, qu'ils saisissent d'abord avec ardeur, qu'ils varient par dégoût et par inconstance, et auxquels on est enfin obligé de renoncer quand ils cessent de convenir, ou qu'on n'y convient plus (414).

Cet homme qui doit sa notoriété aux femmes et qui recherche leur compagnie n'est pourtant pas un grand théoricien de l'amour; sa « philosophie » trop souvent négative reste faible et peu convaincante. Mais ce n'est pas non plus un vicieux ni un obsédé sexuel; il faut attendre les créations de Rétif et de Sade pour voir les premiers déséquilibrés, dont le Moresquin d'*Ingénue Saxancour* indique les tendances dès 1789.

Quand il s'agit de la morale en général, Versac est aussi catégorique qu'au sujet des femmes. La morale traditionnelle est en désaccord complet avec ses principes et elle ne peut que les contrarier. Il faut la rejeter :

> quant à la morale […] mais le monde et elle ne s'accordent pas toujours, et vous éprouverez que le plus souvent on ne réussit dans l'un, qu'aux dépens de l'autre. Il vaut mieux, encore un coup, prendre les erreurs de son siècle, ou du moins s'y plier, que d'y montrer des vertus qui y paraîtraient étrangères, ou ne seraient pas du bon ton (I, 200, 232–233).

Deux réflexions du narrateur des *Mémoires sur les mœurs* indiquent que cette opinion est encore répandue 15 ans plus tard : « Pour un homme qui veut se distinguer dans la carrière où j'entrais, il était assez indifférent qu'on en parle bien ou mal; il suffit qu'on en parle beaucoup » (435) et, quelques pages plus loin : « Quoique j'eusse la tête assez gâtée, j'avais les mœurs souples, et sans fausseté ni contrainte; je n'étais déplacé ni dans la bonne, ni dans la mauvaise compagnie. » (445–446) À la même époque, Fougeret de Monbron note dans *le Cosmopolite*, à propos des Anglais,

> que le plus honnête homme n'est, à proprement parler, qu'un habile comédien, qu'il possède le grand art de fourber sous le masque imposant de la candeur et de l'équité; et par raison inverse, que le plus méchant et le plus méprisable est celui qui sait le moins se contrefaire. Voilà justement toute la différence qu'il y a entre l'honneur et la scélératesse (59).

Versac n'accepte pas la responsabilité du scandale que sa conduite peut provoquer. Comme le narrateur des *Mémoires sur les mœurs* qui, « sensible par caractère, devint fat par principe » (424), ou comme le Valmont des *Liaisons dangereuses* dans la lettre III, il accuse la société de l'avoir corrompu. Dans un passage autobiographique, qui annonce celui de Mme de Merteuil dans sa lettre LXXXI, il se justifie en des termes qui prouvent qu'il peut appliquer à l'observation de lui-même toute la finesse avec laquelle il pénètre les intentions de son entourage :

> Entré de bonne heure dans le monde, j'en saisis aisément le faux. J'y vis les qualités solides proscrites, ou du moins ridiculisées et les femmes, seuls juges de notre mérite [...] je devins étourdi, pour paraître plus brillant; enfin, je me créai les vices dont j'avais besoin pour plaire...
> Je suis né si différent de ce que je parais, que ce ne fut pas sans une peine extrême que je parvins à me gâter l'esprit. Je rougissais quelquefois de mon impertinence : je ne médisais qu'avec timidité (I, 198, 227–228).

Toutefois il n'a pas, comme son disciple des *Mémoires sur les mœurs*, la perspicacité et surtout l'honnêteté de reconnaître qu'il est lui-même en partie responsable de la continuité de cet état d'esprit. « J'avais trop de part à la dépravation de mon siècle pour ne pas m'apercevoir moi-même que ma vanité perdait à suivre trop longtemps les ridicules que j'avais mis à la mode » (445), avoue avec plus de contentement que de remords le héros de Duclos.

Malgré les reproches de maladresse et de grossièreté qu'on peut lui adresser, il faut reconnaître que Versac n'a pas choisi un mode de vie facile. Les pauvres effets de son acolyte, le petit-maître Pranzi, prouvent qu'on ne devient pas roué du jour au lendemain : « De quelle finesse n'avez-vous pas besoin pour conduire tout à la fois plusieurs intrigues que pour votre honneur vous ne devez pas cacher au public, et qu'il faut cependant que vous dérobiez à chacune des femmes avec qui vous êtes lié.» (I, 199, 219) Quelques déductions empiriques ne suffisent pas à soutenir un tel système, et cette conduite requiert une connaissance certaine de la psychologie féminine. Versac résume à Meilcour les qualités que doit posséder celui qui adopte ses principes :

> Croyez-vous qu'il ne faille pas avoir dans l'esprit bien de la variété, bien de l'étendue, pour être toujours, et sans contrainte, du caractère que l'instant où vous vous trouvez, exige de vous, tendre avec la délicate, sensuel avec la voluptueuse, galant avec la coquette ? Être passionné sans sentiment, pleurer sans être attendri, tourmenter sans être jaloux : voilà tous les rôles que vous devez jouer, voilà ce que vous devez être (*ibidem*).

Après la sécheresse de cœur et la volonté de dominer, la souplesse d'esprit reste l'atout majeur des roués.

Des deux Valville, celui de Marivaux demeure le plus célèbre pour avoir été pendant quelques jours le fiancé inconstant de Marianne, mais son homonyme des *Lettres du marquis de Roselle* doit également retenir l'attention. Reprenant les thèmes présentés par Crébillon dans *les Égarements*, Mme Élie de Beaumont développe avec son Valville un nouvel exemple du prosélytisme des roués. Comme Versac, et surtout comme le vicomte de Valmont de Laclos qu'il annonce par son aisance et son esprit désinvolte, Valville se présente sous les apparences d'un honnête homme agréable et mondain. Même sa plus farouche adversaire, Mme de Narton, l'admet dans un portrait qu'elle en fait à Mme de Saint-Sever et qui annonce celui de Valmont par Mme de Volanges dans la lettre IX des *Liaisons dangereuses* :

> Je ne sais si vous connaissez Valville ; il passe sa vie dans le monde, il en a les grâces et les principes ; il se croit irréprochable sur l'honneur, et n'en a que de fausses idées : l'espèce de vertu qu'il s'est faite, tient chez lui la place de la vraie vertu qu'il méprise ; il traite tout de préjugés, et n'a que des préjugés ; il se croit honnête homme, et n'est qu'un homme du grand air ; il pense mal des femmes, paraît les respecter, n'en estime aucune, s'amuse avec toutes, badine avec l'amour, se fait par décence un devoir de l'amitié, hait la débauche, cherche le plaisir, le trouve rarement ; son goût est délicat, son âme faible, son cœur froid et gâté ; esclave des usages les plus extravagants, il traite gravement les choses frivoles, légèrement les sérieuses, et n'a nulle idée de tendresse et de sentiment (P. I, L. XIII).

Ces craintes sont justifiées. Dans sa première lettre, Valville propose à Roselle, qui avait déjà « reçu des leçons d'un maître assez habile » mais qui n'en avait pas profité, de devenir son directeur de conscience : « Tu as besoin d'un Directeur, si j'en connaissais de plus capable que moi, je t'aime assez pour t'adresser à lui; mais je crois être ton fait. Suis le plan de conduite que je te tracerai. » (P. I, L. XI) Pour lui aussi, seule la fréquentation des femmes — filles à la mode et dames bien établies — peut donner les manières et l'esprit que tout homme bien né doit posséder. C'est dans ce but qu'il fournit à Roselle l'occasion de rencontrer Léonor, jeune danseuse de l'Opéra : « je t'avais mis entre les mains de Léonor pour y prendre le ton du monde, et te mettre en réputation » (P. I, L. XI). L'amour ne peut donc avoir place dans de telles aventures. Aussi Valville réprimande-t-il Roselle pour ce qu'il considère sa mauvaise conduite et ses manies démodées. Ce qui compte, c'est d'acquérir le ton du monde, ton qui, malgré le raffinement des manières, n'a guère évolué depuis la Régence :

> prends le ton du monde, de ces gens que ta sœur appelle libertins; ne parais estimer ni une femme, ni ses faveurs; tire sur les bégueules à sentiments; familiarise-toi avec elle [Léonor], libre, hardi, entreprenant, et le reste (*ibidem*).

À une époque où, au dire de Meilcour, dans *les Égarements*, ce que « les deux sexes nommaient Amour, était une sorte de commerce où l'on s'engageait, souvent même sans goût, où la commodité était toujours préférée à la sympathie, l'intérêt au plaisir » (I, 143, 5), et qui pour Duclos était « l'affaire de ceux qui n'en ont point », Valville rappelle à Roselle que le sentiment ne doit être qu'une « amitié vive [qui] ressemble à l'amour pour les plaisirs, sans en avoir les délicatesses ». Quelques années auparavant, la marquise de Retel se demandait déjà dans les *Mémoires sur les mœurs* si l'amour qui « se fait sentir à un certain âge » n'était pas simplement « qu'une portion du goût général que les hommes ont pour le plaisir » (411).

Sur ce chapitre déjà si débattu il était difficile d'apporter des idées nouvelles et Mme de Beaumont se contente souvent d'interpréter les textes de ses devanciers. Certaines remarques de son libertin ne sont que la conséquence logique des affirmations de personnages antérieurs. Parlant de la comtesse de Vignolles qui vient de le quitter pour le comte de Varenne, le comte de *** de

Duclos notait, en paraphrasant déjà Meilcour — pour qui « un homme pour plaire, n'avait pas besoin d'être amoureux » —, qu'elle avait tellement secoué les préjugés de la bienséance, qu'elle ne « [lui] donna même pas le temps de jouer l'homme amoureux » (*les Confessions*, 71). Valville, qui fréquente ce genre de femme, reprend cette idée quand il estime « qu'il n'est question aujourd'hui que d'être aimable » et que, pour l'être, l'amour est superflu : « Il ne nous rend tels tout au plus qu'aux yeux de l'objet que l'on aime. On ne demande que la galanterie; la galanterie est l'amour du sexe en général. » (P. I, L. XI) S'il bannit toute sentimentalité et ne voit dans l'amour « qu'un amusement, qu'un préservatif contre l'ennui » (P. I, L. XV), Valville, plus réaliste que Versac, signale à son élève qu'en plus d'un statut social très prisé, une maîtresse célèbre — c'est-à-dire extravagante et dépensière — fournit à celui qui l'entretient brillamment la source de ses menus plaisirs :

> Quant à l'article des maîtresses pour débuter dans le monde, on prend à ses gages une Laïs en réputation, mais on ne se met pas à ses ordres; on l'aime autant qu'il le faut pour jouir, et l'on n'y tient pas assez pour ne pas s'en délivrer quand il convient (P. I, L. XI).

Cette remarque est à rappeler quand le jeune libertin devenu roué aguerri ambitionnera les faveurs d'une « femme aimable, [d']une femme importante, [d']une femme qui peut beaucoup, [d']une femme qu'il faut avoir eue ». Tout en raillant Roselle d'avoir épousé « une provinciale », il admet que le mariage ne peut pas toujours être évité, quoiqu'il faille n'y voir, tout au plus, qu'une formalité que l'on repousse aussi longtemps que possible et dont on veille à retirer le plus grand profit matériel :

> La femme qu'il est le moins nécessaire de trouver aimable, c'est la sienne. Quand on se marie, on épouse le bien d'une fille, et l'on met en liberté sa personne; voilà ce que j'appelle se tirer honnêtement du sacrement (P. I., L. XI).

Avec autant de désinvolture que le comte de *** ou que le Clitandre de *la Nuit et le Moment* de Crébillon, et avec beaucoup plus d'élégance que le Gaudet de Rétif (*cf. infra*, 205 et ss), Valville préconise encore l'amour-divertissement. On ne s'engage qu'à demi, pour se quitter sans peine dès que le plaisir disparaît.

> On prend une fille comme Léonor, on la garde tant qu'elle amuse, on
> l'entretient décemment; et on la quitte quand on ne l'aime plus, ou quand elle
> devient impertinente; cela ne demande pas plus de façon (P. I, L. XV).

Cette opinion n'était plus guère originale à l'époque, quoique
jusqu'à la fin du siècle on rencontrera des femmes qui goûtent ces
accommodements. Coralie, une fille de l'Opéra dont le Faublas de
Louvet partage les faveurs avec son père, l'explique au chevalier :
« Je t'ai pris parce que tu me plaisais, et je te quitterai quand tu ne
me plairas plus. » (167) Cette attitude va de soi et n'offre aucune
difficulté à celui qui, écoutant Valville, se souvient qu'il « faut, en
intrigues amoureuses, comme en toutes autres affaires, former un
plan d'abord, et ne s'en point écarter, à moins que les circonstances ne varient » (P. I, L. XV). Outre les plaisirs qu'elles
procurent, les premières liaisons constituent une excellente
préparation à des projets plus hardis. L'apprenti libertin qui aura
bien suivi les remarques de Valville, et qui a maintenant cessé
« de prendre [ses] premières palpitations pour de l'amour »
(P. I, L. XI), sait ce qu'il peut espérer d'une fille, et ce qu'il doit
accorder à sa femme. Dès lors il se trouve prêt à se lancer dans le
véritable libertinage mondain, c'est-à-dire à la conquête des femmes mariées ou plus âgées que lui. Les règles, ici, sont plus
délicates à observer, car « les alentours de ces Dames sont plus
gênants », mais ce sont en général les mêmes que lorsqu'il s'agit
des filles. Valville signale seulement à Roselle les erreurs à éviter
car, si quelques « arrangements » suffisent pour séduire une danseuse, il faut montrer plus de discrétion avec une maîtresse dont on
doit aussi entretenir l'amitié du mari. Mais l'enjeu en vaut la peine.
Alors qu'une actrice même célèbre n'apporte qu'une gloire passagère à son protecteur, on peut espérer les plus grands avantages
sociaux de l'épouse d'un personnage puissant :

> Tu ne sais pas, je le vois, ce que c'est que l'honneur des honnêtes gens. Un
> homme qui veut passer sa vie agréablement, choisit parmi les femmes les plus
> aimables, celle qui lui convient le mieux. La beauté, le mérite, l'esprit ne
> doivent pas seuls le décider. Il faut encore trouver les convenances; voir, par
> exemple, si le mari est un homme sur lequel on puisse compter; si l'on en peut
> faire un ami (P. I, L. LXXXII).

L'important ici est de se montrer « galant homme », de respecter
les règles de « la décence » et, à l'opposé de Versac, de prendre
grand soin d'éviter toute forme d'éclat. « Si par malheur il survient

une rupture en forme, jamais d'éclats, jamais de propos. Voilà le devoir d'un galant homme » (*ibidem*), car « les ruptures et les éclats font un tort; c'est se manquer à soi-même. Il y aurait de la sottise à se refuser les plaisirs; mais il faut conserver les dehors. On n'a plus d'hypocrisie aujourd'hui; mais on a de la décence. » (P. I, L. XXXI)

Valville n'ira pas plus avant dans son exposé. Outre le caractère moralisant de l'ouvrage qu'il serait devenu malaisé d'associer à une analyse de plus en plus approfondie du libertinage, Mme de Beaumont affaiblit la portée de l'enseignement de Valville en lui opposant un élève de moins en moins décidé à souscrire à ses principes. Dès le milieu du roman Roselle retombe sous l'influence de sa sœur et de Ferval. Valville est sacrifié, comme le sera plus tard et pour les mêmes motifs le Lausane de l'abbé Gérard. Ses railleries n'altéreront pas le bonheur idyllique des deux nouveaux mariés qui ne le recevront jamais chez eux.

Plus voluptueux que le roué de Crébillon, qui ignorait la jouissance, Valville le complète en reconnaissant que les femmes procurent de vives satisfactions. Le plaisir constitue d'ailleurs une des principales raisons qui le poussent à rechercher la compagnie « du sexe ». Moins libertin que Versac — quand il ne cherche pas uniquement à s'affirmer par des victoires brillantes et par des ruptures délibérées — il annonce le roué plus dangereux de la fin du siècle lorsqu'il offre à son élève l'occasion de rencontrer des femmes faciles qui compléteront son éducation, c'est-à-dire qui le corrompront. Sachant la sensualité de Roselle éveillée grâce à Léonor, il l'introduit auprès de femmes plus âgées et plus averties, comme cette Mme d'Asterre, « femme charmante, [qui] a des soupers divins, une maison délicieuse » (P. I, L. LXXIX). Malgré son existence éphémère, le Valville de Mme de Beaumont a sa place parmi les portraits libertins de la littérature romanesque de la seconde moitié du XVIIIe siècle. Comme son aîné Versac, mais avec plus d'élégance, il n'accorde aux femmes qu'un rôle décoratif : poupée de luxe que l'on prend soin de n'irriter que lorsqu'on désire s'en séparer, car leurs privautés engendrent les plaisirs, leur fréquentation affine les mœurs, et leur présence avive l'éclat des réunions mondaines. De plus, par ses constants rappels à la décence et à la discrétion, il tend à imposer un libertinage mondain plus raffiné, véritable jeu d'une société aristocratique pour laquelle savoir vivre, c'est avant tout savoir jouer avec les dames en s'en jouant.

Le rôle de bouc émissaire joué par Valville est repris dix ans plus tard par le baron de Lausane, dans *le Comte de Valmont ou les Égarements de la raison* de l'abbé Gérard. Lui non plus n'a guère la possibilité de s'exprimer aussi longtemps qu'il le désirerait, puisqu'il est tué en duel, par son ancien ami le comte de Valmont, dès la fin du troisième volume d'un roman qui en comprendra six en 1807. Bien qu'on ne puisse demander des idées nouvelles sur le libertinage à un livre qui, pour Laurent Versini, est un véritable « centon des œuvres des philosophes les plus célèbres dont l'hypocrisie de l'auteur fait un libelle contre les lumières » (*Laclos et la Tradition*, 175), le roman de l'abbé Gérard mérite d'être mentionné dans la mesure où il montre de quelle façon le « parti dévot » définissait le libertinage.

Deux nouveautés sont aussi à noter : Lausane n'écrit pas (tout ce que nous apprenons sur lui nous est révélé par les lettres d'Émilie à son mari, le comte de Valmont, ou à son beau-père, le marquis), et celui qu'il veut entraîner au libertinage est chef de famille. Estimant, comme Valville, que le plaisir est le premier mobile de nos actes, Lausane poursuit un double objectif. Comme l'exige la tradition libertine, il encourage Valmont à séduire Mlle de Senneville et, obéissant à ses penchants, il tente de conquérir la femme de celui-ci, Émilie, sous prétexte d'enlever au comte ses scrupules à trahir une épouse honnête.

Physiquement, le Lausane de l'abbé Gérard ressemble beaucoup au Valville de Mme Élie de Beaumont et au Valmont de Laclos. Comme eux, il est capable de se composer le double masque mondain ou dévot qui contribuera au succès du héros de Laclos :

Vous connaissez le Baron de Lausane, mais vous ne le connaissez pas comme moi : cet homme charmant, l'homme du jour, qui donne le ton à la Cour et à la Ville, qu'on fête dans tous les cercles, que tout le monde s'arrache, que les femmes elles-mêmes se disputent à l'envi, et dont elles se font gloire d'orner le triomphe; cet homme, qui sait d'ailleurs, selon les circonstances et quand il le croit nécessaire, prendre toutes les formes, se prêter à tous les sentiments, se plier à tous les caractères; qui, devant vous, ne paraissait pas avoir perdu toute religion, avoir abjuré tous principes, s'est démasqué tout entier aux yeux de Valmont, et lui a laissé voir l'incrédulité la plus complète. En ma présence même, il n'en a point fait un mystère; et dernièrement encore, sous prétexte de nous dérober tous deux à l'empire des préjugés, l'impie osa fouler aux pieds les vérités les plus respectables (P. I, L. III).

Au comte de Valmont, qu'il sait occupé à raisonner avec son père sur la religion, Lausane fait part des doutes que tout homme doit normalement éprouver à l'égard du dogme. Il traite de « préjugés tout ce que la religion renferme » (P. I, L. V), tandis que le marquis s'efforce de démontrer à son fils la fausseté de ces raisonnements. À l'égard d'Émilie, sa tactique est beaucoup plus subtile et annonce les manœuvres de son homologue des *Liaisons* avec Mme de Tourvel : mise en confiance, affaiblissement des préjugés et du remords, présentation des divertissements et de l'infidélité comme des plaisirs permis. Profitant d'une absence du comte, Lausane rend visite à Émilie. Pour ne pas l'effrayer, il s'accuse d'abord des torts qu'il a eus envers elle : « Je viens, Madame [...] vous rendre autant qu'il est en moi, le cœur de votre mari, et vous demander ma grâce, ou ma mort, si vous me croyez coupable. » Ensuite, il lui jure fidélité en déposant sa vie entre ses mains, puis la trouble en lui révélant que son mari ne l'a jamais aimée et que la passion qu'il ressent pour Mlle de Senneville doit être imputée à ses récentes liaisons avec les libertins :

> Mais au moins je ne vous dissimulerai pas ce qu'il est essentiel que vous sachiez. Le Comte aimait déjà Mademoiselle de Senneville, lorsque des intérêts de famille l'ont forcé à conclure le mariage que son père projetait depuis si longtemps... (P. I, L. XIII)

L'ouvrage de l'abbé Gérard donne cependant l'impression que les scènes de ce genre sont là surtout pour susciter de nouveaux commentaires de la part du vieux marquis, c'est-à-dire pour maintenir une intrigue qui ne s'en trouve pas pour autant enrichie. Les propos de Lausane n'entretiennent les doutes d'Émilie que pour lui permettre de la revoir et de la conseiller, en profitant de la passion de plus en plus forte de son époux pour Mlle de Senneville. Il lui vante la saine distraction que les spectacles procurent aux âmes délaissées et la guide dans ses lectures; mais Émilie ne cède pas. En mourant, Lausane avoue à Valmont ses véritables intentions quand il l'incitait au libertinage, et les moyens qu'il utilisa pour séduire sa femme :

> J'ai tout fait pour séduire la Comtesse [...] Par de fausses délations, j'ai fait éloigner votre père, dont la présence et les conseils m'auraient embarrassé; je vous ai rendu incrédule comme moi, pour vous rendre moins cher à Émilie, moins scrupuleux, moins délicat et moins fidèle; je vous ai inspiré les passions et les préjugés les plus favorables à mes vues; j'ai voulu employer vis-à-vis de la Comtesse les mêmes ressources (P. III, L. XLIX).

Lausane incarne une idée, celle que le dévot se faisait du libertin vers 1770. Il permet à l'abbé Gérard d'illustrer sa propre conception du mal, tel qu'il le voit dans la haute société de l'époque et qui, selon lui, s'y était infiltré sous les traits du libertin : individu séduisant, incrédule et à l'esprit fort. Dans l'unique lettre qu'elle écrit à son amie la comtesse de Valmont, Mlle de Senneville, devenue Mme de Veymur, dénonce les ruses qu'emploient les libertins pour rendre coupables les femmes les plus innocentes, avant même qu'elles ne s'en soient aperçues. Ce passage donne une idée du style et du ton peu appropriés avec lesquels l'auteur traite le sujet :

> Ici, ma chère Émilie, que n'aurais-je pas à vous raconter de tous les moyens qu'on emploie pour nous perdre, et des degrés presque insensibles par lesquels on prépare notre chute. Avec quel art on joue le sentiment ! quel respect on nous témoigne ! quels soins on prend d'étudier nos goûts pour s'y conformer ! quelle attention secrète à prévenir nos volontés, à flatter nos désirs ! quelle honnêteté dans toute la conduite ! quelle décence dans les propos ! quelle imitation adroite et trompeuse des vertus qui nous sont chères ! quels ménagements pour s'attirer notre confiance et nous forcer à agréer celle qu'on nous témoigne ! Mais ensuite quel abus de cette confiance même ! quels secrets simulés, pour nous en arracher de plus réels ! quelle assiduité et quels artifices pour se rendre nécessaire ! L'est-on devenu, on se permet alors des entretiens plus tendres; on nous engage à des lectures plus séduisantes; on nous amollit par des spectacles et par les fêtes les plus galantes; on hasarde enfin des aveux plus directs; on y fait succéder le langage expressif des passions les plus vives, de la jalousie, de la crainte et du désespoir; on réitère les serments d'être fidèle : mais dirai-je tout, ma bonne amie, à la honte des séducteurs ? Ô ciel ! quelles intrigues et quelles honteuses manœuvres ! Des lettres supposées, des domestiques séduits et pervertis, de fausses démarches dans lesquelles on nous engage, sans nous en laisser apercevoir les suites; des occasions funestes amenées et préparées de loin par le vice qui veille, tandis que l'innocence dort sans soupçons et sans crainte; des persécutions suscitées avec adresse au sein d'une famille, pour nous faire tomber dans les bras de celui même qui les a fait naître; les trames les plus noires ourdies dans le plus profond silence. Ô comble d'horreur ! les mystères d'iniquité se consomment; et une malheureuse victime de tant de noirceurs a cessé d'être sage, avant que son cœur, encore ennemi du vice, ait cru pouvoir jamais abjurer la sagesse (P. II, L. XL).

On ne pouvait exiger plus de précisions sur les menées des roués, d'un livre pour lequel son auteur reçut « un bref flatteur de la part de Pie VI, et d'honorables encouragements en 1775 de la part de l'assemblée du clergé[4] ». Pour l'abbé Gérard, le terme

---

[4] M. Henrion, *De l'Éducation des filles, par Fénelon et l'abbé Gérard*, p. XVI.

« libertinage » reste en lui-même très vague. C'est le mot à la mode pour exprimer ce qu'il préfère appeler « les égarements de la raison ».

Il ne sera pas nécessaire au Milfort des *Égarements de l'amour* d'Imbert de demander conseil à plus roué que lui pour faire disparaître sa femme et sa fille afin d'épouser celle qui refusait de devenir sa maîtresse. Tout en renseignant fréquemment Curland sur les progrès de son « affaire », il n'en attend que des encouragements ou quelques secours précis et limités. Et Curland, se trouvant à l'égard de son protégé dans une situation toute différente de celle de Valville ou de Lausane, n'est pas conduit à prendre les décisions que le manque d'enthousiasme de Roselle et du comte de Valmont suscita chez leur conseiller en libertinage. Comme Versac, Curland n'agit pas, et comme lui il a la possibilité d'exposer ses théories à un disciple tout disposé à l'écouter. Ses lettres constituent à nouveau une sorte de cours supérieur sur le libertinage. Comme chez la plupart des personnages de ce genre, l'attitude du roué d'Imbert accuse une nette disparité entre l'idéal de libertinage raffiné qu'il semble concevoir et les remarques vulgaires qu'il adresse à son ami. Ce qui surprenait chez Versac, mais qui se trouvait justifié par la suite, ne l'est plus ici et ne peut s'expliquer que par un certain laisser-aller du roué qui renonce de plus en plus aux subtilités de son idéologie devant les brusques appels des sens.

Curland est Anglais, mais il est très fier de rappeler qu'il est allé prendre le ton du beau monde à Paris :

> C'est en France pourtant qu'il faut aller prendre les leçons de ce qu'on nomme *savoir-vivre*. Les Docteurs de cette Science y tiennent leur École de temps immémorial. Tu sais que j'y ai pris quelques grades, Milfort... (P. I, L. XXV)

En cela, les textes lui donnent souvent raison car, en général, les romanciers raillent volontiers la brutalité des milords. Si l'Angleterre possède aussi ses libertins, leurs manières vont à l'opposé de celles des Français :

> Si l'on en croit M. l'Abbé Le Blanc, écrit Gaudet dans la *Bibliothèque des petits-maîtres*, une perruque courte et sans poudre, un mouchoir au lieu de cravate, une veste de matelot, un bâton lourd et grossier, l'affectation des airs et des discours de la plus vile populace; voilà ce qui constitue le Petit-Maître

Anglais. Loin de s'occuper d'ingénieuses futilités, d'envier au sexe la délicatesse du corps, et l'étourderie de l'esprit, il aime à se confondre avec les porteurs de chaises, il excelle à se battre à coups de poings, et semble avoir conçu la plus haute idée de ce noble exercice. Les Anglais appellent nos Petits-Maîtres des singes; M. l'Abbé Le Blanc croit que nous pourrions avec raison appeler les leurs des ours (13–14).

Cet abbé Louis Le Blanc se considérait bien informé sur le sujet. Il avait composé en 1745, sur le modèle des *Lettres philosophiques*, les *Lettres d'un Français à Londres* citées par Gaudet, ouvrage qui fut réfuté 12 ans plus tard, en même temps que celui de Voltaire, par Fougeret de Monbron dans son *Préservatif contre l'anglomanie.* Dès 1750, le « citoyen du monde », parlant dans *le Cosmopolite* de ses « bons amis les mangeurs de roast-beef », s'était aperçu, au cours de sa seconde visite en Angleterre, « que ces hommes merveilleux avaient leur mauvais côté comme les autres et qu'ils n'étaient pas moins extravagants que nous; avec cette différence seulement que nous sommes des fous gais et joyeux, et qu'ils sont des fous sérieux et tristes » (123). Vingt-six ans après, l'Anglais James Rutlidge souligne à son tour dans *la Quinzaine anglaise à Paris* l'écart qu'on ne peut manquer d'observer entre l'élégance des Français et les maladresses de leurs voisins d'outre-Manche :

Je comparais en moi-même, dans mon premier mouvement d'admiration, le ton et les allures de ces élégants personnages à la lourde et grossière masse de prétention de mes *maccaronis* Anglais [...] Oh combien, me disais-je, un Français est-il privilégié par la nature et fait pour les grâces ! (133)

Ce trait le frappe tant qu'il y songe encore le lendemain : « Mon enthousiasme de la veille revint avec mon réveil. Quelle différence, me disais-je en moi-même, de nos épais et lugubres *Rostbeefs*, aux hommes merveilleux que j'ai vus hier. » (138)

En France, le Curland des *Égarements de l'amour* rencontra deux catégories de libertins : les petits-maîtres tapageurs et les séducteurs de grande classe :

D'abord il faut savoir que ce qu'on nomme les gens du bon ton, se divise en deux classes; la première composée de jeunes gens pour la plupart, comprend les *agréables*, les *merveilleux*; c'est ainsi qu'on les nomme. Ceux-ci sont bruyants, affichent tout, exagèrent même dans leurs discours le dérèglement de leur conduite, ils vont *pirouettant, persiflant* sans cesse. Je n'ai jamais pris ces merveilleux pour modèles [...]

Je m'accommode beaucoup mieux de la seconde classe : c'est ce qu'on nomme tout simplement les honnêtes gens. Ils font à peu près ce que font les autres; mais ils le font d'une autre manière. Ils ont des femmes, car il faut bien en avoir; ils changent d'objet, car on ne peut pas toujours rester en place; mais ils mettent à tout cela des procédés : voilà le mot. Enfin, ce qui distingue ces derniers, c'est la bienséance (P. I, L. XXV).

Qu'ils soient petits-maîtres « agréables » et « merveilleux » ou libertins de longue date, tous défendent, avec plus ou moins de procédés, les mêmes principes. Il leur faut éviter de succomber à la tyrannie de la passion car on ne doit courtiser les femmes que pour abuser de leurs faiblesses. « Si tu vois une femme qui te plaise, tâche de l'avoir, cela est dans l'ordre; et le plus austère Moraliste ne saurait y trouver à redire [...] il faut se comporter avec sa femme ou sa maîtresse, de manière à les mettre toujours dans leur tort. » (P. I, L. XVII) Et, haussant ses remarques jusqu'au ton dogmatique d'un La Rochefoucauld[5], Curland ajoute que « la fidélité est, en amour, ce que l'inégalité des conditions est en politique : elle blesse l'ordre naturel » (P. I, L. LVI). Avec lui, le libertin devient voluptueux. Aimer ne signifie pas seulement désirer, mais jouir, c'est-à-dire goûter en connaisseur les « titillations[6] » des plaisirs amoureux sans en souffrir les émotions : « Il faut aimer [...] assez pour jouir, et pas assez pour être tourmenté [...] Il ne faut pas aimer une Belle, il faut aimer la Beauté. Par là [...] on pare à tous les regrets à venir. Est-on quitté ? tant qu'il y a une Belle à aimer, on n'a point perdu ses amours. » (P. I, L. XXV) Ce culte de l'esthétisme indique la part encore importante accordée à l'amour-divertissement.

Curland se constitue une morale accommodante qui lui permet de considérer comme naturelles les situations les plus équivoques. Pour lui, le ménage à trois est non seulement réalisable mais souvent souhaitable pour le plus grand profit des époux légitimes puisque le mariage n'engage pas leurs sentiments. Telle était déjà, dans les *Mémoires sur les mœurs* de Duclos, l'opinion du comte de Vergi quand il rassure ainsi un ami gêné de lui avoir emprunté sa femme :

---

[5] Au sujet des rapprochements que l'on peut faire entre les aphorismes des roués et les « maximes » des moralistes du XVIIᵉ siècle, voir Brooks, *The Novel of Worldliness,* p. 64.

[6] Sade, *les Infortunes de la vertu, Œuvres complètes,* T. XIV, p. 409.

J'aime beaucoup mieux qu'elle vous ait qu'un autre, parce que je suis bien aise de vivre avec vous, et que vous la retirez peut-être de l'opprobre où elle est. Il y a des femmes qui se réhabilitent par un bon choix. Si cela arrivait, vous me rendriez ma maison plus agréable, en la purgeant d'une foule d'étourdis (476),

et celle du Valville des *Lettres du marquis de Roselle* qui, renchérissant sur les arguments purement mathématiques du « Géomètre » de *l'Homme aux quarante écus*, de Voltaire, n'y voyait qu'une occasion facile et licite de relever sa fortune. Pour Curland, cet usage entretient si peu la vie affective qu'une maîtresse devient parfois nécessaire au maintien de l'harmonie conjugale : « en un mot, tu as besoin d'être amant heureux, pour redevenir époux fidèle », écrit-il à Milfort (P. I, L. XXXVIII).

Bien que la remarque puisse à la rigueur se concevoir comme une boutade de libertin, elle ne justifiait pas la situation qu'elle tente de faire accepter à Milfort et à sa femme. Les ouvrages les plus scandaleux réfuteront même cet argument. En effet, 12 ans plus tard, pour le Moresquin d'*Ingénue Saxancour,* il ne sera plus question de trouver auprès de ses maîtresses le calme qui lui permettrait de faire mener une existence normale à sa femme. Il reçoit au contraire ses étrangères pour humilier Ingénue, et, connaissant le désir qu'elle éprouve toujours pour lui, pour exciter sa jalousie. Cependant, le cas de Moresquin nous forcerait à envisager une nouvelle catégorie de roués : celle des déséquilibrés dont l'insensibilité surprenante échappe aux limites esthétiques et psychologiques de la simple analyse littéraire. Les observations psychologiques et psychiatriques de MM. M. Heine, A. Hesnard et P. Klossowski sur les personnages de Sade ont mis en évidence la rupture totale qui s'est établie entre ces individualistes actifs et les petits-maîtres légers de la première moitié du siècle.

Pourtant, ce mariage à trois, dans le sens et pour les motifs qu'envisage Curland, aurait pu se réaliser chez Milfort quand on connaît la docilité de sa femme. Ce n'est que devant le refus catégorique de Sophie que le compromis n'aura pas lieu. Par manque d'audace, Milfort échoue là où de plus dépravés auraient réussi. En refusant de supprimer sa femme, il laisse subsister une situation très ambiguë, et en voulant se montrer trop intransigeant envers elle, il se crée d'inutiles difficultés. Faneli soupçonne en partie la vérité et tout ce qu'elle demandait, en attendant le retour de son mari à la raison, était de vivre, oubliée, avec sa fille. Ce sont ses efforts pour rejoindre son enfant qui mettront fin à son exil.

La passion de Milfort pour Sophie lui vaut les railleries de son ami. Il se laisse mener par les sentiments et la sincérité de ses réflexions marque la faillite de ses vélléités galantes : deux maladresses impardonnables dans une aventure où tout est permis sauf le ridicule :

> De pareilles impressions sont difficiles à effacer dans le monde. Il y a du danger à s'habiller une fois de ridicule; ce vêtement a cela de particulier, que sitôt qu'il a pris, pour ainsi dire, le pli du corps, on ne peut plus le quitter. Reviens donc à moi, c'est-à-dire, à la raison (P. I, L. LIV).

Et Curland, toujours prêt à soutenir son ami défaillant, lui propose, pour le soir même, le seul remède capable de le guérir de sa passion : « une Cantatrice, qui est bien le plus joli petit ange qui ait embelli le Ciel de l'Opéra » (*ibidem*). Des libertins, Curland possède l'esprit et une certaine façon de considérer, avec humour ou ironie, les problèmes sentimentaux que se créent les hommes encore victimes de leurs passions. Comme plus tard la marquise de Merteuil avec Cécile de Volanges et sa mère, il se trouve sollicité par les deux parties adverses : par Milfort qui lui demande de lui obtenir un rendez-vous avec Sophie, et par Faneli qui le prie d'intercéder auprès de son mari. Il ne peut qu'être enchanté de cet imbroglio :

> Conviens que ton diable d'amour me met là dans une situation assez plaisante. Je la crois neuve. Dans le temps que le mari me charge de le mettre bien avec sa maîtresse, la femme vient me solliciter pour lui ramener son mari (P. I, L. XXXIX).

Mais s'étant aperçu que Milfort, dont la femme est toujours en vie, envisage sérieusement d'épouser Sophie, et vexé de n'avoir pas été mis dans le secret, il rappelle à son ami avec une certaine pointe d'humeur, qu' « en cent ans, il ne [lui] serait pas venu dans l'esprit de convoler avant [son] veuvage. Voilà ce qui s'appelle employer tout son temps » (P. II, L. XVII), et il le complimente pour sa « sage économie ». Il a recours au jargon militaire de rigueur dans ces sortes d' « affaires » : quand Milfort lui demande de remettre une lettre à Sophie, il recueille « toutes [ses] forces, pour donner l'assaut » (P. I, L. LXVII) et, si le début d'un second entretien est encore « un assaut » un peu « trop vif », quand le calme revient, il est « prêt à lui demander un certificat de fidélité » (P. II, L. V). Les idées libertines de Curland complètent celles de Versac tout en en marquant les limites. Comme lui, il n'accorde qu'un rôle superficiel aux femmes dont il méconnaît la personnalité. Il souligne pourtant le pouvoir dont elles disposent sur les sens et l'imagination des hommes. La coquetterie qu'il prétend mettre à changer souvent de maîtresses n'est que l'aveu inconscient de sa faiblesse devant elles. De plus, comme le Valville de Mme de Beaumont, il recherche un équilibre constant entre les élégantes « gradations » esthétiques d'un Meilcour ou d'un Clitandre et le désir naturel qui pousse l'homme à rechercher les plaisirs. Mais cet équilibre idéal des sens et de l'esprit ne pourra résister aux assauts de personnages moins scrupuleux sur la défense du bon ton. La disparition de Curland marque aussi celle du libertinage classique, le libertinage mondain des petits-maîtres du règne de Louis XV et de son beau-père Stanislas.

En littérature les adeptes les plus représentatifs de ces maximes nouvelles sont aussi les personnages les plus marquants de cette production dite légère : le lord Durham-Chester de Crébillon et le Valmont de Laclos. Le premier, libre de toute préoccupation familiale, sociale et sentimentale, applique à la lettre un système attribué à Valmont, mais que le héros de Laclos ruine en fait pour n'avoir pu en surmonter les difficultés. Si Versac ne montrait pas suffisamment l'aspect positif de sa conduite, les effets de sa « philosophie » peuvent s'évaluer d'après les actes de son héritier littéraire, lord Durham-Chester des *Heureux Orphelins*.

Mise à part la première partie qui relate les aventures de l'orpheline Lucie et qui n'est — comme l'indique le sous-titre, « Histoire imitée de l'anglais » — qu'une adaptation presque littérale de *Fortunate Foundlings* de l'Anglaise Eliza Haywood, *les Heureux Orphelins* offrent l'avantage de présenter les deux versions d'une aventure galante : d'un côté le récit du libertin, de l'autre les impressions puis les réflexions de sa partenaire ou victime. Publié en 1754, 18 ans après *les Égarements du cœur et de l'esprit*, le livre de Crébillon dépeint avec plus de simplicité que *les Liaisons dangereuses* les différentes étapes d'une campagne de séduction (triple en fait) telles que les a codifiées Roger Vailland[7].

---

[7] *Laclos par lui-même*; voir pp. 81–134.

Les réflexions des petits-maîtres des ouvrages secondaires ne seront bien souvent que la répétition des arguments de Durham. Le Valville des *Lettres du marquis de Roselle* parlait d'un plan qu'il fallait se tracer avant toute intrigue amoureuse. Dix ans plus tôt, Durham, de retour à Londres après un long séjour en France où il prit lui aussi « l'esprit français » — à cause duquel ses compatriotes ne l'estiment guère —, « médite de grandes choses ». Il veut que « toute l'Angleterre change de face entre [ses] mains, et être enfin pour elle, un autre Henri VIII » (II, 9, 10). Après avoir annoncé ce projet d'envergure nationale — que reprendront les héros de Rétif et de Sade — Durham précise son ambition, qui illustre avec netteté en quoi les libertins que nous appelons roués se distinguent des petits-maîtres : « Je me flatte de voir un jour régner dans Londres, comme à Paris, la galanterie, l'inconstance, la perfidie, le manège, l'impertinence, et les mauvais procédés. » (II, 39, 129) Il ne s'agit plus de séduire, mais de pervertir en propageant son système. Avant d'en arriver là, Durham cherche à vérifier en Angleterre l'efficacité des méthodes utilisées en France et à en prouver la supériorité à ses compatriotes. Ses prouesses seront donc exécutées devant témoin, puis commentées. Il ne s'agit pourtant pas de l'exhibitionnisme cher à Rétif. Crébillon refuse toute forme de laisser-aller et son héros tient à respecter les convenances de son pays :

> La première chose donc à laquelle je renonçai en entrant dans ces tristes et pudiques contrées, fut à tout ce qui m'avait fait si bien réussir en France [...] Un air froid, important, rêveur, une profonde taciturnité, en un mot l'air de penser, qui est la fatuité générale de ce pays-ci, fut l'air que je crus devoir prendre (II, 9, 10).

Aussi, quand il veut « se délasser un peu », va-t-il discrètement louer une des ouvrières de la lingère-entremetteuse, Fanny Yielding.

Avec plus de netteté que ne le fit Versac, Durham souligne le trait le plus important de la philosophie libertine : le refus d'aimer et le soin qu'on doit prendre à ne pas succomber à une « surprise des sens ». Tandis que Versac repousse l'amour parce qu'il l'ennuie, Durham l'évite parce qu'une « véritable passion soumet [les hommes] et les avilit ». Il reconnaît toutefois qu'il n'est pas insensible. Tous les libertins se veulent d'ailleurs des goûts raffinés. En 1750, la pseudo-Ninon des *Lettres de Ninon de Len-*

clos au marquis de Sévigné rappelle à son élève qu' « il y a bien de la différence entre jouir simplement du bonheur, et savourer le plaisir d'en jouir » (I, 83). Quelques années plus tard les roués renchériront en cherchant l'expression qui décrit le mieux leurs sensations. À Sade qui vante, dès la première *Justine*, « les titillations du plaisir », Rétif oppose, dans son *Anti-Justine*, « les oscillations de la plus savoureuse volupté » (67). Pour Durham il existe deux catégories de plaisirs : ceux des sens et ceux de l'esprit. S'il refuse d'être victime des premiers, il jouit de ceux qu'il a délibérément choisis, de « certaines sensations, ou simplement [...] certaines fantaisies » (II, 8, 6), auxquelles on est convenu de donner le nom d'amour. Mais ces dernières comptent peu à côté des « voluptés délicates, des plaisirs fins, qui ne sont pas pour tout le monde » (II, 20, 53), et qu'un homme qui « ne saurait s'élever au-dessus des sens » ne pourrait concevoir. Durham établit la différence d'intention qui sépare le libertin mondain du simple débauché et qui le distingue aussi du petit-maître ordinaire : le fond de cruauté sur lequel se greffe son jeu. Pour Durham rien n'égale le plaisir de voir « de sang-froid [...] tous ces petits débats d'une femme contre elle-même, et cette alternative perpétuelle de faiblesse et de vertu [qui donnent,] à qui sait en jouir avec philosophie, un fort agréable spectacle » (II, 12, 22). Et toujours à propos des réactions de la duchesse de Suffolk, il rappelle à son correspondant le plaisir qu'il éprouve à jouir de la douleur morale qu'il occasionne à sa victime : « Que je lui causai de tourments, et qu'elle me donna de plaisir ! » (II, 19, 51) Sade ne fera que forcer la nature de ce plaisir et ses « effets » physiques quand son moine Jérôme affirmera dans *la Nouvelle Justine* qu'il jouissait et éprouvait « dans le c[...] de la femme [qu'il était en train d'assassiner], l'inconcevable volupté qui existe à procurer une mort violente à l'objet qui sert nos plaisirs » (VI, 463).

Deux aspects, souvent mal définis, de la philosophie libertine sont précisés par Durham : le sens à donner au mot amour et les indices qui dictent au libertin la conduite à tenir au cours d'une « affaire ». Non seulement Durham rejette-t-il toute idée de sentimentalité, mais il trouve dégradant de vouloir inspirer de l'amour ou même de chercher à rendre sa partenaire amoureuse. « La vanité seule nous fait exiger de l'amour, il ne faut à l'homme sensé, que des plaisirs. Je la dispense donc de m'aimer » (II, 11, 16), explique-t-il à propos de la presbytérienne Rindsey, l'une des trois femmes qu'il se propose de conquérir simultanément. Malgré son agressivité latente, il préconise l'amour-goût déjà proposé par le tendre Clitandre de *la Nuit et le Moment* ou par le duc du *Hasard au coin du feu*. D'ailleurs, en réduisant l'amour à un simple échange de sensations agréables, le libertin ne fait que répondre aux vœux de bien des femmes :

> En France, une femme que le simple désir conduit et détermine, a la bonne foi de ne pas exiger plus qu'elle ne donne. On s'arrange avec elle, quelquefois sans lui avoir dit seulement qu'on l'aime, on la quitte souvent qu'elle n'a pas encore songé à l'exiger, et celles qui, pour se rendre, veulent avoir de quoi se croire aimées, sont communément si peu difficiles sur les preuves, qu'elles ne vous embarrassent pas plus que celles qui veulent bien se passer de cette persuasion (II, 8, 6).

Au marquis de Sévigné déjà scandalisé des propos de sa correspondante, la Ninon de Louis Damours répète que « dans certaines occasions, il n'est même pas besoin d'amour pour nous faire succomber » (I, 109–110). Pourtant, bien que l'attitude conciliante des femmes l'y invite, le libertin, selon Durham, ne doit pas rechercher la facilité : « Une femme qui se propose avec si peu de décence, devient si vile à nos yeux, qu'il faudrait, à mon gré, qu'elle fît une forte impression sur les sens, pour triompher si promptement du profond mépris qu'elle inspire. » (II, 25, 73–74) Comme Mme de Pembroock — qui passe pour la plus accessible des trois — lui confie sans détour qu'il lui plaît autant qu'elle semble lui plaire, et l'exaspère au cours d'un repas de « ses agaceries lourdes », Durham, devenu lord Chester, décide de la « soumettre » seulement après avoir triomphé des deux autres. On se souvient que dans sa onzième « lettre galante » le Grec Aristénète faisait dire à Euhemerus, à propos de sa maîtresse, « qu'elle résiste autant qu'il faut, pour irriter ses désirs ». Dans *l'Art de jouir*, La Mettrie reproche aussi à sa partenaire d'être « trop libidineuse » : « J'aime qu'on me résiste et non qu'on me prévienne, mais avec art, ni trop, ni trop peu; j'aime une certaine violence, mais douce, qui excite le plaisir sans le déconcerter. » (194) Ayant noté que les sens peuvent être plus puissants que le mépris — « les sens n'écoutent pas le mépris » —, contrairement à l'amour qui « ne naît ordinairement que de l'estime », et tout en rappelant fréquemment qu'il doit rester maître de lui, Durham admet pourtant qu'une concession, de temps à autre, ne détruit pas son système puisque « ce qui flatte les sens n'intéresse pas toujours le cœur » (II, 51, 175). Aussi, pour celui qui n'a plus besoin de la gloire éphémère d'une femme à la mode pour « le mettre dans le monde » mais qui y pousse plutôt celles qu'il consent à mettre en vedette, la valeur d'une femme se mesure en partie d'après les sensations qu'elle suscite chez lui. Cette appréciation est exprimée avec subtilité à propos de Mme de Rindsey qui ne lui « inspirait encore que de très légers désirs, et si les siens la rendaient plus aimable à [ses] yeux, ils ne la rendaient pas encore assez nécessaire à [ses] sens » (II, 29, 89).

Pour vaincre, le libertin doit se montrer bon comédien et bon observateur. Durham sait pleurer et même sangloter bruyamment car on lui a dit qu'il est « on ne peut pas plus intéressant quand il pleure ». La duchesse de Suffolk, qui s'y laisse prendre, confirme que « s'il ignorait l'art de rendre un cœur heureux, il possédait bien celui de le tourmenter ». Avec plus d'audace encore, il n'hésite pas à rudoyer les délicates et, par une feinte timidité, à faire languir les coquettes trop pressées. Mme de Rindsey est une prude qui illustre parfaitement « la différence singulière qu'il y a souvent entre ce que les femmes sont, et ce qu'elles paraissent » (II, 34, 117). Durham se propose donc de la faire tomber scandaleusement, « et pour sa honte [à elle] et pour [sa propre] gloire », en veillant à ne pas précipiter sa chute autant qu'elle l'y encourage. Il cherche à soumettre la jeune femme à sa volonté et non à répondre à son caprice, car il a décidé qu'il « ne l'entendrait pas à si bon marché qu'elle s'en flattait ». Comme elle veut conclure l'aventure au plus vite, il pense qu'il serait plus honnête « de n'aller à sa conquête que par gradation, que d'y employer une brusquerie, qui ne pouvait que la dégrader à ses propres yeux [...] Peut-être n'approuvait-elle pas [...] tant d'égards; et peut-être aussi [la] plus forte raison pour en avoir, était-elle la certitude qu'elle n'en était pas contente. » (II, 32, 101) Inversement, il aura recours à toutes les roueries apprises en France pour tenter de séduire au plus vite Mme de Suffolk.

Toutes ces remarques peuvent laisser du libertin l'image d'un être superficiel quand il ne s'agit que d'un petit-maître débutant, ou d'un individu dont les femmes devraient plutôt chercher à s'éloigner, quand il s'agit d'un roué. Le libertin mondain, petit-maître ou roué tels que nous les avons définis, possède pourtant un caractère plus complexe. Si, bien souvent, il est question de son système ou de sa philosophie, c'est qu'il cherche à donner, sinon un sens, du moins une justification à sa conduite. Il ne s'agit pas tant pour lui d'annihiler la femme que de la replacer au rang qui lui sied le mieux dans la société mondaine où ils vivent l'un et l'autre. À une époque où, des salons littéraires qu'elles dirigent, certaines femmes décident de la gloire ou de la disgrâce des artistes, sous un règne où la politique du roi et de ses ministres dépend d'un caprice de leurs maîtresses, il est naturel de déceler chez l'homme une certaine animosité; d'où, parfois, des expressions agressives : « J'aime assez, moi, à procurer des insomnies à des fières beautés qui en donnent à tant de gens » (II, 20, 53), écrit Durham. Clifton Cherpack, dans son ouvrage de vulgarisation sur Crébillon, *An Essay on Crébillon fils* (102), va même jusqu'à voir dans le séducteur une sorte d'agent moral dont le rôle est de punir les femmes de leurs défauts particuliers et de l'ascendant social qu'elles se sont octroyé. L'inconstance serait donc, en fait, la réponse masculine à la frivolité des femmes qui, sur ce point, sont obligées de toutes se ressembler puisque « la résistance d'une femme — explique Ninon au marquis de Sévigné — n'est pas toujours une preuve de sa vertu; elle l'est le plus souvent de son expérience » (Damours, *Lettres de Ninon de Lenclos*, I, 116). Pour le libertin tout ceci n'est qu'un effet de la nature et il se propose d'aider ses semblables à mieux profiter des dons qu'ils en ont reçus. Durham conçoit le libertinage comme une étude de l'âme humaine et un art de distinguer en chacun « les penchants », c'est-à-dire les réactions naturelles (qu'il ne faut pas contraindre), et les manières acquises qui constituent les « préjugés » (II, 12, 21).

Le roué se considère donc comme un être supérieur : selon Durham « la nature n'a pas donné à tout le monde de quoi percer la profondeur du cœur humain » (II, 18, 46). Aussi sa conduite doit-elle servir d'exemple tant aux femmes qu'à ceux qui partagent ses principes :

> Les femmes [...] instruites des pièges que nous leur tendons, apprenant [...] combien peu elles doivent compter sur notre cœur; à quel point il nous est aisé de feindre de l'amour; le peu que sont pour nous nos serments, et tout ce qu'elles risquent à les croire, en deviendraient nécessairement moins crédules, en seraient plus estimables, et de là même plus heureuses (II, 18, 47).

Toujours imbu du rôle de réformateur qu'il annonçait dans sa première lettre, il ajoute à propos des amants qui sont encore fats et sans confiance : « j'encourage votre fatuité par mes succès, et vous la rends plus utile par mes préceptes ». Et quelques lignes plus loin, parlant de son ami Buttington, ce témoin complaisant, si nécessaire à sa célébrité, mais dont il raille sans cesse la naïveté, il s'annonce prêt à « recommencer son éducation » (II, 19, 49). Versac mettait Meilcour en garde contre les difficultés auxquelles s'exposait un libertin; Durham souligne combien il serait injuste de croire qu'il mène une vie oisive et absurde :

> Si ceux [...] qui nous accusent de ne faire que des riens [...] savaient combien il nous faut de manège, de méditations profondes, de sagacité, pour pénétrer les différents caractères des femmes, en profiter, les conduire selon nos vues et nos désirs, et combien tant de soins divers rendent notre vie active et agitée, ils prendraient bientôt de nous une autre opinion (II, 17, 42).

Personnage plus approfondi et par là plus complet que son aîné, il n'hésite pas à évoquer le grand débat philosophique de son siècle : la question du bonheur. Ressentant déjà les effets de « l'habitude et de l'expérience, qui toutes deux, l'une par la réflexion, l'autre par l'usage, ne savent que nous gâter les plaisirs », Durham se demande si le libertinage tel qu'il le conçoit et tel qu'il le pratique représente la meilleure formule pour être heureux :

> En croyant nous venger des femmes, ne nous punissons-nous pas ? Ne vaut-il pas mieux oublier quelques perfidies qui nous ont fâchés, et que nous avons si bien et tant de fois rendues, que de nous priver pour les rendre toujours, d'un plaisir beaucoup plus doux, peut-être, que ne l'est le plaisir de la vengeance ! Et est-il [...] bien vrai, que nous ne trouvassions pas plus, et de cette gloire dont nous sommes si avides, et de ce bonheur dont nous ne le sommes pas assez, en nous attachant à une femme raisonnable [...] qu'à en abuser comme nous faisons par une feinte tendresse (II, 43, 147–44, 148).

Cherpack note qu'à la fin du roman, le plaisir et le bonheur réels que procure la compagnie des femmes deviennent une sorte de paradis perdu, quand on a goûté la pomme de la connaissance (« once the apple of knowledge has been tasted », *op. cit.*, 109). C'est en partie pour s'être attaché trop longtemps à ce paradis perdu que nous verrons Valmont échouer dans son projet. Plus réaliste et surtout plus libre que lui de ses décisions, Durham évite le danger, et cette brève note de nostalgie reste sans conséquence. Il se ressaisit d'ailleurs d'autant mieux qu'en fin de compte ses diverses expériences passées lui procurent la tranquillité d'esprit.

Au cours de ses réflexions, Durham exprime avec netteté la différence qui le sépare des novices peu expérimentés, plus désireux de briller que de chercher à nuire à leur partenaire. Ses intentions précisent aussi les limites au-delà desquelles il n'est plus permis de parler de libertinage mondain. S'il existe un fond de perversité chez Durham, du moins ne se traduit-il que dans sa prétention d'humilier les femmes. Il reste sensible à leur beauté et à leur esprit et il les juge toujours individuellement. Ses projets de réforme nationale des mœurs resteront à l'état de boutade. Durham respecte les convenances et observe les manières de son rang; il n'oublie jamais qu'il est devenu le chef de l'une des plus grandes familles du royaume. Libertin mondain par goût et pour obéir à la mode, il affecte une certaine insolence parce qu'à cette époque il était plus facile, au dire de Ninon de Lenclos, de plaire « par d'agréables défauts que par des qualités essentielles » (85). Finalement, comme il l'indique lui-même, il prend plaisir « à tromper des femmes par la finesse » comme d'autres abusent et aveuglent sur leurs intérêts, « par les ruses usées de la politique [...], une cour et ses ministres » (II, 17, 43).

L'écart qui sépare Durham de Versac est significatif de la maturité acquise par le roué au début de la seconde moitié du siècle. Les raisonnements spécieux du premier, qu'aucune action ne venait confirmer, font place aux intrigues préméditées et concluantes du second. Ces progrès ne sont pas l'effet du hasard et, quand il s'agit de la technique du libertin en particulier, on constate que l'influence de Richardson ne se limita pas au chapitre de la sensibilité. Crébillon connaissait bien les *Lettres anglaises* qu'il avait pu lire en français dès 1751, trois ans avant la publication des *Heureux Orphelins*. Nous avons déjà souligné qu'il les admirait et qu'il ne se croyait pas en mesure de les égaler — quoique l'on puisse voir là simples propos d'auteur qui se flatte en réalité du contraire. De son modèle, Crébillon retient ce que Rousseau en rejettera : les passages qui se rapportent directement aux intentions et aux gestes de Lovelace. Peu nombreux, ils frappent pourtant par leur précision et la rigueur de leur logique, deux qualités généralement absentes des lettres monotones de Clarisse. Quelques remarques suffisent à Richardson pour préciser la nature destructrice de son libertin. Dans la première lettre qu'il adresse à son ami Belford, et tout en affirmant que « dans cette affaire, l'intrigue l'aiguillonne autant que l'amour », Lovelace indique les véritables origines de son libertinage. Blessé dans son amour-propre par la perfidie d'une « coquette de qualité » qui avait été son premier et unique amour, il avait « fait vœu de punir la perfidie sur autant de femmes qu'il pourra lui en tomber entre les mains » (P. I, L. XXXI, 345). Il ne cherche d'ailleurs pas à s'en cacher. La correspondante de Clarisse, Miss Howe, écrit qu'on « lui a même entendu déclarer [...] qu'il n'y a point de mal qu'il ne soit résolu de faire à notre sexe, pour se venger du mauvais traitement qu'il a reçu d'une femme, dans un temps où *il était trop jeune* [...] pour n'avoir pas aimé de bonne foi » (P. I, L. LVII, 121). Sur ce point le roué de Richardson l'emporte en perfidie sur celui de Crébillon, qui ne songe qu'à vaincre pour humilier et qui s'enorgueillit uniquement de victoires jugées difficiles. Lovelace n'en est pas moins séduisant aux yeux de toutes les femmes, un « homme charmant » que les plaisirs ne détournent pas de ses responsabilités; toutes lui reconnaissent le souci de l'économie et l'aversion du jeu. On lui reproche en fait « d'avoir trop d'indifférence pour sa réputation. Ce défaut ne peut venir [...] que de l'une ou l'autre de ces deux raisons; ou de ce qu'il sent au fond du cœur qu'il mérite tout le mal qu'on dit de lui; ou de ce qu'il fait gloire de passer pour pire qu'il n'est. » (P. I, L. XII, 121–122) La suite du roman infirme ce jugement; Lovelace prend grand soin, au contraire, de soutenir la réputation qui favorise le mieux ses projets. Sa deuxième lettre à Belford (P. I, L. XXXIV, 403) révèle qu'il est athée, mais, trois jours plus tard, Clarisse écrit qu'on « ne l'entend jamais badiner sur la Religion » (P. I, L. XL, 471). Comme tous les libertins, il prétend n'avoir opté que par hasard pour le libertinage qu'on lui reproche; l'idée de galanterie ne lui est d'abord venue que pour faire l'essai de sa verve en poésie.

Crébillon ne cherche pas à renchérir sur son modèle; dans sa conduite à l'égard des femmes Durham se situe toujours en deçà de Lovelace. La dissipation et le plaisir demeurent les vrais mobiles de son libertinage. Tout au long des *Heureux Orphelins* Crébillon conduit une démonstration brillante qui séduit par la netteté de l'action, par la vraisemblance des arguments et par les instants de nostalgie, si brefs soient-ils, éprouvés par le héros. La femme n'est plus une victime naïve et perdue, mais une partenaire active et consciente du danger. Son amour la conduit à accepter une situation équivoque, mais il ne l'aveugle pas. À partir du moment où la duchesse se rend compte que Durham ne l'épousera pas — puisqu'il cherche à conserver toute sa liberté vis-à-vis des autres femmes — elle n'est plus aussi dupe qu'elle le laisse paraître des raisons qu'il avance pour s'afficher avec Mme de Pembroock. Quand elle accepte de le rejoindre dans sa petite maison, le lecteur n'est plus disposé à plaindre sa condition. Crébillon ne cherche jamais à démontrer; en conteur qui connaît les limites de son talent, il évite de hausser le ton de son histoire. Le futur censeur royal n'ignore pas que la seule morale admise ne peut qu'alourdir les ouvrages de ce genre et les appauvrir en faussant la conclusion logique des intrigues. Ce choix cache aussi un refus de la difficulté. Aussi le triple projet de Durham ne comporte-t-il aucun risque : deux des femmes qu'il choisit sont mariées à des hommes insignifiants qui n'interviendront jamais, et elles n'ont pas d'amants; la troisième, Mme de Suffolk, est bien décidée à connaître les plaisirs que son défunt mari n'a pas pris la peine de lui faire partager. Mise à part la présence de l'inoffensif Buttington, qu'il considère plus comme un novice à éduquer qu'un censeur de ses actes, Durham n'engage publiquement ni son honneur de gentilhomme — sa conduite devant la reine est toujours prudente — ni sa réputation de libertin. En ce sens, l'ouvrage de Crébillon reste linéaire, c'est-à-dire sans crise, puisque la seule à plaindre, la duchesse de Suffolk, trouve elle-même les raisons qui justifient à ses yeux sa faiblesse et qui lui permettent de prétendre ne pas se sentir humiliée.

Cette tendance à la facilité dans l'expression artistique se manifeste encore plus dans les *Lettres athéniennes, extraites du porte-feuille d'Alcibiade,* publiées en 1771, dernier ouvrage de Crébillon mais aussi le moins structuré et le plus volumineux — 138 lettres ou 751 pages dans l'édition de Londres que nous citons. Tout en admettant, ainsi que le fait Cherpack dans sa brève analyse du livre (*An Essay on Crebillon fils*, 136–148), que l'auteur ait tenté de suivre le goût nouveau du public pour le « roman hellénique » — dont le critique fait remonter la mode à 1741, date de la publication par un groupe d'universitaires de Cambridge des *Athenian Letters* dont s'inspirera Crébillon (*idem*, 136) —, il est difficile de justifier la longueur de l'ouvrage, la pauvreté de l'intrigue, la juxtaposition inattendue et inutile de considérations politiques et mondaines, et l'absence de conclusion. Le livre se termine avec la lettre CXXXVIII, mais l'héroïne, Aspasie, n'écrit plus depuis la soixante-cinquième. Les cinq lettres dans lesquelles Périclès développe ses idées politiques (XXII, XXXI, XLV, LXXI, LXXXIX) puis les remarques d'Alcibiade sur la direction de la « chose publique » ne trompent aucun lecteur. Les *Lettres athéniennes* ne sont qu'une constante répétition — avec simple variation de décor — des subtilités psychologiques exploitées par les petits-maîtres et les roués déjà mis en scène par Crébillon. Le roman se ressent de l'âge de son auteur; à 64 ans Crébillon n'est plus en mesure de produire une « œuvre de jeunesse » ni d'apporter de la nouveauté à des thèmes qu'il exploite depuis près de 40 ans. La multitude d'aventures faciles que noue Alcibiade auprès des courtisanes les plus célèbres d'Athènes — et qui pour la plupart n'attendent que l'occasion de se soumettre à ses fantaisies — atténue la portée didactique de ses exploits et élimine la tension dramatique qu'un projet unique, patiemment réalisé, confère aux meilleurs romans de ce genre. L'auteur n'en déploie pas moins cet esprit de finesse qui caractérise ses petits contes dialogués (voir, par exemple, les conclusions des lettres CIV et CXXIX) et ne rejette aucune des déclarations de ses premiers héros. Les lettres d'Alcibiade, comme certaines réponses d'Aspasie et de la courtisane professionnelle Némée, contiennent tous les propos formulés par Versac, et repris par Durham, ou ceux que pourrait tenir une femme de tête instruite à leur école.

Alcibiade, qui a adopté le système de Durham, l'enrichit grâce aux illustrations qu'en donnent ses aventures quotidiennes. Malgré notre présentation prudente, il reste que les *Lettres athéniennes* offrent l'échantillonnage le plus abondant des maximes observées par les libertins de Crébillon. Le héros qui, de par sa naissance, sa fortune et son rang, possède toutes les qualités mondaines attendues chez un libertin, s'est formé un projet « d'une hardiesse inconcevable » (L. I, 6) qui constituera l'intrigue principale des deux premières parties du livre (qui en compte quatre) : « attaquer » la maîtresse en titre de son ami Périclès, alors chef de la République. Ce choix s'inscrit dans la meilleure tradition du libertinage mondain : Alcibiade se prononce pour Aspasie parce que « c'était du plus grand des Grecs qu'elle était adorée : elle l'aimait » et qu'il avait « tout à la fois à combattre le mérite de [son] rival, l'amour qu'il inspirait, et tout ce qu'on devait, tant à sa tendresse qu'à ses bienfaits » (L. XXIX, 130). Comme le libertinage le plus rigoureux n'exige pas obligatoirement le sacrifice des menus plaisirs, il concède qu' « Aspasie jouit d'ailleurs, du côté de l'esprit, de la plus grande célébrité [et que] rien n'égale les charmes de sa personne » (*ibidem*). On notera par la suite que, sans avoir trouvé en elle une véritable partenaire de jeu, il ne pourra pourtant pas se vanter de l'avoir constamment dupée : « vous ne m'avez pas un seul instant abusée [...] J'ai, pour ainsi dire, pressenti le moment où vous avez commencé à vous éloigner de moi » (L. L, 252), lui précise-t-elle tout en l'assurant encore qu'il peut compter « sur toute [sa] tendresse, et sur toute [son] estime », en échange de sa « confiance » et de son « amitié ». Malgré cela, la conquête d'Aspasie devait lui procurer « la plus grande gloire » (L. XXIX, 130).

Cette recherche de l'éclat — et mieux encore des éclats — le pousse vers la courtisane Théophanie avec qui il cherche, moins « le plaisir de [la] voir vaincue, que l'honneur de triompher d'une femme que l'on croyait invincible » (L. L, 45), puis vers Diotime dont les « vertus et la réputation qui rendent tout à la fois sa conquête plus difficile et plus brillante, ne feront que donner plus d'ardeur à [ses] poursuites » (L. LXVII, 96), comme le lui rappelle délibérément Némée, la plus exercée et la plus rouée de ses maîtresses, avec laquelle il correspondra jusqu'à la fin du roman. Sa victoire sur Aspasie n'a cependant rien d'un exploit glorieux, fruit d'une longue campagne patiemment menée. Dès la troisième lettre il peut lire la passion qui répond à celle qu'il prétend lui témoigner et, à la dixième, il annonce une victoire par « surprise », très élémentaire : il a abusé de la confusion où elle se trouvait à la sortie de son bain. Pour Alcibiade l'intérêt d'une liaison se mesure seulement à l'éclat qu'il pourra donner à la rupture et sa durée ne dépend que du temps nécessaire à préparer celle-ci. Au lendemain de sa victoire sur Aspasie il songe déjà à une séparation brutale et bruyante, « insultante » pour la victime, mais qu'il ne peut mettre à exécution tant que cette aventure ne jouit pas de la notoriété publique qui provoque les scandales. « Sa faiblesse pour moi est encore si peu constatée que, si je la forçais actuellement de me quitter, mon triomphe sur elle resterait la chose du monde la plus indécise » (L. XI, 50), écrit-il à son ami Adymante et, pour susciter cette occasion, il maintient une « liaison commode » avec Glycérie, la courtisane la plus méprisable d'Athènes. De même, ayant exposé le peu d'avantages qu'il gagnerait à nouer une intrigue avec Thrazyclée, maîtresse de son correspondant Thrazylle, il accepte de relever le défi qui lui est lancé et confie à son ami et émule d'en prévenir la courtisane tout en l'assurant « en même temps que le moment qui lui donnera la publicité qu'elle y désire, sans doute, en sera infailliblement le terme » (L. XIX, 88).

Comme pour ce jeune ambitieux de 20 ans l'éclat scandaleux (telles ses excentricités avec Glycérie) ou la gloire honorable (comme ses ambitions politiques de renverser Cléon, successeur de Périclès) sont les seules satisfactions que la fortune ne peut lui offrir directement, il cherche constamment et par tous les moyens à acquérir cette publicité. Si les femmes n'y suffisent plus — et l'exemple nous renseigne aussi sur l'estime qu'il leur porte — son chien l'y aidera. Grâce à cet animal rare et coûteux il parvient à susciter pendant quelques jours l'admiration des Athéniens puis, l'effet de surprise disparu, il les émeut et les scandalise encore plus vivement en lui coupant la queue qui faisait l'admiration de tous. À son ami Callicrate il proclame combien il tient à ce « que les hommes s'occupent de [lui, et que] c'est avec tant d'ardeur qu['il] le désire, qu'il [lui] est encore plus doux qu'ils en disent du mal, que de n'en entendre rien dire du tout » (L. CIV, 68).

Comme Versac il s'intéresse aux travers à la mode mais, plus assuré que lui, il ne s'abaisse pas à « adopter les ridicules » puisqu'il est « en droit d'en créer » (L. I, 6); aussi, la perspicace Aspasie qui « ne [s']attendait point à [lui] trouver encore plus de vices dans le cœur que [...] de travers dans l'esprit » (L. XLVI, 232) s'irrite de ce qu'il mette sa gloire « dans les ridicules les plus outrés, les éclats les plus révoltants, enfin, dans l'affectation de tous les vices » (L. XLVI, 233). Ce goût pour l'excentricité scandaleuse ou révoltante influence toute sa conduite. Reprenant mot pour mot la formule de tous ses prédécesseurs, il écrit à son tour :

> À mon entrée dans le monde, je croyais [...] qu'il n'y allait pas moins de mon honneur à quitter toutes les femmes, qu'à les soumettre; et que c'était même peu que le premier, si je ne leur rendais pas mon inconstance aussi mortifiante qu'elle leur était le plus communément douloureuse (L. LXXIX, 169).

Il nomme « préjugés » ce que certaines pensaient plus convenable d'appeler « principes », et les « serments de fidélité » ne sont plus qu'un « jargon d'usage et de convention auquel une femme sensée ne croit point pendant que nous le lui parlons » (L. LXVIII, 104). Lui aussi accuse la société de ses dérèglements; il n'exhibe des travers que parce que « ce même peuple [...] aime en [lui] ces mêmes vices contre lesquels vous le voyez s'élever tous les jours » (L. CXI, 108–109) et parce qu'il constate aussi qu'on séduit mieux les femmes avec des défauts : « Vous parvenez à vous attacher les femmes, par ceux mêmes de vos défauts qui devraient les révolter le plus » (L. LXXXVIII, 166–167), lui reproche Axiochus avec une pointe de jalousie admirative.

Malgré quelques impulsions sentimentales, la femme qu'il choisit n'est qu'un objet d'étude dont il ignore les sens presqu'autant que le cœur puisque, de son côté, elle n'exige bien souvent qu'une « sensibilité momentanée » (L. VIII, 42). Aspasie se plaint qu'il ne cherche qu'à « faire des expériences » et que ce qu'il considère « le moins, est ce qu['elle] les paie » (L. XLII, 208), tandis que Némée — qui par ailleurs reconnaît qu'avec ses amants elle ne « pense » pas mais « sent » beaucoup (L. LXXIV, 172) — s'emporte contre lui parce qu'il la traite comme un « objet fait seulement pour amuser [ses] loisirs » (L. LXXXVI, 201).

La conduite de ses intrigues n'offre aucune nouveauté : comme Versac et même comme Durham, Alcibiade est d'abord le brillant narrateur de ses actions et aucun récit parallèle ne permet de vérifier la rigueur de son récit. Sous sa plume, Crébillon répète sa théorie du « moment » qui n'est pas qu'une simple « surprise des sens » (L. XXV, 115) mais « cet instant critique » (L. XXV, 116) qui rompt la tranquillité dans laquelle une femme parvient à se retrancher devant les « transports » de son amant. Alcibiade distingue même deux sortes d' « instant critique » : le premier, preuve de cette chance qui ne sourit qu'aux audacieux, nous surprend quand on ne l'attend pas encore : « Quelquefois même cet instant critique arrive, lorsque l'amant songeait le moins à le faire naître » (*ibidem*); le second couronne les efforts du libertin qui a su comment le trouver et le rendre décisif. Mais cet instant dangereux pour les femmes sensibles peut également nuire à leurs séducteurs. Thrazylle qui évoque avec chaleur « les charmes du moment » (L. XLIV, 220) en souligne aussitôt « tout le danger ».

L'impossibilité de vérifier les faits et gestes dont se vante le héros est en partie compensée par les observations de ses correspondants. Bonne ou mauvaise — selon les normes de référence de ses observateurs — sa réputation est solidement établie à Athènes et, à l'exception de l'incorruptible Périclès, tous reconnaissent sa virtuosité de séducteur. Aspasie, qui n'est pourtant pas longue à soupçonner son jeu, lui confie au début de leur liaison que « jamais personne n'a joui sur aucune femme d'un pouvoir si absolu » (L. XIV, 66). Par son charme naturel, comme par la gloire qui s'attache à son nom, il séduit d'instinct les petites-maîtresses les plus avisées. Onze ans avant Mme de Merteuil, Thargélie écrit à son amant : « Avant de vous avoir vu, je vous aimais : je vous trouvais involontairement dans toutes mes idées [...] je ne vivais que pour vous [...] À mon entrée dans le monde, vous avez été le seul objet que j'y aie cherché. » (L. XXXV, 175) La plus rouée de ses partenaires, Némée — qui lui reproche pourtant de l'avoir « dégoûtée du goût » (L. CXXXVI, 238) —, résume parfaitement son caractère et son système quand elle lui prédit que la postérité se souviendra que « jamais il n'attaqua de femme sans la vaincre, [... que] le plaisir de plaire lui tint constamment lieu du bonheur d'aimer, [... que] les plus fameuses courtisanes de son temps, ne lui parurent pas moins dignes de son attention, que les femmes de qui il devait être le premier vainqueur » (L. LXII, 61–62). Seul Périclès s'inquiète de ses excentricités. Formé par les philosophes de la vieille école et soucieux de sauver les apparences de la société décadente et ingrate qui lui a été confiée, il s'étonne de voir les vices d'autant plus estimés qu'ils sont mieux connus : « De notre temps [...] le scandale ne nous semblait devoir rien ajouter aux plaisirs; et croire, ainsi qu'on le fait aujourd'hui, qu'il les augmente, me paraît le comble de l'extravagance et de la corruption » (L. II, 11), écrit-il à Diodote en le priant de raisonner leur ami commun.

Si en 1771 Alcibiade n'apporte aucun élément nouveau au système énoncé par Versac 35 ans auparavant, il l'emporte sur le premier roué par la complexité plus développée et plus équilibrée de son caractère. Alcibiade ne donne jamais l'impression d'un individu abstrait, aigri sans raison, inaccessible aux sensations comme aux sentiments. Tout en préconisant parfois des méthodes qui annoncent la cruauté mentale des roués qui vont lui succéder, il réagit d'abord en jeune voluptueux occupé à combler ses désirs immédiats, au point qu'il n'est pas toujours permis de voir en lui un exemple parfait de ceux que nous avons nommés les roués. Sa sensibilité, ses élans sentimentaux — qui n'échappent pas à ses victimes —, son inconstance chronique qui lui interdit toute action de longue haleine (il n'est jamais question avec lui de campagne de « trois mois ») le rapprochent des petits-maîtres que nous avons évoqués et plus précisément de ceux pour qui les jouissances réelles comptent plus que les satisfactions prétentieuses de l'esprit. « Né plus voluptueux que délicat » (L. LIX, 48), il classe l'amour parmi « les nécessités du désir » (L. XIII, 60), nécessités si pressantes qu'il n'hésite pas, parfois, « à négliger ces gradations qui [selon Mysis, sa maîtresse d'un soir] dans une seule faveur, en font trouver mille » (L. CXV, 127). À l'opposé des roués plus mûrs, il « regarde comme autant de perdu pour l'amour, le temps qu'on est forcé de donner aux stratagèmes » (L. XXXVI, 181), à ces préliminaires qui, pour sa maîtresse Thargélie, plus réceptive elle aussi aux « sensations » qu'aux « sentiments », « prouvent tout contre l'amour d'une femme, et rien du tout pour sa vertu » (L. XXXIV, 171). On comprend alors qu'une liaison calme et qui risque de s'éterniser l'ennuie très vite. « Attaché [avec Aspasie] à la jouissance d'un bonheur que personne ne [lui] dispute » (L. XIX, 85), il connaît très vite les « langueurs de la jouissance » auxquelles s'ajoutent les « désagréments de la tracasserie » (L. XXIX, 131) de ses querelles de femme amoureuse. Comme un petit-maître débutant, il se laisse influencer par les sentiments. S'il n'est pas toujours facile de faire la part des expressions étudiées de celle de la spontanéité, il ne cache pas qu'Aspasie est (du moins au début de sa liaison) la femme qu'il « adore », et — en dépit des attitudes qu'il affecte selon le moment — celle-ci ne s'y trompe pas quand elle le lui rappelle sur un ton de nostalgie résignée qui fait songer à celui de la marquise de Merteuil des lettres CXXXIV et CLII des *Liaisons* : « Car ce n'est pas un songe : vous m'avez aimée. Quelle tendre émotion régnait dans vos yeux ! » (L. XXXII, 146) Même si son émotion recèle les accents de la volupté, Aspasie ne fut pas pour lui qu'un portrait glorieux ajouté à sa collection (voir L. LXVIII, 107).

La variété des correspondants d'Alcibiade, tant hommes que femmes, situe cependant son libertinage à un niveau qui dépasse la phase ludique et sensible des « égarements » des petits-maîtres. Dans la correspondance volumineuse que nous livre son

« porte-feuille », il intellectualise sa volupté en prenant un plaisir évident à conter ses prouesses et à disserter sur celles de ses amis. De plus, il rêve avec eux de roueries cruelles capables d'humilier et de tourmenter les âmes de ses victimes. Il félicite son disciple Théramène de « persister dans le dessein [...] de rendre aux femmes [...] toutes les noirceurs qu'[il en a] éprouvées » (L. XXXIII, 150), mais il lui reproche de ne pas avoir la volonté de mener à bien ses projets de vengeance. Il se complaît à imaginer ses craintes au spectacle des tourments qu'il inflige à celles qui commettent la maladresse de s'attacher à lui :

> Quelle n'eût donc point été votre terreur, si nous nous fussions peint bravant les reproches d'une amante abusée, repaissant notre barbarie du spectacle de ses larmes; et [...] soutenir, avec une férocité presque incroyable, ses évanouissements redoublés (L. XXXIII, 152).

« Barbarie », « férocité » n'appartiennent plus au jargon des petits-maîtres mais bien au vocabulaire punitif des roués. En mettant comme eux son point d'honneur à mortifier celles qui se sont livrées à lui par amour et non par désir, il endosse ce qui peut passer pour l'aphorisme le plus singulier des roués et qui n'est en fait qu'un artifice inavoué, parce que très souvent inconscient, pour se prémunir contre l'amour. Avec une noirceur d'intention qui annonce celle des grands libertins de Sade il écrit à Axiochus :

> Persuadé avec raison que l'on afflige le cœur beaucoup plus impunément qu'on ne mortifie la vanité, loin aujourd'hui de quitter celles qui ne me touchent plus, je me borne à tourmenter leur âme de tant de façons, et sais leur faire du mouvement qui les porte vers moi, quel qu'il puisse être, un supplice si cruel et si continu, que [...] je les force enfin à l'inconstance (L. LXXIX, 170).

En dépit de remarques et de comportements qui indiqueraient le contraire il va jusqu'à affirmer que ce qui l'amuse le plus, ce dont il « jouit » vraiment — car rien ne flatte mieux son égocentrisme —, ce ne sont pas les plaisirs immédiats que lui procurent ses victimes, mais le spectacle des combats moraux qui les tourmentent après leur faiblesse : « ce combat, enfin, de l'amour et de la vertu, [lui] paraît, quand il est vrai, devoir plus faire encore le charme de ce moment, que les plaisirs qui y sont attachés » (L. XCIII, 7). Le Valmont des *Liaisons* ne se justifiera pas autrement de l'intérêt équivoque qu'il porte à Mme de Tourvel.

Petit-maître dans ses réactions spontanées aux appels des sens, Alcibiade s'apparente pourtant davantage aux roués par le plaisir qu'il prend à humilier systématiquement et de la manière la plus douloureuse — puisqu'il tourmente leur cœur — les femmes qui se laissent subjuguer par ses mimiques amoureuses. Loin de se contredire, ces deux tendances apportent une dimension psychologique rarement trouvée chez les personnages de cette catégorie. De l'entité sèche et abstraite d'un Versac, Crébillon est parvenu à développer un personnage complexe et par là plus vraisemblable — si l'on tient compte de la fabulation romanesque — et seule la déficience technique a privé le livre dont il est le héros du succès littéraire qui lui revenait. Avec Alcibiade, Crébillon réaffirme son souci de modération et d'esthétisme. En 1771 son héros ne pouvait plus ignorer les ambitions dominatrices des roués, mais il continue encore à goûter les plaisirs partagés du libertinage de « bon ton » des petits-maîtres. Observons seulement, pour conclure, que cette ambiguïté de caractère, qui en fait aussi toute la crédibilité, se retrouvera chez le plus célèbre libertin du siècle : le Valmont de Laclos.

La mesure que s'est imposée Crébillon et qui distingue son œuvre des imitations que ses succès mérités suscitèrent est consciemment rejetée par l'auteur du *Libertin de qualité ou ma Conversion* (1783) et du *Degré des âges du plaisir* (1793). Le comte de Mirabeau qui, par sa naissance et par son mariage avec l'héritière la plus riche d'Aix, Mlle de Marignane, aurait pu devenir l'un des chefs de la noblesse provençale, doit renoncer à ses prétentions nobiliaires et à la fortune quand, en 1783, le Parlement d'Aix le sépare de son épouse à la suite de l'inconduite des deux parties et de l'hostilité de son père. Forcé de vivre d'expédients, il met au service du peuple des qualités d'esprit qui, exploitées différemment, auraient dû sauver la monarchie. Son œuvre licencieuse, écrite surtout pendant son séjour à Vincennes et qui précède en général ses pamphlets politiques, reflète d'une façon brutale et grossière la mésentente de l'auteur avec ses pairs.

Dès les premières lignes du *Libertin de qualité* nous notons l'attitude anticonformiste du nouveau libertin. Au chapitre du libertinage romanesque, les personnages, comme leur auteur, rejettent les valeurs traditionnelles. Au libertinage gratuit et sélectif le « libertin de qualité » préfère les transactions mercantiles et sans gloire. Après l'argent, le désir de détruire des réputations et de souiller des âmes encore vierges sont les nouvelles satisfactions que recherche le libertin. À propos de la comtesse Cul-Gratulos — dont le nom évoque celui des héroïnes de Nerciat — qui lui est présentée au spectacle, il ne songe qu'à « la piller, la gruger, et se foutre d'elle en la foutant » (86). Cette ardeur à dépraver ne fait que croître au cours d'un séjour à la campagne où non pas l'oisiveté mais « l'air qu'on y respire a une salubre influence » (133), néfaste à sa scélératesse. De retour à Paris il réaffirme ses principes : « Ah ! vive le grand théâtre ! [...] Que de dupes je vais encore faire ! Que d'or je vais amasser ! » (133) Il s'enflamme à l'idée de corrompre un « cœur neuf »; pensant à sa prochaine victime il souhaite « que tous les raffinements de la débauche viennent investir sa jeune âme, qu'elle soit ivrognesse, crapuleuse; que les plus sales propos assaisonnent les actions les plus débordées » (136).

À l'opposé du petit-maître, le libertin « converti », c'est-à-dire le roué, cherche à compromettre ses victimes puis à les rallier à ses principes. Il éprouve la double satisfaction de voir s'étendre les effets nuisibles de ses maximes et de recevoir les félicitations de ses confrères : « On applaudit l'écolière [...] et l'on élève le maître aux nues. » (136) À l'entente qui unissait les petits-maîtres à leurs partenaires, le roué oppose la distance qui régit le rapport dominateur du maître à l'écolière et qui est à l'origine, selon Brooks, d'une situation essentiellement érotique (*The Novel of Worldliness*, 22). Rejetant les règles contraignantes du libertinage mondain, il n'hésite pas à se marier précipitamment quand il peut retirer un bénéfice substantiel de ce contrat.

C'est encore un sujet privilégié qui livre ses réflexions sur *le Degré des âges du plaisir*. Belleval, prête-nom de l'auteur, se propose de braver l'opinion en prouvant « par les degrés des âges de [sa] vie, que, nés au sein des plaisirs, formés pour le plaisir, il n'est aucun être sur la terre qui s'y soit dérobé » (16–17). Pour le démontrer, il trace un parallèle entre ses aventures et celles de sa future maîtresse, son amie d'enfance Constance. Ils sont tous deux sensibilisés au libertinage par les provocations des religieux et des religieuses chez lesquels ils passent leurs cinq années d'études. La correspondance qu'ils n'ont cessé d'échanger leur permet de découvrir qu'ils sont dotés des mêmes dispositions. Constance annonce un caractère « de prêtresse dévouée au libertinage » et Belleval celui d'un « zélé partisan de la débauche ». À 15 ans, de retour chez eux, ils ne songent plus qu'à expérimenter ensemble les leçons apprises séparément. Mirabeau prétendra par la suite qu'il restait en deçà de la vérité puisqu'il aurait été déniaisé dès l'âge de 13 ans par la fille de son précepteur, une demoiselle Poisson. La suite de leurs aventures et surtout la vulgarité dépourvue de pittoresque avec laquelle elles sont dépeintes ne sont pas à porter au crédit littéraire de Mirabeau. Le récit qui se veut didactique dans son ensemble n'énonce aucun principe mais, tout au plus, rappelle quatre fois que l'auteur était né pour le libertinage et les plaisirs libertins, indiquant ainsi que le libertin est un être prédestiné que la morale ordinaire ne saurait influencer. Pour conclure, Mirabeau présente le tableau, risible dans ce contexte, d'un libertin précocement vieilli par les excès et qui, forcé d'admettre qu'il ne peut plus rien pour les femmes qu'il croise dans la rue, préfère se retirer à la campagne pour y cultiver son jardin, tandis que la mémoire de Constance, morte depuis 20 ans, « lui revenait à l'imagination » (112). Même s'il reconnaît que, privé « des ressources... [de son] tempérament », il doit devenir « un Philosophe, un sage », il ne tente pas de donner à la fin de son récit le moindre accent philosophique ou moral.

Qu'un écrivain de la fougue et de la lucidité de Mirabeau ait pu offrir à l'imprimeur un ouvrage aussi vulgaire indique combien le sujet traité s'était appauvri. Nerciat l'avait momentanément rajeuni par ses innovations formelles, mais son expérience n'avait suscité aucune émulation décisive. Louvet produit un récit d'une lecture agréable, mais les aventures de Faublas ne présentent tout au plus, sur le plan littéraire, qu'une récapitulation habile des intrigues maintes fois développées par les petits auteurs galants du siècle. En cherchant en vain à définir la nature humaine, et en voyant chez l'homme de 40 ans un « libertin raffiné, voluptueux et sans délicatesse » (113), Mirabeau confesse involontairement le caractère hésitant de son personnage. Il retient l'aspect « raffiné » du libertinage sans pour autant lui sacrifier la « volupté vulgaire ». Avec lui, le libertinage quitte définitivement les salons pour s'encanailler sur la voie publique. Le libertin est tout à la fois un jouisseur sauvage rejeté de son milieu et un tribun exacerbé qui, par vengeance, prend parti pour ceux que sa naissance devait lui opposer.

CHAPITRE VII

LES DÉBAUCHÉS; MOINES ET GENS DU PEUPLE

> Il prétend que, sous les plus charmants
> vernis du monde, nos contemporains
> cachent un degré de scélératesse et
> d'infamie, dont les siècles les plus cor-
> rompus n'ont point fourni d'exemples.
>
> Nerciat[1]

LES PETITS-MAÎTRES nous ont appris qu'il était de bon ton, dans un monde où le sentiment n'est plus qu'un « sujet de conversation », de repousser toujours plus loin les règles de la décence. Pour la même raison, les roués de la classe de Durham, et plus tard de celle de Valmont, s'imposent comme les arbitres d'une société dont ils prennent plaisir à aggraver les tares. Les plus déterminés s'entourent de roturiers qui, incapables d'acquérir leurs airs de distinction (demeurés l'apanage des classes privilégiées), vont plagier leurs ridicules jusqu'à l'excès et imiter leurs frasques jusqu'à la débauche la plus ordurière. Les règles du libertinage mondain, plus cérébral que physique et, à l'origine, limité aux aventures de salons et d'alcôves, vont être de moins en moins respectées. Comme on l'a vu, à partir des années 1780, on assiste à une dégradation de ce système dans la littérature romanesque. Ce rejet d'une conception esthétique du plaisir s'accentue suivant deux courants opposés, l'un, aristocratique et fastueux, dont nous avons déjà parlé à propos de Nerciat, l'autre, obscène et

---

[1] *Le Diable au corps*, T. I, p. 468.

ordurier, dont nous n'avons encore qu'entrevu la vulgarité et la faiblesse avec les paysans pervertis. On voit déjà qu'il suffira à Sade d'amplifier les excès de chaque tendance pour composer les portraits de ses grands seigneurs et de ses prélats débauchés.

Au libertinage irréel et verbal des ouvrages de Nerciat et parfois de Mirabeau, distraction intellectuelle derrière laquelle se retranche une coterie consciente de son déclin, s'oppose un courant réaliste issu de la tradition anglaise et répondant au désir d'émancipation du peuple. Par l'intermédiaire des écrits de Sade et notamment de l'ouvrage « sadiste » le plus vraisemblable — puisqu'il fut rédigé à partir de données historiques —, *la Marquise de Gange* (1814), cette veine populaire aboutira au roman noir français du début du XIXᵉ siècle. À l'exception des *Lettres anglaises ou Histoire de Miss Clarisse Harlove* — dont Prévost dit, dans l'introduction de sa traduction, que « de tous les ouvrages d'imagination », y compris les siens, il n'en a « lu aucun avec plus de plaisir » — les traductions des livres anglais répandaient alors en France la mode de héros populaires dont le mérite principal était de savoir exploiter la fortune de leurs maîtres, aggravant ainsi les méfaits déjà reprochés quelques années plus tôt aux œuvres philosophiques de ce pays. Dans les *Morceaux historiques et Matériaux pour l'Histoire* recueillis par Duclos, qui n'eut pas l'occasion de les utiliser pour une « Nouvelle chronique de son siècle », deux dépêches du cardinal de Fleury au cardinal de Tencin, alors primat des Gaules, soulignent dès la première moitié du siècle les effets néfastes des livres anglais chez les membres du clergé : « Je crois la réforme de la prélature très difficile, car tout le monde convient qu'elle est non seulement gâtée du côté des mœurs, mais même du côté de l'esprit, et que les livres anglais y ont communiqué leur venin » (septembre 1740), et critiquent les jésuites et le *Journal de Trévoux* « qui donnent aux jeunes gens qui ont de l'esprit, trop de connaissances des livres anglais » (1741)[2].

À l'opposé du phénomène observé à propos des petits-maîtres, les seigneurs et les prélats qui adoptent les principes des roués se dégradent aux yeux de la société libertine traditionnelle. Ils osent en effet affirmer, à l'encontre des premiers principes éthiques de leur caste, qu'ils découvrent en s'avilissant des jouissances plus fortes que celles qu'ils connurent dans la

---

[2] *Œuvres complètes*, Colnet et Fain, T. IX, p. 220.

« bonne société ». Constatant leur dégradation irréversible et la puissance fascinante du mal, ils rêvent « d'encanailler » à leur tour la bonne et la mauvaise compagnie afin de mieux les exploiter le temps venu. À ces despotes qu'annoncent les personnages de Mirabeau, dépravés et égarés par l'utopie sociale, se rattachent certaines créations de Rétif de la Bretonne puis tous les personnages masculins de Sade.

Gaudet d'Arras, tel qu'il se présente en 1787 dans la version définitive des aventures du *Paysan et la Paysanne pervertis* de Rétif, incarne le type le plus représentatif des roués foncièrement pervers de l'époque où furent publiées *les Liaisons dangereuses*. Même s'il est assez facile d'identifier la plupart des personnes qui servirent de modèles à Rétif, ses biographes ne sont pas encore parvenus à découvrir l'origine certaine du mauvais génie d'Edmond. Il y eut bien, écrit André Maurois dans sa préface de *la Paysanne pervertie*, « parmi les familiers de l'apprenti d'Auxerre, un grossier Gaudet de Verzy qui eût été fort incapable de diabolisme intellectuel » (xv). Marc Chadourne, dans son *Restif de la Bretonne*, y voit une création intégrale, projection littéraire d'une part inavouée et peut-être inconsciente de l'âme de l'auteur. Quoi qu'il en soit, le demi-siècle qui le sépare de Versac a profondément modifié le caractère du personnage. Comme ses prédécesseurs, Gaudet est un libertin que l'on doit juger à ses actes et aux leçons qu'il donne à ses protégés. Chez lui aussi l'enseignement théorique l'emporte de beaucoup sur les prouesses. Le roman de Rétif nous apprend peu de chose sur les aventures galantes de Gaudet. Fils cadet d'une famille assez dissipée — son véritable père ne serait pas celui que lui connaît l'état civil, mais le frère cadet de ce dernier, c'est-à-dire son oncle officiel —, il fut placé de bonne heure au séminaire d'Auxerre et forcé d'y recevoir les ordres qui, à cette époque, comme les vœux des religieuses, étaient scellés par des contrats civils. Le retour inespéré de son oncle enrichi dans les colonies et qui n'ignore rien de ses origines, et la mort de sa sœur aînée qui détenait une partie de son patrimoine, le mettent à la tête d'une fortune importante. Moine par force, il se défroque. Mais son retour à la vie civile s'accompagne d'une grave conséquence juridique. En rompant ses vœux monastiques, Gaudet brise un contrat légal. Il se retrouve donc sans entité sociale, mort civilement dès qu'il franchit les murs de son couvent; aussi pense-t-il à faire d'Edmond son prête-nom pour profiter de la fortune qui l'attend.

Sa nouvelle situation vite établie, et ayant apaisé les jalousies de ses anciens confrères par de substantielles donations à son couvent, Gaudet, dans son nouvel habit, fait bientôt figure de petit seigneur à bonnes fortunes : « J'ai ma coquetterie, mon cher, tout comme j'ai ma philosophie. Je compose de mes petites qualités, de mes petits défauts, un Moi dont je suis tout à fait content. » (P. II, L. III) Il se présente d'abord à ses deux élèves, Edmond et sa sœur Ursule, comme un épicurien raffiné, un voluptueux[3] qui, pour les rendre plus vifs, prétend imposer de la modération dans les plaisirs. L'idée en elle-même n'est pas neuve à l'époque; l'héroïne de la *Julie* de Rousseau, si l'on en croit sa cousine Claire, pensait déjà de la sorte : « Ainsi s'aiguise la volupté du sage; s'abstenir pour jouir, c'est ta philosophie; c'est l'épicuréisme de la raison. » (P. VI, L. V, 662) Gaudet se soucie constamment de l'élégance de sa tenue et de ses manières, de sorte que même « la lubricité qui en résulterait aurait un vernis d'urbanité qui la changerait en recherche obligeante » (P. I, L. XXIV).

Jusqu'ici Gaudet défend les intentions traditionnelles des libertins mondains et accepte leur conception « rationnelle » de la jouissance : la véritable jouissance ne peut être atteinte qu'en maîtrisant ses désirs. Comme les premiers disciples d'Épicure, le vrai libertin doit être capable de concilier deux principes en apparence contradictoires : la recherche des plaisirs et le contrôle des sens. Gaudet affirme que « tout ce qui est vrai plaisir est permis, [...] vrai plaisir, car il en est de faux » (*ibidem*). Ces « vrais plaisirs » ne se limitent d'ailleurs pas au seul « commerce » des femmes. Edmond, prenant part dans son couvent à un repas auquel assistent trois autres moines, vante l'amabilité de la compagnie, « le savoir-vivre, l'usage du monde, une aménité, un poli dans les manières » (P. I, L. XLVII) qui l'enchantèrent. Pour Gaudet aussi, « la table ainsi que l'amour a son libertinage[4] ».

Dans son attitude à l'égard des femmes, on retrouve cette méfiance déjà notée chez Versac et Valville. Mais Gaudet n'est pas misogyne, et son refus de s'abandonner complètement à ses maîtresses indique seulement le soin qu'il prend de ne pas

---

[3] « La volupté est le nom que l'on donne au plaisir transfiguré par l'esprit. Il ne s'agit pas d'une différence de degré; la volupté n'est pas un plaisir plus grand, mais un plaisir autre. » (Mauzi, *l'Idée du bonheur dans la littérature et la pensée françaises au XVIIIᵉ siècle*, p. 417.)

[4] *Encyclopédie*, T. IX, p. 477.

émousser le plaisir en le dilapidant. Il écrit à Manon, première servante de Mme Parangon :

> Vous savez comme je pense de votre sexe; je le crains, je le fuis, et je l'adore : la présence des femmes est un feu bienfaisant qui m'échauffe et me réjouit, mais j'en reste à la distance convenable pour n'éprouver qu'une douce chaleur (P. I, L. XXI).

Fidèle à l'école dont il se flatte d'être un des grands maîtres, il respecte le premier commandement du libertin en se refusant à aimer. « De ce qu'on nomme amour je n'estime que le physique, dans la modération convenable » (*ibidem*), affirme-t-il en paraphrasant Buffon. Le mariage n'est plus qu'une situation dégradante et réservée au vulgaire. Il conseille à Edmond de ne pas « se lier irrévocablement à une femme avant l'âge qui nous rend habitudinaire » et de laisser « ces engagements aux automates, qui, à la vérité, composent les trois quarts du genre humain » (P. II, L. III).

En restant fidèle à ses principes, Gaudet aurait pu figurer aux côtés de Versac ou de Durham. Il aurait même pu prétendre égaler Valmont dans ses artifices de séduction. Les conseils qu'il donne à son pupille à la veille de tenter sa première aventure sérieuse indiquent qu'il eût été aussi capable que le vicomte d'exécuter des projets audacieux, si les circonstances l'avaient exigé. Le « moment » devient pour lui « l'occasion » : « Ose donc, ose, et tu seras pardonné ! Mais choisis bien l'occasion; prévois tous les alentours; prépare la chute de façon qu'on te croie excusable toi-même, entraîné, séduit irrésistiblement après l'avoir provoquée » (P. I, L. LVI), écrit-il à Edmond, pour lever les derniers scrupules qui retardent sa victoire sur Mme Parangon.

Tout comme Versac, il reconnaît la nécessité qu'il y a de mener de front plusieurs intrigues : « En te livrant à une seule tu pourrais te faire des ennemies dangereuses ! Il faut donc savoir être infidèle avec art ! » (P. II, L. V) Mais il manquera à Gaudet ce qui fait la force du Valmont de Laclos : la volonté de se maintenir au premier rang, le souci de se mesurer à des femmes difficiles pour conserver son habileté de séducteur, et, surtout, une femme de tête qui le stimulât en lui indiquant constamment ses faiblesses. Trop attiré par des conquêtes faciles — de jeunes paysannes fraîchement arrivées à la ville — et tenté par l'utopie socialiste prérévolutionnaire, il se suicidera sur l'échafaud en blasphémant.

La morale qu'il défend en parodiant l'Évangile nie ou s'oppose à la morale traditionnelle : « Quant à votre morale et à votre philosophie, suivez celle de la nature. Ne faites pas à autrui ce que vous ne voudriez pas qu'on vous fît. » (P. II, L. VIII) Et, de même, « faire un enfant [à une jeune bergère] n'est pas tuer un homme » (P. I, L. XLIV). Bien qu'il admette l'importance de la femme dans la société, il la méprise et la considère seulement comme une machine à plaisir que l'on peut se prêter ou s'échanger :

> les femmes sont une monnaie qui doit passer de main en main. Si la monnaie s'use, si l'empreinte s'efface, tant pis pour elle; nous n'y perdons pas un sou, nous changeons, voilà tout (P. II, L. III).

C'est dans ses relations avec ses pupilles que Gaudet laisse paraître sa véritable personnalité : dans *le Paysan et la Paysanne pervertis*, le rapprochement Gaudet-Edmond s'inscrit dans l'intrigue de la même façon que celui de Valmont et de Cécile dans *les Liaisons*. Pour Gaudet, il s'agit de convaincre ou de forcer Edmond à épouser Manon. Pour amener le jeune campagnard à accepter cette proposition, le roué lui fait miroiter un avenir doublement brillant en lui proposant une partie de sa fortune et la gloire des succès mondains. Pour mieux l'en convaincre, il lui réaffirme souvent son désir de le rendre heureux : « La vérité est que nous sommes faits pour être heureux, que nous y tendons sans cesse, et que le plaisir est la route du bonheur. » (P. I, L. XXIV) À cela s'ajoutent pour Gaudet des motifs plus personnels. Pour lui, le véritable plaisir est intellectualisé, car la jouissance physique n'est qu'un divertissement dont il se refuse à abuser. Chez lui, la volupté ne trouve sa plénitude que dans la contemplation des actes répréhensibles d'autrui. Le disciple, projection et perpétuation du maître, devient indispensable au roué qui n'agira plus que par lui : « Tu ne sais pas le plaisir que m'a fait ta glorieuse action, tu as triomphé d'elle [Mme Parangon], c'est tout ce que je désirais » (P. I, L. LIX); et il précise peu après : « Jouissez, vous êtes fait pour jouir ! Et vous jouirez ! Ma jouissance à moi, sera de voir la vôtre, et je serai plus dieu que Dieu, car il est des cas où l'on souffre de ses lois, et mes lois, à moi, ne vous auront donné que le bonheur ! »(P. II, L. III) On ne pourrait mieux définir l'érotisme que par cette prise de conscience d'une jouissance au second degré, par personne interposée. Il devient alors normal pour

Gaudet d'exiger des autres des dérèglements auxquels il refuse de prendre part lui-même. Il n'admet aucune limite à la dépravation de son pupille qu'il veut libérer de tous les préjugés : « Eh bien ! Edmond, je ferai ton âme libre et grande, largement ouverte au bonheur ! Je t'éprendrai de la nature et de la raison, je foulerai aux pieds devant toi les préjugés. » (P. II, L. III) Par la suite, les propos de Gaudet révèlent que le libertin n'a pas respecté, dans ses plaisirs, la mesure qu'il conseillait à Edmond. Brusquement il admet des ambitions dénaturées auxquelles il veut faire participer son pupille :

> Edmond, c'est au grand qu'il faut tendre ! Oui, mon cher Edmond, le genre humain se décrépite, et rien n'est plus facile à voir ! il faut une révolution physique et morale pour le rajeunir [...]
>
> [...] nous mettrons en vogue une galanterie qui tiendra de la débauche, et nous tâcherons, autant qu'il sera en nous, de ruiner les seigneurs, afin de les obliger à vendre [...] Nous anéantirons toute idée qui fait regarder comme crime ce qui est dicté par la nature; il n'y aura plus aucun déshonneur pour la fille qui aura fait un enfant, mais aussi la prostitution sera absolument bannie (P. III, L. VII).

L'objet du libertinage mondain a disparu. Gaudet ne se propose plus de séduire par défi une ou deux femmes jugées dignes d'être humiliées : c'est un anarchiste que la débauche a déséquilibré. Il cherche à former un parti subversif qui lui permettra de renverser une société qu'il ne lui est plus permis de rejoindre.

Avec *Ingénue Saxancourt ou la Femme séparée* et *l'Anti-Justine*, Rétif aborde un aspect plus particulier de la débauche : le libertinage en famille, qui, par définition, indique qu'il n'est plus question ici de libertinage mondain. Si le débauché tente encore de prouver la « légitimité » de ses actes, ses mobiles n'appartiennent plus au système des libertins. Dans *l'Art de jouir* La Mettrie appelait débauche « un excès de plaisir mal goûté » (191); dans ce sens, Moresquin et Cupidonnet sont de vrais débauchés.

Comme Gaudet, le Moresquin d'*Ingénue Saxancour* rejette toute convention sociale ou morale et bafoue le mariage par sa conduite plus encore que par ses propos. À l'exemple des libertins, il prend un plaisir réel à détruire l'identité de la femme. Il est toutefois incapable d'exprimer une opinion cohérente, et sa conduite n'est qu'une succession de gestes brutaux. Homme du peuple, il cherche à s'affirmer aux yeux de ses coreligionnaires par ses excès de grossièreté et d'indécence, mais ne parvient tout au plus qu'à contrefaire des comportements dont il n'est pas en mesure d'interpréter les motifs ni les objets. Qu'on n'en soit pas surpris : Rétif n'eut jamais la vocation de libertin. Ses origines paysannes dont il ne s'est jamais complètement départi, puis son existence monotone de petit ouvrier typographe ne l'autorisent pas à partager l'esprit et les manières de ceux qu'il prétend imiter. S'il parle de « libertinage » à propos de son *Anti-Justine*, il se propose aussi au vingt-sixième chapitre de la première partie du livre de « donner à Ceux qui ont le tempérament paresseux, un *Eroticon* épicé, qui les fasse servir convenablement une Épouse qui n'est plus belle » (99). Or, peut-on citer un libertin qui songe un instant au bonheur de sa femme[5] ?

Rétif se présente en quelque sorte comme le Nerciat « du ruisseau »; ses personnages aussi n'ont qu'une raison de vivre : jouir sans répit des plaisirs sexuels les plus violents. Les deux écrivains exploitent jusqu'au paradoxe l'idéologie des libertins mondains. En appliquant les axiomes de Nerciat aux couches sociales les plus basses, Rétif détruit l'image d'un monde honnête, quoique frivole, et prouve que, sans le vernis doré de la fortune, la conduite des héros du *Diable au corps* et des *Aphrodites* refléterait l'image de la débauche la plus vulgaire.

Pour des raisons évidemment différentes, on reproche les mêmes dérèglements aux membres les moins éduqués et généralement les moins influents des sociétés monacales. « Si l'on remonte au premier âge d'or de la littérature érotique, le xvie siècle, on se rend compte que déjà à cette époque, qui ne fait d'ailleurs que perpétuer la tradition médiévale des moines paillards, le clergé occupe une place de choix parmi les personnages qui animent dialogues et récits érotiques », écrit Jean Leduc dans un article sur « Le Clergé dans le roman érotique français du xviiie siècle » (345), en citant les *Ragionamenti* de l'Arétin et en s'attardant sur la *Thérèse philosophe* du marquis d'Argens. Les rapports de police de l'époque confirment parfois les anecdotes

---

[5] Question soulevée par Mme Catherine Lafarge lors de son exposé sur « *Les Délices de l'Amour* de Restif de la Bretonne : attaque efficace contre Sade ? », à l'Université de Yale, lors du 4e Congrès international des Lumières, en juillet 1975.

satiriques des romanciers, et l'enthousiasme bien connu avec lequel la plupart des moines accueillirent l'application des décrets de la Constitution civile du clergé et l'ouverture de leurs maisons prouve que bien des vocations manquaient de conviction. À une époque où — pour peu que l'on ait ses petites entrées à l'évêché ou que l'on soit le « Directeur » d'une femme en vue — le sacerdoce offrait la sécurité d'un revenu régulier et une respectabilité officielle favorable à l'impunité, les vocations résultaient quelquefois de décisions peu orthodoxes. Dans un passage de *Monsieur Nicolas,* cité par Chadourne dans son étude sur Rétif, celui-ci confesse de quelle façon il envisagea, pendant quelques semaines, l'éventualité de la prêtrise :

> Marie Jehannin servante d'auberge rencontrée à Dijon eût-elle conservé ses mœurs un peu plus longtemps, j'entrais dans le sacerdoce; et telle aurait été ma vocation : le désir de vivre tranquillement avec une jolie fille dont j'étais aimé (136).

La satire des moines ne vise pas, en premier lieu, à ruiner la foi ni la religion. Comme dans les fabliaux, on plaisante leur malpropreté, leur oisiveté, leur ignorance et leur solide appétit. Les ordres mendiants, chez qui selon la remarque de Nougaret dans *la Capucinade* « l'ignorance n'est point méprisée » (30), sont les plus cités : ordres « séraphiques » des bernardins, des chartreux, des cordeliers, des franciscains et surtout des carmes sur lesquels insistent presque tous les auteurs. Pour le « colporteur » de Chevrier, le nom des carmes « est devenu proverbe à Cythère » (176); le « libertin de qualité » de Mirabeau envie leur vigueur, lorsqu'il se voit libre de circuler où bon lui semble dans le couvent qui l'accueille pendant six semaines : « Puissé-je rassembler toute la vigueur d'un carme dans ses premières années. » (96) Lorsqu'un jour de carême, Juliette et Clairwil décident de commettre des horreurs qui révolteront l'opinion publique, elles entraînent dans leurs sacrilèges un moine doté d'une virilité peu commune, le carme Claude, qui « était doué de trois c [...] » (Sade, *Histoire de Juliette*, VIII, 436). Avec eux, les romanciers risquent peu de s'attirer les emportements de la censure et de l'Église. Les *Morceaux historiques* de Duclos signalent encore qu'au mois de décembre 1741, le cardinal de Fleury confiait à l'archevêque de Lyon que « les carmes de France pensent assez bien sur la doctrine; mais qu'ils continuent à conserver la réputation qu'ils ont acquise, et qui va presque de pair avec celle des cordeliers » (221).

En 1740, les pères Chérubin, Modeste, Boniface et Hilaire, compagnons de cellule du futur « portier des chartreux », ne songent nullement à transformer le monde. Pour le Dom B*** de Gervaise de Latouche les « raisons assez puissantes [qui] ont pu rassembler dans l'enceinte des Cloîtres tant de gens si différents par le caractère de leur esprit et de leur cœur [sont] : la paresse, la paillardise, la lâcheté, l'ivrognerie, le mensonge, la perte des biens et de l'honneur » (203). En prenant la décision de revêtir le froc, il annonce qu'il « entre dans une nouvelle carrière : destiné par naissance à augmenter le nombre de ces pourceaux sacrés que la piété des Fidèles nourrit dans l'abondance » (201). C'est sur les conseils du curé à qui son père l'a confié pour achever ses études que le héros de *la Capucinade* de Nougaret, frère Jean Discret, décide de devenir moine :

> Vous avez, mon enfant, des qualités excellentes, ce serait dommage de les enfouir. Il ne vous manque rien pour être un bon moine [...] en vous affublant d'un froc, vous voilà riche, vous bannissez loin de vous le travail et la peine [...] On vit en paix, on fait bonne chère, on boit de bons coups aux dépens des dévotes [...] Pour se faire moine, il est inutile de savoir quelque chose (14–15).

Si l'on en croit Mirabeau dans *le Chien après les moines*, ce serait par des propos semblables que les prieurs attirent les jeunes recrues dans leurs maisons :

> [...] Mes enfants,
> Ici l'on vit heureux; tout abonde céans;
> Nous mangeons gros poulet, perdrix, faisan, bécasse,
> Chaque jour est pour nous un jour de dédicace.
> Bon pain, excellent vin, bonne table et bon lit,
> À bouche que veux-tu le couvent nous nourrit... (8)

Les plus souvent raillés sont les frères quêteurs. Leur portrait ne varie guère d'un écrivain à l'autre. La Boislaurier, qui veille aux débuts parisiens de la « philosophe » Thérèse, l'assure n'avoir jamais rencontré de clients plus gais et plus laids que les trois capucins qui lui furent présentés dans une chambre de Montmartre. « L'un avait une barbe rousse et une haleine infectée » (127), et ce sont encore les barbes des deux autres, « rudes comme du crin », qui rehaussèrent la vigueur des « libations à Priape » auxquelles ils la convièrent. Le frère Jean Discret, de Nougaret, rencontre

> deux étranges figures; leur visage était effroyablement barbu; au lieu de chapeau, elles portaient une espèce de pain de sucre; elles étaient enveloppées dans une grosse toile de bure; elles avaient les jambes nues et des sandales aux pieds. C'étaient deux frères capucins qui revenaient de la quête. Ils pliaient sous le poids de leurs besaces extrêmement dodues (*la Capucinade*, 27).

À peine arrivée à son château de province où elle se retire pour se soigner de la vérole, la marquise du *Diable au corps* reçoit la visite de

> deux capucins-quêteurs, l'un révérend père et hardi roulier de besace, l'autre novice imberbe qui s'étaient trouvés là, soit par hasard, soit prévenus; mais du moins avec l'intention de mendier (selon les statuts de l'ordre) quelque secours pour le couvent (II, 170).

Quelques pages plus loin, Nerciat parlera à son tour d'une « capucinade » qui guérira la marquise de son mal. Un dénouement identique attend tous ces « penaillons ». Frère Jean Discret, trahi par la barbe qui lui est coupée au cours d'une nuit d'orgie, et victime de la jalousie générale des « révérends Pères » à l'égard des frères est jeté « dans un cachot affreux ». Le Père Hilarion, de Nerciat, qui perdra lui aussi l'emblème de son rang pour s'être assoupi trop longtemps dans les bras de Vénus, sera mis « in pace » pour avoir trop profité du « Paradis terrestre d'une Marquise adorable ».

L'appétence sexuelle demeure le premier grief porté contre les moines. Saturnin, qui par la suite se fera appelé Dom B*** et qui se trouve honteusement puni de ses dévergondages, en parle en ces termes : « Les passions prennent une nouvelle force sous le froc, on les porte dans le cœur, l'exemple les fait éclore, l'oisiveté les renouvelle, l'occasion les augmente : le moyen d'y résister ? » (206) L'argument sera repris littéralement par le moine Claude quand, une cinquantaine d'années plus tard, il cite à Juliette et à Clairwill cette remarque d'un « homme d'esprit ». Frère Jean parle dans *la Capucinade* du « volume énorme » qu'il devrait écrire s'il entreprenait « de détailler les tendres folies de nos Pères ». La « ravaudeuse » Margot de Fougeret, qui dut au frère Alexis sa « première source d'opulence », reçoit les hommages d'un autre récollet, « un grand coquin des mieux découplés, nerveux, membru, barbu, ayant le teint frais et vermeil, des yeux vifs et perçants, pleins d'un feu, dont les étincelles sympathiques faisaient sentir plus bas que le cœur, des démangeaisons qu'on ne soulage pas avec les ongles » (56). C'est aussi grâce aux honoraires d'un procureur des capucins de la rue Saint-Honoré que la jeune Constance du *Degré des âges du plaisir* réussit à améliorer ses revenus pendant cinq ans, tout en se divertissant aux innovations luxurieuses de son client car « qui n'a jamais été foutu par un moine n'a point connu le plaisir, ou du moins n'en a qu'une imparfaite idée » (61).

Sade n'a pas inventé le mythe du moine satyre. Il indique ses sources littéraires par l'intermédiaire du carme Claude déjà cité. Celui-ci fortifiait son imagination à la lecture d'ouvrages bien connus : « *Le portier des Chartreux* [...] production plus plaisante que libertine [...] *L'Académie de Dames* [...] *L'Éducation de Laure* [...] *Thérèse Philosophe* » (*Histoire de Juliette*, VIII, 442–443). Ici encore, l'auteur ne fait qu'adapter à son système des scènes imaginées par ses prédécesseurs. Dans l'article déjà cité, Jean Leduc souligne le parallèle qui existe entre les orgies auxquelles assiste Dom B*** au balcon des orgues de la chapelle de son couvent et celles qui se déroulent devant Justine à l'abbaye de Sainte-Marie-des-Bois (334).

Tous ces traits que l'on pourrait imputer à l'imagination anticléricale des auteurs sont confirmés par un petit pamphlet en vers attribué au comte de Mirabeau et rédigé vers 1781 pendant son séjour à Vincennes : *le Chien après les moines*. Plus que d'un simple conte égrillard, il s'agit ici d'une critique sévère des aspects inavoués de l'existence monacale et d'une mise en garde contre les dangers sociaux et le fardeau économique que constituent les moines pour la société. Pour fortifier ses assertions, l'auteur prend soin de réfuter par avance les critiques que l'aigreur de ses propos risquerait de soulever :

> N'allez pas me traiter de calomniateur,
> De chien traître et mordant, de cynique censeur (3).

Ce « chien traître » dénonce d'abord les ruses qui livrent de jeunes garçons aux fourberies des moines, et la naïveté des parents qui y consentent pour rassurer leurs consciences attiédies ou pour alléger leurs charges familiales. Aux attaques traditionnelles concernant la crasse et l'ignorance des moines et leur incontinence d'autant plus choquante qu'ils n'utilisent même pas leurs richesses pour élever les enfants qu'ils ont semés au gré de leurs tournées pastorales, succède un répertoire de tares beaucoup plus pernicieuses : l'hypocrisie, le mensonge, la cruauté, la luxure et la curiosité malsaine. Toutes les scènes imaginées par les petits auteurs grivois se retrouvent ici, mises en évidence par la concision du texte et l'intention satirique de la brochure.

Après avoir attiré les novices en leur promettant au couvent la vie matérielle la plus agréable qui soit sur terre — et certainement bien au-dessus de celle qu'ils pourraient espérer dans leurs familles —, tout en les assurant du paradis dans l'autre vie, le supérieur dévoile ses intentions. La cérémonie de l'intronisation à peine terminée, il se les fait livrer un à un et les fouette devant toute la congrégation. Le spectacle de cette anatomie molestée avive ses regards « lubriques » et ceux de toute la compagnie car

> Le cruel contemplait d'un œil sale et lubrique
> Tout ce qui composait la petite boutique;
> Et la montrant à tous pour combler leurs désirs :
> Frères, voilà, dit-il, l'objet de nos plaisirs (11).

Du chapitre les novices sont conduits au réfectoire où, dès qu'il est ivre, le prieur leur enseigne les grands principes de l'ordre :

> Soyez voleurs, menteurs, indignes scélérats,
> Gyrovagues experts en amoureux ébats [...]
> Ivrognes à l'excès, méchants à toute outrance [...]
> Tyrans, luxurieux, cafards et faux dévots,
> Pourvu que l'amour-propre en nous soit satisfait,
> Nous savons tolérer le crime et le forfait (12–13).

La luxure est le vice sur lequel Mirabeau insiste le plus et, comme tous les autres, il le considère pour l'instant incurable car dans ces couvents « l'autorité des rois est [...] bagatelle » (p. 13). Les frères qui tentent de briser devant les tribunaux des vœux qu'ils ont été contraints de prononcer sont jetés « in pace » avant même l'ouverture de leur procès, ou sont empoisonnés à l'aide de drogues aux effets très lents.

Après la luxure, l'auteur s'en prend à la richesse des moines qui ne s'accorde guère avec la pauvreté et la frugalité qu'ils prêchent sans répit :

Pourquoi donc ces grands biens, ces richesses énormes ? [...]
Osez-vous nous prêcher l'austère pauvreté,
Tandis que votre état est richement renté [...]
On pourrait vous nommer cochons du paradis (17).

La manière dont ils les ont acquises au cours des siècles est tout aussi blâmable. Ces richesses représentent le fruit de leurs escroqueries aux dépens des seigneurs d'autrefois comme des pauvres d'aujourd'hui : autrefois, en abusant de la naïveté de quelques seigneurs ils vendaient pardons et indulgences aux pires escrocs, aujourd'hui, ils persuadent les mourants de léguer leurs biens aux monastères au détriment des héritiers légitimes.

Pour terminer, Mirabeau flétrit l'attitude des moines au confessionnal et insiste sur leur curiosité pernicieuse. Bien que d'une veine vulgaire et banale, le passage mérite de figurer au sommaire de toute anthologie libertine et anticléricale, pour la vivacité de son style et pour ses répliques suggestives :

Après le testament, vient la confession,
Autre digne sujet de votre attention (21).

Au confessionnal, le moine apprend les vraies dispositions de ses dévotes. Il s'excite au récit de leurs expériences onanistes et se complaît à multiplier les questions embarrassantes. Il s'apprête à écouter les plus vifs éloges sur son ordre quand sa pénitente avoue ses privautés avec un « Révérend Père » mais, à l'encontre de l'opinion généralement bien établie et que signalait Constance à propos de son procureur de capucins, il reçoit la plus grande humiliation qui puisse affecter un esprit de son état, car « Après le moine vint l'aiguillon du soldat », auprès duquel la demoiselle affirme « qu'un moine est pire qu'un vaurien ».

On s'explique mal les attaques précises de Mirabeau contre les ordres réguliers. C'est à la suite d'une lettre de cachet demandée par son père qu'il séjourne au donjon de Vincennes de 1777 à 1781, et la religion — qu'ils ignoraient tous les deux — n'eut aucune part dans cette décision. Il avait déjà proclamé publiquement sa révolte contre la société dans son *Essai sur le despotisme* qui parut à Londres en 1775, et il continuait de l'épancher à Vincennes même, en rédigeant son célèbre *Essai sur les lettres de cachet et les prisons d'État* qu'il fera publier anonymement par le libraire Faulche de Neuchâtel à sa sortie de prison. Mirabeau, on l'a dit, n'était pas le seul prisonnier célèbre de Vincennes; son séjour coïncide avec celui du marquis de Sade qui n'en sortira qu'en 1784. Le marquis trompe également son ennui en écrivant; de cette époque date son *Dialogue entre un prêtre et un moribond* que M. Heine n'hésite pas à considérer comme l'une « des déclarations les plus irréductibles de l'athéisme sadien ». Même s'ils ont affirmé se détester, les deux prisonniers pouvaient se voir et communiquer presque tous les jours au cours de leur promenade commune. On peut facilement s'imaginer les sujets de leurs propos et l'on conçoit comment, sous la tutelle spirituelle de Sade, Mirabeau ait pu découvrir dans le clergé une nouvelle cause de l'attitude hostile de la société envers ceux qui, comme lui, n'hésitent plus à en divulguer les tares.

Si l'on attaque les moines en particulier, on évite toujours de s'en prendre ouvertement à l'Église et à la religion. Les vulgarités blasphématoires de l'*Histoire de Dom B*** portier des chartreux* suscitèrent des réactions édifiantes. D'un auteur dont la pieuse modestie a protégé l'anonymat, les *Lettres d'un chartreux*, « écrites en 1755 », rappelaient au public que la congrégation ne comprenait pas que des « bougres ». L'opuscule de 87 pages comprend 14 lettres. L'argument ne fait que transposer l'intrigue des *Lettres portugaises* et, comme celle-ci, fut probablement imaginé à partir d'un incident réel : la visite qu'effectua la reine dans un couvent de carmélites — et non de carmes ni de chartreux — lors de son second voyage officiel à Paris au mois de novembre 1744. Une notice placée en tête de l'ouvrage résume la transposition romancée :

Un jour la reine étant venue de Versailles pour admirer les chefs-d'œuvre de Le Sueur, qui décoraient le petit cloître des Chartreux de Paris, voulut user du privilège attribué aux femmes de nos rois. Elle demanda à visiter les jardins et même à entrer dans l'intérieur du monastère. Une des dames qui l'accompagnaient, très jeune alors, et d'une beauté peu commune fut inopinément rencontrée par un des solitaires de cette sainte maison. Ce religieux, issu d'une des plus nobles familles de la Bretagne, jouissait, quoiqu'il ne fût encore qu'à la fleur de l'âge, d'une haute réputation de vertu. Cependant son âme reçut une de ces impressions à la fois mystérieuses et profondes qui décident du sort de la vie entière; peut-être même ses sens, jusqu'alors silencieux, furent-ils subitement embrasés. Il écrivit à cette dame les lettres qu'on va lire (6–8).

Cet amour impossible et brutal le conduit très vite au tombeau. La lettre IX rapporte les hallucinations dont il est victime sur la tombe d'un ami dont il est venu implorer le secours spirituel. À la douzième, il s'évanouit sous le saule où il avait rencontré la suivante de la reine. Les artifices littéraires de la dernière lettre font ressortir les scrupules de l'écrivain moraliste. « Je me ranime pour un instant », écrit le père Anatole qui doit encore expliquer quand il a rédigé ses lettres et comment il les fera parvenir à leur destinataire dont il ignore jusqu'au nom. Au thème du couvent qui emprisonne les corps et délivre les âmes — « Anatole, mort au monde et lié au ciel » (I, 24) — s'ajoute celui du mal qui est une « imperfection de nature ». Enfin, pour qui serait tenté de mésinterpréter les pensées de ce cloîtré de 35 ans qui n'avait jamais « connu les plaisirs charnels de l'amour » (XII, 66), l'auteur prend soin d'ajouter dans sa notice que « la passion a cela de propre qu'elle excuse, et que souvent même elle purifie ce que, sans elle, on ne saurait justifier » (9). En dépit de son insignifiance ce livret méritait d'être signalé car sa déficience littéraire montre combien de part et d'autre le zèle idéologique absorba souvent toute notion artistique.

Le parti opposé affecte du moins plus d'esprit, preuve d'une intelligence demeurée intacte malgré des excès verbaux de plus en plus manifestes. On sait que l'*Erotika Biblion* date de 1783. En recherchant dans la Bible — souvent avec beaucoup d'imagination — les singularités de mœurs des Hébreux, Mirabeau s'efforce moins d'attaquer directement la religion chrétienne — l'Église gallicane n'encourageait d'ailleurs guère la lecture de l'*Ancien Testament* pour les mêmes raisons — que de défendre une morale naturelle qui, indirectement, éliminait les vertus catholiques. Son argument reste fidèle à la tactique voltairienne dont il ne fait qu'amplifier les attaques contre les préjugés religieux.

Sous les régimes révolutionnaires, écrivains et éditeurs sont désormais encouragés à diffuser leurs pamphlets anticléricaux. C'est en 1793 seulement que sont imprimés les *Contes théologiques* « suivis des litanies des catholiques du dix-huitième siècle et de poésies érotico-philosophiques, ou recueil presque édifiant ». Tous rédigés et chantonnés bien avant la chute du régime, tant par les beaux esprits de la noblesse que par ceux du clergé, ces contes, dont ceux de La Fontaine possédaient déjà le piquant, n'ont bien souvent de théologiques que les allusions triviales et communes à l'égard des saints et du dogme, ou la qualité des libertins qui les composèrent, tel le chevalier (alors abbé) de Boufflers. Sa « Chanson à madame D... », plus connue sous le titre « Ode à mon plus beau surplis », est restée célèbre pour avoir été composée vers 1760 (il avait alors 22 ans) au séminaire de Saint-Sulpice, peu avant que circule dans les salons son petit conte d'*Aline, reine de Golconde* qui passait alors pour grivois :

> Mon plus beau surplis
> A bien moins de plis
> Qu'on n'en compte sur ton ventre.
> On nous vit tous
> À tes genoux,
> Même entre;
> Mais aucuns n'ont
> Trouvé le fond
> De l'antre.
> Avec toi l'amant
> Est bien plus content
> Quand il sort, que quand
> Il entre[6].

Il n'y avait pas encore là matière à provoquer la censure et l'Index.

Vers la fin du siècle et pour les romanciers qui se piquent de réformes, les moines sont considérés comme de mauvais citoyens qui affaiblissent l'État et qui rejettent les charges nationales sur les plus défavorisés. Leurs aventures remplissent ces « misérables petites brochures, faites dans les cafés ou dans les bordels, et qui — pour la Juliette de Sade — prouvent à la fois deux vides dans leurs mesquins auteurs : celui de l'esprit et celui de l'estomac » (VIII, 443). Avec Rétif et plus tard avec Sade, la raillerie fait place à la critique subversive. Le moine défroqué Gaudet d'Arras rêve de bouleverser l'ordre social et Rétif, à la fin de son *Anti-Justine*, fait prononcer à sa fille Conquette-Ingénue l'un des plus longs blasphèmes de la littérature contre « Sainte et jolie Vierge MARIE... » qu'il conclut par cette réplique :

> Voilà ce qui s'appelle connaître la vraie religion et prier Dieu comme il convient, en Lui demandant des choses raisonnables (241).

---

[6] François-René J. de Pommereul, *Contes théologiques*, p. 206.

Ce n'est pas par hasard qu'une femme fut choisie pour prononcer ces invectives. En matière de roueries et de perversité, certaines sauront tenir tête aux roués les plus avertis comme d'autres ripostèrent aux petits-maîtres les plus habiles.

CHAPITRE VIII

LES ROUERIES FÉMININES; ATTITUDES ÉROTIQUES

> Si votre élève avait le malheur d'avoir un de ces tempéraments combustibles, aussi rares qu'on les croit généralement communs, je vous conseillerais de ne pas même lui laisser lire la Bible; encore vos précautions seraient-elles vaines, ces femmes-là se perdront toujours. J'en ai vu des exemples affreux.
>
> Mme de Monbart[1]

LES FEMMES NE SONT pas toutes ignorantes des procédés des libertins quoique, dans la littérature, les exemples de méchanceté ou de vengeance cruelle soient moins fréquents parmi les personnages féminins que chez leurs partenaires masculins. « La méchanceté, qui fait son entrée dans les salons autour de 1750 sous les traits de la méchante mondaine, méthodique et systématique, type parallèle à celui du scélérat méthodique, se mue en cruauté vers les années 1770, dans le roman sombre. C'est l'époque où l'on distingue soigneusement la méchante, la dépravée, la perfide », note Laurent Versini (140) qui ne consacre pourtant à ce sujet qu'une dizaine de pages de son *Laclos et la Tradition*.

La marquise de Merteuil n'est pas la seule au cours de ses premières sorties dans le monde à observer les ridicules des hommes pour les exploiter. Si l'on ne tient pas compte des intentions, la

---

[1] *Sophie ou l'Éducation des filles*, p. 163.

marquise des *Liaisons dangereuses* de Laclos agit avec Danceny de la même façon que Mme de Lursay avec Meilcour, et le plaisir qu'elle prend à irriter Valmont en repoussant ses avances rappelle parfois celui que montrait cette autre héroïne de Crébillon, la marquise de M***, dans ses premières lettres au comte de R***. Mme de Merteuil est sensiblement du même âge que Mme de Lursay. Toutes deux jouissent d'une fortune égale, d'un rang social et d'une célébrité mondaine identiques. Elles possèdent en commun un passé assez mouvementé et, après avoir profité de bonne heure d'un veuvage venu fort à propos, elles prétendent vouloir mener une existence effacée et exemplaire. De culture identique, elles lisent les philosophes. Toutes deux sont très sensibles à l'opinion publique : la marquise de Lursay des *Égarements du cœur et de l'esprit*, de Crébillon, « avait compris enfin que les femmes se perdent moins par leurs faiblesses que par le peu de ménagement qu'elles ont pour elles-mêmes; et que, pour être ignorés, les transports d'un Amant n'en sont ni moins réels, ni moins doux » (I, 144, 9). Dans *les Liaisons*, Mme de Merteuil s'appuie sur des observations identiques quand elle écrit :

> les hommes qui ne me plaisaient point furent toujours les seuls dont j'eus l'air d'accepter les hommages. Je les employais utilement à me procurer les honneurs de la résistance, tandis que je me livrais sans crainte à l'Amant préféré. Mais, celui-là, ma feinte timidité ne lui a jamais permis de me suivre dans le monde (LXXXI).

Leurs attitudes, répondant aux mêmes besoins, sont assez semblables. Mme de Lursay « avait l'esprit vif, mais sans étourderie, prudent mais dissimulé [...] Elle avait étudié avec soin son sexe et le nôtre, et connaissait tous les ressorts qui les font agir » (I, 144, 10), tandis que Mme de Merteuil fixait son « attention sur l'expression des figures et le caractère des physionomies et [y gagnait] ce coup d'œil pénétrant » (LXXXI). L'une et l'autre enfin s'efforceront de séduire et puis répondront aux avances de leurs élèves. Mais tout parallèle doit s'arrêter là. Pierre Lièvre limite très justement cette tentation de rapprochement quand il écrit au sujet de Mme de Lursay :

> La Marquise de Merteuil des *Liaisons* n'est pas plus habile ni plus rouée, mais elle est pétrie de méchanceté tandis que madame de Lursay, un peu plus âgée, est toute bonté, et bonté voluptueuse[2].

---

[2] Préface aux *Égarements*, édition du Divan, p. XXXIII.

Mme de Lursay est la bonté même, dans le sens où elle ne cherche qu'à jouir des avances de Meilcour; elle l'est pour le tact et la discrétion dont elle fait preuve en l'aidant à se déclarer d'une manière naturelle, qui respecte les règles et les gradations des approches courtoises. Meilcour n'aura rien à craindre d'une aventure avec elle. Il n'en serait pas ainsi avec Mme de Merteuil et avec son entourage où, comme l'a remarqué Malraux, « pas un couple, une seule fois, n'entre dans un lit sans une idée de derrière la tête[3] ». Car l'héroïne de Laclos a dépassé ce stade de la jouissance égocentrique. Elle ne cherche pas tout de suite à se glorifier des avances de Danceny et, contrairement à une idée bien établie, elle n'est nullement disposée à se satisfaire de quelques sensations banales. Le mépris qu'elle a en réalité pour le genre de plaisirs que peut connaître Valmont avec Cécile le prouve assez, et le souvenir ému qu'elle conserve de sa première liaison avec le vicomte laisse entendre qu'il n'était pas seulement question pour elle d'un simple passe-temps. Comme le Gaudet de Rétif, elle séduit pour subjuguer et pour faire de ses conquêtes des adeptes de ses principes. Avant même de s'occuper personnellement de Danceny, elle demande à Valmont de faire comprendre au chevalier que « la vraie façon de vaincre les scrupules est de ne laisser rien à perdre à ceux qui en ont » (LI). Cécile, après avoir espéré qu' « elle deviendra une de nos femmes les plus à la mode » (XX), doit reconnaître à regret qu'elle ne sera tout au plus qu'une « femme facile », une « machine à plaisir » qui n'aura pas même « l'étoffe » d'une « intrigante subalterne » (CVI).

Il y a du Versac en elle, mais avec plus de perversité. Quand le roué de Crébillon enseigne à son élève le mépris des femmes, il défend et glorifie la suprématie de son sexe. Quand Mme de Merteuil incite Belleroche et surtout Danceny à la débauche, elle transforme d'honnêtes fils de famille en libertins dépravés qui tôt ou tard se retourneront contre elle. Il est naturel que Meilcour quitte Mme de Lursay, à la fin des *Égarements*, en lui promettant « de la voir le lendemain matin de bonne heure » (II, 212, 281), et qu'inversement Danceny n'hésite pas un instant à faire circuler les lettres qui peuvent le mieux discréditer son ancienne maîtresse.

---

[3] « Laclos », dans *Tableau de la littérature française de Corneille à Chénier*, T. II, p. 386.

Mme de Lursay n'est pas le seul personnage qui permette de rapprocher, par certains aspects, Mme de Merteuil des libertines de la « première heure ». Les *Lettres de la marquise de M*** au comte de R**** (1732), premier ouvrage important de Crébillon, présentent une héroïne à double visage : la marquise enjouée, capricieuse et spirituelle des 36 premières lettres, puis l'héroïne passionnée et abandonnée de la seconde partie. On ne peut négliger la ressemblance qui existe entre les premières lettres de la marquise de M*** et celles que Mme de Merteuil envoie à Valmont. Des circonstances semblables suscitent chez l'une comme chez l'autre des remarques identiques. Une tendance malicieuse à plaisanter leur amant, futur ou ancien, sur ses élans passionnés et sur ses maladresses développe chez les deux marquises un style analogue où, bien souvent, le mot d'esprit cache élégamment quelques remarques moins agréables.

Au début de sa correspondance, la marquise de Crébillon ne cherche qu'à s'amuser pour dissiper l'ennui auquel la condamne la négligence de son époux. Aucun engagement ne la lie encore à son correspondant. Rien ne lui coûte d'écrire au comte : « Je veux bien encore vous dire que je vais ce soir chez Madame de *** [...] Je vous ordonne de vous y trouver. » (II) De même, la marquise de Merteuil, de retour à Paris, promet une entrevue à Valmont : « Je ne peux pas vous dire positivement le jour; mais vous ne doutez pas que dès que je serai arrivée, vous n'en soyez le premier informé. » (CXLV). Peu après la marquise de M*** hausse le ton, mais elle évite encore les accents de colère inélégants : « Savez-vous qu'enfin votre obstination me révoltera tout de bon, et que nous romprons infailliblement ensemble ? Comment faut-il donc s'y prendre, pour vous forcer à laisser les gens en repos ? » (VI) Et c'est avec le même esprit et la même fermeté que Mme de Merteuil réprimande Valmont : « Savez-vous, Vicomte, que votre Lettre est d'une insolence rare, et qu'il ne tiendrait qu'à moi de m'en fâcher ? » (V) Elles émettent les mêmes doutes sur la gravité de la maladie « diplomatique » de leurs correspondants, et n'en apprécient guère les subterfuges plutôt puérils. La marquise de M*** persifle gentiment : « Hé quoi ! Mon pauvre Comte, vous êtes malade, et malade d'amour, le cas est singulier ! Mes rigueurs vous coûteront la vie ! Je ne me croyais pas si redoutable » (IX), tandis que Mme de Merteuil paraît presque vexée du peu d'imagination de Valmont : « je veux encore vous dire que ce moyen de maladie que vous m'annoncez vouloir prendre, est bien connu et bien usé. En vérité, Vicomte, vous n'êtes pas inventif ! » (CXIII)

Voilà pour le ton; mais les analogies ne s'arrêtent pas là. L'une et l'autre réagissent souvent de façon identique à des situations semblables. De son amant, le comte de R***, que ses faveurs renouvelées rendent beaucoup moins attentif et galant qu'autrefois, la marquise de Crébillon dira : « J'ai même envie de vous faire recommencer, et de vous voir vous donner les soins qu'il vous a fallu pour m'acquérir. » (XXXIX) C'est de la même façon que parlera Mme de Merteuil en songeant à son ancienne liaison avec le vicomte : « Le Valmont que j'aimais était charmant... ! Ah je vous en prie, Vicomte, si vous le retrouvez, amenez-le-moi; celui-là sera toujours bien reçu. » (CLII) Toutes deux nous renseignent sur leur éducation commencée vers l'âge de 15 ans, dans un milieu peu favorable aux exemples formateurs. L'héroïne de Crébillon nous dit :

> Figurez-vous que dans cet âge où les filles sentent qu'elles doivent plaire et qu'elles le veulent, je ne le sentais ni ne le voulais. Une éducation prise au milieu du grand monde, un peu de raison, beaucoup de fierté, de bons avis m'avaient éclairée sur les ridicules des hommes, je les voyais sans plaisir et les entendais avec dégoût (XL).

Celle de Laclos commence ainsi :

> Entrée dans le monde dans le temps où, fille encore, j'étais vouée par état au silence et à l'inaction, j'ai su en profiter pour observer et réfléchir [...] J'étais bien jeune encore, et presque sans intérêt (LXXXI).

Remarquons que ces intrigantes prétendent aussi n'avoir eu, au début de leur vie mondaine, aucun intérêt pour ce qui allait devenir leur unique occupation.

Pourtant, malgré ces nombreuses analogies, les impressions laissées par Mme de Lursay et la marquise de M*** sont bien différentes de celles que nous gardons de Mme de Merteuil. Par son désir de pervertir Cécile de Volanges et surtout de la souiller moralement et physiquement, Mme de Merteuil annonce, quoique très timidement encore, les dames maquerelles du marquis de Sade, telles les quatre narratrices des *Cent Vingt Journées de*

Sodome torturant sans frémir les filles qui leur sont confiées pour leurs démonstrations. Il est toutefois évident qu'en aucun cas la marquise n'aurait voulu s'associer à ces femmes dont les noms — Duclos, Champville, la Martaine et la Desgranges — indiquent la condition. À la destruction des esprits et du cœur fera suite celle du corps; le « mal moral » cédera alors le pas au « mal physique ». Chez Laclos, la torture corporelle n'existe pas et la contrainte s'exerce uniquement au niveau de l'esprit et de la sensibilité.

Certaines femmes ne se contentent pas de jouer aux petites-maîtresses uniquement pour protéger leur vertu. Irritées de servir constamment de cible aux railleries des roués et de n'être que l'enjeu de leurs exploits mondains, elles mettent à profit leurs observations pour relever l'honneur de leur sexe. Dans *Jacques le fataliste,* de Diderot, l'épisode de Mme de la Pommeraye et du marquis des Arcis montre comment une femme se venge de l'infidélité larvée de son amant, en encourageant une intrigue qui le forcera à renier ses principes de petit-maître.

Inquiète de voir son amant, le marquis des Arcis, lui prêter de moins en moins d'attention, Mme de la Pommeraye feint de lui ouvrir son cœur pour le mettre en confiance et pour recevoir à son tour l'aveu de ses trahisons. Le marquis naïf approuve la décision. « La première de nos conventions ne fut-elle pas que nos âmes s'ouvriraient l'une à l'autre sans réserve ? » (601), rappelle-t-il à la marquise. Celle-ci s'accuse alors hypocritement de ses fautes, au grand soulagement du marquis qui s'en croit quitte pour la peur. La situation ainsi clarifiée, Mme de la Pommeraye, « renfermant en elle-même le dépit mortel dont elle était déchirée », décide et fait admettre au marquis qu'ils continueront à se voir et à se livrer à la confiance de « la plus tendre amitié ». Le pacte conclu, ils « s'embrassèrent enchantés l'un de l'autre et se séparèrent ».

S'étant ainsi libérée de la compagnie de son amant tout en lui promettant, comme Mme de Merteuil à Valmont, une amitié éternelle, Mme de la Pommeraye songe à se venger de ses infidélités. Supérieure à Mme de Merteuil qui perdra tout pour n'avoir jamais su de quelle façon marquer sa victoire sur Valmont, Mme de la Pommeraye fait subir à des Arcis la pire humiliation que puisse subir un libertin, épouser la fille qu'il désire mais qu'il n'est pas parvenu à séduire. Elle l'incite à courtiser son idole, Mlle d'Aisnon, que rien ne parvient à fléchir. Comme Valmont, il avoue qu'il ne peut vivre sans elle : « Cette créature angélique m'obsède. » Il a besoin « d'avoir cette femme ». Pour s'en rapprocher il se confie lui aussi au confesseur de ces dames. Ce dernier, « après avoir mis toutes les difficultés hypocrites qu'on peut apporter à une intrigue malhonnête, et vendu le plus chèrement qu'il lui fut possible la sainteté de son ministère, se prêta à tout ce que le Marquis voulut » (636). Il fait supprimer la pension que le curé versait à Mlle d'Aisnon et à sa mère à titre d'indigentes; il travaille « au tribunal de la confession à jeter la division entre la mère et la fille », et attire l'attention de la jeune fille sur ses charmes naissants pour l'avertir de « l'impression qu'en avait éprouvée un honnête homme qu'il ne nommait pas, mais qui n'était pas difficile à deviner » (636). Grâce à ce confesseur beaucoup moins scrupuleux que le père Anselme, le marquis fait parvenir sa première lettre à Mlle d'Aisnon, dans laquelle il lui « peignait sa passion aussi violente qu'elle était, et proposait des conditions fortes, même un enlèvement » (638). Après plusieurs mois de marchandages, il peut annoncer à son ancienne maîtresse qu'il « arrive déterminé à la plus haute sottise qu'un homme de [son] état, de [son] âge et de [son] caractère puisse faire » (641); il épouse Mlle d'Aisnon. Dès le lendemain du mariage, Mme de la Pommeraye, triomphante, mais vaincue (car « elle touchait au moment où la perte d'un amant ne se répare plus »), apprend au marquis la véritable condition de sa femme et le tour qu'elle vient de lui jouer.

Mme de la Pommeraye se montre aussi déterminée que Mme de Merteuil. Elle dissimule à son amant son projet de vengeance en l'assurant de son amitié, quoique tout au long de l'intrigue elle ne s'adresse à lui qu'avec la plus grande fermeté. Le ton de ses invectives :

> Marquis, [...] prenez-y garde, cela vous mènera loin; il pourrait arriver un jour que mon amitié, dont vous faites un étrange abus, ne m'excusât ni à mes yeux ni aux vôtres (634);

> Eh bien ! Marquis, ne faut-il pas que je sois bonne ?
> Trouvez-moi à Paris une femme qui en fasse autant (635),

s'accorde parfois mot pour mot à celui de Mme de Merteuil en ses débuts de lettres :

> Que vous êtes heureux de m'avoir pour amie ! Je suis pour vous une fée bienfaisante (LXXXV).

Elle aussi estime défendre toutes les femmes par son action. Sa vengeance sera terrible car elle doit servir d'exemple et intimider les séducteurs malhonnêtes.

On ne saurait pourtant affirmer que Laclos ait lu le roman de Diderot. Publié seulement en 1796, *Jacques le fataliste* ne pouvait être connu que des lecteurs de la *Correspondance littéraire* de Grimm, qui leur en offrit la primeur peu avant 1780. Laclos, simple officier inconnu, ne correspondait pas avec Grimm. Il travaillait alors à son fortin de l'île d'Aix, après avoir été chargé de 1777 à 1779 d'installer à Valence une école d'artillerie et un nouveau régiment. Très différents sont les effets recherchés par les deux écrivains. Les personnages de Diderot tiennent à profiter au mieux de leur existence. Ils s'attachent à résoudre les difficultés immédiates avant de proposer un système pour l'avenir. Mme de la Pommeraye veut uniquement punir des Arcis du peu d'intérêt qu'il lui marque. Sa décision prise, et consciente de ses conséquences, elle ne cherche plus qu'à l'exécuter avec efficacité. Les intentions de Mme de Merteuil ne seront jamais formulées avec autant de précision, en dépit de remarques judicieuses, et son projet de vengeance sera remis plusieurs fois en question par lassitude et devant l'évidence inavouée de sa défaite face à Mme de Tourvel.

Des Arcis, pris au piège de ses démarches irréfléchies, en accepte les conséquences avec réalisme. Il apprend à mieux connaître sa nouvelle femme et, loin de passer le reste de ses jours à se mortifier, il affirme qu'il ne se repent de rien et « que cette Pommeraye, au lieu de se venger, lui aura rendu un grand service ». Comme l'observe Michèle Duchet dans son étude sur Diderot :

> le marquis des Arcis échappe à la situation apparemment sans issue où la vengeance de sa maîtresse prétendait l'enfermer, par une véritable *invention morale* : méprisant les préjugés qui devraient interdire à un homme de sa condition de garder pour épouse une ancienne courtisane, il dénonce le pacte qui le lie à une société vaine et artificielle, choisit contre elle son amour et son bonheur, et goûte dans la générosité du pardon la joie pure de l'émotion vertueuse[4].

---

[4] Dans *Manuel d'histoire littéraire de la France*, T. III : *1715 à 1789,* sous la direction de Pierre Abraham et Roland Desné, p. 516.

Il ne sera pas donné à Valmont la possibilité d'agir de même, et le fait que Laclos le prive de l'idée d'envisager le mariage avec la présidente souligne son intention de refuser toute échappatoire à son héros.

Les femmes de « qualité » ne songent pas toutes à se venger d'une désillusion particulière. Il en est qui se contentent de rappeler les perfidies dont elles sont capables, par coquetterie, pour mettre plus de prix à leurs complaisances tout en décourageant les prétendants timides ou inexpérimentés. À leur façon, elles affirment leur supériorité sur les hommes sans s'exposer aux revers toujours possibles au cours d'une intrigue de représailles. L'homme apprend alors à ses dépens que les femmes sont parfois aussi dangereuses que lui pour l'autre sexe et qu'elles peuvent le soumettre à des exigences précises.

Le « libertin de qualité » de Mirabeau croit avoir séduit une marquise que « dix années de cour » ont bien formée. Celle-ci, non contente de le renvoyer sans la moindre rétribution dès qu'il cesse de la distraire, lui enlève ses dernières illusions :

> les femmes de cour [...] sont dangereuses au delà de l'expression; rien ne leur manque pour plaire, et les hommes trouvent en [elles] la société de la bonne compagnie, et tous les vices de la mauvaise, vices qui, communiqués et rendus, font entre les deux sexes une circulation dont les effets [...] ont presque toujours pour base, pour motif et pour but, la perfidie [...]; moins honnêtes que les filles [elles donnent] sans délicatesse ce qu'[on leur a communiqué] sans scrupule (56–57).

Pour terminer elle lui conseille donc de prendre « un extérieur hardi, impertinent même, dans le tête-à-tête », de brusquer les aventures car il ne serait « téméraire que dans le cas de faiblesse » (58). Même s'il peut, en la quittant, lui faire des adieux « très circonstanciés » sur un sopha, il doit reconnaître qu'il ne fut pas autorisé à terminer l'aventure à son avantage. Jusqu'à la rupture, la marquise se sera jouée de lui.

Cette mésaventure n'aura pourtant pas de suites fâcheuses pour le roué de Mirabeau. Ici encore, il faut attendre Sade et l'*Histoire de Juliette* pour trouver une image absolue de ce personnage, sous les traits de Clairwil — que Sade sous-estime en l'appelant « petite-maîtresse » (IX, 219) — à qui le roué Noirceul confie l'éducation de Juliette à sa sortie du couvent de Panthemont.

Six fois, au cours de ses aventures, elle affirme sans détour son désir de venger son sexe en torturant des hommes. À l'opposé de ses devancières, Clairwil n'expose jamais les motifs de ses griefs. N'alléguant aucune raison personnelle à sa conduite, elle pourrait, beaucoup mieux que Mmes de la Pommeraye et de Merteuil, se prévaloir d'une attitude féministe sans pour autant se priver du moindre caprice. Aussi, même ses semblables ne sont pas à l'abri de ses cruautés; pour se distraire elle « fouette, [elle] tracasse volontiers un moment les femmes » (VIII, 284). Mais les hommes restent ses sujets favoris : « pour la dissolution totale de la matière, continue-t-elle à expliquer à Juliette, ce serait un homme qu'il me faudrait, ce sont eux seuls qui m'excitent à la cruauté; j'aime à venger mon sexe des horreurs qu'ils lui font éprouver, quand les scélérats se trouvent les plus faibles » (*ibidem*).

Comme tous les grands libertins de Sade, c'est au spectacle de la douleur infligée à ses partenaires qu'elle éprouve les excitations les plus vives. Dans un monde inhumain où la fatalité du mal supplante la justice et la morale, les rouées luttent à armes égales avec les libertins et, en les imitant, deviennent leurs ennemies les plus acharnées. Durant les orgies organisées par Juliette et par Saint-Fond, Clairwil demande à ses partenaires de torturer elle-même les jeunes gens livrés à leurs débauches :

> Supplicier les hommes est, tu le sais, ma passion favorite; autant tu te plais à tourmenter mon sexe, dit-elle à Saint-Fond, autant j'aime à vexer le tien, et je vais jouir à martyriser ces deux jolis garçons, bien plus, peut-être, que tu ne te délecteras à massacrer leurs maîtresses (VIII, 347).

Traversant les sérails où sont emprisonnées les victimes masculines des habitués de la Société des amis du crime, elle rappelle à Juliette qu'elle « aime mieux massacrer les hommes; [...] venger [son] sexe, [car...] s'il est vrai que celui-là ait une supériorité sur le nôtre, l'imaginaire offense à la nature n'est-elle pas plus grave en l'immolant ? » (VIII, 429)

L'homme n'est plus qu'accessoirement une machine à lui procurer du plaisir, mais qu'elle exploite aussi pour cela, malgré ses penchants de lesbienne. Ses premières fantaisies satisfaites, elle le supprime avec cruauté, par jalousie quand elle lui découvre des dispositions égales aux siennes, par mépris s'il n'est pas parvenu à la combler et surtout pour jouir par cette vengeance absolue

des plus vives excitations des sens qu'elle puisse encore ressentir :
« L'horreur que j'ai pour les hommes, quand ils m'ont satisfaite »,
explique-t-elle à Juliette en songeant au supplice qu'elle va infliger
au carme Claude qui vient de « trop bien » lui prouver la virilité de
ceux de son ordre, « se mesure aux plaisirs que j'ai reçus, et il y
avait bien longtemps que je n'avais aussi délicieusement déchargé
[...]. Il faut qu'il meure. » (VIII, 442) Clairwil ne se livre pourtant
pas aux hécatombes qui sauvent Juliette et l'empoisonneuse
Durand des mains des bourreaux de l'Inquisition. Les méchants
s'éliminent entre eux, explique Laurent Versini à propos de Valmont et de Merteuil; la Durand, jalouse de la confiance que Juliette
accorde à sa maîtresse, prétend avoir découvert un complot
fomenté par Clairwil pour l'assassiner et devenir son héritière.
Juliette, mieux libérée des entraves des sentiments, n'hésite pas à
devancer sa compagne de débauche; elle l'assassine impunément
et, confirmant une fois de plus la thèse de l'ouvrage, hérite de deux
millions de rente[5].

Bien souvent aussi, en humiliant l'homme, la femme espère
dissiper le complexe d'infériorité que lui prête la société. Mais, à
l'inverse des petites-maîtresses pour qui le libertinage n'est qu'un
jeu auquel il est toutefois nécessaire de participer pour résister
aux fantaisies des petits-maîtres, en conservant de la tradition
libertine l'idée d'un combat entre les sexes, les rouées transforment cette lutte, jusque-là inégale, de l'homme et de la femme
en un défi chargé d'érotisme puisqu'une seule victoire du plus
faible suffit à venger la femme des fourberies méprisables des
hommes. Et Clairwil affirme :

> [Il] n'y a rien de délicieux dans le monde comme de choisir ses victimes parmi
> les hommes; qu'est-ce que le triomphe de la force sur la faiblesse ? [...] Mais
> qu'elles sont flatteuses, qu'elles sont douces, les victoires remportées par la
> faiblesse sur la supériorité [...] Hommes féroces ! [...] massacrez des femmes
> tant que vous voudrez : je suis contente, pourvu que je venge seulement dix
> victimes de mon sexe par une du vôtre (VIII, 499).

L'attitude de ces rouées impitoyables qui trouvent dans la
vengeance brutale la meilleure réponse à leur sensualité pose la
double question, artistique et morale, de l'érotisme dans les ouvra-

---

[5] Sur la psyché du personnage, voir les réflexions de Chantal Thomas dans son
article « Juliette, Ô Juliette ! » (Étude sur la libertine sadienne), *Tel Quel*, hiver
1977, n° 74, pp. 58–67.

ges libertins. L'importance qu'on lui accorde varie d'ailleurs sensiblement selon les critiques. Pour André Malraux, « il y a érotisme dans un livre dès qu'aux amours physiques qu'il met en scène, se mêle l'idée d'une contrainte » (dans *Tableaux de la littérature française*, 386). La remarque énoncée à propos des *Liaisons* et surtout de Mme de Merteuil, « le personnage le plus érotique du livre », peut également s'appliquer à Clairwil et, d'une manière générale, transcrit encore plus les dispositions des rouées que celles de leurs partenaires masculins. En effet, si les critiques s'accordent difficilement sur le sens à donner au mot érotisme, ils admettent en général qu'une action ou une intention ne devient érotique que si elle est motivée par une pulsion sexuelle, la contrainte et la ruse, ces deux dernières dispositions se trouvant étroitement liées à l'intelligence et à la volonté du personnage. De plus, Georges Bataille observe dans son étude sur *l'Érotisme* que

> nous parlons d'érotisme toutes les fois qu'un être humain se conduit d'une manière qui présente avec les conduites et les jugements habituels une opposition contrastée. L'érotisme laisse entrevoir l'*envers* d'une façade dont jamais l'apparence correcte n'est démentie; à l'*envers* se révèlent des sentiments, des parties du corps et des manières d'être dont communément nous avons *honte* (120).

Selon cette définition à caractère général, et parce qu'il va à l'encontre des principes moraux et sociaux usuels, le libertinage est érotique dans son essence même. Par contre, pour le philosophe allemand Walter Schubart, qui pose d'abord, dans son *Éros et Religion*, comme principe initial que « la *pulsion* sexuelle est à l'origine de l'*attirance* sexuelle » : « L'érotisme inclut normalement la pulsion sexuelle, mais toute pulsion sexuelle n'est pas susceptible d'être affinée en érotisme. » (9) « L'attirance sexuelle », prédominante incontestablement — malgré leurs désaveux — chez de nombreux libertins, ne constitue en elle-même qu'une prédisposition à l'érotisme, mais ne l'implique pas obligatoirement.

Pour A. et Y. Delmas, qui soulèvent aussi la question dans *À la recherche des Liaisons dangereuses*, il y a érotisme quand, au cours d'une tentative de séduction, les aveux des sentiments et même les perfidies de langage sont remplacés par des attitudes provocantes qui excitent les sens de l'adversaire en paralysant sa volonté :

> Séduire, c'est prendre possession des autres. C'est « disposer » de leur sort, c'est réduire à néant l'obstacle que représentait l'autonomie de leur volonté, et ainsi éliminer le fortuit en les amenant à agir suivant le plan établi. Dans cette perspective, l'érotisme devient un instrument de l'intelligence organisatrice. Les autres sont esclaves de leurs sens ou de leurs sentiments, et c'est par là qu'il faut les attaquer (354).

Mais, en limitant l'érotisme à la possession forcée de l'esprit plus que du corps de l'adversaire, cette définition élimine toute idée de jouissance attendue et calculée. Elle exclut aussi les satisfactions sexuelles assouvies dans une domination brutale ou raffinée de la victime et accompagnées parfois de tendances exhibitionnistes. Il est toutefois exact que pour le Valville des *Lettres du marquis de Roselle*, le Curland des *Égarements de l'amour* et le Gaudet du *Paysan et la Paysanne pervertis*, il n'est pas de plus grande satisfaction que de se voir surpassé dans la débauche par ses propres disciples. Nous avons déjà défini comme érotique cette jouissance au second degré par personne interposée.

Peter Brooks, déjà cité à propos de Crébillon, estime que la société mondaine fréquentée par les roués est érotique dans son essence même. Pour lui, l'érotisme naît de l'antagonisme du maître et de l'esclave, du séducteur et de sa victime. Il s'exprime dans cette attitude de domination revendiquée par les roués : « La volonté de puissance », « the will to power » de Versac (*The Novel of Worldliness*, 21). À l'intérieur du cercle limité de l'élite privilégiée, l'érotisme devient une conception sociale : l'état d'esprit d'une société qui accorde une valeur exclusive aux jeux de domination et de contrôle, de poursuite et de mise en esclavage, qui ne peuvent — selon la logique et la définition du terme retenue par le critique — trouver leur éclat que dans des relations érotiques (188). Retournant la formule de Malraux, et toujours à propos de Mme de Merteuil et de Valmont, Brooks ne perçoit pas tant chez eux une « érotisation de la volonté » qu'une « voluntarization of the erotic » (176).

À l'inverse, pour Robert Mauzi qui interprète ce mot dans le sens d'une impulsion sensuelle contraire aux règles des bienséances, l'érotisme se trouve par définition exclu des intrigues d'un véritable libertin. La définition qu'il propose soulève plus de questions qu'elle n'en résout mais n'est pas sans intérêt puisqu'elle situe le Valmont de Laclos à l'opposé des types de libertins exemplaires :

L'attitude du libertin devant l'amour se définit surtout par des refus : refus de la passion (le libertin ne doit pas être amoureux), refus de l'obsession érotique (le libertin doit pouvoir *choisir* ses victimes), refus de l'immédiat sous toutes ses formes (le libertin néglige ce qui s'offre et ne séduit qu'après d'exactes préparations) (*l'Idée du bonheur*, 33).

À trop chercher d'exemples, pour justifier ces définitions quelque peu excessives de l'érotisme, parmi les personnages aux réflexions utopiques du dernier quart du siècle, on risque de négliger les attitudes et les procédés beaucoup plus modérés qu'exploitent la plupart des petits-maîtres mentionnés. Tous les écrivains dits « secondaires » permettent de penser que, pour les habitués des petites maisons puis des folies, érotisme est avant tout synonyme de gravures et de sculptures galantes, telles qu'on en trouvait à profusion dans ces « Temples de Vénus » dont certains rapports de police conservent des descriptions détaillées[6] et dont la littérature légère relève souvent les effets qu'en attendaient ceux qui les offraient à leurs conquêtes et celles qui les proposaient à leurs clients. On se souvient qu'au tome X de *l'Espion Anglais*, Mlle Sapho décrit au cours de sa « confession » les décors et les cérémonies qui accompagnaient l'intronisation d'une adepte dans la secte des anandrynes. Dans les salons

les murs sont recouverts d'une sculpture supérieurement travaillée, où le ciseau a retracé en cent endroits, avec une précision unique, les diverses parties secrètes de la femme, telles qu'elles sont décrites dans le *Tableau de l'Amour conjugal*, dans l'*Histoire naturelle* de Buffon, et dans les plus habiles naturalistes (33).

Dans *les Aphrodites*, Nerciat consacrera des chapitres entiers — les seules longueurs du livre — à décrire avec minutie des décors identiques.

Ces thèmes fournissaient aux auteurs et aux graveurs anonymes des motifs pseudo-antiques pour illustrer leurs sélections d'extraits de Martial, de Suétone et d'Ovide : « ces brochures véritablement dangereuses, que le libertinage a fait éclore » et que lisait la « Duchesse » de Rétif en en considérant « avidement les estampes licencieuses[7] ». Même aujourd'hui on

---

[6] Voir *l'Art d'aimer, Au siècle des libertins et des folles marquises*, pp. 37–43.
[7] *La Duchesse ou la Femme sylphide*, Paris, Librairie Le François, 1946, p. 77.

ne saurait affirmer ce qui, de l'audace des dessins ou de la perfection technique de la gravure, pourrait le plus retenir l'attention. Citons pour exemple cette brochure aussi quelconque que *l'Odalisque* attribuée à Nerciat — un peu hâtivement nous l'avons dit — et dont la première édition de 1779 était « enrichie » de « quelques gravures curieuses » qui précisent bien où se portait l'esprit de ces « désabusés du bon ton » (voir pp. 46, 57, 67, 74).

Les exemples qui suivent montrent que les libertins n'hésiteront jamais à utiliser cette arme de séduction — aussi commune soit-elle — tout au long du siècle. C'est en excitant la Thérèse du marquis d'Argens par la contemplation d'estampes lascives qu'il a disposées dans sa chambre, que le comte en obtient ce qu'elle avait refusé à tous ses admirateurs : « L'imagination échauffée par les attitudes qui y étaient représentées [...] je me mis en devoir d'imiter toutes ces postures que je voyais [...] À l'instant, vous tombâtes dans mes bras. » (154–156) Le héros de Godart, Thémidore, dispose d'une collection de gravures qu'il utilise différemment selon les résultats recherchés. Il les parcourt pour retrouver la gaîté quand son père fait enfermer sa maîtresse à Sainte-Pélagie. Il les étale négligemment sur son lit pour exciter la gouvernante de son curé venue à son lever lui apporter un billet de son maître : « remuant ma couverture, je fis tomber quelques estampes. La jeune fille les ramassa par propreté, et ne croyant pas être vue, les examina par sensualité. » (100) L'effet espéré ne se fait pas attendre, puisque Thémidore et la jeune fille ayant échangé quelques mots sur leurs intrigues passées les « estampes répandues sur le lit jouèrent leur personnage, et joignirent leur petit murmure à un certain bruit occasionné par la pratique de ce qu'elles représentaient pour la plupart » (105). Enfin, pour fortifier les sentiments que la dévote Mme de Dorigny commence à lui témoigner, il glisse dans le livre qu'elle lui a demandé « deux estampes capables de rallumer des feux qu'une jeune veuve doit ressentir avec plus de violence » (148) et, dès le lendemain, il peut lui offrir un dîner « des plus sensuels » qui se termine comme il l'entendait.

Au collège, les jeunes pensionnaires découvrent dans ces albums le sujet de leurs premières réflexions sérieuses :

Dès l'âge de treize ans, explique à sa Juliette l'ingénu Solange du *Doctorat impromptu*, je sus [...] qu'il existe entre ton sexe et le mien une différence de conformation. Certaines estampes immodestes que possédaient, dans le plus grand secret, quelques-uns de mes condisciples les plus formés, et qu'ils eurent l'imprudence de me montrer, occasionnèrent de ma part mille questions auxquelles ils se firent un plaisir de répondre (177).

Dans la neuvième « revie », dite de « L'Enclos » (1796), Rétif confesse que ce serait après avoir parcouru « un livre dangereux orné d'estampes voluptueuses qui l'avait instruit de tout[8] » que son alter ego, le jeune Nicolas, connaîtra la « première crise de la virilité », dans les bras de celle qui vient bien inutilement de lui révéler qu'elle est sa mère.

On a vu que la marquise des *Aphrodites* de Nerciat, qui, à son arrivée à l'hospice, se fait « gamahucher » par le valet Limecœur, « éprouve bien vivement qu'un cavalier mûr et qui intéresse donne beaucoup plus de plaisir qu'un marmot dont un livre lascif doit seconder les tièdes fonctions » (II, 130). Le chevalier de Faublas, de Louvet, les remarque dans la maison de rendez-vous où l'entraîne son initiateur au libertinage, le comte de Rosambert :

Ouvrez, si bon vous semble, ces brochures licencieuses, considérez ces peintures obscènes : elles furent mises ici pour rallumer l'imagination de ces vieux débauchés, que la mort a frappés d'avance dans l'endroit le plus sensible (47).

Les plaquettes de Hugues d'Hancarville (*cf. supra,* 94), rééditées presque chaque année de 1780 à 1790, offrent un exemple particulièrement révélateur des distractions intellectuelles de cette société de « bon ton ». De nos jours, ces « brochures licencieuses » sont devenues revues mensuelles et n'ont fait que s'adapter aux techniques nouvelles. La photographie en couleurs remplace l'estampe grisâtre et des Vénus contemporaines se sont substituées aux dames romaines de la légende. Ces revues luxueuses et onéreuses, plus à parcourir qu'à lire, représentent toujours — ainsi que le note Jean-Louis Curtis — « *un symbole de statut*, un signe extérieur de richesse ou de bon ton, [car leur] érotisme teinté d'humour, de sophistication hardie [est] à l'usage d'un public bien élevé, dont le conformisme fondamental a besoin, pour s'accepter sans remords, de s'abriter sous un libertinage de surface[9] ».

---

[8] « Une Revie inédite », *l'Anti-Justine*, p. 41.
[9] « Les Glossies », *la Nouvelle Revue française*, vol. XIV, part. IV, 1er octobre 1966, pp. 694–698.

Dans ce contexte, toute interprétation libertine estompe la valeur étymologique du terme « art d'aimer ». L'érotisme est devenu l'art de la volupté, « l'amour mécanique » recommandé par Nerciat, fondé sur une sensibilité raffinée puis cruelle qui ne laisse aucune place à l'émotion. Il se concrétise dans la pratique par la pression morale ou physique que le roué prend plaisir à exercer sur sa victime par dédommagement ou par vengeance, soit à son insu quand il s'agit d'une contrainte morale ou psychologique (comme le montre bien l'exploitation généralisée des gravures licencieuses), soit ouvertement et en s'en vantant quand il s'agit de violences physiques.

Si pour Mme de Merteuil, comme pour Valmont, le libertinage est bien l'arme impitoyable de la guerre des sexes tout en demeurant encore la meilleure protection contre l'amour, c'est qu'en 1782 Laclos fait presque figure de réactionnaire. Dans son étude sur la *Poétique des Liaisons dangereuses*, Christine Belcikowski substitue à cette notion si controversée d'érotisme celle d' « espace érotique ». Après avoir montré comment Laclos réutilise des lieux qui dans la littérature médiévale furent traditionnellement propices à l'amour, le château et le jardin, l'auteur réduit ces lieux mythiques, par essence érotiques, à un « labyrinthe » imaginaire où « se révèle, encore plus qu'ailleurs, toute l'urgence d'un déterminisme biologique qui, dans l'érotisme, fait de l'homme le jouet d'une passion aveugle et insatiable » (54). Dans ce décor, inévitable dans un roman où la plupart du temps le rêve, sous la poussée du désir, l'emporte sur la réalité, le destin retient les héros dans un espace défini par l'érotisme :

> Le chemin apparemment court et direct qui sépare les chambres les unes des autres, les maisons les unes des autres, ne doit pas faire oublier le cheminement infiniment plus long et plus compliqué des sentiments qui ont poussé les êtres à s'aventurer au sein du Val sans retour de l'amour [...] Le Minotaure de ce labyrinthe est invisible, car c'est Éros lui-même, ouvrant sa gueule béante dans le fouillis des draps au milieu desquels se termine l'aventure (57).

Cette finalité des lieux recherchée par Valmont et Mme de Merteuil autorise Laclos à n'accorder à ses héros, pour mener à bien leurs projets de séduction ou de vengeance, que le jeu des manœuvres supérieures de la coercition des esprits, et les prive de l'usage rudimentaire de la brutalité qui va se développer chez les roués des deux sexes. À l'exception du duel auquel elle contraint

Valmont, la marquise n'envisage et n'exploite que les armes dont peuvent disposer ceux et celles qui prétendent respecter les convenances de leur système : l'intelligence et la volonté, toutes deux maîtresses des sentiments. Mais avec Mme de Merteuil, ces procédés deviendront tour à tour souples ou implacables, soit qu'elle recoure aux flatteries avec Valmont, ou aux caresses (au lieu de gravures) avec Cécile, soit qu'elle pratique le chantage, de nouveau avec Valmont[10].

---

[10] Sur la contribution de l'esprit féminin au libertinage, on lira avec intérêt « Féminisme et libertinage », dans Paul Hoffman, *la Femme dans la pensée des Lumières*.

CHAPITRE IX

PERFECTION ET FAIBLESSE DU SYSTÈME DES ROUÉS : LE VICOMTE DE VALMONT

Une pureté de méthode contestable

> La règle essentielle du libertinage de société est donc que le séducteur ne soit jamais séduit.
>
> Roger Vailland[1]

ON NE SAURAIT ÉTUDIER l'évolution de la notion de libertinage mondain dans la littérature romanesque française du XVIIIe siècle sans accorder une attention particulière aux *Liaisons dangereuses ou Lettres recueillies dans une société et publiées pour l'instruction de quelques autres*, de Choderlos de Laclos. Sans qu'il soit question de prétendre ajouter aux analyses récentes de MM. Seylaz, Delmas et Versini, il nous paraît cependant utile de rappeler les divergences d'opinions de la critique à propos de cet ouvrage pour redéfinir plus exactement dans le contexte de notre essai la validité « technique » du libertinage du vicomte de Valmont et de la marquise de Merteuil, et la portée idéologique et artistique du livre dans le dernier quart du siècle. Attribuée tantôt à la variété et à l'exactitude des exploits dont se targue Valmont, tantôt à la constance que Mme de Merteuil s'efforce de conserver dans l'exécution de son « dessein » en dépit des réactions parfois inattendues — parce qu'inadmissibles — de son partenaire, la nouveauté d'intrigue des *Liaisons* repose tour à tour sur la personnalité puis la rivalité des deux antagonistes, au point qu'il

---

[1] *Laclos par lui-même*, p. 55.

devenait intellectuellement et logiquement impossible à l'auteur d'imposer une conclusion simpliste qui ratifiât ou condamnât les prétentions à un libertinage exemplaire manifestées par les héros dans leurs premières lettres. La valeur psychologique du roman de Laclos ne procède pas du fait que le livre exalte ou dénonce les pratiques et les spéculations des libertins, mais plutôt de ce qu'à partir d'une situation idéale (deux libertins exercés ayant convenu de se défier pour mieux s'évaluer au cours d'aventures toujours fixées d'avance) il présente les accidents humains inévitables contre lesquels l'habileté et le système des roués demeurent inopérants. Le livre confirme aussi ce que nous avons maintes fois noté : il est aussi difficile, même pour le libertin le plus éprouvé, de s'en tenir au sentimentalisme sans conséquence des amusements intellectuels ou voluptueux des petits-maîtres que d'observer avec rigueur les principes implacables des roués. Il indique également — et André Malraux fut l'un des rares critiques à l'observer — qu'au chapitre du libertinage érigé en système les femmes sont capables de tenir les rôles les plus actifs.

Sur le plan de la création littéraire le personnage de Valmont n'est bien souvent que la reprise d'un type et le perfectionnement d'un modèle bien défini, dont les chapitres précédents ont retracé la silhouette. Les projets du vicomte, ses méthodes de séduction et même ses remarques appartiennent plus à une époque et à une mode littéraire qu'à l'individu unique qu'il est censé représenter. Pourtant comme sa décision de séduire une jeune femme particulièrement inaccessible et de poursuivre ainsi un projet devenu dangereux pour son prestige de libertin le conduit à défier le ressentiment de son ancienne maîtresse, *les Liaisons dangereuses* ne relatent plus seulement les divertissements sans surprises d'un libertin aguerri, mais elles analysent aussi les effets d'une « affaire » sur un homme expérimenté, surpris par les contradictions de sa nature. De ce fait, le livre qui passe pour la plus brillante démonstration de l'efficacité du système des roués est aussi celui qui en établit le mieux la précarité fondamentale.

Les principes libertins codifiés par Roger Vailland dans son *Laclos par lui-même* — et qui sont repris par Clifton Cherpack dans son *Essay on Crébillon fils* (93–111) — n'expliquent pas d'une façon suffisamment naturelle l'aspect négatif des intrigues menées par Valmont. Après avoir lu les prouesses d'un Lausane, d'un Milfort, d'un Curland, d'un Chester ou d'un Alcibiade, rien ne paraît plus surprenant que de vouloir définir uniquement d'après l'exemple des seules approches Valmont-Tourvel la méthode de séduction employée par les libertins et d'appliquer ensuite cette méthode au cas particulier dont elle est la vulgarisation. On ne peut toutefois négliger cette démonstration dont les imperfections inévitables qu'entraîne son aspect systématique et didactique permettent de préciser certaines interprétations contestées des *Liaisons dangereuses*. Séduit un peu vite par la « pureté de méthode » du vicomte, c'est en effet de son seul exemple que s'inspire Roger Vailland pour définir et pour codifier les quatre étapes de la conquête libertine telle que, selon lui, devait la concevoir tout libertin mondain du xviiie siècle : le choix, la séduction, la chute et la rupture. Ce « jeu dramatique », cette « corrida » paraissent s'exécuter avec beaucoup de précision et de netteté, du moins si nous en croyons Valmont qui, malgré son émoi, parvient apparemment à accomplir les quatre « figures » imposées grâce aux rappels à l'ordre et aux vexations calculées de la marquise.

Mais Valmont n'est pas le seul libertin dont la littérature romanesque présente une analyse précise et une description assez conforme à l'idée imposée par les exemples réels offerts par la société de l'époque. De plus, quand il s'agit de la méthode même, point sur lequel il est particulièrement sensible, on constate que son originalité ne consiste bien souvent qu'en la perfection des expressions avec lesquelles il la définit. Pourtant, s'il était possible de disséquer avec autant de simplicité que tentèrent de le faire Émile Dard et, à sa suite, F. Caussy et A. Augustin-Thierry, le comportement du vicomte vis-à-vis de la présidente, *les Liaisons* perdraient non pas de leur curiosité anecdotique mais l'élément de doute qui constitue l'un des premiers facteurs d'intérêt psychologique de l'ouvrage.

Tandis que pour Roger Vailland la première démarche du libertin consiste à choisir une nouvelle victime, ce sont les circonstances — ce que le roué appelle le hasard — qui favorisent Valmont. Il ne choisit pas Mme de Tourvel : il la rencontre et s'intéresse à elle avant même de l'avoir observée. Dans la lettre XXXVI il lui rappelle qu'il ignorait qu'elle fût à Rosemonde. Dès le début, en acceptant l'occasion qui s'offre à lui, il manque à la première règle du jeu qu'il se propose de mener de façon exemplaire. Plus que d'un oubli, il s'agit là d'une véritable tricherie, quand on sait que c'est avec autant d'insistance que la marquise qu'il proclame son mépris pour les décisions laissées au hasard : « Je ne veux rien devoir à l'occasion » (XCIX), prétextera-t-il en se vantant de s'être retenu d'abuser de Mme de Tourvel le soir du 2 octobre. Malgré le soin qu'il met à se justifier en insistant sur le fait qu'il n'est pas homme à céder aux occasions faciles, il accepte une situation dont il espère plus retirer un profit immédiat et flatteur qu'un succès dû à une longue campagne. L'argument fallacieux de la difficulté le sert quand il ne peut obtenir qu'un chaste baiser de la présidente après la visite qu'ils viennent de rendre aux paysans qu'il a secourus : « J'ai risqué de perdre, par un triomphe prématuré, le charme des longs combats et les détails d'une pénible défaite. » (XXIII) La présidente ne jouit pas dans le monde du prestige qui pourrait justifier le « choix » d'un libertin. Dans une société où, comme nous l'ont montré le Valville de Mme de Beaumont, le Curland d'Imbert et l'Alcibiade de Crébillon, on ne choisit ses maîtresses qu'en fonction de leur célébrité et de celle qu'elles peuvent procurer, les arguments valables de Valmont (dévotion, amour conjugal, principes austères) perdent de leur portée quand ils se rapportent à une personne aussi effacée que la présidente.

La rencontre inattendue d'un libertin et d'une dévote au cours d'une partie de campagne ou d'un « souper » chez des parents ou des amis n'est d'ailleurs pas une invention de Laclos. On relève dans *les Confessions du comte de **** de Duclos deux anecdotes qui annoncent avec précision la rencontre de Mme de Tourvel et de Valmont, la conduite et puis la victoire de ce dernier.

Évoquant sa première entrevue avec Mme de Gremonville, le comte de *** écrit : « je me trouvai à dîner chez une de mes parentes avec une femme dont la beauté, la taille noble, l'air sérieux, doux et modeste, attirèrent mon attention [...] j'appris qu'elle se nommait madame de Gremonville, et qu'elle était dévote par état » (52). Comme Valmont, le jeune comte se montre vite plus sensible aux attraits de la jeune femme « qu'au plaisir de voir en elle la simple nature ou du moins ses apparences » et comme lui, mais en l'exprimant avec moins d'emphase, il éprouve fortement « l'envie d'avoir une dévote ». Pour la séduire, il l'accable d'éloges sur sa beauté, ses grâces et sa vertu. Il n'hésite plus, dès qu'elle commence à lui « donner quelque espérance », à lui vanter les « plaisirs du monde », tandis que ses « yeux l'assuraient qu'il était prêt de lui en faire le sacrifice ». Bien que Mme de Gremonville soit elle aussi mariée, tout parallèle entre les deux femmes ne peut être poursuivi plus longtemps. Mme de Gremonville n'est en réalité qu'une fausse dévote, parmi les premières, avons-nous vu, à adopter « la mode singulière des petites maisons ». Elle ne résiste pas longtemps au comte, et en parfaite libertine qu'elle est, le quitte au bout de six mois « sans aucun éclat », après lui avoir redemandé la dernière lettre qu'elle lui avait envoyée.

Le seconde anecdote offre des détails précis sur les menées galantes du comte et sur les réactions de sa maîtresse. Pour bien marquer les limites de la comparaison entre Mme de Selve et Mme de Tourvel, précisons que celle qui retient l'attention du comte est veuve et ne prétend nullement passer pour dévote, quoique sa conduite soit à l'abri de tout soupçon, et qu'après être devenue sa maîtresse, elle accepte de l'épouser et lui fait redécouvrir « l'univers entier » dans la solitude de ses terres de Bretagne; anecdote qui, parmi bien d'autres, conduira Jacques Brengues à étudier « l'obsession de la vertu » chez Duclos[2].

C'est à la campagne, à quelques lieues de Paris, que le comte de *** rencontre la comtesse de Selve. Elle « avait plus de raison que d'esprit » (136) — distinction soulignée par le narrateur — et « la plus belle âme unie au plus beau corps ». Quand la comtesse s'aperçoit de la passion qu'elle a éveillée dans le cœur du comte, elle quitte le château et revient à Paris. Il l'y rejoint et fait alors preuve dans ses arguments d'une habileté aussi convaincante que celle de Valmont. Pour apaiser les frayeurs causées par ses premières déclarations, le libertin amoureux paraît s'amender et s'incliner devant la beauté et la vertu. Il affirme :

> la dissipation est moins la marque du plaisir que l'inquiétude d'un homme qui le cherche sans le trouver; et, lorsque j'ai le bonheur de vous faire ma cour, je n'en désire point d'autre (140).

Quarante et un ans plus tard Valmont persuadera Mme de Tourvel de la même façon :

> Content de vous adorer en silence, je jouissais au moins de mon amour; et ce sentiment pur [...] suffisait à ma félicité (XXIV).

---

[2] *Charles Duclos (1704–1772) ou l'Obsession de la vertu.*

Le comte tente ensuite d'expliquer ce changement qui peut passer pour suspect chez un libertin notoire :

> C'est à vous, madame, que je dois [...] un changement aussi singulier; c'est vous qui m'avez arraché à tous mes vains plaisirs; c'est avec vous que j'éprouve les plus vifs et les plus purs que j'aie goûtés de ma vie (140).

C'est aussi à sa maîtresse que Valmont attribuera sa conversion :

> C'est en vous voyant que je me suis éclairé : bientôt j'ai reconnu que le charme de l'amour tenait aux qualités de l'âme; qu'elles seules pouvaient en causer l'excès, et le justifier (LII).

Enfin, s'il fallait encore une preuve au libertin pour faire reconnaître sa sincérité, l'amour que vient de découvrir le comte de *** devrait, à lui seul, suffire à l'apporter :

> jusqu'ici j'ai été plongé dans les plaisirs, sans avoir véritablement connu l'amour; c'est lui qui m'éclaire, et vous seule pouviez me l'inspirer (141).

Auprès de la présidente, Valmont à son tour connaîtra ce sentiment nouveau dont il fera, lui aussi, le garant de sa bonne foi :

> Alors je connus l'amour [...] Un amour pur et sincère, un respect qui ne s'est jamais démenti, une soumission parfaite; tels sont les sentiments que vous m'avez inspirés (XXXVI).

La comtesse de Selve, au début du moins, ne se laisse pas impressionner par cette conversion subite :

> L'habitude [...] où vous êtes de vous livrer au premier goût que vous sentez pour les femmes que vous voyez, vous fait croire que vous êtes amoureux [...] si vous sentez quelque goût pour moi, je vous conseille de ne vous y pas livrer; vous ne seriez pas heureux d'aimer seul (140).

La remarque sera reprise presque mot pour mot par Mme de Tourvel quand elle met Valmont en garde contre « un sentiment qui peut-être n'a dû sa naissance qu'à l'habitude où [il est de s']occuper de semblables objets » (L). Suivant un subterfuge déjà employé par la marquise de M*** de Crébillon, qui se disait insensible en amour mais « fort tendre en amitié », et que reprendra sans plus de succès la présidente de Tourvel, la comtesse de Selve cède peu à peu à son amant pour avoir cru qu'il lui suffirait de n'offrir que son amitié :

> Cependant, comme je n'ai aucun sujet de me plaindre de vous [...] je veux bien vous accorder mon amitié, et je serai plus flattée de la vôtre, que d'un sentiment aussi aveugle que l'amour (142).

C'est une amitié tout aussi sincère que Mme de Tourvel proposera à Valmont :

> En vous offrant mon amitié, Monsieur, je vous donne tout ce qui est à moi, tout ce dont je puis disposer [...] Pour me livrer à ce sentiment si doux [...] je n'attends que votre aveu [...] que cette amitié suffira à votre bonheur (LXVII).

Finalement, la comtesse se rendra, en partie par lassitude, à un amant qui, comme Valmont, consacre déjà tout son temps à parler de son amour à son « amie ». Le dénouement de ces deux aventures complète la série de ces similitudes. Comme Valmont auprès de la présidente, le comte de * * * passe trois mois à courtiser Mme de Selve avant de la posséder : « J'étais étonné de ma constance : toute autre femme ne m'avait jamais retenu si longtemps »; puis après sa victoire il goûte, comme le vicomte, un plaisir nouveau et prolongé.

Avant d'être cet ascète du libertinage disséqué par Roger Vailland, Valmont se présente d'abord comme un riche célibataire oisif dont le portrait physique et moral (par Mme de Volanges, IX et XXXII, et par lui-même, XXIII) ne s'écarte guère de ceux du Versac de Crébillon (*les Égarements*, I, 166, 96), du Valville de Mme Élie de Beaumont (par Mme de Narton, *Lettres du marquis de Roselle*, P. I, L. XIII) ou du Lausane de l'abbé Gérard (par Émilie, *le Comte de Valmont*, P. I, L. III). Son histoire est celle de tout homme rencontrant par hasard, au cours d'un séjour à la campagne chez des parents ou des amis, une jeune et jolie esseulée qui s'y trouve depuis quelques jours, dans l'attente de son mari.

Dès le début des *Liaisons dangereuses*, Valmont se trouve exposé au dilemme que tout libertin doit résoudre tôt ou tard : l'amour (la passion) en conflit avec le respect des convenances de la société libertine. Le danger que représente pour son prestige la vigilance de Mme de Merteuil l'aidera à maintenir le rôle qu'il doit jouer, sans toutefois modifier l'aventure sentimentale qu'il vient d'engager. Comme il avoue qu'il est, « depuis quatre jours, livré à une passion forte » (IV), et que d'autre part, depuis huit jours, il n'entend et ne parle d'autre langage que celui de l'amour, quatre jours — du 1er au 5 août — ont donc suffi à le mettre dans cet état. Il n'est plus aussi maître des événements qu'il le prétend; il n'a « plus qu'une idée »; il y « pense le jour », et « y rêve la nuit ». Très intelligemment, il parvient même à exploiter la situation. Son agitation justifie sa décision puisqu'elle souligne le danger qu'il court volontairement en s'attaquant à un genre de femme qui ne l'avait pas encore tenté. Bien que l'évolution de ses sentiments détruise vite ses espoirs, il a raison, pour l'instant, de penser que le libertinage lui servira de « bouclier contre l'amour ».

Satisfait d'un choix qui en réalité n'en est pas un, il accepte ce que lui offre le hasard et engage le combat. Piqué par la marquise qui, dès sa troisième lettre, se moque de « la sagesse [où] le tient [sa] Présidente » (XX), il s'obstine et devient tenace. Sans trop le faire remarquer, de peur d'affaiblir son prestige, il compte déjà sur des avantages de situation que tout autre roué expérimenté se vanterait de mépriser : l'ennui, l'absence du mari, le désœuvrement de la présidente et même la saison qui permet plus de laisser-aller dans la tenue. Plus que d'un projet libertin, il se félicite de cette aventure sentimentale, délassante et prometteuse. Pour Roger Laufer, qui s'est intéressé à « La Structure dialectique des *Liaisons dangereuses* », le « projet de Valmont prend sa source dans une certaine lassitude du libertinage et dans l'espoir de plaisirs nouveaux[3] ». Ces plaisirs d'où l'émotion n'est pas absente, puisque le sentiment y tient parfois autant de place que la sensibilité, sont bien ceux que recherchent les petits-maîtres pour qui une femme n'est qu'un être capricieux — donc charmant — qu'ils convoitent autant par bravade que par goût.

La première lettre de Valmont à Mme de Tourvel constitue un facteur décisif pour la progression de l'intrigue et pour le réalisme du roman épistolaire. Jean-Luc Seylaz, dans son étude sur *les Liaisons dangereuses et la création romanesque chez Laclos*, reconnaît que « l'originalité de Laclos, c'est d'avoir donné une valeur dramatique à la composition des lettres, d'avoir fait de ces

---

[3] Dans *Pensée, Revue du rationalisme moderne,* vol. XCIII, septembre-octobre 1960, p. 84.

lettres l'étoffe même du roman et d'avoir réalisé ainsi, entre le sujet du livre et le mode de narration, un accord si étroit que ce mode en devient non seulement vraisemblable mais nécessaire » (19–20). Selon Mme de Merteuil c'est une maladresse ridicule : « Mais la véritable école est de vous être laissé aller à écrire. Je vous défie à présent de prévoir où ceci peut vous mener. » (XXXIII) Sans toutefois l'admettre, elle reviendra sur son jugement quand les faits prouveront qu'il n'existait pas d'autre possibilité de dialogue. Reprenant l'opinion première de la marquise, Seylaz affirme, après avoir admiré l'habileté technique de Laclos, que « la Présidente n'aurait pas opposé une si longue résistance si elle ne s'était pas défendue par lettres » (*op. cit.*, 23). C'est pourtant la correspondance de Valmont avec Mme de Merteuil qui offre un des meilleurs exemples de rouerie des *Liaisons dangereuses*. À l'abri de l'ascendant de sa victime, Valmont s'y montre très à l'aise, jouant avec les artifices séduisants et puissants du langage de l'amour pour dissimuler les ruses de son libertinage. Les événements vont prouver qu'en dépit des remarques perspicaces de Mme de Merteuil, la lettre devenait le seul moyen de rester en rapport avec la présidente. En permettant d'un jour à l'autre la répétition des mêmes idées, les lettres de Valmont brisent l'harmonie tranquille des pensées de la présidente beaucoup plus efficacement que des bribes de conversation échangées à la dérobée. On sait, par exemple, que malgré les « suppressions du rédacteur », Valmont lui rédige encore, l'avant-veille de son duel, une lettre assez convaincante pour ébranler même Mme de Volanges chargée de la lui remettre à son lit de mort (CLIV).

Onze lettres suffisent à Valmont pour faire « capituler » Mme de Tourvel. Dès la première, le 20 août, il veut la persuader de se prononcer sur l'alternative sentimentale factice qu'il lui présente : « votre cœur que j'ai mal connu, n'est pas fait pour l'amour; le mien, que vous calomniez sans cesse, est le seul qui soit sensible ». La présidente n'a donc rien à craindre, Valmont lui est soumis et ne lui demande que des conseils et le réconfort de son attention pour terminer la conversion qu'elle a suscitée en lui : « après m'avoir corrigé, éclairez-moi pour finir votre ouvrage » (XXIV). L'image de l'amour qu'il lui dépeint est celle d'un amour platonique : adoration respectueuse de la bonté et de la beauté, « sentiment involontaire, inspiré par la beauté et justifié par la vertu » (XXIV), qui correspond bien à cette « liaison tendre, dans laquelle les sens n'entreraient pour rien », que la duchesse de Suffolk des *Heureux Orphelins* proposait à Chester (II, 25, 75). Si la présidente avait lu cette première lettre avec plus d'attention que d'émotion, elle aurait noté combien le ton d'honnêteté de son correspondant dissimulait un esprit en éveil. Sans qu'elle s'en doute, Valmont est en train de l'hypnotiser; il l'oblige à s'observer, à prendre conscience de sa présence et à admettre la sincérité et la pureté de ses demandes. Le rappel du « Ah ! malheureuse » (XXIII et XXIV) qui lui échappe quand, à genoux, il lui prend la main à la fin de leur premier tête-à-tête, révèle un des aspects de la technique du libertin. En la questionnant sans cesse sur ses gestes les plus involontaires, il la force à découvrir la passion violente qu'elle éprouve pour lui. Comme elle refuse d'admettre cette évidence, la première lettre de Valmont sera aussi « une longue Lettre pour se plaindre de cette rigueur » (XXIII).

La deuxième lettre, datée du jour même où elle lui envoie sa première réponse (XXXV et XXXVI), montre jusqu'où peuvent aller la rigueur et la logique de ses arguments. Sur le plan pratique, Valmont tente d'obtenir le maintien de la correspondance et le nom des personnes qui médisent de lui. Mais quand il veut s'en prendre à la présidente, il ne possède aucun indice sur lequel établir un grief :

> Il faut vous obéir, Madame, il faut vous prouver qu'au milieu des torts que vous vous plaisez à me croire, il me reste au moins assez de délicatesse pour ne pas me permettre de reproche (XXXV).

Il reste vague et continue de débattre de pseudo-constatations. Tandis que le séducteur s'efforce de créer artificiellement un fond émotif commun entre sa victime et lui, celle-là, d'une part, croit se protéger d'un danger (qu'elle assimile dans son esprit de dévote à une présence diabolique) en refusant par principe toute entrevue et, de l'autre, se complaît à se laisser entraîner à des discussions byzantines sur la nature de leur amitié.

Un passage mérite d'être retenu, dans lequel Valmont parvient à prouver à la présidente que lui redonner sa première lettre serait lui laisser comprendre qu'elle ne souscrit plus aux objections qu'elle y avait formulées, et qu'elle agrée les demandes qu'il vient de lui soumettre :

Je désire plus que vous, qu'elle ne me soit plus nécessaire [la première lettre de la présidente] : mais accoutumé à vous croire une âme si douce, ce n'est que dans cette Lettre que je puis vous trouver telle que vous voulez paraître [...] c'est encore elle qui me répète que mon amour vous outrage; et lorsqu'en vous voyant, cet amour me semble le bien suprême, j'ai besoin de vous lire, pour sentir que ce n'est qu'un affreux tourment. Vous concevez à présent que mon plus grand bonheur serait de pouvoir vous rendre cette Lettre fatale : me la demander encore serait m'autoriser à ne plus croire ce qu'elle contient; vous ne doutez pas, j'espère, de mon empressement à vous la remettre (XXXV).

En d'autres termes, on ne demande à recouvrer l'original de ses écrits que lorsqu'on n'en accepte plus les idées. Il était difficile à la présidente, peu habituée à ces subtilités de langage, d'échapper aux rigueurs d'un pareil syllogisme.

On ne connaît pas les réactions de Valmont quand il découvre Mme de Tourvel déjà installée au château de sa tante. Quand il en parle pour la première fois, c'est en réponse à des suggestions impératives de la marquise. Aux impressions personnelles, il doit substituer le ton détaché et enjoué qui s'impose entre roués se contant les dessous de leurs intrigues. En trois jours, du 21 au 23 août, Valmont écrit trois fois à la présidente. La ruse grossière qu'il emploie dans sa troisième lettre (le cachet falsifié de la poste de Dijon) et la plaisanterie non moins douteuse qu'elle lui suggère — « Je choisis cette Ville, parce que je trouvai plus gai, puisque je demandais les mêmes droits que le mari, d'écrire aussi du même lieu » (XXXIV) — montrent qu'il change de tactique et durcit ses procédés. Il recourt même à l'effronterie : rien n'est plus vrai qu' « accoutumé à n'éprouver que des désirs, à ne [se] livrer qu'à ceux que l'espoir encourageait, [Valmont ne connaissait pas] les tourments de l'amour » (XXXVI). Il admet que ce que Crébillon nommait « gradation » n'est chez lui que la progression des exigences de l'instinct : « Bientôt le plaisir de vous voir se changea en besoin. » (XXXVI) Sous l'apparence trompeuse d'un style platonique, le vicomte dissimule mal son désir « d'avoir » Mme de Tourvel. Il se croit déjà si avancé dans ses démarches qu'à l'exception du « mot », qui n'est pas prononcé, il emploie déjà l'argument qu'il utilisera quelques minutes avant de triompher de la présidente. Le 23 août il lui écrit : « songez surtout, que, placé par vous entre le désespoir et la félicité suprême, le premier mot que vous prononcerez décidera pour jamais de mon sort »

(XXXVI) et, le 28 octobre, il ne fera que préciser : « Oui [...] j'en fais le serment à vos pieds, vous posséder ou mourir. » (CXXV)
La compagnie quotidienne de la présidente le rend nerveux et vulnérable. Il s'aperçoit qu'il pourrait succomber aussi rapidement qu'un autre : « Quelle est donc notre faiblesse ? » (XXIII) Comme l'amant décrit par Stendhal dans *De l'Amour,* au début de sa progression amoureuse, et qui dit : « Quel plaisir de lui donner des baisers, d'en recevoir, etc. ! » (8), Valmont s'imagine tout le plaisir qu'il aurait à embrasser la présidente. À ce premier émoi fait suite dix jours plus tard « cette ivresse de l'âme, dont on parle toujours et qu'on éprouve si rarement » (XLIV). Pour dissimuler son trouble il s'efforce de plaisanter; en rappelant la bonne fortune de son valet qui a déjà gagné les faveurs de la femme de chambre de la présidente, il tente de se réconcilier avec la marquise de Merteuil par le récit d'une anecdote libertine. Bien que le libertin se reprenne plusieurs fois (« je me retrouve dans mon élément; j'ai repris toute mon existence »), et que sa sensualité soit évidente (« je volerai de plaisirs en plaisirs »), le vicomte éprouve un sentiment d'admiration sincère devant la beauté de la présidente. L'amour, toujours pris au sens dix-huitiémiste de désir, est maintenant tel qu'il ne craint plus d'en faire la remarque : « Jamais je ne l'ai trouvée si belle. » En sublimant les grâces et les qualités de Mme de Tourvel, Valmont atteint — preuve de son amour — « la première cristallisation », celle au cours de laquelle « on se plaît à orner de mille perfections une femme de l'amour de laquelle on est sûr ». Son insistance à souligner la beauté de celle dont il veut faire sa maîtresse indique que son évolution sentimentale est conforme aux critères retenus par Stendhal : « On voit en quoi la *beauté* est nécessaire à la naissance de l'amour. Il faut que la laideur ne fasse pas obstacle. L'amant arrive bientôt à trouver belle sa maîtresse telle qu'elle est, sans songer à la *vraie beauté* » (*op. cit.*, 27)[4]. Ses désirs correspondent pourtant davantage aux motivations retenues par Laclos dans son deuxième traité sur les femmes : « La beauté n'est, selon nous, que l'apparence la plus favorable à la jouissance, la manière d'être qui fait espérer la jouissance la plus délicieuse. » (*De l'Éducation des femmes*, 437)

---

[4] Quelques lignes plus loin, une dernière remarque s'applique directement aux libertins en général et à Valmont en particulier : « On ne sympathise pas avec le niais, ni avec le sourire à tout venant; de là, dans le monde, la nécessité d'un vernis de rouerie; c'est la noblesse des manières. » (*De l'Amour*, p. 28.)

Le 29 août, Valmont doit revenir à Paris. En quinze jours il écrit quatre fois à la présidente et en reçoit trois réponses. La situation permet plus d'audace; les lettres ne sont plus de simples commentaires rétrospectifs des événements de la veille et les correspondants n'ont plus à craindre d'être épiés quand ils lisent leur courrier. Ces changements sont visibles dans la lettre que Valmont écrit du lit d'Émilie. L'obséquiosité monocorde a disparu; le vicomte exploite le désarroi de la présidente en lui faisant miroiter le bonheur que lui apporterait « un amour réciproque ». Depuis qu'elle lui a écrit : « Vous croyez, Monsieur, ou vous feignez de croire que l'amour mène au bonheur; et moi je suis persuadée qu'il me rendrait malheureuse, que je voudrais n'entendre jamais prononcer son nom » (L), il sait qu'elle craint seulement de ne pas trouver dans la tentation qu'il lui propose le plaisir complet qui lui procurerait le bonheur. La lettre rédigée du lit d'Émilie atteint partiellement son but. Elle effraye la présidente et la fait sortir de sa léthargie : « dans le moment même où vous croyez faire l'apologie de l'amour, que faites-vous au contraire, qu'en montrer les orages redoutables ? » (L) En cessant de se défendre, la présidente quitte une attitude jusque-là négative, et sa politique des « si » s'apparente de plus en plus à une acceptation virtuelle. Il est évident que « cette lettre est en vérité un feu vert : permission de [la] rassurer, de continuer et de [l']aimer », ainsi que l'explique Vera Lee dans un article sur le « décodage » de la lettre L[5].

Cette réaction attendue encourage le vicomte qui, venant de réussir son premier essai, décide de conserver son ton passionné et violent et de nommer les sentiments par leur vrai nom, c'est-à-dire n'accorder à l'amitié que ce qui lui revient. Tous les arguments de la présidente sont détruits les uns après les autres. Au « Vous croyez, Monsieur, ou vous feignez de croire », le vicomte réplique : « Vous feignez de craindre l'amour, et vous ne voulez pas voir que vous seule causez les maux que vous lui reprochez. » (LII) Il n'oublie jamais que cette correspondance n'est pas le but de son projet. À des longueurs inévitables font suite des arguments plus concrets. Il cherche à associer l'idée de bonheur — à laquelle la présidente se montre sensible — à celle d'un amour réciproque

[5] « Decoding Letter 50 in *Les Liaisons dangereuses* », *Romances Notes,* vol. X, n° 2, 1969, pp. 305–310.

qu'elle n'a pas encore connu, mais qu'il saurait lui faire découvrir : bonheur idéalisé sans rapport avec tous ces « plaisirs auxquels vous savez assez combien vous m'avez rendu insensible » (LII). Si ces lettres, comme le fait remarquer la marquise, n'apportent rien de nouveau, du moins permettent-elles à Valmont de maintenir un semblant de liaison, et c'est pour l'affermir davantage qu'il refusera « la précieuse amitié » et qu'il s'en tiendra à son « titre d'amant » (LXX).

Valmont revient chez sa tante le 12 septembre à midi. Jusqu'à son second départ, le 27 octobre, la situation évolue rapidement. À partir du 30 il couche régulièrement avec Cécile; le 2 octobre Mme de Tourvel s'évanouit dans ses bras et, se rendant compte de sa faiblesse, rentre à Paris. Deux fois il évite la tentation d'un dénouement facile : le 12 septembre, dans l'après-midi, lorsqu'il se trouve seul au salon avec la présidente, et le 2 octobre au soir, quand il la reconduit à sa chambre (*cf. infra*, 263). Deux facteurs nouveaux travaillent en sa faveur : dès le 29 août, en quittant la présidente, il se savait assuré, sinon de ses « faveurs », du moins de son « amour » (XLIV), et à partir du 30 septembre, grâce à Cécile, il retrouve l'équilibre physiologique indispensable pour conserver son calme durant ses scènes de séduction. Il ne lui reste plus qu'à obtenir les « faveurs ». À la séduction de l'esprit entreprise et maintenue par les lettres s'ajoute l'exploitation de l'émotion qui étreint Mme de Tourvel dès qu'elle l'aperçoit. C'est pourquoi les tentatives de rapprochement l'emportent sur la correspondance. Du 12 septembre au 27 octobre, s'il ne lui écrit que trois fois, on peut lui attribuer trois rendez-vous (le 12 septembre, comme l'indique la lettre LXXVI du 17 dans laquelle il relate son retour au château, le 26, comme l'avoue la présidente dans sa lettre XC du 27 à Valmont, le 2 octobre, ainsi que l'explique la lettre XCIX du vicomte), et certaines remarques (« Quelquefois, n'osant fixer le danger, elle ferme les yeux, et se laissant aller, s'abandonne à mes soins ») (XCVI) laissent supposer que les promenades à deux et les tête-à-tête sont presque devenus une habitude. L'esprit du vicomte a changé. Des huit lettres qu'il adresse à la marquise à cette époque, quatre seulement touchent à ses démarches auprès de Mme de Tourvel (LXXVI, XCIX, C, CX) et, fait inhabituel, c'est avec cinq jours de retard, le 17, qu'il relate son retour au château. Devenu discret sur ses activités personnelles, il préfère distraire sa correspondante en s'attardant sur l'histoire de Prévan et sur sa conduite avec Cécile qui ne peut lui valoir que des compliments.

À la façon dont la scène est racontée, on devine que le retour de Valmont à l'improviste annonce le début d'un nouvel épisode. On assiste à une nouvelle présentation des anciens personnages : Mme de Rosemonde et Mme de Tourvel, puis à celle des nouveaux : Mme de Volanges et sa fille. C'est d'ailleurs à un coup de théâtre que songe Valmont en étudiant son entrée : « En effet, je tombai des nues, comme une Divinité d'Opéra qui vient faire un dénouement. » (LXXVI) Le dernier acte de la pièce se prépare, pièce dont la conclusion se jouera dans le petit salon de la Comédie italienne (CLXXIII)[6]. Comme sur scène, à l'entracte, une sorte de temps mort, ici de quinze jours, vient de s'écouler. Cette période qui, pour les spectateurs, peut paraître dénuée d'action, permet à l'état d'esprit des personnages d'évoluer; c'est le cas de la présidente.

Constatant que Mme de Tourvel n'est plus effrayée par sa présence dont, en outre, elle n'ignore plus les mobiles, Valmont peut en déduire que toutes les craintes qu'elle exprime dans ses lettres ne sont que d'hypocrites comédies. Son agitation, symptôme révélateur et prometteur chez une jeune femme délaissée, montre suffisamment son émotion :

> Je m'étais alors assez avancé pour voir sa figure : le tumulte de son âme, le combat de ses idées et de ses sentiments, s'y peignirent de vingt façons différentes (CLXXIII).

Pour la première fois l'idée du plaisir atténue chez elle les effets de l'embarras et lui suggère l'excuse qui lui permet de quitter la table pour échapper à la compagnie.

À la suite de ces impressions prometteuses, Valmont obtiendra un tête-à-tête au cours duquel le cœur des deux antagonistes bat au même rythme. Ce n'est plus le libertin amusé qui s'approche de Mme de Tourvel, mais un amant anxieux de voir sa patiente attente bientôt récompensée. Ne plus se conduire en

---

[6] En ce qui concerne la technique romanesque et l'art dramatique chez Laclos, voir Carol Blum, « A Hint From the Author of *Les Liaisons dangereuses* ? », *Modern Language Notes* (French issue), vol. 84, n° 4, mai 1969, pp. 662–667 et Raymond Lemieux, « Le temps et les temps dans *les Liaisons dangereuses* de Laclos », *Études françaises, Revue des lettres françaises et canadiennes-françaises*, vol. VIII, n° 4, novembre 1972, pp. 387–397.

libertin n'implique pas pour autant la nécessité de passer pour le modèle de l'honnêteté. Ce qu'admire alors Valmont, ce n'est pas tant, comme il l'écrira dix jours après, « l'image de toutes les vertus », mais les « contours et les formes » qu'il s'amuse à deviner sous le vêtement léger. Pourtant, rien n'est acquis. Les pensées de la présidente restent ambiguës et laissent deviner la part de mauvaise foi dont elle fera preuve dans sa prochaine lettre. Si le retour inattendu de Valmont a révélé une femme surprise par la violence de sa passion et toute rougissante à l'idée des plaisirs qu'elle s'imagine bientôt en recevoir, ses lettres restent celles d'une prude réservée, outrée parfois des propos qui lui sont tenus. À sa façon elle se joue du vicomte, à qui la marquise fait remarquer avec raison « qu'elle le mène comme un enfant » (LXXXI).

Le vicomte se résigne à cette attitude. Tout en comportant de temps à autre des reproches précis, ses lettres sont un mélange calculé de respect apparent : « D'où peut venir, Madame » (LXXVII), « De grâce, Madame » (LXXXIII), « Consterné par votre Lettre, j'ignore encore Madame » (XCI), et de la plus complète soumission :

> Ne refusez pas l'empire que je vous offre, auquel je jure de ne pas me soustraire (LXXXIII);

> Ce n'est plus l'amant fidèle et malheureux, recevant les conseils et les consolations d'une amie tendre et sensible; c'est l'accusé devant son juge, l'esclave devant son maître (XCI).

Espérant renouer la conversation et la rendre plus efficace, il ne cesse d'insister pour obtenir un second rendez-vous, sans lequel cette correspondance de sourds qui commence à l'impatienter risque de s'éterniser, car elle flatte et distrait la présidente qui n'a aucune raison de la voir cesser. Il quitte alors ce ton déférent qui retarde son action et s'il n'avoue pas encore à Mme de Tourvel le mobile des attentions qu'il lui porte depuis six semaines, son envie de la posséder se lit dans toutes ses lettres : « il suffit de vous voir, pour désirer de vous plaire; de vous entendre dans le cercle, pour que ce désir augmente » (LXXXIII). Les allusions au genre d'intimité qu'il recherche ne sont plus que discrètement voilées :

> Je me vengerai de vous, en vous rendant heureuse [...] Quelles craintes peut aussi vous causer un homme, à qui l'amour ne permet plus un autre bonheur que le vôtre ? (LXXXIII)

Une fois de plus l'argument a touché la présidente. Dans sa réponse (XC), la dernière avant de se rendre, elle avoue ne plus avoir le courage de combattre. L'hypocrisie de la lettre L fait place à la franchise de la femme amoureuse et délicate qui « désire beaucoup [...] que cette Lettre ne [...] fasse aucune peine » à son destinataire. En réalité, elle n'attend plus que d'être rassurée une dernière fois sur la qualité du bonheur qu'il se propose de lui faire connaître et sur « la douceur de goûter sans remords un sentiment délicieux ». Elle éprouve à son tour le phénomène de la « cristallisation » : « Ô vous, dont l'âme toujours sensible, même au milieu de ses erreurs, est restée amie de la vertu. » (XC)

La suite des événements confirme cette évolution. Valmont n'écrit plus qu'une fois à Mme de Tourvel avant l'après-midi du 28 octobre; et comme sa vertu est enfin reconnue, il cesse toute provocation et joue à l'amant respectueux des premiers jours du mois d'août :

> Déjà, vous le voyez, je m'observe dans mon langage; je ne me permets plus ces noms si doux, si chers à mon cœur, et qu'il ne cesse de vous donner en secret (XCI).

Le but semble atteint. Dans le commentaire qu'il envoie à la marquise (XCVI), il parle à son tour des « ferventes prières, des humbles supplications, de tout ce que les mortels, dans leur crainte, offrent à la Divinité », et que lui adresse la présidente. Il montre ainsi qu'il a tenu le défi de devenir « le Dieu qu'elle aura préféré » (VI) et laisse à conclure que le viol spirituel de la présidente a été parfaitement exécuté. En réalité, la victoire de Valmont est loin d'être aussi complète.

Les illusions du vicomte; les égarements des sens, du cœur et de l'esprit

> Ne demandez-vous pas qui des deux au
> bonheur
> Mène plus sûrement de l'esprit ou du
> cœur ?
> En qualité de bon apôtre,
> Je réponds : Ni l'un ni l'autre.
> Dans ce chemin glissant, qu'à toute
> heure, avec soin,
> Pour nous faire tomber, sous nos pas le
> temps fauche,
> C'est la seule raison dont nous avons be-
> soin;
> Car l'esprit mènerait trop loin,
> Et le cœur mènerait à gauche.

Stanislas de Boufflers[7]

Rien ne montre mieux le malaise qu'éprouve le vicomte en parlant de la présidente que l'aspect « dissertation » des lettres qu'il envoie à la marquise. Sachant, bien avant qu'elle le lui rappelle, que lorsqu'il écrit à quelqu'un il doit « moins chercher à lui dire ce [qu'il pense] que ce qui lui plaît davantage » (CV), Valmont double chacune de ses missives à Mme de Tourvel d'un commentaire destiné à Mme de Merteuil. Il prévoit ses objections en insistant d'abord sur la qualité « technique » de ses « épitres ». Suivant un ordre invariable, trois tons s'y succèdent, et offrent un mélange de vérité spontanée, de mensonge et de mauvaise foi, reflet fidèle de son état d'esprit. Ce raisonnement à trois temps ou, plus exactement, à un temps et deux contretemps, traduit à la fois sa clairvoyance et ses préoccupations. Versini note, dans son *Laclos et la Tradition*, que « la jouissance dans *les Liaisons dangereuses* ne consiste pas tant à faire le mal qu'à le dire. C'est le langage qui y véhicule le mal » (309–310), et Seylaz estime pour sa part que ces échanges de lettres constituent en fait la principale occupation des libertins : « C'est parfois chez eux un réflexe de la prudence; mais c'est bien plus encore le goût des gageures, celui de

---

[7] « Question proposée dans un jeu de société : Lequel rend plus heureux, de l'esprit ou du cœur ? », *Œuvres*, Paris, Briand, 1813, T. I, p. 5.

la virtuosité. » (*les Liaisons dangereuses et la création romanes-que chez Laclos*, 21)

Bien souvent, pourtant, la composition des lettres de Valmont à Merteuil répond à des motifs moins caractérisés : le début en est vif, au style brisé et au rythme impulsif. Qu'il traduise la joie, la perplexité ou l'abattement, c'est un cri du cœur ou un mouvement des sens. Il correspond au thème de la dissertation dialectique, dans lequel s'exprime la pensée sincère du narrateur. Ce début est bien souvent rédigé sous le coup de l'émotion :

> Que me proposez-vous ? de séduire une fille qui n'a rien vu, ne connaît rien; qui, pour ainsi dire, me serait livrée sans défense; [...] Il n'en est pas ainsi de l'entreprise qui m'occupe; son succès m'assure autant de gloire que de plaisir (IV);

> Enfin, ma belle amie, j'ai fait un pas en avant, mais un grand pas (XXI);

> Mon amie, je suis joué, trahi, perdu; je suis au désespoir (C);

> Puissances du Ciel, j'avais une âme pour la douleur : donnez-m'en une pour la félicité ! C'est, je crois, le tendre Saint-Preux qui s'exprime ainsi. Mieux partagé que lui, je possède à la fois les deux existences. Oui, mon amie, je suis, en même temps, très heureux et très malheureux (CX);

> La voilà donc vaincue, cette femme superbe qui avait osé croire qu'elle pourrait me résister ! [...]
> Je suis encore trop plein de mon bonheur, pour pouvoir l'apprécier, mais je m'étonne du charme inconnu que j'ai ressenti (CXXV).

La partie principale de la lettre, le corps du récit, correspond à l'antithèse ou contre-thème. Aux phrases vives et enthousiastes du début, qui trahissent l'agitation, fait suite une prose plus régulière et plus équilibrée, rehaussée seulement du jargon qu'exige la situation. Comme il ne peut être question pour le vicomte d'opposer à ses premières affirmations des idées contradictoires dont la faiblesse ne servirait qu'à mieux confirmer la vérité des premières, il cherche surtout à atténuer leur effet en les interprétant. Pour le libertin conscient du jeu qu'il doit mener rien n'est plus facile et le vicomte se montre à l'aise dans ces exercices de style souvent subtils qui furent l'apanage de la correspondance galante de l'époque. La plupart de ses lettres à la marquise contiennent donc un passage surchargé de bonnes raisons et d'explications spécieuses, qui présente, comme un libertin devrait les assumer, le récit des événements qui suscitèrent les exclamations du début :

> Voilà ce que j'attaque; voilà l'ennemi digne de moi; voilà le but où je prétends atteindre (IV);

> Je vous l'envoie [la première lettre de Mme de Tourvel] ainsi que le brouillon de la mienne; lisez et jugez : voyez avec quelle insigne fausseté elle affirme qu'elle n'a point d'amour (XXV);

> Celle-ci vient de m'envoyer un projet de capitulation. Toute sa Lettre annonce le désir d'être trompée [...] Mon projet, au contraire, est qu'elle sente, qu'elle sente bien la valeur et l'étendue de chacun des sacrifices qu'elle me fera (LXX);

> Je ne me crois pas plus bête qu'un autre ! des moyens de déshonorer une femme, j'en ai trouvé cent, j'en ai trouvé mille (LXXVI).

Dans la conclusion, Valmont reprend en une synthèse involontaire les deux thèmes de ses lettres : son obsession de la présidente et son désir de renouer avec la marquise. La force avec laquelle il évoquera le souvenir de l'une ou de l'autre femme nous révèle celle qui le préoccupe davantage. Dans ces passages qui requièrent des formules plus personnelles Valmont se prend au piège de la sincérité. Dès la première lettre, l'attention qu'il porte à Mme de Tourvel ne lui permet d'écrire que des galanteries maladroites et sans chaleur à Mme de Merteuil : « J'ai dans ce moment un sentiment de reconnaissance pour les femmes faciles, qui m'amène naturellement à vos pieds » (IV), car bien que les libertins prétendent généralement le contraire, ils acceptent aussi des entreprises dépourvues de difficultés, et Duclos allait jusqu'à affirmer dans *les Confessions du comte de* *** qu'un « homme à la mode ne doit jamais entreprendre que des conquêtes sûres » (88). Valmont insistera encore deux fois sur la satisfaction qu'il éprouve à rencontrer des femmes faciles. Cette inconvenance n'échappe pas à sa correspondante qui la lui souligne dès le début de sa réponse :

> Savez-vous, Vicomte, que votre lettre est d'une insolence rare, et qu'il ne tiendrait qu'à moi de m'en fâcher ? (V)

Quatre jours plus tard, toujours occupé à organiser son intrigue avec la présidente, le caprice de Mme de Merteuil pour le chevalier de Belleroche l'amuse encore assez pour qu'il se contente d'en plaisanter :

À propos, ce pauvre Chevalier, s'est-il tué de désespoir ? En vérité, vous êtes cent fois plus mauvais sujet que moi, et vous m'humilieriez si j'avais de l'amour-propre (VI).

Trois jours après, son projet va tant le préoccuper qu'il ne pensera plus à mentionner le chevalier dans ses fins de lettre. Il oublie jusqu'à la remarque pourtant humiliante et vexante de la marquise à son sujet :

Tel est le charme de la confiante amitié : c'est elle qui fait que vous êtes toujours ce que j'aime le mieux; mais, en vérité, le Chevalier est ce qui me plaît davantage (X).

Bientôt pourtant, le nom de la marquise commence à remplacer celui de la présidente. « Adieu, ma belle amie, vous me volez un moment du plaisir de la voir » (XXI), écrit-il à la fin de sa première moitié de lettre, le soir des aumônes, en ne mentionnant que le nom de la présidente, tandis que le lendemain il conclut en citant les deux femmes à égalité :

quel que soit l'empire de cette femme, je vous promets de ne pas m'occuper tellement d'elle, qu'il ne me reste le temps de songer beaucoup à vous. Adieu, ma belle amie (XXIII).

À partir du 30 août, quand il s'aperçoit qu'il est préférable d'obéir à Mme de Tourvel et de quitter le château, Valmont commence à douter — même s'il ne l'exprime pas — du succès de son projet, et il tente de se rapprocher de la marquise :

Adieu, la très belle dame. Je veux avoir tant de plaisir à vous embrasser que le Chevalier puisse en être jaloux (XLVII).

Le ton reste enjoué, mais pour la première fois, même s'il l'applique au chevalier, le mot est prononcé : Valmont est jaloux, et le nom de la présidente n'est plus mentionné. Depuis un mois qu'il s'agite en vain autour d'elle, le besoin de retrouver une femme galante se fait sentir. Jusqu'à sa rupture avec la marquise, toutes ses fins de lettre rappelleront son désir de la revoir :

Adieu, ma belle amie, je vous embrasse comme je vous désire; je défie tous les baisers du Chevalier d'avoir autant d'ardeur (LVII), et la galanterie y fera même place à l'émotion sincère :

> Adieu, ma belle amie; ayez le courage de dépêcher Belleroche le plus que vous pourrez. Laissez là Danceny, et préparez-vous à retrouver, et à me rendre les délicieux plaisirs de notre première liaison (CXV).

Mais à force d'être repoussé, puis ridiculisé avec Danceny, Valmont, furieux, durcit le ton :

> Adieu, Marquise [la « belle amie » a disparu]; je ne vous dis rien de mes sentiments pour vous. Tout ce que je puis faire en ce moment, c'est de ne pas scruter mon cœur. J'attends votre réponse. Songez en la faisant, songez bien que plus il vous est facile de me faire oublier l'offense que vous m'avez faite [Danceny], plus un refus de votre part, un simple délai, la graverait dans mon cœur en traits ineffaçables (CLI).

Puis ce sera la menace fatale du lendemain :

> J'ajoute donc que le moindre obstacle mis de votre part sera pris de la mienne pour une véritable déclaration de guerre (CLIII),

et le persiflage dangereux du 6 décembre :

> Eh bien, Marquise, comment vous trouvez-vous des plaisirs de la nuit dernière ? (CLVIII)

Dans tout autre contexte, à ce moment de l'intrigue, la victoire revenait au libertin. Mais la confusion la plus complète règne dans l'esprit des deux protagonistes. Depuis longtemps ils ne pensent plus à leur promesse de bonne entente. Valmont ne sait même plus laquelle des deux femmes qu'il poursuit est son amie et son associée, et laquelle représente la victime qui lui résiste; en réalité les rôles sont inversés. Depuis que la présidente s'est « consacrée » à lui, il en vient à considérer la marquise comme le véritable obstacle au bonheur nouveau qu'il a découvert. Après avoir trahi une première fois le pacte fait sur l'ottomane, en devenant amoureux de sa victime, il viole encore plus ouvertement le traité en s'irritant puis en se révoltant contre son ancienne associée.

Depuis qu'il a rencontré la présidente, Valmont se laisse mener par deux influences que tout libertin se vante d'ignorer : l'impulsion des sens et l'appel du cœur plus fort que celui de la raison. Les mots plaisir, désir et jouissance reviennent sans cesse dans ses lettres; en idéalisant la jouissance qu'il espère goûter avec la présidente, il confond les notions d'amour, de bonheur et de volupté. Pour lui, désirs satisfaits ou plaisirs physiques concrétisent l'expression la plus agréable de l'amour :

> En effet, si c'est être amoureux que de ne pouvoir vivre sans posséder ce qu'on désire, d'y sacrifier son temps, ses plaisirs, sa vie, je suis bien réellement amoureux (XV).

En précisant que tous les soins qu'il se donne seront un jour ses meilleurs titres auprès d'elle et que « l'ayant en quelque sorte, ainsi payée d'avance, [il aura] le droit d'en disposer à [sa] fantaisie, sans avoir de reproche à [se] faire » (XXI), il ne pense plus à la faire chuter deux ou trois fois, avant de la rejeter pour tenir son pari, mais à la garder tant qu'elle lui conviendra.

C'est dans la seconde partie de la lettre XXIII que l'on commence à discerner le double personnage du Valmont amoureux et du Valmont libertin. Libertin, le vicomte l'est chaque fois qu'il raisonne ou veut se justifier et qu'il se sauve ainsi d'un moment d'égarement. La scène d'attendrissement, qui suit le retour au château, présente bien des dangers pour l'un comme pour l'autre; les réactions de Valmont correspondent à celles que Stendhal décrit au cours de la troisième étape de la progression amoureuse : l'espérance.

> On étudie les perfections; c'est à ce moment qu'une femme devrait se rendre, pour le plus grand plaisir physique possible. Même chez les femmes les plus réservées, les yeux rougissent au moment de l'espérance; la passion est si forte, le plaisir si vif qu'il se trahit par des signes frappants (*De l'Amour*, 8).

Tandis qu'à l'observation très fine du libertin s'ajoute l'ironie du bel esprit, l'amant, de son côté, imagine le bonheur qu'il y aurait d'être aimé de la présidente. Les deux états, et donc les deux tons, vont se poursuivre jusqu'à la fin de la lettre :

> j'observais [libertin], non sans espoir [amoureux], tout ce que promettaient à l'amour son regard animé, son geste devenu plus libre [...]
> Mon cœur, pressé d'un souvenir délicieux [amoureux], hâte le moment du retour au château.
> Madame de Rosemonde seule parlait [...] Nous dûmes l'ennuyer : j'en avais le projet [libertin], et il réussit.
> Ma tête s'échauffait [amoureux] (XXIII).

Bien que les meilleurs exemples de l'ironie de Valmont ne paraissent que beaucoup plus tard, dans les lettres XLVIII et CXX, et que la « remarque du rédacteur » placée au bas de la lettre VI leur conviendrait davantage, le vicomte s'amuse déjà à mystifier la présidente, tout en soulignant à la marquise l'à-propos de ses plaisanteries :

> et je ne conçois pas qu'avec autant d'esprit que vous en avez, vous ne m'ayez pas encore deviné [...]
> Eh ! peut-être l'action dont vous me louez aujourd'hui perdrait-elle tout son prix à vos yeux, si vous en connaissiez le véritable motif ! (Vous voyez, ma belle amie, combien j'étais près de la vérité) (XXIII).

C'est là un persiflage d'autant plus étudié et humiliant que Valmont pousse l'effronterie jusqu'à l'accompagner d'un aveu complaisant de sa corruption. Pensant à Danceny et aux amoureux en général, et tout en évoquant aussi sa propre situation, il écrit :

> si les premiers amours paraissent, en général, plus honnêtes, et comme on dit plus purs; s'ils sont au moins plus lents dans leur marche, ce n'est pas, comme on le pense, délicatesse ou timidité, c'est que le cœur, étonné par un senti-ment inconnu, s'arrête pour ainsi dire à chaque pas, pour jouir du charme qu'il éprouve, et que ce charme est si puissant sur un cœur neuf, qu'il l'occupe au point de lui faire oublier tout autre plaisir. Cela est si vrai, qu'un libertin amoureux, si un libertin peut l'être, devient de ce moment même moins pressé de jouir (LVII).

Comme ces petits-maîtres amoureux dont il parle avec trop de précision pour ne pas évoquer ses propres sentiments, il sera lui aussi étonné de « ce charme inconnu » et il goûtera avec Mme de Tourvel le « plaisir que [l'on] éprouve dans ces lenteurs prétendues » (XCVI). Quarante et un ans plus tôt, le comte de ***, de Duclos, tout aussi préparé à surmonter l'émotion, avait connu auprès de la seule femme qu'il ait aimée « un plaisir [...] nouveau » et ne sentit « point succéder au feu des désirs ce dégoût humiliant pour les amants vulgaires : [son] âme jouissait toujours » (152–153). Et le Durham des *Heureux Orphelins* s'est parfois demandé : « en croyant nous venger des femmes, ne nous punissons-nous pas ? » (II, 43, 142)

Georges Poulet, dans *la Distance intérieure*, fut le premier à reconnaître que l'épisode Valmont-Tourvel n'illustre pas seule-ment un chapitre de l'histoire libertine, mais qu'il retrace aussi l'aventure d'un libertin séduit par une victime inconsciemment plus rusée et plus forte que lui :

> Ainsi s'introduit subrepticement, dans un roman qui est celui de la conquête préméditée d'une victime par un séducteur, un autre roman, inattendu, imprévisible, qui est celui de la conquête non préméditée du séducteur par la victime (77).

C'est aussi de cette façon que le conçoivent A. et Y. Delmas quand, dans *À la recherche des Liaisons dangereuses*, ils écrivent que

> tout au long de sa tentative de séduction sur Mme de Tourvel, Valmont va subir la séduction de Mme de Tourvel. L'aventure Valmont-Tourvel considérée non plus sous l'angle de la séduction de la Présidente mais du point de vue de la tentation du Vicomte s'éclaire d'un jour très différent (385).

Les premières réactions de la présidente ont déconcerté le vicomte. Ses rougeurs quand il lui tend la main, le plaisir qu'elle extériorise en apprenant sa « bonne action » trahissent la confusion de ses sentiments : « qui pourrait arrêter une femme qui fait, sans s'en douter, l'éloge de ce qu'elle aime ? » (XXIII) Le 2 octobre, en ne profitant pas de « l'occasion » que lui offrit la faiblesse de Mme de Tourvel à Rosemonde, il est difficile de dire s'il agit ainsi pour rester fidèle à son « système ». Cependant, selon Peter Brooks, la lettre XCIX, dans laquelle il rapporte la défaillance de la présidente, et surtout la suivante (qui relate son départ précipité) dénotent un manque de maîtrise de sa part, de la pitié et une profonde sympathie pour sa victime qu'il ne considère plus seulement comme un objet érotique (*The Novel of Worldliness*, 193).

Aussi, dès la période de préparation, qui s'étend du 5 août au 28 octobre, Valmont, malgré lui, et en dépit de ce qu'il voudrait en montrer, subit les charmes de la présidente :

> cette puissance invincible, à laquelle je me livre sans oser la calculer, ce charme irrésistible, qui vous rend souveraine de mes pensées comme de mes actions, il m'arrive quelquefois de les craindre (LXXXIII).

Pour Roger Laufer « tout le roman est précisément cela : la découverte de la présidente, découverte progressive, non d'une âme mystiquement sœur, mais d'une conception individualiste et sentimentale, bourgeoise, de l'amour, à savoir l'amour-passion, perdu par l'aristocratie du xviiie siècle » (« La Structure dialectique des *Liaisons dangereuses* », 87). Bien qu'on puisse toujours mettre en doute la sincérité des sentiments qu'il confesse, Valmont n'essaye pas ici de jouer sur les mots. Les difficultés qu'il connaît à se justifier auprès de la marquise suffisent à le prouver. Une analyse minutieuse des termes de la lettre LXXXIII a permis à A. et Y. Delmas d'affirmer que la sincérité du vicomte ne fait ici aucun doute :

> Le rapprochement des termes : « calculer » et « charme » est significatif : ce que subit Valmont c'est un charme sans rien de la brutalité du coup de foudre à la Phèdre, sans rien du caractère envoûtant d'une fascination à la Mme de Rénal [...]; c'est quelque chose d'indéfinissable, qui le pénètre peu à peu, d'inquiétant aussi, car il n'en comprend pas la nature qui échappe à la conscience lucide (*op. cit.*, 389).

Aventurier entreprenant ou amant transi, qu'il l'exprime, la dissimule ou la feigne, l'inclination du vicomte pour la présidente n'en est pas moins réelle. Parler de ses tentatives de séducteur ou de sa propre séduction, c'est toujours, à quelques nuances près, évoquer la naissance de son amour. Tout en nuisant à la conclusion de son projet, la confusion sentimentale dans laquelle il se débat lui permet de ne pas abandonner la présidente et, surtout, d'entretenir son attention. Pour Laufer, « seule l'ambiguïté permet de concilier son libertinage et son attachement sentimental. Sans libertinage, son projet disparaît; sans attachement sentimental, la séduction redevient vulgaire. » (*loco cit.,* 87) Quelles qu'en soient les causes — ennui, curiosité ou désir — la douceur des sentiments qu'il avoue ressentir pour la première fois n'en est pas modifiée.

La présidente est en fait tellement différente de toutes les femmes qu'il a rencontrées que le magnétisme qu'elle exerce sur le vicomte suscite en lui des réactions tout à fait nouvelles. Il s'est intéressé à elle et en est devenu amoureux avant tout par curiosité. La présidente « a au moins le mérite d'être d'un genre qu'on rencontre rarement », avoue-t-il à la marquise (CXXXIII). Ce « genre » que Valmont ne parviendra pas à définir prête d'ailleurs à confusion. Tant qu'on ne parle pas d'amour à la présidente, ses gestes sont spontanés et naturels, et l'on peut lui accorder le jugement flatteur de Léon Blum :

Elle est vertueuse sans fadeur, noble sans ennui, passionnée sans violence, et sa perfection simple n'ennuie jamais. Elle sait souffrir, aimer, mourir, sans qu'un geste, un mot trouble jamais sa pureté poétique et familière[8].

Mais dès qu'elle est obligée d'admettre son penchant pour le vicomte, la prude cherche le secours illusoire de la mauvaise foi.

L'honnête femme en prières nous en impose. Elle est plus tentatrice que la courtisane. La vertu ainsi abaissée est l'excuse de Don Juan. Certes Mme de Tourvel est le plus immoral des personnages du roman. Les autres bravent la morale, celle-ci la dégrade,

écrivaient Jacques de Boisjoslin et George Mossé dans une étude[9] publiée un an avant le livre de Émile Dard.

C'est pourquoi, loin d'être une rupture selon les règles, comme Roger Vailland a tenté de le prouver, c'est avec la rupture que Valmont s'écarte le plus de « cette pureté de méthode » dont il se prévaut tant. Néanmoins, les circonstances sont alors rendues si confuses par la conduite de Valmont avec sa nouvelle maîtresse et par les harcèlements de Mme de Merteuil, qu'il devient malaisé de juger un geste qui répond avant tout aux railleries de la marquise. Rien ne nous interdit de penser que Valmont aurait maintenant aimé, tant par ironie que par vengeance vis-à-vis de Mme de Merteuil, acquérir la réputation d'amant fidèle de Mme de Tourvel. Aucune autre considération « officielle » ne pouvait lui permettre de maintenir une liaison qu'il se devait de terminer par un scandale. Elle-même s'étonne qu'il soit devenu « plus tendre, plus empressé, depuis qu'il n'a plus rien à obtenir » (CXXXII). À l'opposé du libertin qui met sa gloire à ruiner sa victime en la faisant souffrir, Valmont rend la présidente heureuse. « Et comment ne croirais-je pas à un bonheur parfait, quand je l'éprouve en ce moment ? » (CXXXII) écrit-elle à sa nouvelle confidente, Mme de Rosemonde.

L'aventure a dépassé les limites autorisées par le libertinage. Valmont ne contrôle plus ses sens ni ses émotions; il se trouble et s'irrite. Comme La Rochefoucauld, qui estimait que « plus on aime une maîtresse, et plus on est prêt de la haïr », il écrit : « Il

[8] « Essai sur Choderlos de Laclos », *l'Œuvre de Léon Blum*, T. II, p. 457. Cette étude sur Laclos fut reproduite en partie par *l'Express* du 6 février 1962, sous le titre : « Essai sur Laclos ».
[9] *Notes sur Laclos et les Liaisons dangereuses*, p. 35.

n'est plus pour moi de bonheur, de repos, que dans la possession de cette femme que je hais et que j'aime avec une égale fureur. » (C) Mme de Tourvel est devenue à ses yeux l'incarnation de la fatalité, comme Manon le fut pour des Grieux un demi-siècle plus tôt : « Mais quelle est cette fatalité qui m'attache à cette femme ? » (C) C'est cette fatalité qui le perdra.

Il faut pourtant que Mme de Tourvel soit sacrifiée. La déchéance ou le triomphe de sa maîtresse devient pour Valmont une question de vie ou de mort sociale. « La loyauté de Valmont à la conception de sa propre personne et du système sur lequel il a tant insisté dans ses lettres le force à cette action [envoi de la lettre de rupture] » (*op. cit.*, 203), écrit Brooks qui ne paraît toutefois pas considérer la signification plus personnelle de ce geste. Le sacrifice de la présidente réalise la catharsis qui lui fera regagner la confiance de ses amis les roués. Mais en agissant ainsi, contre lui-même et contre ses émotions, il troque sa liberté d'homme sensible contre l'affranchissement illusoire du libertin. La rupture a donc lieu. Il l'effectue même en deux temps, comme s'il tenait à se racheter aux yeux de Mme de Merteuil. Mais la manœuvre ne trompe personne. Le « raccommodement » du vicomte avec la présidente (CXL) ne rappelle en aucune façon la surenchère d'un libertin hors pair qui se permettrait de doubler les coups les plus délicats. Il souligne plutôt la conduite incohérente d'un homme qui a perdu la maîtrise de ses décisions et qui, partagé entre ses principes libertins et ses élans sensuels et même passionnés, ne sait plus de quel côté se fixer. Commentant dans *Beylamour* certaines remarques du *De l'Amour* de Stendhal, André Pieyre de Mandiargues ajoute, à propos du chapitre sur les « affaires du cœur en Italie », que « le crime, par exemple, peut être la conclusion nécessaire et morale, l'aboutissement vital, de certaines intrigues passionnelles dans lesquelles l'homme est entré et desquelles il ne pourrait honorablement sortir innocent et sauf » (20). C'est bien en définitive pour rompre une intrigue passionnelle dans laquelle il s'était égaré que Valmont acceptera le procédé de la marquise, après avoir constaté la précarité de sa première rupture. L'épisode du carrosse, impliquant Émilie, était prémédité, et la lettre qui le relate à la marquise annonce bien une rupture brutale et sans raison, telle qu'elle devait avoir lieu :

> Je pris donc un parti violent; et sous un prétexte assez léger, je laissai là ma Belle, toute surprise, et sans doute encore plus affligée. Mais moi, j'allai tranquillement joindre Émilie à l'Opéra (CXXXVIII).

En renouant avec la présidente, Valmont ne cherchait donc pas à en imposer par son habileté. Bien qu'il écrive :

> Ainsi cette aventure, interminable, selon vous, aurait pu, comme vous voyez, être finie de ce matin; si même elle ne l'est pas, ce n'est point comme vous l'allez croire, que je mette du prix à la continuer : c'est que [...] je n'ai pas trouvé décent de me laisser quitter (CXXXVIII),

le vicomte ment, comme jamais il n'a osé le faire, et la marquise ne s'y trompe pas :

> Assurément je ne vous ai jamais dit que vous aimiez assez cette femme pour ne pas la tromper [...]
> Mais ce que j'ai dit, ce que j'ai pensé, ce que je pense encore, c'est que vous n'en avez pas moins de l'amour pour votre Présidente (CXLI).

Tout le mystère de la conduite de Valmont, toutes ses irrégularités de méthode et, en définitive, tout le drame des *Liaisons dangereuses*, sont mis en évidence par ces deux phrases. À la mauvaise foi du vicomte qui a substitué aux liaisons libertines, fondées sur les sens et l'esprit, les liens des sens et du cœur, s'opposent l'amour-propre blessé et peut-être même l'amour de Mme de Merteuil. Lorsqu'il s'agit de libertins chevronnés qui, de plus, s'étaient promis de s'entraider au cours de leurs aventures galantes, un tel désaccord ne peut être la conséquence d'un simple écart de conduite. Les irrégularités de Valmont mettent en lumière le malaise latent qui existe depuis le début de l'intrigue entre Mme de Merteuil et lui, et leurs conséquences deviennent trop importantes pour n'y voir qu'une simple faiblesse du vicomte. Il est inconcevable qu'un libertin de sa classe se laisse à tel point détourner de son projet initial. De plus, son erreur n'explique pas suffisamment son échec auprès de la marquise. Au jeu qu'il s'était proposé fera bientôt place une guerre d'usure car, « dans l'alternative d'une haine éternelle ou d'une excessive indulgence » (II), Mme de Merteuil opte pour la rupture tout en proclamant que sa « bonté l'emporte ». À l'aide de dérivatifs, que nous verrons, elle exploite très vite une aventure qu'elle avait d'abord désapprouvée.

Depuis longtemps il était devenu de bon ton de se former le cœur et l'esprit. « C'est devenu un lieu commun, ou, comme dirait le roi de Ferney, la tarte-à-la-crème du temps[10]. » Avant de se fixer en capitales d'or sur les couvertures de romans, les égarements des sens, de l'esprit et du cœur fournirent l'essentiel du fonds psychologique et moral des écrivains du xviiie siècle. En attribuant à trois facteurs différents, ou à trois « sièges », les mobiles de nos actes : les sens, l'esprit et le cœur, Versini distingue trois niveaux dans la nature de nos sentiments. À ces trois ordres naturels correspondent trois degrés d'attirance entre les sexes, c'est-à-dire les trois nuances du plaisir recherché par les trois types humains traditionnels : les sensuels, les intellectuels et les sentimentaux. L'idéal, sans qu'il soit question ici de tradition libertine, est de maintenir en équilibre les impulsions des sens, de l'esprit et surtout du cœur. Cet idéal, déjà dénoncé par Rétif de la Bretonne, sera rompu à la fin du siècle lorsque le marquis de Sade durcira à l'extrême l'attitude du roué qui, ignorant le cœur, n'aura recours qu'aux sens et à l'imagination pour provoquer le plaisir. Comme il est nécessaire d'envisager trois degrés dans la nature des plaisirs de l'amour, la marquise n'évalue pas de la même façon les avances que lui font Belleroche, Danceny et Valmont, et nous devons considérer différemment les trois formes d'attraction féminine que Cécile, Mme de Tourvel et Mme de Merteuil offrent à Valmont.

Dans l'exécution de ses trois projets de séduction, Valmont est sollicité par ces trois sortes d'attrait. Nous connaissons déjà le petit-maître : c'est lui qui se plaît à évoquer ses hardiesses dans le lit d'Émilie (XLVIII) ou de la vicomtesse de M*** (LXXI) et qui rappelle, à propos de Mlle de B***, que « la franche coquetterie [...] a résisté les trois mois complets » (XCIX). Ce n'est pas par hasard qu'avec Cécile seuls ses sens soient touchés. La marquise qui, comme le conteur d'*Acajou et Zirphile*, Duclos, n'ignore pas que « les hommes sont gouvernés par leurs sens avant de connaître leur cœur » (VIII, 362–363), ne se fait aucune illusion sur l'esprit de sa protégée et en est même enchantée bien qu'elle prétende, en se contredisant, en avertir le vicomte : « cela ne vaut pas de se déranger un quart d'heure » (CXIII). Savoir Valmont satisfait des plaisirs que lui procure Cécile, c'est voir à la fois son projet officiel se développer comme elle le désire et le vicomte s'éloigner de la présidente dans la mesure où il n'en est pas vraiment amoureux. Émile Dard, dans son étude sur Laclos, voit même dans la liaison

---

[10] Hubert Juin, *les Libertinages de la raison*, p. 103.

Valmont-Cécile une décision majeure de la marquise qui, faisant d'une pierre deux coups, éloigne ainsi Valmont de Mme de Tourvel et Danceny de Cécile : « Dénonçant secrètement Danceny à Mme de Volanges, elle la détermine à le chasser de chez elle et à emmener sa fille chez Mme de Rosemonde, Du même coup, elle écarte une rivale et la livre à Valmont qu'elle distrait ainsi, par une tentation piquante, de Mme de Tourvel. » (38) Bien que la suite de l'histoire confirme cette interprétation, il est prématuré d'affirmer qu'en faisant envoyer Cécile chez Mme de Rosemonde (lettre LXIII du 9 septembre), Mme de Merteuil pense déjà à Danceny. Ce n'est que le 15 octobre (CXIII) qu'elle l'annoncera comme le successeur de Belleroche, et le 3 décembre qu'elle le rencontrera pour la première fois en particulier. Les remarques de Valmont à son sujet sont purement galantes, du même ordre que celles que lui suggère au même moment la présence de Belleroche auprès d'elle.

C'est le 22 août seulement, quinze jours après la première proposition de la marquise, que Valmont songe à lui reparler de la jeune fille : « Je ne vous parle pas de la petite Volanges, nous en causerons au premier jour » (XXV), et dès qu'il la voit à son retour au château il estime « qu'elle est rendue » (LXXVI), non pas à Danceny, comme pouvait le laisser supposer le plan initial de la marquise, mais bien à lui puisqu'il estime que « la vengeance [sur Mme de Volanges] ira plus vite que l'amour » (LXXVI). Mais Cécile lui résiste encore quinze jours, ce qui l'oblige à copier la clef de sa chambre. Comme pour l'Alcibiade de Crébillon, pour qui « les obstacles n'ont jamais été [...] qu'un encouragement de plus » (II, 265, 180), ces hésitations ne font qu'aviver son impatience : « L'Enfant timide prit peur et refusa. Un autre s'en serait désolé; moi, je n'y vis que l'occasion d'un plaisir plus piquant. » (XCVI) Il refuse d'admettre que le désir de déniaiser une jeune ingénue le pousse en partie à exécuter si ponctuellement les ordres de la marquise. Le ton de sa lettre met à nouveau en lumière ses hésitations. Il recherche « une distraction » que sa « solitude » lui « rendait nécessaire » (XCVI). Depuis quelque temps, Mme de Tourvel se montre en effet moins sévère sans pour autant lui permettre la moindre privauté. Ses sens et son imagination n'en sont que plus avivés; il lui faut au plus vite un exutoire à ses « élans de jeune homme » et Cécile est la réponse providentielle.

La mauvaise foi du vicomte est encore plus évidente dans la seconde partie de cette lettre. Il profite de l'innocence de Cécile, parce qu'il lui paraît juste de se dédommager des peines qu'il se donne pour elle et parce que la marquise la lui a confiée; excuses peu convaincantes, quand on lit aussitôt après que « la jolie mine de la petite personne, sa bouche fraîche, son air enfantin, sa gaucherie même fortifiaient ces sages réflexions ». Quoiqu'il ne soit pas « venu là pour causer », il ne s'attend pas non plus à connaître des plaisirs nouveaux. À la façon dont il conduit chaque détail de la scène, il s'amuse, plus qu'il ne jouit, de la naïveté apparente de Cécile et s'intéresse davantage, ainsi que l'expliquent A. et Y. Delmas, aux effets de « l'occasion » sur une personne non prévenue[11]. Il faut aussi noter que dans son récit Valmont ne s'interroge pas un instant sur les réflexions secrètes de Cécile. Pour Lucas de Peslouan — à qui Versini attribue *les Vrais Mémoires de Cécile de Volanges, rectifications et suite aux Liaisons dangereuses* — Valmont se serait mépris sur la candeur de la jeune fille, à qui l'auteur ingénieux fait écrire :

> Quand donc, après s'être, par des moyens que j'ignore, saisi de la correspondance dont il [Laclos] allait faire son livre, il commit la vilaine action de la publier, alors que les aventures qu'elle rapportait étaient encore toutes fraîches, au moins eut-il la générosité de donner à son amie figure de mère tendre, vertueuse, malheureuse et désespérée, comme du même coup à la fille, figure de victime, ce qui l'obligea de la présenter comme une imbécile.
> Je l'avoue : c'est contre cette légende de mon imbécillité que principalement je proteste; et c'est pour la détruire que j'écris ceci. Non pas que je puisse prétendre à n'avoir pas été trompée. La Merteuil et Valmont avaient dans l'intrigue une habileté dont j'étais incapable; mais il est également vrai que je n'eus jamais l'innocence ni la stupidité qu'on m'impute; et c'est là ce que je veux qu'on sache (I, 6).

C'est encore cette jeune fille qui, du même ton, ajoute à propos de sa première nuit avec Valmont :

> Je n'ai rien à dire contre ce récit [lettre XCVI]. J'y trouve bien ce que Valmont put éprouver et penser; car, pas un moment, jusqu'au jour que je

---

[11] « Contrairement à l'interprétation qu'on donne de ce texte, très souvent cité, mais réduit à sa première phrase, il ne s'agit pas ici d'une occasion offerte à Valmont et à laquelle, pour une fois, il cèderait, mais bien de l'effet de l'occasion sur Cécile, comme le contexte le montre évidemment. L'occasion provoquée et offerte par le séducteur à combattre l'amour et la pudeur, elle est cependant victorieuse. Telle est la « puissance de l'occasion » sur les autres. » (*À la recherche des Liaisons dangereuses*, pp. 353–354.)

dirai, il ne connut ma vraie nature. Mais, si je me plaisais comme lui à raconter pareille histoire, je la rapporterais tout différemment :
J'étais bien loin de dormir quand Valmont entra; le tourment de l'attente me l'interdisait; mais je tenais mes yeux mi-clos, curieuse de savoir comment il se présenterait. Sa façon me surprit, puis me déçut (I, 64–65).

Si la durée de la liaison Valmont-Cécile s'explique par la réticence de la présidente, les sentiments du vicomte paraissent plus complexes lorsque Mme de Tourvel devient sa maîtresse, car, là encore, il affirme ne chercher qu'un plaisir passager qui le préserverait d'un égarement du cœur. Mais en ce domaine, on ne craint que ce que l'on a déjà ressenti. Bien qu'il demeure toujours lucide et que ses sens y trouvent entière satisfaction, son cœur participe aussi au plaisir que lui donne la présidente. Sans cette entorse aux lois du libertinage, il ne pouvait être question d'une liaison dangereuse. Ce danger provient aussi de la réponse complexe du vicomte à ses instincts. Tandis que Cécile ne demeure pour lui qu'une « jouissance attachante » (CXV), la présidente le tente aussi pour cela mais il jouit avec elle du plaisir supérieur de vaincre une femme honnête dans le but de la dégrader : perfidie caractéristique, nous l'avons vu, d'une attitude érotique (*cf. supra,* 200 et ss). Malgré son côté passionnel, l'amour de Valmont pour Mme de Tourvel n'est jamais héroïque ou sublime. À aucun moment il n'abandonne tout à fait son penchant à l'exhibitionnisme, particulièrement sensible dans le plaisir qu'il éprouve à relater sa première nuit avec Cécile. L'amour devant témoin, car telle est bien la conception qu'il en a par l'intermédiaire de ses lettres à la marquise, vérifie cette observation plus encore que, comme le conçoit Malraux, le fait de donner à son désir de coucher avec Mme de Tourvel des excuses qui ne sont plus dictées par l'amour ou par la volupté, mais par la réflexion.

À l'érotisme intellectuel de Valmont, qui conduit la présidente à abdiquer ses résolutions en faveur des propositions de son séducteur, s'oppose l'érotisme sensuel de la marquise quand elle entreprend de gagner la confiance de Cécile en éveillant en elle, par ses caresses, des désirs dont elle n'avait pas encore conscience (*cf.* CXV). Valmont ne fait qu'achever son travail quand, séduisant la jeune fille pour parvenir plus facilement à la dépraver, il en obtient « ce qu'on n'ose pas même exiger de toutes les filles dont c'est le métier » (CXV).

À trop insister sur l'érotisme d'épisodes secondaires et sans originalité, on risquerait de rabaisser Laclos au rang d'un Nerciat ou d'un Nougaret et de ne voir en lui qu'un continuateur aigri et prétentieux de l'auteur de *l'Écumoire*. Guidé par la contrainte artistique dans son choix des moyens, Laclos refuse d'ailleurs les procédés faciles et grossiers. Il est certain que le véritable érotisme des *Liaisons* ne se trouve pas dans les quatre scènes pittoresques rapportées par Valmont (LXXI, son « réchauffé » avec la vicomtesse de M***, XCVI, le viol de Cécile) et par Mme de Merteuil (X, la nuit qu'elle accorde à Belleroche dans sa petite maison, LXXXV, son exploit avec Prévan) mais dans la nature même de leurs rapports. C'est d'ailleurs le point de vue de Jean-Luc Seylaz, lui-même très influencé par l'avis de Malraux :

> Quant au conflit qui oppose Valmont à Mme de Merteuil [...] il est fondamentalement érotique [...] Car la volonté mal déguisée de Valmont est de contraindre Mme de Merteuil à avouer sa soumission, la force du désir qu'elle éprouve encore pour lui. De son côté, celle-ci s'efforce d'enchaîner Valmont, de le mener à sa guise par le désir qu'il a d'elle. C'est donc une victoire érotique qu'ils se disputent (*les Liaisons dangereuses et la création romanesque chez Laclos*, 55).

Ce qui frappe surtout aujourd'hui, c'est l'impudeur dont font preuve ces deux roués. « Sous la régence on fut dispensé de l'hypocrisie », note Duclos dans *les Confessions du comte de* ***. Ce trait de son époque le frappe tant qu'il le note encore dix ans plus tard dans ses *Mémoires sur les mœurs* :

> Sur le fond des vices, un siècle n'en doit guère à un autre; peut-être même faudrait-il, pour être juste, rabattre sur la corruption de celui-ci ce qui appartient à la folie; mais je crois qu'il n'y en a point eu de plus indécent (477).

Cette forme mondaine de la grossièreté était naturelle à une époque où le plaisir venait de la publicité accordée aux scandales qu'il entraîne. Impudeur physique dans le comportement de la marquise avec Cécile, impudeur morale au cours du « viol spirituel » de la présidente, tels sont en fait les deux aspects de l'érotisme dans ce roman où, comme l'indique le critique américain Aldridge, dans son *Essai sur les personnages des Liaisons dangereuses*, « l'allusion et l'euphémisme [...] le persiflage et le détachement amusé » (45) atténuent la licence des situations. De plus, en n'acceptant pas les trois refus qui, pour

Mauzi, caractérisent les démarches d'un libertin authentique (*cf. supra*, 233), Valmont reste assujetti à ce que le critique appelle « l'obsession érotique ». À ces inclinations communes à tous les libertins, s'ajoutent chez le vicomte des tentations plus préjudiciables à son image et à ses prétentions de libertin. Tout au long du roman on suit, en filigrane, inhérente à son projet de forcer la présidente, la progression d'un amour bien réel même si les sens l'emportent sur le cœur. Si sa conduite ne le prouvait pas suffisamment, la marquise est toujours là pour le rappeler, du début à la fin de sa correspondance :

> Que cette ridicule distinction est bien un vrai déraisonnement de l'amour ! Je dis l'amour; car vous êtes amoureux (X);

> Or, est-il vrai, Vicomte, que vous vous faites illusion sur le sentiment qui vous attache à Mme de Tourvel ? C'est de l'amour, ou il n'en exista jamais (CXXXIV).

Le plaisir qu'il ressent avec Mme de Tourvel est bien celui dont il rêvait : véritable bonheur[12], que nulle autre femme, y compris la marquise, ne lui avait encore offert. Pour la première fois les émotions de l'amour prolongent les satisfactions des sens. Valmont cherche à nouveau à cacher son émoi. La lettre CXXV offre le dernier exemple de la subtilité de ses raisonnements. Il s'y montre cependant mal à l'aise, non pour raconter la prouesse en elle-même, mais pour dissimuler à la marquise ce qu'il ressent depuis que la présidente s'est offerte corps et âme. Il parle trop et choisit mal l'occasion pour disserter sur les réactions des prudes pendant leurs faiblesses et sur les causes de son propre bonheur. Il est important pour lui de bien établir que le surcroît de plaisir qu'il a éprouvé dans son triomphe, et qu'il ressent encore, « n'est que la douce impression du sentiment de la gloire » (CXXV), et non l'effet de la volupté. Mais cette intéressante remarque n'est qu'une excuse à laquelle il se rattache désespérément. Il chérit « cette façon de voir, qui [le] sauve de l'humiliation de penser qu'[il] puisse dépendre en quelque manière de l'esclave même qu'[il se]

---

[12] Voir à ce sujet l'article de Monique Gosselin, « Bonheur et Plaisir dans *les Liaisons dangereuses* », *Revue des sciences humaines*, vol. XXXV, n° 137, janvier-mars 1970, pp. 75–85.

serait] asservie » (CXXV). On ne peut dénoncer plus maladroitement l'origine de sa mauvaise foi[13].

La gêne de Valmont s'accentue dans la suite de la lettre qui se prolonge inutilement, comme s'il n'osait plus annoncer sa victoire. Son entrée en scène, son observation des lieux, la gradation de ses arguments peuvent, certes, être citées dans toute anthologie libertine, à la fois pour l'habileté déployée et pour l'aisance du style. Bon lecteur de Crébillon, il parvient même à susciter le « moment » :

> « — Il faut vous fuir, il le faut ! — Non ! » s'écria-t-elle [...] À ce dernier mot, elle se précipita ou plutôt tomba évanouie entre mes bras (CXXV).

Mais tandis qu'il détaille avec complaisance les caresses et les baisers qu'il échangeait avec Cécile, une ligne lui suffit pour décrire sa première victoire qui n'est, en fait, que le viol d'une femme évanouie. On sait en effet que la présidente « ne revint à elle que soumise et déjà livrée à son heureux vainqueur » (CXXV). Nous n'en saurons guère plus sur la reprise, sinon que ce fut avec une « candeur naïve ou sublime qu'elle [lui] livra sa personne et ses charmes, et qu'elle augmenta [son] bonheur en le partageant », et que, pour la première fois, le vicomte goûta une ivresse « complète et réciproque » qui « survécut au plaisir ».

Il est clair d'après cette lettre que Valmont n'ose pas exprimer à la marquise tout ce qu'il ressent. Une nuit, ou même une heure, avec la présidente, peuvent apporter des surprises qu'il ne craignait pas de rencontrer avec Cécile. Ce « charme inconnu », c'est toute la différence qui existe entre des plaisirs achetés, comme avec Émilie, ou des enfantillages partagés, comme avec Cécile, et la volupté que procure une maîtresse passionnée et vaincue. Valmont a beau se rappeler que ce n'est pas « comme dans [les] autres

---

[13] C'est la raison pour laquelle il nous est difficile d'accepter la remarque de Georges May qui, n'ayant pas relié ce passage au processus d'auto-défense de Valmont, écrit dans un article sur « Racine et *les Liaisons dangereuses* » : « La seule différence psychologique notable entre les monstres de Racine et ceux de Laclos est sans doute que le dernier a poussé l'intellectualité jusqu'à priver ses personnages de corps sensibles [...] Ni Valmont ni la Merteuil n'ont de sens. Ils n'envisagent leurs corps — le leur et celui de leur complice —, que comme des instruments commodes pour infliger la honte ou le mal, mais non pas le plaisir. S'ils jouissent, ce n'est pas dans leurs nerfs, mais dans leurs cerveaux; car faire le mal, c'est s'imposer au monde et se couvrir de gloire... » (*The French Review*, vol. XXIII, 1949–1950, p. 455.)

aventures, une simple capitulation plus ou moins avantageuse, et dont il est plus facile de profiter que de s'enorgueillir; [mais] que c'est une victoire complète, achetée par une campagne pénible, et décidée par de savantes manœuvres », l'émotion et la surprise des sens l'ont emporté sur les objectifs officiels.

> Je ne sortis de ses bras que pour tomber à ses genoux, pour lui jurer un amour éternel; et, il faut tout avouer, je pensais ce que je disais. Enfin, même après nous être séparés, son idée ne me quittait point, et j'ai eu besoin de me travailler pour m'en distraire (CXXV).

Un tel aveu souligne l'artifice conventionnel des galanteries qui terminent la lettre. Si le libertin tente de réagir : « Ah ! pourquoi n'êtes-vous pas ici [Marquise], pour balancer au moins le charme de l'action par celui de la récompense ? », l'amant comblé laisse imprudemment deviner sa joie : « Mais le bonheur porte à l'indulgence. » Valmont, le libertin qui ne cherchait que des plaisirs et des satisfactions d'amour-propre, vient de découvrir plus que le plaisir : un bonheur, qui, plus qu'une sensation nouvelle, le plonge dans un état qu'il ne connaissait pas et qu'il ne croyait pas devoir exister. Ce comportement, comparé à celui des différents types de libertins déjà rencontrés, permet de considérer Valmont comme un lien imprévu entre les petits-maîtres sémillants et les roués cyniques. Il rappelle les premiers par sa façon d'évoquer les aventures de Prévan et de s'amuser de Cécile. Laclos possédait Crébillon car Mme de Merteuil lit un chapitre du *Sopha* pour accorder son esprit à l'attitude qu'elle doit se composer pour recevoir un amant. Il n'ignore rien non plus des trois niveaux de perception dont parle Versini. À Valmont qui semble prendre un plaisir excessif avec Cécile, la marquise rappelle que « ce n'est pas, à vrai dire, une entière jouissance : vous ne possédez absolument que sa personne ! je ne parle pas de son cœur, dont je me doute bien que vous ne vous souciez guère : mais vous n'occupez seulement pas sa tête » (CXIII). Le vicomte annonce par ailleurs les créatures de Sade par ses prétentions à vaincre Mme de Tourvel après une « lente agonie » et son désir de dépraver Cécile en l'incitant à bafouer sa mère : Mme de Saint-Ange, dans *la Philosophie dans le boudoir*, estime que le moyen le plus efficace de pervertir une jeune fille est de lui faire perdre tout respect pour sa mère (III, 391).

Ces trois dispositions de Valmont petit-maître, amoureux et roué — qui suffiraient à marquer la primauté littéraire des héros de Laclos sur les fantoches schématiques de Nerciat ou de Rétif — ne sont pas seulement dues au souci esthétique de l'auteur de réduire la portée des raisonnements habiles de son personnage en le dotant d'une affectivité capable de le détourner inconsciemment de ses résolutions, elles s'expliquent aussi par l'attitude troublante et par les interférences de celle que Valmont considère, depuis le début du roman, comme la seule personne capable de démarquer ses roueries : la marquise de Merteuil.

CHAPITRE X

LES LIAISONS DANGEREUSES, ESSAI D'INTERPRÉTATION : LE « GRAND DESSEIN » DE LA MARQUISE

> Les Liaisons sont la nuit du 4 août du libertinage aristocratique.
>
> Roger Laufer[1]

POUR CONNAÎTRE LE SECRET des *Liaisons dangereuses*, le lent et quasi imperceptible processus de destruction que Mme de Merteuil tisse autour de Valmont, il faut parvenir à reconstituer le caractère naturel des personnages et à retrouver leur individualité derrière les apparences qu'ils se donnent en société. Quand il s'agit de la marquise, ses lettres au vicomte sont notre meilleure source de renseignements. Plus prudente que lui quand elle agit, ainsi que le montre la mise en scène qu'elle organise autour de l'affaire Prévan, elle étale parfois dans sa correspondance une franchise outrancière qui va jusqu'au cynisme. L'impudence des propos devient pour elle une manière habile de mieux dissimuler ses pensées. Pour Augustin-Thierry, dont le style souvent déconcertant, que signale le bibliographe Robert Lay[2], est mis en évidence par cette citation,

---

[1] *Style rococo, style des Lumières*, p. 138.
[2] Dans D. C. Cabeen, *A Critical Bibliography of French Literature*, T. IV : *The Eighteenth Century*, p. 97, n° 930 : « From the point of view of style, book is frequently irritating. »

elle ne persifle pas; foncièrement mauvaise, elle n'est pas méchante. Seul son plaisir est de tromper. Elle érige le mensonge en système. L'intrigue est son élément, qui lui découvre le mobile secret des actions humaines, peut seul distraire l'ennui mortel qui la ronge désœuvrée (*les Liaisons dangereuses de Laclos,* 55),

l'aveuglement que montre le vicomte devant certaines de ses lettres prouve l'efficacité de sa duplicité. Des deux antagonistes, c'est elle qui aura le premier et le dernier mot (lettre II, du 4 août, et lettre-billet CLIX, du 6 décembre) mais c'est elle aussi qui offrira une conduite de plus en plus inattendue.

Forte d'une première liaison qui lui a révélé son ascendant sur Valmont, elle croit posséder en lui un cavalier servant parfaitement soumis. Stimulée par la liberté que lui offre son veuvage, elle mène une vie d'intrigues dont l'affaire Gercourt est la dernière en date. Toutefois, bien qu'elle veille à rester maîtresse de ses décisions et de ses actes, la nature même de son dernier projet, la débauche de Cécile, va la forcer à recourir aux services du vicomte. Celui-ci, d'abord docile en dépit du rôle d'homme de main qu'on lui impose, s'aperçoit qu'il devient en fait le véritable artisan de l'intrigue dont se vante la marquise. Il se vexe, affiche une attitude de plus en plus désinvolte et, pour prouver son indépendance et son autorité, se lance, soi-disant par fantaisie, dans une aventure délicate que la marquise désapprouve dès le début. Mais le vicomte se laisse entraîner par son projet; ce qui n'était qu'un passe-temps devient une « affaire » beaucoup plus sérieuse. La marquise, qui très vite sent le danger, en prend ombrage jusqu'à laisser percer sa jalousie. Dès qu'elle s'aperçoit des inconvénients auxquels elle s'expose à trop dépendre d'un complice dont elle refuse d'autre part d'agréer les propositions galantes, elle s'efforce d'achever par elle-même les démarches entreprises par Valmont auprès de leur pupille commune. À son tour elle catéchise la jeune fille et, pour qu'il succède au vicomte dans le lit de Cécile, elle encourage Danceny à plus de hardiesse.

Valmont et Merteuil se rendent alors compte que la confiance qu'ils s'étaient jurée sur l'ottomane n'existe plus. Se connaissant bien, ils en viennent à se craindre et se préparent à d'éventuelles représailles. Tous deux commettent des actes irréparables : Valmont, en éloignant pour une nuit Danceny de la marquise et en s'en vantant; Mme de Merteuil, en dévoilant au chevalier la conduite du vicomte avec Cécile.

Cette interprétation n'offre toutefois qu'une explication partielle de la conduite de la marquise et ne répond qu'imparfaitement aux questions que soulève l'attitude souvent ambiguë de Valmont qui, apparemment grand maître en libertinage, se présente aussi comme le grand perdant du roman.

Dès que l'action est engagée des deux côtés (lettres II et IV), la marquise est censée s'occuper de deux projets; d'abord celui qu'elle indique : se venger de l'infidélité d'un ancien amant, le comte de Gercourt, en préparant méthodiquement son cocuage; puis l'intrigue inattendue de Valmont, qu'elle veut diriger sans toutefois heurter la susceptibilité du vicomte dont elle recherche les services. Ce n'est évidemment pas son premier projet qui peut la mettre en humeur. Pour André Malraux, il ne représente d'ailleurs pas un motif suffisamment puissant pour la maintenir si longtemps dans la ligne de conduite rigoureuse qu'elle s'est fixée :

> Qu'une femme capable d'une énergie de cette sorte et à qui Stendhal eût prêté de « grands desseins » se soit si longtemps occupée que de rendre cocu par avance un amant qui l'a quittée, serait une singulière histoire, si le livre n'était que l'application d'une volonté à des fins sexuelles. Mais il est tout autre chose (dans *Tableau de la littérature française*, II, 388).

Quant à l'entreprise de Valmont, si l'orientation qu'il lui donne explique les premières humeurs de la marquise, elle ne peut être la cause de sa conduite surprenante avec Danceny, ni de son chantage à l'égard du vicomte qui, dès le 26 novembre au soir, lui a obéi en tous points en envoyant à la présidente la lettre de rupture irrévocable des « ce n'est pas ma faute ». La conduite de Valmont ne permettant pas de répondre à la triple question qui reste sans réponse à la fin des *Liaisons* — pourquoi Mme de Merteuil refuse-t-elle de renouer avec Valmont; pourquoi décide-t-elle de n'avertir que Danceny de son retour à Paris dans le seul but, semble-t-il, de narguer le vicomte; enfin, quelle est la raison du chantage final des lettres CXLI et CLII ? — Mme de Merteuil se présente en définitive, et malgré les initiatives spectaculaires mais limitées du vicomte, comme la véritable animatrice de l'intrigue.

Pourtant, tout en expliquant la supériorité de Mme de Merteuil sur Valmont, l'idée d'une marquise personnifiant, selon Malraux, un mythe de la volonté et de l'intelligence, une mythologie en elle-même, n'apporte aucun indice sur les motifs de ses actes. Ce raisonnement devient même gênant quand on constate la maladresse de plus en plus incompréhensible et dangereuse dont elle fait preuve envers le vicomte. En surestimant les qualités psychologiques de la marquise, on la dote d'un prestige qu'elle ne mérite qu'en partie. « Des jeunes gens, aveuglés par un enthousiasme qui touche à la hantise, ont voulu trouver dans *les Liaisons dangereuses*, comme dans *le Rouge et le Noir*, une glorification de l'énergie qui n'y est pas », écrit Émile Dard qui voit surtout dans le livre de Laclos l'ouvrage d'un ambitieux cherchant à acquérir par les lettres la gloire tapageuse que les armes lui refusaient (*Un acteur caché du drame révolutionnaire : le général Choderlos de Laclos*, 53). Cet « enthousiasme aveugle » a trop souvent conduit le lecteur à dénaturer aussi les véritables intentions de la marquise.

La première difficulté que l'on rencontre à son sujet provient en partie de son attitude essentiellement ironique. L'existence de sa lettre autobiographique en est la preuve immédiate. L'ironie constitue une des bases de son caractère et ne doit pas être assimilée à une simple fantaisie d'expression. Tout au long du roman, nombreuses sont les situations où Mme de Merteuil contredit par ses actions ou par ses conseils les principes exposés dans sa lettre LXXXI. Comme la correspondance de Valmont offre l'image d'un homme partagé entre les règles du libertinage et la force des émotions, celle de la Marquise, d'une manière moins systématique, révèle une femme prétentieuse, incapable de s'en tenir à ce qu'elle déclare avoir décidé. Ainsi, tout en tenant compte des exigences du roman épistolaire et tout en acceptant comme nécessaire pour l'intrigue l'existence des lettres de la marquise, force nous est de constater que c'est elle qui, malgré son conseil de ne jamais écrire pour ne pas laisser d'indices, organise la correspondance de Cécile et de Danceny. Elle écrit même deux fois à ce dernier des lettres qui ne laissent aucun doute sur la nature de leurs relations (CXXXI et CXLVI). Laclos, conscient de ces irrégularités, confiera d'ailleurs à ce même Danceny le soin de les relever, en lui faisant divulguer les lettres LXXXI et LXXXV qui alerteront l'opinion.

Au problème psychologique posé par Mme de Merteuil et que l'on peut résumer par la bévue incompréhensible du « Hé bien ! la guerre » (CLIII), les réponses les plus diverses ont été proposées. A. et Y. Delmas retiennent la solution toujours ambiguë — tant qu'une explication convaincante du phénomène n'aura pas été donnée — de l'acte gratuit (*À la recherche des Liaisons dangereuses*, 329). Mais en refusant d'accorder des motifs raisonnés aux péripéties de l'intrigue, leur interprétation détruit en partie la valeur technique du roman. Face à cette solution dont la faiblesse est de se soutenir par elle-même et sans preuves, des réponses plus complexes ont été proposées. Reprenant sur bien des points l'article de Laufer paru en 1960 sur « La Structure dialectique des *Liaisons dangereuses* », le critique américain Aram Vartanian considère à son tour la marquise comme un être double, une tête d'homme sur un corps de femme : « she personifies the possibility of an equivalence, or confusion, of the sexes[3] » et la range en quelque sorte dans la famille littéraire des monstres psychologiques, sinon moraux. Sur le plan pratique, l'androgynie de la marquise est réalisée grâce à son association avec Valmont. Depuis le « pacte », les deux antagonistes ne doivent plus constituer qu'une seule entité agissante dont Mme de Merteuil serait la tête et Valmont le corps, et où les rôles sont parfois inversés au point que Laufer concluait déjà que « Valmont se fait femme, la Merteuil se fait homme ». Cette union n'est cependant pas parfaite; le vicomte et la marquise réagissent sans cesse comme deux personnes bien distinctes et de nature souvent opposée. Pour Vartanian, plus encore qu'à une fusion, le couple Valmont-Merteuil nous fait assister à une lutte pour l'égalité des sexes. Mais la marquise veut trop entreprendre et montre insconciemment qu'elle dépend encore beaucoup trop de Valmont pour parvenir à cette égalité : « The Marquise cannot, in fact, quite sustain the part she has assumed for herself. » (*loco cit*., 178) Par ses qualités sociales et mondaines, et par le souvenir qu'elle garde de leur première liaison, Valmont personnifie à ses yeux l'homme idéal et le plus qualifié pour mener à bien le marché qu'elle lui a proposé. Elle oublie cependant qu'il est aussi le plus dangereux, parce que seul à bien la connaître. Il a su conserver son respect en la considérant à son tour comme la seule femme intelligente qu'il ait rencontrée. Pour le critique, la catastrophe finale s'explique, aux deux niveaux constitutifs de la marquise. Elle perd la tête quand, à l'encontre de tous ses calculs, Valmont est capable, d'une part, de sacrifier la femme qu'il aime en lui envoyant la lettre de rupture et, de l'autre, de la ridiculiser publiquement en brisant son

---

[3] « The Marquise de Merteuil, A Case of Mistaken Identity », *l'Esprit créateur*, vol. III, n° 4, hiver 1963, p. 176.

intrigue avec Danceny. Sur le plan idéologique, le dénouement indique que Mme de Merteuil est redevenue femme. Ses décisions et le ton de ses menaces sont les réactions d'une femme jalouse et d'une intrigante qui vient de subir un échec : « the Marquise feels cornered, écrit Vartanian, loses her head, and lashes out in blind fury with the retaliatory action that will precipitate their mutual ruin. In the *dénouement* that follows, the proper role of each sex is re-affirmed with a vengeance. » (180) De même pour Laufer, « leur complicité est dès le départ antagonisme, et leur volonté de puissance paroxystique, dans une certaine mesure, conduite d'échec. Davantage, ce lien de complicité porte en lui la nostalgie trouble d'une liaison dont la qualité les a tous deux surpris [...] l'ombre d'une jalousie indistincte va désormais porter sur leurs plus froides argumentations » (*loco cit.*, 83).

Dans son étude sur *les Liaisons dangereuses*, Philip Thody propose de considérer le roman comme la tentative désespérée de Mme de Merteuil pour ramener à elle un vicomte qu'elle n'a jamais cessé d'aimer, en dépit de l'hostilité ouverte qu'elle semble lui marquer. Valmont exacerbe-t-il la marquise au point qu'elle encourage Mme de Volanges à mettre la présidente en garde contre lui ? S'il en est ainsi, c'est qu'elle est soit plus jalouse qu'elle ne le prétend, soit, en réalité, très amoureuse de lui et prête à tout pour l'éloigner de son unique rivale[4]. Le critique demeure cependant prudent dans ses affirmations. Selon lui, Laclos s'est refusé à imposer des réponses précises. Reprenant une habileté d'auteur déjà utilisée par La Bruyère, il rendrait le lecteur complice de ses sous-entendus en lui donnant l'illusion d'avoir su reconstituer les maillons d'une intrigue assez complexe. Les deux lettres qu'envoie à Mme de Tourvel une Volanges déjà bien renseignée sur Valmont (IX et XXII) et les deux « épîtres » que la marquise adresse à son « amie » (LXXXII et CIV) seraient la conséquence directe des sentiments de Mme de Merteuil pour Valmont et de ses efforts pour l'éloigner de la présidente avant de l'encourager par la suite à séduire sa victime afin de liquider cette « affaire » au plus vite.

C'est par contre une Merteuil beaucoup plus sûre d'elle et beaucoup plus attachante aussi que John Pappas présente dans son article sur « Le Moralisme des *Liaisons dangereuses* ». La mar-

---

[4] *Laclos : les Liaisons dangereuses*, p. 32.

quise éloigne le vicomte afin de mieux l'observer et de « mettre à l'épreuve ses protestations de fidélité ». Devenue pour Valmont le « fruit défendu », elle en acquerra un prestige nouveau qui lui permettra de rétablir leur ancienne liaison sur une base d'égalité et d'estime mutuelle. L'inconscience avec laquelle Valmont la renseigne sur ses sentiments envers la présidente, puis l'impudence avec laquelle il lui annonce sa victoire anéantissent tout espoir de réconciliation. Par dépit, Mme de Merteuil se donne à Danceny.

Le problème posé par Laclos dépasse celui que pouvait susciter l'intrigue initiale car l'égalité de l'homme et de la femme, qu'il étudiera plus tard dans ses essais sur l'éducation des femmes, se présente différemment selon qu'il s'agit d'une égalité sociale ou de l'égalité psychique ou intellectuelle. Les difficultés qui nuiraient à la reconnaissance de cette dernière n'échappèrent pas à l'écrivain. Mme de Merteuil perdra un combat qu'elle a longtemps dominé pour avoir oublié qu'elle ne devait lutter qu'avec ses propres armes. À la fin, ce sont ses hésitations qui retarderont un déroulement que les maladresses du vicomte auraient dû provoquer. D'autre part, la théorie d'une dualité constitutive de la marquise n'explique pas, dans la quatrième partie du livre, son alternance d'humeurs et de sarcasmes qui tranche avec le ton dégagé et autoritaire de sa correspondance du mois d'août. Enfin, les raisons évoquées dans sa lettre autobiographique n'éclairent qu'imparfaitement ses actions. Comme le discours tenu par Versac à Meilcour durant leur promenade à l'Étoile, la lettre LXXXI n'est qu'une justification de sa conduite, elle n'explique pas les raisons de ses brusques sautes d'humeur à l'égard du vicomte.

La lecture suivie des lettres de Mme de Merteuil à Valmont montre que son rôle dépasse de beaucoup celui d'instigatrice du « projet Gercourt »; à de rares exceptions près — principalement dans la quatrième partie du livre — le style de ses lettres n'est pas non plus celui d'une femme qui cherche à regagner l'attention exclusive d'un ancien amant : c'est le ton d'une personne uniquement occupée à harasser un adversaire et qui attend le moment opportun de l'abattre. Loin d'être le signal d'un répit utile dans le cours de leur liaison, le pacte conclu sur l'ottomane offre à la marquise la meilleure façon d'éloigner Valmont, en le persuadant qu'il ne s'agit là que d'un caprice de libertine exigeante, propre à raviver l'ardeur de leur inclination réciproque. Contrairement à l'explication proposée par Thody, elle repousse, en femme de tête qu'elle est, les sentiments qu'elle a éprouvés et qu'elle éprouve encore pour le vicomte. Valmont personnifie à ses yeux le dernier obstacle à vaincre pour maîtriser le sexe dominateur. Elle affirme avec netteté dans sa lettre autobiographique qu'avant même d'avoir rencontré le vicomte elle désirait le défier : « Séduite par votre réputation, il me semblait que vous manquiez à ma gloire; je brûlais de vous combattre corps à corps. » (LXXXI) Le fait qu'elle ne mentionnera plus ce projet, montre à quel point elle tenait à ne pas en rater l'exécution.

C'est ce dernier combat que relatent *les Liaisons dangereuses*. Toutes les intrigues qui s'y nouent, y compris celle de Valmont avec la présidente — dont Mme de Merteuil fixe aussi les règles —, ne sont que les péripéties de cette lutte menée exclusivement par la marquise, à l'insu de son adversaire. Grâce au pacte scellé sur l'ottomane — probablement à sa requête en dépit de ce que voudrait faire croire Valmont — ils se sont rendu leur liberté, mais en promettant de continuer à s'annoncer leurs prouesses galantes. Cette entente est pourtant interprétée différemment de part et d'autre. Valmont se flatte d'avoir acquis une demi-victoire, c'est-à-dire, à brève échéance, une promesse de capitulation de la marquise, qui confirme la confiance qui existe entre eux et entre eux seuls. Pour la marquise cet accord ne sera que ce qu'elle désire qu'il soit : l'association de deux escrocs, « de ces deux fripons qui se reconnurent en jouant » (CXXXI) et qui se promirent de ne se faire aucun mal et de partager de moitié les frais du jeu en se quittant. Le « pacte » constitue pour elle un excellent moyen de duper le vicomte et de reprendre, et non d'échanger, sa liberté vis-à-vis de lui sans qu'il s'en aperçoive. Le véritable point de départ des *Liaisons dangereuses*, et une des causes du danger de la liaison Valmont-Merteuil, n'est ni l'établissement d'un *modus vivendi* amical entre deux libertins toujours attirés l'un par l'autre mais qui veulent s'octroyer un répit provisoire, ni le projet de la marquise de se venger de son ancien amant, le comte de Gercourt. C'est d'abord la mise à l'écart du vicomte tout en le maintenant en disponibilité (elle n'ignore pas le danger qu'il y aurait de lui parler de renvoi), puis la reprise unilatérale de sa liberté : deux réactions naturelles chez une femme qui ne s'est jamais remariée, « uniquement pour que personne n'ait le droit de trouver à redire à [ses] actions » (CLII). Plus prudente que le vicomte, la marquise connaît ses faiblesses; malgré toutes ses précautions, elle est restée sensible aux cajoleries les plus banales et qui, pour cette raison, la mettent en humeur. Elle déteste Valmont quand il affecte un ton suppliant, car c'est alors qu'elle le craint le plus; elle reproche à Danceny son ton doucereux (CXX) qu'elle trouve à la fois ridicule et flatteur; avec Prévan, elle n'engage qu'un combat limité où l'amour ne peut avoir place (LXXXI).

S'étant ainsi, dans un premier temps, libérée de la présence physique de Valmont, la marquise peut travailler à son « grand dessein » : venger son sexe et maîtriser l'autre — ce qui, sur le plan pratique, consiste à vaincre Valmont dans un « combat corps à corps ». Pour reprendre la terminologie militaire si prisée des libertins, nous dirons que *les Liaisons dangereuses* relatent le dernier épisode de cet ultime combat décidé par la marquise depuis le jour où elle a entendu parler de Valmont pour la première fois. La guerre des sexes, poussée à ce point, enlève au libertinage mondain son caractère originel de jeu de société. Les conventions sociales, qui dictaient la tenue des rapports mutuels, font place à l'agressivité des sexes qui s'affrontent. L' « Homo Ludens » des petits-maîtres disparaît au profit de l' « Homo Belligerens » des roués.

Dans ce duel à mort où, malgré la supériorité intellectuelle de Mme de Merteuil, l'homme de par sa nature aurait dû l'emporter, Valmont échoue pour s'être rendu compte le 4 décembre seulement (CLIII) de la situation exacte dans laquelle l'a placé la marquise. En lui annonçant qu'à partir de ce jour il serait ou son amant ou son ennemi, il ne songe pas à un ultimatum mais il veut simplement montrer qu'il a enfin compris ce qu'on lui veut, et qu'il accepte le défi. Il est prêt au combat dont l'issue ne peut être que l'humiliation de l'adversaire ou sa propre déchéance. Mais cette décision du 4 décembre arrive trop tard. Il y a déjà quatre mois, jour pour jour, que la marquise lui adressait sa première interpellation (II). Pendant ces quatre mois, ignorant qu'il était en guerre et non en paix avec elle, il a agi imprudemment et épuisé ses forces en combats inutiles (Cécile, Tourvel), habilement occasionnés et prolongés par Mme de Merteuil.

Comme le style de Valmont traduit l'instabilité d'un personnage à trois visages (ceux du petit-maître, du roué et de l'amant rejeté), les lettres de la marquise permettent d'identifier chez elle, outre la créature androgyne, une femme tour à tour amoureuse, libertine (dans le sens où l'emploie Roger Vailland à propos du vicomte) et jouant parfois à la prude puisqu'il devenait plus difficile sous le règne du pudibond Louis XVI d'étaler les vices développés sous le Régent et Louis XV.

Ses manœuvres de libertine retiennent tout d'abord l'attention car elles modifient six fois l'intrigue du roman. Par son dessein de dépraver Cécile elle est la cause immédiate de toute l'action des *Liaisons*. Dès qu'elle prend connaissance du projet de Valmont elle précise dans quel sens et comment doit se terminer cette affaire : « Voici mes conditions » (XX); elle rappelle plus tard ses intentions à l'égard de Cécile : « Quant à la petite, je suis tentée d'en faire mon élève » et demande à Valmont de devenir le confident de Danceny (XXXVIII) puis de le dégourdir un peu (LI). Le roman connaît un nouvel intérêt dramatique quand elle révèle à Mme de Volanges la correspondance de sa fille et qu'elle lui conseille de l'envoyer à la campagne (LXIII). Enfin, elle hâte involontairement la catastrophe finale et met en évidence sa propre défaite lorsqu'elle contraint Valmont à envoyer sa lettre de rupture à la présidente (CXLII).

De même que Laclos établit quatre parties dans la rédaction définitive de son texte, nous pouvons distinguer quatre étapes dans les relations Valmont-Merteuil :

Première étape, 4 août–13 septembre

Au cours de ces cinq premières semaines, la marquise cherche à leurrer Valmont sur ses véritables intentions. Elle y parvient facilement, feignant d'accorder les plus grandes marques de confiance à son « cher Vicomte ». Pour le maintenir dans l'erreur, elle abuse des prérogatives que lui confèrent leur ancienne liaison et l'amitié qui l'a remplacée. Au ton cajoleur et pernicieux de la fausse intimité : « Revenez, mon cher Vicomte, revenez [...] J'ai besoin de vous » (II), succédera dans les étapes suivantes le chantage direct des lettres LXXXI, CXLI et CLII :

> À la vérité, je vous ai livré tous mes secrets : mais vous savez quels intérêts nous unissent, et si de nous deux, c'est moi qu'on doit taxer d'imprudence:
>
> Au fait qu'auriez-vous à redouter ? d'être obligé de partir, si on vous en laissait le temps. Mais ne vit-on pas chez l'Étranger comme ici ?

Prenez-y garde, Vicomte, si une fois je réponds, ma réponse sera irrévocable; et craindre de la faire en ce moment, c'est peut-être déjà en dire trop.

Elle lui propose donc des occupations qu'il ne peut refuser, tant elles flattent sa vanité et ses penchants. Mais loin de vouloir offrir au vicomte une occasion de briller qui l'amènerait à la considérer comme sa « fée bienfaisante », elle ne cherche qu'à distraire son esprit et à émousser son énergie : résolution de plus en plus évidente à mesure qu'elle accroît ses exigences à propos de Mme de Tourvel.

Les premières intentions de la marquise ainsi précisées, on ne doit plus s'étonner de la voir se donner tant de mal à « rendre cocu par avance un ancien amant qui l'a quittée ». Ce projet, en réalité, n'en est pas un; plus qu'une excuse plausible, il constitue un excellent alibi. Il est trop peu fait mention de Gercourt par la suite pour qu'on puisse être convaincu de ce soi-disant désir de vengeance. La présence constante à ses côtés, et chacun pour des raisons particulières, de Belleroche, Prévan et surtout Danceny, démontre que Gercourt n'est plus qu'un souvenir qu'on exploite.

Pourtant, Valmont n'accepte pas spontanément d'agir sous ses ordres, et la réponse de Mme de Merteuil à ses premières réactions laisse percer plus de surprise indignée que de colère :

Je reconnais bien là votre mauvaise tête [...] Tenez, je vous en parle sans humeur : mais, dans ce moment, je suis tentée de croire que vous ne méritez pas votre réputation; je suis tentée surtout de vous retirer ma confiance (V).

Au langage des sens, utilisé par Valmont, elle essaye d'abord de répondre par celui de l'esprit, plus logique mais souvent moins convaincant. S'apercevant de sa maladresse, elle surenchérit aussitôt en évoquant « l'aventure la plus délicieuse et la plus faite pour [lui] faire honneur » (V), qu'elle lui a proposée il y a trois jours. Puis le ton s'adoucit. Valmont n'a pas refusé catégoriquement de s'occuper de Cécile, et l'idée qui lui est venue de s'intéresser à Mme de Tourvel ne l'empêchera peut-être pas de mener à bien son projet. L'essentiel est qu'il lui reste soumis et qu'il soit assez occupé pour ne pas s'apercevoir de son manège.

L'idée d'un combat est suggérée dès la première lettre de la marquise : « dans l'alternative d'une haine éternelle ou d'une excessive indulgence, votre bonheur veut que ma bonté l'emporte ». Mais le 4 août, le trop confiant Valmont n'a pas remarqué la menace qui planait sur lui en dépit de l'indulgence dont prétend faire preuve sa correspondante. Il lui écrit : « Vos ordres sont charmants; votre façon de les donner est plus aimable encore; vous feriez chérir le despotisme. » (IV) Le ton détaché et légèrement railleur de la réponse amène la marquise à perfectionner son projet; elle commencera par ridiculiser le vicomte en le rendant jaloux.

Il lui faut pour cela éviter la rupture. S'étant rendu compte qu'elle n'est plus en mesure de distraire le vicomte de son entichement pour la présidente, elle accepte sa décision, d'abord à regret, et elle entre dans son jeu pour mieux le diriger, en s'offrant en récompense au vainqueur. À ses yeux, l'affaire Tourvel n'est au début qu'un incident imprévu, qu'un simple contretemps. Toute cette première étape reste dominée par la mise au point de son exercice de diversion, l'affaire Cécile-Valmont. Il n'est pas une lettre de la marquise — à l'exception de la troisième (X) — dont la jeune fille ne constitue le sujet principal; et dès la deuxième, Danceny est introduit pour compléter la scène sans qu'il soit déjà question pour elle, comme nous l'avons noté, d'un début d'intrigue. Jusqu'ici la conduite de Mme de Merteuil est simple et sensée. En modérant ses remarques sur Mme de Tourvel, il semble qu'elle puisse berner le vicomte sans difficulté, quoiqu'elle ne tolérera pas une intrigue à laquelle elle ne participerait pas. Sa liaison avec Belleroche, qu'elle n'abandonnera qu'à son retour à Paris le 3 décembre, s'explique de deux façons. Comme elle l'a fait remarquer au vicomte, en renonçant au mariage il ne fut pas question pour elle d'abandonner les plaisirs. Elle reste sensible aux avances masculines et c'est pour cette raison qu'elle fut séduite par Valmont qu'elle désirait avant même de le connaître. Avec Belleroche, la marquise peut satisfaire ses fantaisies tout en conservant son « renom d'invincible » et on la voit insister sur l'ardeur et le plaisir qu'elle goûte à satisfaire les caprices du chevalier. De plus, dans la mesure où elle envisage de vaincre Valmont en le repoussant après l'avoir séduit, Belleroche lui permet d'exciter la jalousie du libertin.

La lettre X démontre bien que le jeu auquel se livrent les deux roués n'est pas aussi inoffensif qu'ils le prétendent. Mme de Merteuil affirme qu'elle a décidé de détruire le mythe d'un Valmont invincible et glorieux. Mais ses succès passagers ne précipitent pas la perte de son adversaire car ils n'atteignent jamais son prestige.

Quand elle prétend qu'en lui faisant quitter la présidente elle a remporté une victoire sur lui et non pas sur sa maîtresse, elle ne peut que l'exaspérer et l'entraîner à un acte insensé, aussi dangereux pour elle que pour lui.

Tout au long de cette période l'apathie du vicomte devant certaines réflexions de la marquise surprend. Une phrase comme « L'heureux Chevalier me releva, et mon pardon fut scellé sur cette même ottomane où vous et moi scellâmes si gaiement et de la même manière notre éternelle rupture » (X), constitue une véritable provocation. Elle reste pourtant sans réplique et prouve combien l'attention du vicomte se trouvait distraite par la présidente. Mais à part cette remarque un peu forcée, la marquise se contente de plaisanter. Elle ironise sur le style des lettres du vicomte et ridiculise sa conduite avec la présidente. Elle voudrait encore croire qu'il ne s'agit que d'un jeu qu'elle fera cesser à sa guise. Ce détachement est pourtant plus apparent que réel, et l'humeur qu'elle ne cache pas, dans les premières lignes de sa deuxième lettre, la pousse à des raisonnements qu'elle serait la première à désavouer en temps normal.

Sauf dans le cas précis de Prévan, et maintenant de Valmont — avec qui il ne s'agit plus que de « régler des comptes » —, le libertinage de Mme de Merteuil diffère de celui du vicomte dans le sens où elle cherche aussi à séduire pour se constituer un cercle d'admirateurs dévoués et pour trouver quelques moments de plaisir. Et ce, en dépit du ton qu'elle affecte pour dissimuler cette évidence : « Ce pauvre Chevalier, comme il est tendre ! comme il est fait pour l'amour ! comme il sait sentir vivement ! la tête m'en tourne. Sérieusement, le bonheur parfait qu'il trouve à être aimé de moi m'attache véritablement à lui. » (X) Elle n'est pas décidée à l'abandonner de si tôt, car elle l'aime « trop encore, pour vouloir l'user si vite » (X). Toute l'ironie de la lettre ne suffit pas à atténuer la vérité : ce bonheur dont la marquise comble le chevalier est aussi le sien. Elle tient à Belleroche un peu malgré elle, et ne pourrait dire pourquoi elle l'a choisi plutôt qu'un autre. « Soit caprice ou raison, jamais il ne me parut si bien. » (X) À ses côtés, elle arrive à ne plus savoir différencier l'appel des sens des conseils de la raison, et se laisse parfois conduire par des réactions émotionnelles au sein même du plaisir :

Je retrouvai sur cette charmante figure cette tristesse, à la fois profonde et tendre à laquelle vous-même êtes convenu qu'il était si difficile de résister. La même cause produisit le même effet; je fus vaincue une seconde fois. Dès ce moment, je ne m'occupai plus que des moyens d'éviter qu'il pût me trouver un tort (X).

Si elle dit faire peu de cas du pouvoir de séduction de Belleroche, la tournure ironiquement passive « je fus vaincue » suggère au contraire une grande activité de sa part. Là encore, l'initiative est restée entre les mains de la marquise. Le plaisir que lui procure son chevalier complète celui qu'elle trouve à lire les lettres du vicomte. Grâce à lui, elle peut sans se contraindre observer la nervosité de Valmont tout en l'exhortant hypocritement au sang-froid, c'est-à-dire à la modération. L'un et l'autre ne sont que des pantins qu'elle s'amuse à essouffler, au propre et au figuré.

Ainsi, jusqu'au 13 septembre, Mme de Merteuil domine Valmont et le mène aisément par quelques promesses. Le ton de plaisanterie et de taquinerie spirituelle de sa première lettre est en cela significatif. Aucun danger ne la menace. Elle sait que ses projets seront exécutés par un Valmont soumis, qu'une simple douceur suffit à convaincre. Leur coopération, basée sur une inégalité initiale, va se poursuivre en dépit de l'affaire Tourvel et bien que la marquise doive rappeler au vicomte les règles qu'ils se sont promis de respecter en se quittant. Sans prétendre le conseiller, elle lui indique la façon dont elle agit en tant que femme, pour lui permettre de modifier sa conduite et de l'adapter au personnage qu'on lui demande de jouer. Tel est le motif de la lettre X, comme, plus tard, de la lettre LXXXI. La fin de cette première étape confirme aussi les hésitations de la marquise au sujet du vicomte. Elle ne le voit pas au cours de son premier séjour à Paris, tout occupée qu'elle est à embrouiller l'affaire Cécile-Danceny. Mais le 7 septembre au soir, en avertissant Mme de Volanges de la possibilité d'une correspondance entre sa fille et le chevalier de Malte et, le lendemain après-midi, en lui suggérant d'éloigner sa fille quelque temps de la capitale (LXIII), elle réaffirme directement sa supériorité sur le vicomte. Elle reprend mot pour mot, à son compte, ses prétentions à l'auto-divinisation : « Me voilà comme la Divinité, recevant les vœux opposés des aveugles mortels. » (LXIII)

Deuxième étape, 14–26 septembre

Avec les lettres LXXIV, LXXXI et LXXXV, et l'humiliation qu'elle inflige à Prévan, Mme de Merteuil domine cette deuxième étape qui marque le début de la détérioration de ses rapports avec le vicomte. L'importance de ces trois lettres est soulignée par le fait que deux d'entre elles seront divulguées et précipiteront la chute de la marquise. Outre ces récits importants, ces deux semaines voient se jouer les deux épisodes les plus spectaculaires du livre, puisque les prouesses de Mme de Merteuil avec Prévan répondent à l'exploit de Valmont avec la vicomtesse de ***, « un réchauffé » qui réclamait une certaine habileté.

Sur le plan de la composition et de la chronologie, c'est aussi le milieu du livre. Parler de composition, c'est soulever parfois le côté artificiel d'une œuvre. Le plus artificiel ici n'est ni le contenu de la lettre LXXXI, ni sa place dans le cours de l'intrigue mais, dans un livre où la réflexion l'emporte sur l'action, l'importance accordée aux exploits des deux antagonistes. La présentation de Prévan par Valmont est si inattendue qu'on peut se demander si celui-ci n'essaie pas, tout en lui conseillant la prudence, d'entraîner la marquise dans une aventure où elle risque de perdre sa réputation chez les prudes comme chez les libertins. Dès le 11 septembre il écrivait :

> Il me reste à vous dire que ce Prévan, que vous ne connaissez pas, est infiniment aimable, et encore plus adroit. Que si quelquefois vous m'avez entendu dire le contraire, c'est seulement que je ne l'aime pas [...] En effet, je l'ai empêché longtemps [...] de paraître sur ce que nous appelons le grand théâtre (LXX).

Annoncé de la sorte, le personnage ne peut qu'exciter l'imagination de la marquise, et l'exploit de son « triplé » va la décider à le combattre lui aussi corps à corps. Dans ce contexte, la lettre LXXXI représente plus qu'une simple autobiographie. Malgré une grande part d'hypocrisie, elle permet à la marquise de réaffirmer et même de préciser ses intentions, peu avant de durcir son attitude à l'égard de Valmont. Dès le début, Mme de Merteuil rappelle la nature exacte de leurs relations, et de quelle façon elle considère Valmont :

> Que vos craintes me causent de pitié ! Combien elles me prouvent ma supériorité sur vous ! et vous voulez m'enseigner, me conduire ? Ah ! mon pauvre Valmont, quelle distance il y a encore de vous à moi ! Non, tout l'orgueil de votre sexe ne suffirait pas pour remplir l'intervalle qui nous sépare.

Ces quelques lignes ont toute la virulence d'une provocation. Pour la première fois, tout en restant encore maîtresse d'elle-même, la marquise ne ménage plus ses mots. Le « cher Vicomte » de sa première lettre fait place à un « pauvre Valmont » méprisant. Puis, après avoir affirmé sa supériorité, elle justifie ses prétentions, auxquelles elle donnera suite dans sa prochaine lettre (LXXXV) par le récit de son aventure avec Prévan. Elle prendra même soin d'en donner la version officielle dans une lettre à Mme de Volanges qui, placée à la fin de la deuxième partie du livre, semble en former la conclusion (LXXXVII). Bien qu'elle affirme avec arrogance être née pour venger les femmes et pour maîtriser les hommes, sa conduite et ses remarques indiquent qu'elle songe plus à dominer certains individus que la société en général. L'époque n'était pas mûre pour accepter les revendications féministes, et l'essor que connaît alors la littérature féminine grâce à Mmes de Charrière (1740–1805), de Genlis (1746–1830), de Souza (1761–1836), de Krüdener (1764–1824), Cottin (1770–1807) et de Duras (1777–1828), se trouvera brutalement interrompu par le premier exil de Mme de Staël à Coppet en 1792.

Avec beaucoup d'égards pour la marquise, Seylaz écrit, dans *les Liaisons dangereuses et la création romanesque chez Laclos*, à propos du début de la lettre LXXXI :

> Un grand mouvement d'éloquence emporte le début de cette lettre, où Mme de Merteuil revendique sa supériorité non seulement sur les compagnes de son sexe mais aussi sur tous les hommes (116).

Il est inutile de revenir sur les détails qui mettent en lumière la double nature volontaire et sensuelle de la marquise. Comme Valmont, elle pressent que l'émotion peut nuire à la jouissance. Les contraintes physiques qu'elle inflige doivent la débarrasser de toute trace d'émotivité incontrôlée. Mais en même temps, toute sa lettre témoigne de sa peur de devenir l'esclave de ses désirs, façon indirecte ou involontaire d'avouer qu'elle en a beaucoup. Fidèle en cela aux principes du libertinage, elle estime que toute sensation doit être cérébralisée, tamisée par l'esprit, avant de redevenir le jeu des sens. Dans un premier temps, elle ne désirait pas « jouir », mais simplement « savoir »; puis, après seulement, « au désir de connaître succéda celui de goûter ». Cet agrément qu'elle éprouve dans l'étude du plaisir est lui-même si fort qu'il risque parfois de désorganiser ses projets. Bien qu'elle se fût promis de n'éprouver aucune émotion dans l'accomplissement de son devoir conjugal, « ce genre d'étude [les observations auxquelles elle se livrait à ce moment-là] parvint bientôt à [lui] plaire » ; et quand la tête reprend le dessus, elle ajoute :

> mais fidèle à mes principes, et sentant, peut-être par instinct, que nul ne devait être plus loin de ma confiance que mon mari, je résolus, par cela seul que j'étais sensible, de me montrer impassible à ses yeux[5].

Un vocabulaire évocateur souligne la sensualité de la marquise. Les termes qui dépeignent le plaisir et le désir sont plus fréquents que ceux qui évoquent la passion. En affirmant que l'amour n'est pas la cause mais le prétexte de nos plaisirs, elle résume sans ambiguïté sa conception sensualiste de l'existence : « Ce fut là [à la campagne avec son mari], surtout, que je m'assurai que l'amour que l'on nous vante comme la cause de nos plaisirs, n'en est au plus que le prétexte. »

Ces quelques traits de caractère, même s'ils paraissent parfois un peu forcés, ne justifient cependant pas l'idée d'une Merteuil surnaturelle, mythique, incarnation féminine du mal. La marquise n'a rien d'une sorcière, ni dans son comportement, ni dans les moyens qu'elle met en œuvre. Jamais elle ne s'élève au-dessus de sa condition de femme, au grand regret de Mme Riccoboni qui se refuse à l'assimiler aux Françaises de sa génération.

Les observations de la marquise et les décisions qui en résultent pourraient s'expliquer si elles s'étaient développées au cours d'un veuvage survenu à la suite d'une courte et malheureuse expérience conjugale. Elles surprennent quand on les sait avoir germé dans la tête d'une jeune fille encore enfant et qui, toujours surveillée par sa mère, n'a pas subi l'influence d'adolescentes plus averties. Dire que Mme de Merteuil est précoce — Laurent Versini lui accorde l'âge de Mme de Tourvel (*Laclos et la Tradition*, 140, n. 278) — ne suffit pas à expliquer le raidissement de son caractère depuis son enfance. On sait peu de chose des

---

[5] Cette distinction sens, esprit, cœur se retrouve dans la classification des femmes retenue par la marquise. Bien que sur le plan psychologique ses remarques n'atteignent pas ici la valeur de celles qu'elle fera sur les vieilles dames (CXIII), on doit cependant noter la différence qu'elle souligne entre les femmes « qui se disent à sentiments, dont l'imagination exaltée ferait croire que la nature a placé leurs sens dans leur tête » et les « sensibles [...] dont l'amour s'empare si facilement et avec tant de puissance » (LXXXI).

quinze premières années de la marquise. Les quelques lignes qui pourraient nous renseigner ont été plusieurs fois modifiées par Laclos, prouvant les hésitations de l'auteur à donner plus de précisions sur le caractère de son héroïne. Le texte définitif nous apprend que la marquise a passé son enfance seule, étroitement gardée par une mère attentive et sévère. Elle n'a pas connu, comme Cécile, la vie de pensionnaire dans un couvent, ni la compagnie de quelques amies intimes de son âge : « mais n'ayant jamais été au Couvent, n'ayant point de bonne amie, et surveillée par une mère vigilante, je n'avais que des idées vagues et que je ne pouvais fixer ». Ces détails se trouvent confirmés quand, après la mort de son mari, elle écrit, décidée à vivre seule : « Ma mère comptait que j'entrerais [et non retournerais] au Couvent, ou reviendrais [et non viendrais] vivre avec elle. » Notons pourtant que dans un premier mouvement, Laclos avait d'abord écrit : « Mes *grands-parents* comptaient que *je retournerais* au Couvent. » (785, n. 53) À l'origine, pour l'auteur, Mme de Merteuil aurait été une orpheline prise en charge par ses grands-parents qui l'auraient mise au couvent. Cette enfance sans parents expliquerait mieux l'attitude réservée et défiante de la fillette à l'égard du monde adulte. Dans son texte définitif — et probablement pour éviter une situation qui aurait risqué de jeter la confusion sur la responsabilité morale de la marquise — Laclos supprime l'intervention des grands-parents et la mise au couvent. Il n'en conserve pas moins les antécédents caractériels d'une Merteuil orpheline. Et c'est bien ainsi qu'elle se présente à nous dans l'image qu'elle trace d'une enfant précocement méfiante, curieuse d'apprendre par elle-même, et chez qui Seylaz ne trouve pas « de tendres rêveries d'adolescente [...] pas une rencontre décisive, pas même une de ces brusques révélations sur le monde des aldutes qui bouleversent les êtres jeunes et les marquent pour la vie » (*op. cit.*, 117).

Les révélations de la lettre LXXXI incitent le lecteur à rester très prudent devant les affirmations de la marquise qui pousse l'effronterie jusqu'à se vanter de son hypocrisie et de ses mensonges. « Cette utile curiosité, en servant à m'instruire, m'apprit encore à dissimuler » : dissimulation qui revêt le double aspect de l'ironie et de la mauvaise foi. Rien ne nous oblige à penser qu'elle désire simplement humilier Prévan « pour venger son sexe »; même si ce projet correspond parfaitement à son idéal libertin, la sensualité entre pour beaucoup dans sa décision assez précipitée :

Prévan plaît à la marquise dès qu'elle le rencontre et elle ne s'en cache pas (LXXIX). Toutefois, son aventure reste l'application directe des principes chers aux libertins. À l'envie de voir de plus près ce séducteur rival de Valmont, s'ajoute le désir évident d'humilier le vicomte en l'égalant sur son propre terrain : la conquête du sexe opposé. Comme avec Belleroche — et notons avec quelle désinvolture elle en parle quand elle prétend ne pas s'être permis de « gaité » depuis six semaines — c'est à nouveau sur la fameuse ottomane que s'exécute la scène décisive de la séduction de Prévan. Le succès n'est guère glorieux en soi, aussi s'amuse-t-elle à détailler les complaisances qu'elle a eues pour l'officier. L'épilogue malgré tout frise la farce et sera du goût de Rétif qui l'exploitera à un niveau encore inférieur dans *le Paysan et la Paysanne pervertis* : comme Merteuil, Ursule, la paysanne pervertie, feint de céder à son amant en lui accordant une nuit, mais elle le mortifie en demandant à sa servante noire de la remplacer dans son lit pour l'occasion (P. II, L. XVII). En dépit de son procédé Mme de Merteuil n'en est pas moins victorieuse, dans le sens où elle l'entendait, tout en satisfaisant sa curiosité. Et, comme si cette nouvelle infidélité envers Valmont n'était pas suffisante, elle termine malicieusement sa lettre en rappelant que Belleroche est encore là et qu'elle demeure toujours bien disposée à son égard. C'est donc sur une note bien faite pour irriter le vicomte que se termine l'histoire de Prévan. L'anecdote précise aussi la deuxième étape du projet de la marquise : prouver à Valmont qu'il ne doit s'attendre à aucune faiblesse en sa faveur.

Troisième étape, 27 septembre–30 octobre

Ce mois d'octobre correspond à l'époque glorieuse de Valmont. Il viole Cécile dans la nuit du 30 septembre au 1er octobre et entreprend sa dépravation systématique (le « catéchisme de la débauche ») la semaine suivante. Le 2, il est certain du même succès auprès de la présidente dont il lira les preuves de l'amour dans les lettres qu'il intercepte huit jours plus tard. Malgré le contrecoup de sa fuite imprévue, qui remet sa victoire au 28 octobre, il peut se montrer satisfait et fier de sa conduite.

Son arrogance déplaît à la marquise dont l'humeur ne fait que croître, à en juger par les deux lettres qu'elle lui adresse les 4 et

15 octobre; et ce sont les railleries habituelles quand elle apprend le départ de Mme de Tourvel, qu'elle prétend avoir prévu : « en voyant votre retenue, digne des plus beaux temps de notre Chevalerie, j'ai dit vingt fois : « Voilà une affaire manquée ! » [...] Hé bien vous allez croire que je me vante [...], mais je peux vous jurer que je m'y attendais. » (CVI) Elle feint d'abandonner le vicomte à son sort en lui rappelant que sa mésaventure ne la concerne pas, puisque toute cette affaire n'est que la conséquence de son entêtement : « Quoi qu'il en soit, de ces deux aventures, l'une est entreprise contre mon gré, et je ne m'en mêle point. » (CVI) Dans sa conclusion à cette première lettre, sans atteindre la méchanceté dont elle fera preuve dans la lettre suivante, elle évite de donner le moindre espoir au vicomte qui, suppliant et quelque peu désabusé, vient pourtant de lui réaffirmer la veille : « Adieu ma belle amie [...] En vérité, plus je vais, et plus je suis tenté de croire qu'il n'y a que vous et moi dans le monde, qui valions quelque chose. » (C) Ce durcissement ne surprend pas. Le combat engagé contre Valmont ne progresse plus et, souvent, peu s'en faut que les dérivatifs qu'elle lui impose ne se retournent contre elle. Depuis qu'il peut abuser facilement de Cécile, Valmont a retrouvé un certain équilibre psychologique. C'est à ce moment inopportun que la marquise lui retire une partie des responsabilités qu'elle lui avait confiées, en intervenant dans l'affaire Cécile-Danceny. Le 22 octobre, le jour même où Valmont, par l'intermédiaire du père Anselme, lance son offensive victorieuse contre la présidente, elle écrit pour la première fois au chevalier (CXXI). Son attitude à l'égard de Danceny n'est pas une marque de faiblesse. Si l'ignorance du chevalier sur les sujets qui intriguent Cécile lui permet d'espérer de jouer auprès du jeune homme le rôle que Valmont occupe auprès de la jeune fille, et de se « dédommager » ainsi des soucis qu'elle s'était donnés pour Cécile, en choisissant Danceny comme prochain amant, elle porte d'abord un coup brutal à l'amour-propre du vicomte. Ce n'est plus Belleroche, qu'il acceptait en définitive comme un moindre mal, ni Prévan, qui ne pouvait être que le caprice d'une nuit. Choisir Danceny, l' « écolier » à la place du maître, et l'annoncer avec tant d'insolence, c'était bien signifier au vicomte qu'elle se passerait encore longtemps de ses services. À la même époque l'insatiable besoin d'action de la marquise se trouve comblé par un début de correspondance avec Mme de Volanges. Après les confidences de la fille, elle peut se féliciter de recevoir aussi celles de la mère qui,

néanmoins, ne lui écrira qu'une fois (XCVIII). Elle prend un plaisir évident à ce nouveau jeu qui lui permet de briller d'une autre manière encore aux yeux de Valmont, tout en commençant à se venger de la médisante Mme de Volanges (CVI).

Depuis l'affaire Prévan, le ton sur lequel elle s'adresse à Valmont — trop occupé par la présidente et visiblement excité par la perversité ingénue de Cécile — n'est plus celui du début. La plaisanterie amicale a disparu au profit de railleries de plus en plus humiliantes : « Et quand vous avez fait sottises sur sottises, vous recourez à moi ! Il semble que je n'aie rien d'autre à faire que de les réparer. » (CVI) Dans ce duel final, où le camp traditionnel des victimes compte bien l'emporter sur celui des vainqueurs, les deux adversaires commencent à échanger des coups dangereux. La marquise s'aperçoit qu'il lui sera impossible de discréditer Valmont en dépit de la lenteur de ses démarches auprès de la présidente. Désormais, elle songe à remporter la victoire d'abord sur elle-même, en mettant un terme à ses dernières faiblesses envers lui et en créant entre eux un incident qui ne leur permettrait plus de se revoir.

Cette décision de rompre avec le vicomte, sinon définitivement, du moins pour une période assez longue, explique à la fois ce besoin qui la pousse à renouveler de plus en plus fréquemment son entourage de cavaliers servants, et son départ à la campagne. Ce séjour, qui se prolongera jusqu'au 3 décembre, marque à nouveau les hésitations de la marquise dans le choix des moyens à utiliser pour vaincre Valmont. La préparation de son procès, « le prétexte de cette espèce de retraite » (CXIII), comme elle le dit elle-même, n'est qu'un alibi guère plus valable que celui qu'offrira à la conclusion du roman le jugement défavorable qui lui sera rendu. Le ton de cette lettre n'a pas encore le caractère d'abattement des lettres CXXXI et CXXXIV, mais il dénote déjà une lassitude inhabituelle, quoique passagère, chez Mme de Merteuil.

Quatrième étape, 31 octobre–6 décembre

Ce séjour à la campagne redonne à la marquise toute son impétuosité. Les cinq lettres qu'elle envoie à Valmont avant son retour à Paris relancent l'intérêt dramatique. Elles mettent en lumière le combat nouveau qu'elle se livre maintenant à elle-même. Menace, tendresse et lucidité la plus pertinente s'y succèdent et laissent le destinataire dans le doute le plus irritant, tout en préparant le lecteur à la réaction nerveuse du « Hé bien ! la guerre ». Mme de Merteuil traverse une période difficile. Les intrigues qu'elle dirige ou qu'elle surveille depuis trois mois commencent à lui peser. L'attitude de Valmont l'agace car elle s'aperçoit qu'elle est loin d'avoir échappé à son influence. Comme Cécile pour Valmont, Belleroche et Danceny sont pour elle des diversions qui ne guérissent pas son mal. Au même moment son procès lui cause des craintes qui semblent fondées. Deux considérations contradictoires expliquent ce retour sur soi-même : le souvenir de son ancienne liaison avec Valmont et le pressentiment d'un dénouement imminent symbolisé par le procès. Ce moment de réflexion est particulièrement sensible dans la lettre CXXXI; les critiques A. et Y. Delmas y ont d'ailleurs relevé la seule mention du mot « amour » sous la plume de Merteuil (*À la recherche des Liaisons dangereuses*, 404-405). Cet attendrissement s'accentue dans la lettre suivante dont la conclusion révèle une marquise triste et abattue. Elle conserve pourtant son calme, même après avoir rappelé trois fois au vicomte sa passion pour la présidente :

> Or, est-il vrai, Vicomte, que vous vous faites illusion sur le sentiment qui vous attache à Mme de Tourvel ? C'est de l'amour, ou il n'en exista jamais [...] Ou ce sont là, Vicomte, des symptômes assurés de l'amour, ou il faut renoncer à en trouver aucun.
> Il ne faut pas s'y tromper; ce charme qu'on croit trouver dans les autres, c'est en nous qu'il existe; et c'est l'amour qui embellit tant l'objet aimé (CXXXIV).

Le persiflage a disparu : « Soyez assuré que, pour cette fois, je vous parle sans humeur. » Malgré sa nostalgie, la marquise reste aussi lucide envers les autres qu'envers elle-même. Elle analyse la mauvaise foi du vicomte, lui indique sans colère qu'elle croit à la sincérité des sentiments qu'il lui témoigne, mais qu'en ce qui concerne ceux qu'il a pour la présidente, il est évident que son cœur abuse son esprit. Rien ne résume mieux son opinion sur la conduite de Valmont qu'une remarque du rédacteur des *Mémoires sur les mœurs* au moment où il s'aperçoit qu'il n'est plus seul à goûter les faveurs de sa maîtresse :

> Il y a en amour, comme dans la fausse dévotion, une morale relâchée, une hypocrisie et des subterfuges, au moyen desquels on trahit plus sûrement la

probité que si l'on paraissait la respecter moins. On ne s'en impose pas totalement à soi-même; mais on s'étourdit; on se trompe à demi, on trompe totalement les autres; on se débarrasse presque des remords, ou l'on se met du moins à couvert des reproches (431).

La présidente constitue désormais le seul obstacle qui l'empêche de regagner son autorité sur le vicomte. Avec beaucoup d'à-propos — mais sans le faire remarquer car l'heure n'est plus à de petites victoires sur les mots — la marquise répond à l'offre galante de Valmont qui lui proposait quelques jours plus tôt de sacrifier elle-même la présidente :

> Ainsi cette aventure [...] aurait pu [...] être finie ce matin; si même elle ne l'est pas [...] c'est que d'une part, je n'ai pas trouvé décent de me laisser quitter; et, de l'autre, que j'ai voulu vous réserver l'honneur de ce sacrifice (CXXXVIII).

Elle lui suggère donc un modèle de lettre de rupture (CXLI), dont elle n'est d'ailleurs pas certaine qu'il tiendra compte (*cf.* début de CXLV).

Bien qu'il envoie cette lettre de rupture (CXLII), elle constate qu'il est de plus en plus attaché à la présidente et ne s'illusionne plus sur les sentiments qu'il lui témoigne. Aussi ne cherche-t-elle plus à le corriger ou à lui faire miroiter quelques compensations lointaines, mais à toucher sa sensibilité, puisqu'il en a et qu'il n'hésite plus à la manifester; ceci explique le ton émouvant et tout à fait nouveau sur lequel elle lui rappelle leur première liaison. Tout indique que la marquise éprouve alors plus de regrets que de colère à voir Valmont séduit par une étrangère :

> Ne dirait-on pas que jamais vous n'en avez rendu une autre heureuse, parfaitement heureuse ? (CXXXIV)

> Adieu, Vicomte; malgré mes querelles, mes malices et mes reproches, je vous aime toujours beaucoup, et je me prépare à vous le prouver (CXLV).

Sur le plan psychologique, Valmont paraît avoir repris la situation en main; celle qui cherchait à le dominer est devenue suppliante. Mais la marquise se ressaisit et redit quelques vérités cinglantes au vicomte un peu trop grisé par son succès apparent (CLII). Valmont n'est pas en mesure de comprendre la nervosité de sa confidente; il se vexe et commet sa première maladresse : « de ce même jour, je serai ou votre Amant ou votre ennemi » (CLIII). À l'idée de se voir reléguée à un « champ d'observation », la marquise ne se contient plus. C'est l'irrémédiable « Hé bien ! la guerre » renvoyé au dos de la lettre CLIII, cri désespéré qui, plus que le bannissement de Valmont, exprime la peur d'une femme devant la brusque agressivité de son ancien amant : exclamation de peu d'importance en réalité, puisque la marquise n'a pas encore prévu le genre de représailles qu'elle utilisera.

Sa dernière lettre ne laissait nullement prévoir ce nouveau durcissement. Quand on sait qu'elle est d'abord la réponse à la lettre CLI, on peut même en estimer les termes modérés. C'était un Valmont hors de lui qui lui écrivait le soir du 3 décembre, après avoir découvert un Danceny rougissant en tête à tête avec elle. À sa contre-attaque : « Nous nous connaissons tous deux, Marquise; ce mot doit vous suffire » (CLI), elle réplique du même ton : « Prenez donc garde, Vicomte, et ménagez davantage mon extrême timidité ! [...] Tout ce que je peux donc répondre à votre menaçante Lettre, c'est qu'elle n'a eu ni le don de me plaire, ni le pouvoir de m'intimider. » (CLII) Ce n'est que lorsque Valmont, de rage, lui rappelle intentionnellement que la présidente était « une femme sensible et belle, qui n'existait que pour [lui] », et « qui dans ce moment meurt peut-être d'amour et de regret » (CLI), qu'elle utilise le seul argument contre lequel il est impuissant : le chantage de l'exil. Mais à l'exception de ces reproches compréhensibles, simples réponses à ceux qu'elle vient de recevoir le matin même, le ton de la marquise reste très modéré. Fidèle à sa tactique du chantage coupé de cajoleries, trois fois elle l'invite à s'amender :

> Ne savez-vous donc plus être le plus aimable ? [...]
> Le Valmont que j'aimais était charmant. Je veux bien convenir même que je n'ai pas rencontré d'homme plus aimable. Ah ! je vous en prie, Vicomte, si vous le retrouvez, amenez-le-moi; celui-là sera toujours bien reçu [...]
> Adieu, Vicomte; redevenez donc aimable. Tenez je ne demande pas mieux que de vous trouver charmant; et dès que j'en serai sûre, je m'engage à vous le prouver (CLII).

En définitive, Mme de Merteuil ne s'est pas rendu compte à quel point elle était près de la victoire. En poussant insensiblement Valmont à s'éloigner des procédés libertins qu'il défend, elle détruisait sa réputation et serait bientôt parvenue à faire de lui la risée de ses anciens amis libertins. Mais en le condamnant, elle se sacrifie en partie, car sa dernière lettre montre assez de quelle qualité fut leur première liaison. Dans ce combat fratricide il ne pouvait y avoir que des vaincus. La marquise échouera à son tour pour avoir, elle aussi, trop aimé sa victime.

La mort de Mme de Tourvel n'a pas guéri le vicomte de son « égarement ». Avec la présidente disparaît aussi le Valmont aimable auquel la marquise pense de plus en plus. Selon Roger Laufer,

> lorsqu'après la rupture de Valmont avec la Présidente, elle se refuse encore, ce n'est pas uniquement par orgueil; c'est aussi par le juste sentiment que céder à ce moment, ce serait ruiner toute chance de l'union durable avec Valmont, dont elle rêve (« La Structure dialectique des *Liaisons dangereuses* », 88).

Elle se rend compte qu'une telle union n'est plus permise. Ne pouvant « retrouver » le Valmont d'autrefois, il ne lui reste plus qu'à supprimer le vicomte métamorphosé par le « charme enchanteur » de la quêteuse de Saint-Roch. Le 6 décembre au matin, elle décide brusquement de l'éliminer.

Dans le billet qu'il envoie au vicomte la veille du duel, Danceny indique à son adversaire qu'il a été mis au courant de ses manigances. Il précise qu'il a « vu la preuve de sa trahison écrite de sa main » (CLXIII), avouant ainsi avoir revu la marquise dans la matinée du 6. Celle-ci, connaissant l'honnêteté de Danceny, n'ignore pas que le fait de lui montrer le billet qu'elle vient de recevoir à son réveil conduira le chevalier à obtenir par les armes une vengeance de gentilhomme. Il est naturel que le jeune homme passe sous silence son entrevue du matin, dans la provocation en duel qu'il envoie au vicomte. Le billet de Valmont lu chez la marquise tiendra lieu de document juridique en cas de procès seulement. À cette époque, en effet, l'application de la loi ne pouvait qu'amener le déshonneur sur le vainqueur comme sur sa victime, sur l'offensant comme sur l'offensé. À la suite du duel qui, dans *le Comte de Valmont*, oppose le comte à Lausane, l'abbé Gérard précise en note : « Selon les lois, de deux hommes qui se sont battus en duel, on ne peut faire le procès de l'un sans flétrir la mémoire de l'autre, sans déterrer même son cadavre s'il est enseveli, et sans le condamner à être traîné sur la claie. » (III, 81) Un spécialiste de la question, Champdevaux, démontre en 1752, dans une étude qui se veut justifiée par les mœurs et l'histoire, que les duellistes « seront forcés de convenir que le motif de leurs Duels n'est autre chose qu'un mouvement de vengeance mêlé quelquefois de vanité, ou qu'une forte impression de crainte qui les rend esclaves de l'opinion des hommes[6] ». Bien qu'il n'ait jamais songé à épouser Cécile, Danceny tient à éviter le scandale qui, tout comme le mariage, l'obligerait à quitter l'ordre de Malte dont il tire son unique revenu. (Ce fut le cas du chevalier de Boufflers et de Mme de Sabran qui, bien que libres, attendirent vingt ans avant de se marier.) Le chevalier tuera donc le vicomte pour la raison qu'il indique : venger l'honneur de Cécile et non pour plaire à Mme de Merteuil. La marquise l'aura exploité à son insu, d'abord par représailles mais surtout pour en finir avec Valmont d'une manière précipitée, bien différente de la vengeance à laquelle elle avait dû songer.

En recourant à la solution extrême du meurtre, Mme de Merteuil avoue sa défaite. Pour vaincre Valmont, elle renonce à son défi de rouée et en arrive à le faire disparaître au cours d'un « règlement de comptes » qu'elle aura trop précipitamment suscité. Loin d'être une concession formelle à la morale traditionnelle, la déchéance dont Laclos accable la marquise n'est que l'expression concrète de cette défaite. « Dans *les Liaisons dangereuses* il n'y a pas de gagnants : il n'y a que des victimes », mais le contenu moral que John Pappas applique à sa conclusion n'existe pas plus ici que dans tout autre épisode du livre. En la laissant survivre à Valmont et quitter la scène de ses intrigues avec la plus grande partie de ses biens, Laclos suggère que la marquise a partiellement réussi mais que, pour avoir elle aussi écouté un instant les appels de son cœur, elle ne profitera pas de sa victoire et en sera même doublement punie. Quand elle évoque la douceur de leur première liaison (CXXXI et CLII), elle provoque chez le vicomte un sursaut d'espoir et d'énergie qui lui permettra d'éviter une défaite humiliante. Il expire l'épée à la main en avouant ses crimes et, lui aussi solidaire de son sexe, en dénonçant sa complice. Après une existence d'homme galant, il meurt en galant homme[7].

---

[6] *L'Honneur considéré en lui-même et relativement au duel, où l'on démontre que l'honneur n'a rien de commun avec le duel, et que le duel ne prouve rien pour l'honneur*, p. 343.

[7] Voir Versini au sujet des distinctions de plus en plus rigoureuses au xviiie siècle entre : homme galant, galant homme, homme poli, homme civil, honnête

Valmont et Merteuil ne sont pas punis en vertu de critères moraux. Ils sont tous deux vaincus pour avoir discrédité la pratique du libertinage mondain et non pas seulement pour répondre à l'usage de la tradition littéraire de l'époque qui, selon Versini, veut que « la perte des méchants, quand bien même elle ne serait pas dictée par une convention morale [soit] inscrite dès le début dans leur dualité » (*Laclos et la Tradition*, 629). Ils ont échoué pour ne pas s'être reconnus l'un et l'autre comme deux antagonistes de même valeur. Dans ce combat rendu inégal par le projet secret de la marquise, il était logique que Valmont succombe le premier, mais comme sa défaite ne signifiait nullement la victoire de Mme de Merteuil, il devenait nécessaire qu'elle connaisse à son tour un revers accablant. Ce double échec conduit le chef-d'œuvre indiscuté des romans appelés libertins à établir — par ironie ou à dessein selon les vues intimes de l'auteur — la faillite d'un système dont il prétendait pourtant conduire l'expérimentation la plus exacte. Dès lors, il devenait inconcevable d'aborder encore le sujet sans rejeter la plupart des principes de ce libertinage mondain, qui, pendant exactement 50 ans (1732–1782), dotèrent le roman d'un attrait que, faute d'un contexte social favorable, il n'est jamais parvenu à recouvrer.

---

homme, homme de mérite, homme de bien (*op. cit.*, pp. 189–194) et Champdevaux qui étudie séparément les qualités de « L'Homme de probité » (*op. cit.*, pp. 23–26), de « L'honnête Homme » (pp. 27–32), de « L'Homme de bien » (pp. 32–35), de « L'Homme d'honneur » (pp. 35–36) et qui au chapitre XX démontre même que « L'Honneur est compatible avec bien des défauts » puisque « La perfection n'est pas de ce monde ».

CHAPITRE XI

LES NOUVEAUX LIBERTINS

Ajoutons surtout qu'il y a moins d'athées aujourd'hui que jamais, depuis que les philosophes ont reconnu qu'il n'y a aucun être végétant sans germe, aucun germe sans dessein, etc., et que le blé ne vient point de pourriture.

Voltaire[1]

SI LE LIVRE N'ÉTAIT que la relation d'un combat mortel entre deux roués, dont l'un seulement connaît l'enjeu de la partie engagée, *les Liaisons dangereuses* représenteraient déjà, grâce aux multiples interprétations auxquelles se prête l'intrigue et à la richesse psychologique des personnages, un progrès sensible sur les romans dits libertins que nous avons parcourus. Les personnages toutefois n'auraient guère apporté de traits nouveaux au portrait littéraire maintenant bien détaillé et précis du libertin mondain.

Notre revue thématique des romans libertins les plus en vogue avant la Révolution révèle comment les principes défendus par Valmont et sa manière de les appliquer restaient identiques, en apparence, à ceux des petits-maîtres et des roués qui l'ont précédé dans la littérature romanesque française du XVIIIe siècle. Quant à Mme de Merteuil, sa fourberie mise à part, la séduction qu'elle se plaît à exercer sur les adolescents et son indépendance d'esprit vis-à-vis de ses amants permettent de la considérer en partie comme l'une des descendantes des marquises de M*** et de

---

[1] *Dictionnaire philosophique,* p. 43.

Lursay de Crébillon, tandis que son projet de vengeance, avec Valmont, reprend une idée déjà brillamment exécutée par la marquise de la Pommeraye dans *Jacques le fataliste*.

Mais tout au long du roman de Laclos une hantise divinatoire, qui se mue parfois en ambition quand le succès semble proche, poursuit les deux personnages principaux. Évitant l'aspect négatif des projets socio-religieux de Gaudet d'Arras, le libertinage plus intellectualisé de Valmont s'affirme comme la véritable réponse aux promesses de bonheur prêchées par l'Église. Le roué de 1782 devient une « divinité » nouvelle que les femmes adoreront de préférence à celle de la religion. Par ce retour au contexte religieux, le libertin redécouvre une des caractéristiques originelles de sa secte : l'affranchissement complet vis-à-vis des cultes. On se souvient que l'*Encyclopédie* définit le libertin à partir des valeurs étymologique, historique et religieuse du terme.

Le xviiie siècle a rejeté le libertinage héroïque et tapageur des compagnons de débauche de Gaston d'Orléans, frère de Louis XIII, et paraît même, par une sorte d'accord tacite et amusé, mettre un point d'honneur à se montrer fidèle aux usages de la religion. Voltaire mettait beaucoup de prix à obtenir son billet de confession pascale et se vantait d'avoir pour confident à Ferney un jésuite, le père Adam, qu'il appréciait surtout, il est vrai, pour sa patience au jeu de dames. Diderot rédigeant l'*Encyclopédie* prenait soin, tout en maintenant l'idéal des philosophes, de ne pas heurter l'opinion de ses souscripteurs conservateurs; il serait difficile de trouver des traces d'impiété dans les articles qui traitent directement de Dieu, de la religion et de l'Église. Nous avons noté que l'une des « aphrodites » de Nerciat était capable de quitter brusquement une partie de débauche pour ne pas manquer sa messe dominicale. Il n'en reste pas moins vrai que les « biberonneurs » Théophile de Viau et Claude Le Petit, et les débauchés, amis de Monsieur, comme l'épicurien raffiné Jacques Vallée des Barreaux et son ami grand seigneur Claude Chauvigny[2], sont un peu les ancêtres de Versac, Valville, Durham-Chester et Valmont. Bien qu'il ne soit plus question de « déniaiser » ses contemporains, ni de passer pour un esprit fort en interpellant Dieu ou en raillant les préceptes de l'Église à la manière d'un Claude Le Petit dans son *Bordel des muses*, l'attitude du libertin à l'égard de

---

[2] Voir à ce sujet Antoine Adam, *les Libertins au XVIIe siècle*, et Pierre Sage, *le Préclassicisme*, pp. 381–399.

la religion redevient ouvertement, à la fin du xviiie siècle, l'un des éléments fondamentaux de sa conduite. Toutefois, si l'on trouve un certain air de parenté entre la troupe des « Tapageurs » dont fait partie le Lucas de Nougaret et l'organisation des « Braves et Généreux » à laquelle adhère le Francion de Charles Sorel 150 ans plus tôt, il ne s'agit là que d'un rapprochement fortuit qu'on ne doit pas généraliser. Le genre réaliste et parfois vulgaire adopté par Nougaret n'a plus aucun point commun avec le libertinage mondain célébré par Crébillon. La « débauche de Roissy », rendue célèbre par la présence de Bussy-Rabutin qui y aurait préparé les grandes lignes de son *Histoire amoureuse des Gaules* et au cours de laquelle, pendant la semaine sainte de l'année 1659, le duc de Vivonne, entouré des plus célèbres libertins de la cour, aurait — selon la rumeur publique — fait baptiser une truie par un des aumôniers du roi et même dévoré la cuisse d'un homme[3], eût été jugée d'un goût douteux un siècle plus tard.

L'histoire religieuse prouve que Dieu ne mourra pas en France à la fin du xviiie siècle. À la suite de Voltaire, Mirabeau, Robespierre et Talleyrand se sont portés garants de la divinité, en attendant qu'elle soit fonctionnarisée sous le Premier Empire. Ce que recherchent bien souvent les philosophes, et ce que soulignent les remarques de Valmont et de Mme de Merteuil, c'est la parité de l'homme avec Dieu : manière habile de faire admettre son incrédulité, dans le sens où, selon le Voltaire des *Dialogues et Anecdotes philosophiques*, toute religion « consiste dans la soumission à un Dieu et dans la pratique des vertus[4] », vertus qui, on le sait, vont devenir l'idéal mystique des révolutionnaires républicains.

Le caractère et la conduite d'une dévote offrent à l'écrivain un champ d'observation susceptible de réserver quelques surprises. Mais pour des raisons faciles à deviner, les auteurs de romans dits libertins se sont souvent montrés très prudents sur ce chapitre. On a relevé les audaces apparentes de Marivaux à propos des dévotes et l'habileté qu'il mit à les distinguer des personnes pieuses. Duclos reprendra ces arguments en précisant que les écarts de conduite des dévotes se sont généralisés au point de devenir une mode

---

[3] Voir l'introduction de Francis Cleirens, pp. v–vi.
[4] « Entretiens chinois », premier article de la « profession de foi » du mandarin, p. 249.

dont les honnêtes gens ne se formalisent plus. Il publie avec une certaine bienveillance les mœurs légères de celles qui se font passer pour des modèles à imiter. Si la conduite de la dévote Mme de Grémonville peut choquer le lecteur pudibond des *Confessions du comte de* ***, elle ne doit pourtant pas le scandaliser, car la marquise n'est en réalité qu'une fausse dévote : « les vraies sont actuellement très respectables et dignes des plus grands éloges » (53). Malgré le ton conservateur et l'absence d'idéologie de leurs ouvrages, ces deux auteurs ouvraient la voie aux « capucinades » manifestes des faux prédicants de la fin du siècle.

Le défaut de toute considération morale ou religieuse dans les quatre ouvrages de Crébillon que nous avons étudiés, ne doit pas faire oublier les satires virulentes qu'il dissimulait à peine sous le couvert du conte oriental. S'il renonce à raviver les polémiques soulevées par *l'Écumoire* et par *le Sopha*, il n'abandonne pas pour autant le parti des philosophes. L'absence complète de références à la religion chez Versac, Chester et Alcibiade est d'autant plus notoire que les libertins se plaisent à traiter en connaisseurs des problèmes religieux pour déconcerter les dévots. Notant le succès remporté par Bayle auprès des personnes « les moins naturellement portées à compulser de lourds et savants *in-folio* », Pierre Rétat précise, dans son étude sur *le Dictionnaire de Bayle*, que ses lecteurs se recrutaient « parmi les *petits-maîtres* dont le libertinage trouve chez lui les anecdotes, arguments et sarcasmes, de quoi se donner un air d'érudition, embarrasser les théologiens, et se moquer de la religion » (131). Tout porte à penser que Crébillon l'écrivain veuille maintenant éviter les tracasseries policières — tout adoucies furent-elles — que lui valurent quelques allusions trop précises aux décisions papales. Comme d'autre part il briguait la place de censeur royal, devenue vacante à la mort de son père, il put juger bon de supprimer, dans ses romans du moins, les sous-entendus susceptibles d'embarrasser ses protecteurs.

Nous avons également noté combien l'absence de toute note religieuse était frappante chez Mme Élie de Beaumont, qui veut pourtant faire œuvre de moraliste dans les *Lettres du marquis de Roselle*. En se refusant à invoquer l'Être suprême, elle enveloppe du même silence le dieu de Rousseau et celui de l'abbé Gérard. La morale traditionnelle, expression la plus familière de la religion naturelle, suffit au bonheur de son héros finalement convaincu des désordres fâcheux qu'entraîne le libertinage.

Dans les ouvrages de Nougaret et de Rétif au contraire, la religion retrouve sa place parmi les mœurs qui prêtent à la critique. Toutefois, Nougaret, pour échapper lui aussi à la censure, se limite à ne peindre que de « fausses dévotes ». Sur les conseils de son nouveau protecteur, un monseigneur grand dignitaire de l'Église, Lucette fait la « chattemite ». Mais ici, entre les vraies et les fausses dévotes, les apparences prêtent souvent à des confusions que l'auteur ne se soucie guère de clarifier :

> La voilà donc Dévote [Lucette]. Elle grossit le nombre de ces femmes qui se prétendent dans le chemin du Ciel, et qui se croient les seules sauvées. Elles médisent saintement du prochain; s'enflamment par un saint zèle, jusqu'à le haïr, jusqu'à le détester (III, 87).

L'œuvre de Rétif, bien que rédigée au cours du dernier quart du siècle, illustre la rapidité de la progression des idées morales et religieuses de l'écrivain. Tandis que dans *la Vie de mon père* il mêle, selon le goût du temps, la vertu à la licence et alourdit les premières lettres de Pierre et de Manon de tous les poncifs du respect filial et de la soumission à Dieu, ses opinions en matière religieuse se trouvent exprimées dans les dernières pages du *Paysan et la Paysanne pervertis* avec une vigueur et une violence peu communes, si l'on admet, comme il le prétend, que les blasphèmes de *l'Anti-Justine,* prononcés au cours de « fouteries majeures », ne soient que des excès de paroles — des fragments « d'Erotikon épicé » (98–99) — parmi bien d'autres excentricités imaginées en prison dans le seul but d'impressionner « l'infâme Dfds »[5]. À partir de 1791, Rétif trahit en effet un complexe de frustration vis-à-vis de Sade qu'il accuse de lui ravir les plus originales de ses idées. Avec Gaudet il se laisse tenter à son tour par le mythe de l'homme souverain et idéalement libre, tel qu'un monarque absolu pouvait, « de lege » du moins, le concrétiser pour son propre compte : utopie que la logique sadienne allait démystifier. Gaudet, autre exemple de littérature de défoulement, n'est pas en mesure de rédiger les lois. Comme son auteur, il ne fait que rêver; mais ses rêves utopiques annoncent jusque dans les détails les bouleversements sociaux et religieux de la Révolution. La constitution civile du clergé, approuvée par l'Assemblée

---

[5] Voir les précisions apportées par Rétif dans son introduction à *l'Anti-Justine,* p. 3.

législative le 12 juillet 1790, se trouve en partie définie dans une des dernières lettres de Gaudet d'Arras à Edmond (P. III, L. VII) : suppression des couvents et des noviciats, nationalisation des biens de l'Église qui seront redistribués aux paysans, tandis que l'argent donné au clergé servira désormais à mieux payer l'armée et à verser une retraite aux officiers. À cette époque, Rétif ne peut — comme Sade, qui écrit après 1790 — s'en prendre directement à la divinité, mais les résultats sont identiques. Que reste-t-il en effet de religion à celui qui adoptera les conseils moraux de Gaudet ?

Même si « l'artilleur n'a pas été visité par Méphisto », comme l'écrit Versini dans la conclusion de son chapitre sur le mal dans *les Liaisons dangereuses* (*Laclos et la Tradition*, 631), c'est dans le livre de Laclos que Dieu est présent directement pour la première fois dans un ouvrage plus libertin que moralisateur. Après avoir éloigné la présidente de son mari et de son amie Mme de Volanges, Valmont veut encore la soustraire à la mainmise divine. Par là, c'est avec Dieu qu'il engage la dernière phase de sa conquête : « J'aurai cette femme; je l'enlèverai au mari qui la profane : j'oserai la ravir[6] au Dieu même qu'elle adore [...]. Je serai vraiment le Dieu qu'elle aura préféré. » (VI) Peu à peu Dieu va devenir le seul obstacle qui subsistera entre eux, à tel point que, pour Stendhal, « c'est uniquement pour ne pas être brûlée en l'autre monde, dans une grande chaudière d'huile bouillante, que Mme de Tourvel résiste à Valmont » (*De l'Amour*, 201). Mais à l'inverse des héros de Sade, celui de Laclos ne nie pas Dieu et ne cherche pas à l'anéantir. La remarque de Brooks à propos de Valmont « tuant Dieu pour prendre sa place en tant que créateur et manipulateur de créatures qui n'existent que dans son imagination » (*The Novel of Worldliness*, 190) s'appliquerait beaucoup mieux aux personnages de *Justine* ou de l'*Histoire de Juliette*. Le vicomte admet Dieu comme son égal et se dispense ainsi de l'obligation de se plier à ses exigences; ceux qui le révèrent constituent pourtant une société qui l'intrigue mais dont il déteste l'hypocrisie et les mesquineries. Aussi, bien que « l'Être suprême » fût constamment présent dans l'œuvre de l'abbé

---

[6] Une cinquantaine d'années plus tard Balzac reprendra cette formule quand le général de Montriveau, héros de *la Duchesse de Langeais* (1834), songe à enlever sa maîtresse du couvent des carmélites où elle s'est retirée : « Puis vint le désir de revoir cette femme, de la disputer à Dieu, de la lui ravir. » (p. 25)

Gérard — au point de priver de tout intérêt dramatique les six volumes du *Comte de Valmont* — c'est dans *les Liaisons dangereuses* que s'esquissent les relations du libertin avec Dieu.

Le vicomte entreprend une nouvelle étape de la carrière du libertin. Après avoir ravi aux hommes leurs femmes et leurs maîtresses, il se propose d'arracher à Dieu ses dévotes. Ceci explique encore l'intérêt qu'il prend à connaître leurs occupations et à s'initier aux pratiques de leur société. Il réussit pleinement avec Mme de Tourvel, et il peut même revendiquer une victoire dans la famille Volanges, puisqu'il en convertit la fille.

La sensibilité de la présidente évolue parallèlement aux efforts de Valmont. Loin d'éprouver du remords après avoir succombé, elle avoue trois jours plus tard qu'elle n'a plus qu'une pensée : faire en tout la volonté et le bonheur de Valmont : « C'est donc à votre neveu que je me suis consacrée; le centre unique de mes pensées, de mes sentiments, de mes actions. » (CXXVIII) En appliquant à une conduite que la religion réprouve, un terme d'origine religieuse : « consacrée », Mme de Tourvel blasphème. On verra que le blasphème représente pour les libertins de Sade un complément important de cette nouvelle expression de la débauche. La présidente va de plus en plus identifier sa conduite à un rite religieux. Elle aime Valmont « avec idolâtrie » et, se demandant s'ils n'étaient pas « nés l'un pour l'autre », elle ne désire « vivre que pour le chérir, pour l'adorer » (CXXXII).

Au blasphème involontaire de la présidente s'ajoutent le blasphème caractérisé du « seule, entre toutes les femmes » (VI) de Valmont, et la mise en dérision, la désacralisation du culte. C'est à Saint-Roch, pendant la messe, que Valmont a pu observer la présidente. C'est dans la chapelle du château qu'il la suivra chaque matin pour l'accoutumer à sa présence. Et c'est encore la messe qu'il exploitera en s'y rendant quotidiennement, pour abuser de la bonne foi de sa tante après le départ de Mme de Tourvel. Ce n'est pas par hasard qu'il choisit le père Anselme pour obtenir un rendez-vous avec la présidente. Outre le côté ironique et irrespectueux de son choix, il est naturel que le vicomte, qui a engagé la lutte avec Dieu, recherche des alliés dans le camp adverse. Là encore, sa facilité d'adaptation ne sera pas prise en défaut : son langage et ses attitudes seront étudiés jusqu'à surprendre la marquise. À Mme de Merteuil qui s'étonne de le voir s'égarer à plaisir dans des formules copiées sur le langage de l'Évangile, il précise que « depuis huit jours, il [n'en entend et] n'en parle pas d'autres » (IV). Tous deux comparent leurs intrigues à un véritable apostolat. Nouveaux apôtres du libertinage, ils se jugent et s'estiment en fonction du nombre de conversions qu'ils ont opérées : « Je connais votre zèle, votre ardente ferveur; et si ce Dieu-là nous jugeait sur nos œuvres, vous seriez un jour la Patronne de quelque grande ville, tandis que votre mari serait au plus un Saint de village. » (IV) Cette fascination et cette curiosité pour les « affaires » de la religion et pour ceux qui en respectent les pratiques se retrouvent chez la marquise de Merteuil qui prend toujours soin d'impressionner favorablement « tout le parti des prudes » (XXXI). Tout en profanant la religion, on se doit de paraître encore la respecter quand on tient à sa réputation et la marquise ne se refuse pas le plaisir de jouer à la « divinité ».

Tout en faisant la part des « badinages dans le goût voltairien[7] », le processus d'émancipation du roué est irréversible quand il s'agit de ses rapports avec Dieu. Les « nouveaux libertins » qui se piquent de philosopher et de régler les mœurs se sont juré d' « écraser l'infâme » avec le même acharnement que certains philosophes :

> Ce qui les distingue le mieux de nos *Talons rouges,* écrit Gaudet dans la *Bibliothèque des petits-maîtres,* c'est sans doute l'esprit d'irréligion, que l'on nomme communément *esprit philosophique,* et qui est au contraire le plus grand des abus de la philosophie. Cet esprit inspire à nos modernes l'indépendance et l'envie de secouer le joug des préjugés, de quelque nature qu'ils soient : les anciens, assez heureux pour l'ignorer, plus réservés, plus simples et moins coupables, respectaient les principes de morale qu'ils ne suivaient pas (3).

Pour le vicomte de Valmont et la marquise de Merteuil, cette « indépendance » et cette « envie de secouer le joug des préjugés » se traduisent par une revalorisation de la nature humaine. Ainsi, dans un monde d' « automates », il n'y a plus que les libertins qui valent quelque chose. Mais les héros de Laclos sont avant tout des théoriciens, des idéologues. Il faut attendre encore 14 ans pour connaître la première application de ce « catéchisme de la débauche » dont parle Valmont, quand le couple Dolmancé-Mme de Saint-Ange de *la Philosophie dans le boudoir* poursuivra avec Eugénie de Mistival les leçons

---

[7] Versini, *Laclos et la Tradition,* p. 624.

commencées avec Cécile par Valmont et Mme de Merteuil. Laclos, le romancier, a laissé à Sade, le philosophe, le soin de préciser la puissance et les intentions de ce nouveau libertin que la
présidente « aura préféré » à son mari et à son Dieu.

À la fin de l'*Histoire de Juliette*, l'empoisonneuse Durand
définit avec netteté la notion sadienne de libertinage : « un
égarement des sens qui suppose le brisement total de tous les
freins, le plus souverain mépris pour tous les préjugés, le ren-
versement total de tout culte, la plus profonde horreur pour toute
espèce de morale » (IX, 511) et même la destruction de celle-ci, en
pleine période de défense des « vertus » jacobines. Si l'écrivain
revient sans cesse sur le non-sens que toute religion représente à
ses yeux, il cherche aussi à ruiner les concepts de la morale
traditionnelle pour les remplacer par ceux de sa morale criminelle
qui, par essence, contredit les valeurs naturelles tout en
prétendant répondre, mieux que toute autre, aux exigences de la
nature. La pensée areligieuse de Sade se réduit à un petit nombre
d'assertions qu'il reprend et illustre sans cesse avec une
véhémence d'esprit et d'expression qui ne se démentira jamais.
Pour Belmor, le nouveau président de la « Société des Amis du
Crime », la religion est un principe de notre enfance auquel nous
tenons beaucoup et qui empêche la philosophie de s'implanter
dans le peuple. Pour le moine Claude c'est « une fable sacrée dont
[le clergé a] besoin pour vivre, et le marchand ne doit pas
discréditer sa boutique. [Il vend] des absolutions et des Dieux,
comme une maquerelle vend des putains. » (VIII, 440) Comme
toute croyance superstitieuse, ce principe est adroitement exploité
et entretenu par les prêtres grâce au dogme de l'enfer. « Le dogme
de l'enfer, affirme Clairwil, était un joug, un lien de plus dont les
prêtres voulaient surcharger les hommes. » (VIII, 365) À l'éche-
lon supérieur de ce commerce, le pape Braschi se considère comme « le charlatan qui distribue ses drogues : il faut bien qu'[il ait]
l'air d'y croire s'[il veut] les vendre » (IX, 162). Comme la
religion permet à quelques particuliers et à certains gouvernements de réaliser des profits importants, Sade ne demande pas son
abolition; de plus cette religion en laquelle il voit aussi un moyen,
parmi bien d'autres, mis à la disposition des puissants pour asservir les faibles, constitue l'une des meilleures armes des despotes.
Saint-Fond estime que « c'est aux chaînes sacerdotales à resserrer
celles de la politique : la force du sceptre dépend de celle de

l'encensoir [...] Rien n'assouplit le peuple comme les craintes religieuses. » (VIII, 304) Plus loin, Ferdinand, roi de Naples, explique à Juliette que « les rois favorisent la religion [parce qu']elle prêta de tout temps des forces à la tyrannie » (IX, 371). Aucune réflexion de Sade ne fut mieux confirmée que celle-ci par les actions gouvernementales qui précédèrent et suivirent la Révolution. Le clergé, par contre, qui mène à sa guise cette politique est le véritable « perturbateur » de la société. Ce principe établi, on ne s'étonne plus que Sade ne puisse concevoir un prêtre qui ne possède tous les défauts. Seuls sont disculpés ceux qui mettent sciemment leurs vices au service du libertinage. Renchérissant sur les propos tenus par son héroïne Clairwil à l'égard de l'enfer et du péché, Sade ajoute, en note, que les prêtres débauchent les femmes, renversent les gouvernements, incitent à la révolte, ravissent les biens des mourants, travaillent à l'extinction du genre humain (par le célibat) et se souillent des crimes les plus infâmes (VIII, 380). Avec le haut clergé et les « princes de l'Église » le ton diffère, car du bas clergé au cardinal romain on retrouve la différence qui sépare le peuple endoctriné du despote prospère et libéré des préjugés. La véritable habileté caustique de Sade n'est pas d'avoir bafoué avec vigueur les vices cachés des « penaillons », mais d'avoir assimilé le haut clergé à la société privilégiée de ses grands libertins. On compte un évêque ou « Monseigneur » parmi les quatre seigneurs qui organisent les nocturnales des *Cent Vingt Journées de Sodome*, et la quatrième partie de l'*Histoire de Juliette* est entièrement consacrée aux débauches, à l'impiété et au cynisme de la cour pontificale où, pour mieux affirmer sa thèse, Sade n'hésite pas à faire du pieux et timide pape Pie VI le monstrueux et lucide Braschi, célébrant sur le maître-autel de la basilique Saint-Pierre la messe noire que lui demande Juliette (IX, 205–209).

Avec Noirceul, Saint-Fond, Minski et Brisa-Testa, Braschi incarne le type achevé du libertin sadien. Il appartient à ce petit clan de privilégiés auxquels l'argent et le pouvoir qu'ils en retirent accordent l'impunité nécessaire à la réalisation de leurs désirs les plus insensés. La principale activité de ces débauchés est essentiellement l'exécution de crimes extraordinaires. Le meurtre répond ici à deux impératifs distincts : en tuant, l'homme accomplit le vœu de la nature, d'autre part le crime s'avère être, pour eux, le plus efficace des stimulants sexuels. La nature est cruelle par essence; à ceux qui verraient en elle l'œuvre de Dieu ou qui — comme la Durand — assimilent l'idée de Dieu à celle de la nature (VIII, 519), elle offre la preuve irréfutable d'un Dieu travaillant seulement à propager le mal : « Dieu, qui n'est que le *mal*, qui ne veut que le *mal*, et qui n'exige que le mal » (VIII, 385), affirme Saint-Fond à Juliette. Sinon, pourquoi le créateur ou les forces naturelles permettent-ils les éruptions dévastatrices des volcans et ne punissent-ils jamais ceux qui se livrent aux crimes ? Ce que nous nommons destruction n'est, en fait, qu'une simple mutation. La destruction, explique le pape Braschi à Juliette, n'est qu'un procédé naturel, qu'une étape dans le cycle des modifications de la matière qui n'est elle-même que mouvement (IX, 177). Fort de ce postulat, Brisa-Testa demandera, en guise de réponse au Suédois Brahé, l'un des dirigeants de la « Loge du Nord », si « la nature, toujours en mouvement, peut [...] avoir besoin d'un moteur » (IX, 266)[8].

Tous ces aphorismes si puissamment et si fréquemment formulés par les personnages de Sade ne comblent toutefois pas leur soif d'un mal absolu qui, à la limite, devrait poursuivre l'homme au-delà du tombeau. Cette philosophie d'une destruction continuelle voulue par la nature se trouve annihilée par ses propres excès. Comme le remarque Braschi, le but suprême du « MAL » ne sera pas encore atteint après avoir exterminé toutes les créatures, puisqu'en contribuant à ces destructions, l'homme n'aura fait que favoriser la nature elle-même, c'est-à-dire qu'en fin de compte il aura involontairement fait le bien : « Quand j'aurai exterminé sur la terre toutes les créatures qui la couvrent, je serai bien loin de mon but, puisque je t'aurai servie [...] marâtre ! et que je n'aspire qu'à me venger de ta bêtise. » (IX, 186–187) Propos désabusé qui suffirait à ruiner tous les systèmes de ces nouveaux libertins et qui montre combien Sade, honnête jusque dans les excès de sa pensée, n'était pas dupe des sophismes qu'il développait. Toutefois, si le crime n'apporte, sur le plan philosophique, qu'une réponse incomplète à l'homme dans sa recherche d'un bonheur absolu (cosmique, lié au concept d'un mal perpétuel), au niveau sensitif par contre, il devient l'instrument le plus efficace pour l'éveil du plaisir. Les libertins de Sade sont unanimes à vanter les vertus aphrodisiaques du crime et l'*Histoire de Juliette* n'est qu'une succession d'expériences libido-criminelles.

---

[8] Sur ce point précis, voir les remarques de Philippe Sollers, « Sade dans le texte », *Tel Quel*, vol. XXVIII, hiver 1967, p. 48.

Outre les effets érotiques qu'il suscite chez tous les libertins de cette classe « supérieure », le crime — devenu en quelque sorte une école de vertu — permet de déceler les individus exceptionnels. Commettre un crime par plaisir dénote, selon Sade, une passion forte. Reprenant la remarque d'Helvétius pour qui « les passions [... sont] dans le moral ce qu'est le mouvement dans le physique » (IX, 135), le cardinal romain Chigi estime que « les individus qui ne sont animés de passions fortes ne sont que des êtres médiocres [et qu'il] n'y aura jamais que les grandes passions qui pourront enfanter de grands hommes » (*ibidem*). Pour ces libertins, la luxure est, avec le crime qui n'en est qu'une forme particulière, le moteur de toutes les passions. « Elle est aux passions ce que le fluide nerveux est à la vie : elle les soutient toutes, elle leur prête de la force à toutes, la preuve en est qu'un homme *sans c*[...] n'aurait jamais de passions » (VIII, 299), fait remarquer l'exécuteur de Nantes, Delcour, à Juliette qui l'a invité pour s'offrir le plaisir de libertiner avec un bourreau. À ceux qui repousseraient encore l'idée de chercher le plaisir dans le crime — bien qu'ils sachent déjà que le meurtre est l'action qui répond le mieux aux exigences de la nature — plusieurs libertins rappellent que cette propension au crime leur fut transmise par la nature elle-même. Ainsi en est-il pour le brigand Minski, prince russe exilé qui vit royalement de ses rapines : « des captures, des vols, des incendies, des meurtres : tout ce qui se présente de criminel à moi, je l'exécute, parce que la nature m'a donné le goût et la faculté de tous les crimes et qu'il n'en est aucun que je ne chérisse, et dont je ne fasse mes plus doux plaisirs » (VIII, 561). À Juliette qui demande au chef de la « Loge du Nord » comment il considère les actions que l'on nomme criminelles, Steno répond : « Comme des inspirations de la nature auxquelles il est extravagant de résister. » (IX, 266)

Ajoutons cependant que les roués de Sade ne furent pas les premiers à associer les notions de jouissance et de douleur, d'amour et de vengeance. Les quatre composantes du roman noir des années 1795–1800 avaient déjà été exploitées par Marivaux dans ses premiers romans. Il est certain que l'« Histoire du magicien » dans *la Voiture embourbée* et le récit de Merville et de Misrie dans la mine de sel du Turc, dans *les Aventures de *** ou les Effets surprenants de la sympathie*, pouvaient offrir à Sade des modèles de décors pour *Justine*, notamment pour l'épisode du faussaire Roland.

On se souvient que le libertin mondain, tant pour des raisons intellectuelles que sociales, ne pouvait appartenir qu'aux classes privilégiées de la noblesse et du clergé. En dépit des apparences et d'ambitions différentes, les libertins de Sade possèdent jusqu'à l'excès les aptitudes personnelles et les ressources indispensables aux petits-maîtres et aux roués : charme, distinction, rang et fortune. Plus par nécessité matérielle et sociale que par souci d'esthétisme ils restent, malgré leurs attitudes dégradantes, les gardiens des traditions et les défenseurs des privilèges aristocratiques. Ils appartiennent tous à une caste supérieure fondée sur les titres nobiliaires traditionnels ou sur la richesse — même fortuite —, au sein de laquelle des brigands de grands chemins comme Minski et Brisa-Testa sont les égaux du ministre Noirceul et du grand seigneur Saint-Fond. L'or, comme le crime, répond en effet aux deux exigences fondamentales de ces nouveaux libertins.

Il met à leur disposition les moyens de perpétrer des crimes d'une ampleur exceptionnelle et leur accorde l'immunité dont ils ont besoin pour jouir en paix de leurs forfaits. De plus, la contemplation de l'or offre à ceux qui le possèdent en abondance un stimulant sexuel aussi vif que le meurtre; les deux effets sont liés. Clairwil, qui vient de commencer l'éducation de Juliette, souligne la double satisfaction que lui procure la vue de ses richesses : « J'idolâtre l'or au point de m'être souvent branlée devant l'immensité de louis que j'amasse, et cela dans l'idée que je peux tout faire avec les richesses qui sont sous mes yeux. » (VIII, 275) Juliette, qui contemple sa première fortune et qui compare son état à celui de sa sœur Justine, éprouve la même satisfaction : « je ne vous dirai point trop, en évaluant ces objets à plus de quatre millions, dont deux en or dans ma cassette, devant lesquels j'allais quelquefois [...] me branler le c[...] en déchargeant sur cette idée singulière : *J'aime le crime, et voilà tous les moyens du crime à ma disposition*. » (VIII, 394) Vers la fin de son récit, capable de mieux maîtriser ses émotions, elle ne voit plus dans la richesse que le moyen le plus sûr d'échapper aux lois. En quittant Orléans, où elle a empoisonné tous les puits de la terre de Noirceul, Juliette, devenue Mme de Lorsange, proclame qu'elle est au-dessus des lois grâce à ses richesses et à l'autorité de ses alliés : « Exempte de toutes craintes religieuses, sachant me mettre au-dessus des lois, par ma discrétion et par mes richesses, quelle puissance, divine ou humaine, pourrait donc contraindre mes désirs ? » (IX, 582)

Moins impressionnés que leurs maîtresses par les effets sensibles de l'or, les libertins n'en retiennent que les avantages matériels et sociaux. L'argent permet à Saint-Fond de réaliser tous ses désirs : « Comme il est divin de nager dans l'or et de pouvoir dire, en comptant ses richesses : Voilà les moyens de tous les forfaits, de tous les plaisirs; avec cela, toutes mes illusions peuvent se réaliser, toutes mes fantaisies se satisfaire, aucune femme ne me résistera. » (VIII, 312) Il va donc de soi que, pour être admis dans la « Société des Amis du Crime », il faut être riche et prouver « au moins vingt-cinq mille livres de rente » (VIII, 402) qui permettront de pourvoir aux dépenses générales de la maison. Le brigand Minski insiste sur le fait qu'il est à l'abri de la justice car « avec de l'argent on fait tout ce qu'on veut [...] et [il] en répand beaucoup » (VIII, 561). Braschi appuie ce raisonnement qui justifie aussi son système. Ayant soutenu que les meurtres constituent un des moyens dont la nature se sert pour nous accabler, il fait constater à Juliette que « presque toujours les torts [sont] mesurés, non sur la grandeur de l'offense, mais sur la faiblesse de l'agresseur [...] d'où vient que les richesses et le crédit ont toujours raison sur l'indigence » (IX, 182) : remarque commune à laquelle souscrivait déjà pleinement La Fontaine.

Charlotte de Lorraine, épouse du roi de Naples, exprime avec autant d'exactitude que la Durand la notion de libertinage prônée par les héros de Sade : un jeu excessivement cruel, propre à susciter la volupté chez les âmes fortes et nécessitant des moyens **extraordinaires**. « La destruction d'un individu, dit-elle à Juliette en exécutant un page, est le stimulant le plus vif qu'on puisse ajouter aux attraits de la débauche des sens. » (IX, 342) Néanmoins, malgré les singularités de leurs dépravations, les libertins de Sade refusent les compromis grossiers des héros de Rétif. Comme le signalait implicitement Nerciat, le luxe reste l'accessoire indispensable des plaisirs que l'intelligence supérieure est seule en mesure de concevoir. Charlotte ne connaît « rien de si naturel que de voir les recherches les plus raffinées du plaisir, conçues par ceux dont les perceptions de l'esprit sont plus délicates [...] Il est impossible qu'un homme qui a beaucoup d'esprit, beaucoup de puissance, ou beaucoup d'or, s'amuse comme tout le monde. » (IX, 343) L'abbesse de Panthémont, Mme Delbène, explique à Juliette pourquoi « plus on a d'esprit et mieux l'on goûte les douceurs de la volupté » (VIII, 61). Mais le crime est encore trop souvent commis par des individus quelconques et le héros de Sade doit, pour se distinguer, recourir aux supplices les plus extraordinaires, aux situations les plus propres à révolter l'entendement, d'où l'intérêt porté aux parricides, aux infanticides, à la destruction cruelle des faibles, des innocents ou des irresponsables. À l'exemple de leurs timides prédécesseurs, les nouveaux libertins trouvent autant de plaisir à faire le mal qu'à l'encourager et cette alternative sert même de consolation à celui qui ne peut plus jouir de la première manière : « Ne pouvant faire le mal, j'aime à le faire faire : cette idée me console » (VIII, 111), avoue à Juliette le vieux duc Stern, qui lui est présenté chez la maquerelle Duvergier. En admirant les progrès de sa novice, l'abbesse Delbène « était dans l'ivresse [car] il n'est point, pour un esprit libertin, de plaisir plus vif que celui de faire des prosélytes. On jouit des principes qu'on inculque; mille sentiments divers sont flattés, en voyant les autres se gangrener à la corruption qui nous mine. » (VIII, 61) Catherine de Russie, à qui Brisa-Testa, alias Borchamps, offre un aperçu de toutes les « jouissances » désirables, « aime le vice et ceux qui le professent [car] il est dans [ses] principes de le propager » (IX, 278). En accueillant Clairwil, qui doit achever son éducation, Juliette constate la satisfaction qu'éprouve la libertine à la débaucher et ressent « aussi vivement le besoin d'être instruite que celui de faire une éducation, [elle] désire une élève avec autant d'ardeur qu'une institutrice » (VIII, 252). Noiceul comble son vœu en lui confiant la fille de Saint-Fond, Alexandrine, qu'il doit bientôt épouser, s'offrant ainsi le plaisir de faire tourmenter à la fois sa future femme et la fille de son meilleur ami.

Cet esprit stimulé par une soif insatiable d'absolu conduit le libertin à tous les excès. « Tout est bon quand il est excessif » (VIII, 227), affirme Saint-Fond. Quelques jours avant leur retour définitif à Paris, Noirceul rappelle à Juliette « qu'il n'existe aucun frein pour des libertins tels [qu'eux] » (IX, 572). C'est pourquoi rien ne les empêche de se livrer à l'impétuosité de leurs désirs les plus vulgaires sans pour autant renier leurs principes aristocrati-ques. Cet attrait pour les extrêmes permet à Borghèse de citer La Mettrie pour justifier ses dépravations les plus « vilaines », les plus « secrètes » et les plus « sales » : « La Mettrie avait raison, quand il disait qu'il fallait se vautrer dans l'ordure comme les porcs, et qu'on devait trouver, comme eux, du plaisir dans les derniers degrés de la corruption. » (IX, 115) La philosophie de l'auteur de *l'Art de jouir* ne pouvait manquer de séduire Sade par ses excès, et Saint-Fond se souvient lui aussi des conseils les plus surprenants de l'*Anti-Sénèque* quand il encourage Juliette à souiller « à loisir toutes les parties de [son] beau corps » (VIII, 332). Près d'un demi-siècle avant Sade, La Mettrie conseillait à son lecteur : « si non content d'exceller dans le grand art des voluptés, la crapule et la débauche n'ont rien de trop fort pour toi, si l'ordure et l'infamie sont ton partage, vautre-toi comme font les porcs, et tu seras heureux à leur manière[9] ». Fidèle à ses maîtres, Juliette n'hésite pas à tenter l'expérience. Après avoir incendié la maison de l'un de ses fermiers pour s'exciter au spectacle du malheur qu'elle vient de provoquer sans raison, elle se prostitue « comme une truie » à l'un de ses valets sur un tas de fumier : « J'étais heureuse; plus je me vautrais dans l'infamie, plus ma tête s'embrasait de luxure, et plus augmentait mon délire. » (VIII, 398) Clairwil, à la fin d'une orgie sanglante dans le décor luxueux du palais de la princesse Borghèse, veut qu'on la « vautre au milieu des cochonneries [...] et c'est là, c'est en se roulant sur de la m[...], que la coquine décharge en se roulant de plaisir » (IX, 321). Et Sade, toujours à l'affût des moindres témoignages historiques qui pourraient justifier son insistance à célébrer les irrégularités de mœurs de ses personnages, rappelle inopinément, à propos des singularités des cultes, que les Romains « adoraient la m[...] sous le nom du dieu *Sterculius*, et les égouts sous celui de la déesse *Cloacine* » (VIII, 492).

Ces dernières remarques ne permettent pourtant pas de sous-estimer la qualité des plaisirs des grands libertins. Leur intelligence supérieure ne peut se complaire longtemps dans ces basses satisfactions. Tout en recherchant des sensations excessives et tout en admettant les débauches les plus vulgaires, ils n'en apprécient pas moins les voluptés raffinées. Complétant les conseils que Juliette donne à la comtesse de Donis, à Naples, au sujet des précautions à prendre avant de commettre un crime, Sade intervient directement, en précisant dans une note qu'il existe une grande différence entre les voluptés de l'esprit et celles du corps. Ne s'éloignant jamais des principes de sa pensée matérialiste, il recommande les secondes car « les voluptés de l'esprit ne sont que des jouissances intellectuelles, uniquement dépendantes de l'opinion [...] au lieu que les voluptés du corps sont des sensations

---

[9] Cité par Mauzi, *l'Idée du bonheur*, p. 251.

physiques, absolument dégagées de l'opinion, également senties de tous les êtres, et même des animaux » (IX, 50, n.). Toutefois, ce dernier argument sera souvent démenti. Pour ce, Sade exploite encore La Mettrie, prouvant du même coup que ce dernier ne fut pas seulement le chantre des plaisirs orduriers et des jouissances bestiales : « Heureux, cent fois heureux, dit La Mettrie, ceux dont l'imagination vive et lubrique tient toujours les sens dans l'avant-goût du plaisir ! » (IX, 500), s'écrie Belmor après avoir rappelé à Juliette « qu'ils sont délicieux les plaisirs de l'imagination, et que l'on parcourt voluptueusement toutes les routes que nous offre sa brillante carrière » (*ibidem*). Clairwil aussi, en dépit de ses excès, réfute la note de Sade quand elle reconnaît ne jouir « que d'imagination » et, de plus, d'une imagination purement intellectualisée et non pas visuelle puisqu'une « des choses qui échauffe le plus la [sienne] est d'entendre beaucoup jurer autour d'[elle] » (IX, 283). Ainsi, le blasphème fait aussi partie de la panacée aphrodisiaque des nouveaux libertins et, dans son étude sur « la langue du plaisir érotique » imaginée par Sade, Roland Barthes va jusqu'à l'inclure dans la liste des « unités minimales » ou *postures* du code érotique sadien (*Sade, Fourier, Loyola*, 33–34). Au plaisir physique s'ajoute maintenant pour le roué le plaisir moral ou intellectuel, encore plus piquant, que lui procure le persiflage du sacré[10]. Il est pourtant dangereux de trop simplifier une pensée où l'ironie et le sérieux s'entrecroisent aussi bien dans ses excès que dans ses propositions les plus admissibles. Dans *Aline et Valcour ou le Roman philosophique*[11] (1795) Sade prévient l'objection qui naîtrait de cette réflexion puérile et contradictoire de la part d'un libertin affectant d'outrager verbalement la divinité même qu'il est sensé nier et, pour garantir au lecteur la valeur de cette seconde opinion, il se place alors dans le camp de « l'honnêteté », de ceux qui reconnaissent la supériorité immatérielle de Dieu. Dom Gaspard, jeune homme vertueux qui n'abusera pas de Léonore, cette « intéressante aventurière » qui lui confie son sort, — et qui n'en connaîtra pas pour autant « les

---

[10] Voir les remarques d'Hubert Damish, « L'Écriture sans mesures », *Tel Quel*, vol. XXVIII, hiver 1967, pp. 51–65.

[11] Roman « écrit à la Bastille un an avant la Révolution de France », rappelle son auteur dans des notes rajoutées vers 1795, au moment de la reprise de l'impression interrompue par la mort « criminelle » de l'imprimeur Girouard guillotiné en 1793.

infortunes de la vertu » —, se demande plutôt comment les hommes ont « pu s'imaginer que l'être grand et supérieur qu'ils érigent [...] puisse se trouver offensé des invectives qu'il leur plaît de lui adresser ? [...] Dieu est trop grand, Dieu est trop spirituel pour toutes ces choses humaines [...]; indifférent à nos hommages, nullement touché de nos blasphèmes. » (V, 39-41)

Les portraits des libertins qui précèdent ceux de Sade dans la littérature romanesque du XVIII\ :superscript:`e` siècle, qu'ils soient petits-maîtres ou roués, présentent peu de variations, de Crébillon à Laclos. Tous sont séduisants, c'est-à-dire distingués, riches et brillants en société. Les femmes qui les craignent rêvent pourtant de les séduire. Les libertins de Sade négligent ces artifices de présentation car ils ne songent plus à conquérir des coquettes ou des prudes. Délaissant les satisfactions intellectuelles d'une « campagne » menée selon les règles, ils ne voient plus en la femme ou même en l'homme qu'un objet nécessaire à leur luxure : objet qu'ils acquièrent par l'argent ou par la violence. Bien qu'ils discourent avec volubilité sur leurs « systèmes » surprenants, leur libertinage demeure avant tout une succession d'expériences physiques, exécutées le plus souvent en groupe, et nécessitant un nombre parfois élevé de victimes. Ces libertins sont ostensiblement féroces et jouissent de l'effroi causé par leur férocité : « M. de Saint-Fond était un homme d'environ cinquante ans : de l'esprit, un caractère bien faux, bien traître, bien libertin, bien féroce, infiniment d'orgueil. » (VIII, 205) Ils choisissent leurs compagnes autant pour leur beauté physique que pour leur perversité. Noirceul trouve à Juliette une imagination brillante, un « flegme entier dans le crime » et la croit « féroce et libertine », deux « vertus » qu'il juge aussi indispensables à une femme qu'un « c[...] superbe » (VIII, 220). L'autorité et la richesse sont, avec l'amoralité, les seuls critères qui déterminent le choix de leurs complices et, à la manière des héros de Nerciat, ils se jugent et s'estiment aussi selon leurs dispositions à « donner et à recevoir le plaisir » tant à « l'œillet » qu'à « la boutonnière ». Ces libertins, être déjà exceptionnels par leur situation sociale et leur opulence, éprouvent aussi le sentiment orgueilleux d'appartenir à un clan d'hommes prédestinés. Si cette présomption était déjà très forte chez le lord Durham-Chester de Crébillon, les personnages de Sade renforcent cette opinion en soutenant que la volonté d'action du brigand ou du despote est nécessaire à celui qui brigue d'appartenir à leur oligarchie. Comme le Gaudet de Rétif, Brisa-Testa s'estime fait « pour aller au grand » (IX, 230) et se sent « né pour les grandes aventures » (IX, 277). Aussi, tout comme le Valmont de Laclos, mais avec plus de conviction dans les propos, tant la volonté de dominer par la terreur et par la destruction leur compose un profil satanique libéré des contingences humaines, ils estiment n'avoir plus rien à partager avec les hommes : « Il est impossible d'être de leur race », s'exclame Juliette en contemplant d'un œil amusé et intéressé les horreurs commises par Saint-Fond. Et, enchérissant sur les propos de son admiratrice, le libertin ajoute : « Elle a raison; oui, nous sommes des dieux : ne nous suffit-il pas comme eux de former des désirs pour qu'ils soient aussitôt satisfaits ? Ah ! qui doute que, parmi les hommes, il n'y ait unc classe assez supérieure à la plus faible espèce, pour être ce que les poètes nommaient autrefois les divinités ! » (VIII, 233)

À la suite de ces remarques, la prévention de ces libertins contre l'amour semble aller de soi. Pour l'auteur des *Crimes de l'amour*, l'amour n'existe pas, même s'il ne s'agit que de cet amour « à fleur de peau », de ces sensations superficielles recherchées par les voluptueux raffinés, car il indiquerait un reste d'assujettissement à l'égard des femmes. À la fin de *Aline et Valcour* le président de Blamont, tourmenteur névrosé de sa femme et de sa fille Aline, soutient avec tout l'esprit qui distingue les grands seigneurs libertins sadiens que « l'amour n'est que l'épine de la jouissance, le physique seul en est la rose » (V, 297). Plus mesquin, car moins élevé dans la hiérarchie sociale officielle, le faux-monnayeur Dalville de la première ébauche connue de *Justine*, *les Infortunes de la vertu* (1787), se fait l'écho des propos de l'abbé T*** qui, un demi-siècle plus tôt dans la *Thérèse philosophe* du marquis d'Argens, avait « une petite fille *ad-hoc*, comme on a un pot de chambre pour pisser » (65), quand il sentait « l'aiguillon de la chair » le tracasser, lorsqu'il déclare à Sophie en la violant : « Il n'y a pas d'amour dans mon fait, c'est un sentiment qui ne fut jamais connu de mon cœur. Je me sers d'une femme par nécessité, comme on se sert d'un vase dans un besoin différent. » (XIV, 432) Mais ce qui chez les libertins mondains était plus une affectation à la mode qu'un principe suffisamment justifié, devient chez Sade un des premiers postulats auxquels mène une philosophie qui nie toute idée de solidarité, c'est-à-dire tout mode de communication entre les hommes. L'amour est par définition impossible dans un monde peuplé d'individualistes absolus. Toutes les observations que l'on fera ensuite ne seront que les corollaires de cet axiome sadien. Noirceul résume l'avis général quand il dit à l'héroïne de l'*Histoire de Juliette* : « nous n'aimons rien, nous autres libertins » (VIII, 228). Pour le président de la « Société des Amis du Crime », « ce qui s'appelle amour, en un mot, n'est autre chose que le désir de jouir » (VIII, 485) et, para- phrasant la Ninon de Lenclos de Damours„ il ajoute : « *L'Amour est* [...] *l'étoffe de la nature que l'imagination a brodée.* Le but de l'amour, ses désirs, ses voluptés, tout est physique en lui. » (VIII, 493) L'amour n'est pourtant pas un sentiment inconnu dont les personnages sadiens nieraient la réalité. Belmor reconnaît im- plicitement son existence et avoue la crainte qu'il lui inspire quand il conclut : « Fuyons pour toujours l'objet qui semblerait prétendre à quelque chose de plus. L'absence et le changement sont les remèdes assurés de l'amour : on ne pense bientôt plus à la personne qu'on cesse de voir, et les voluptés nouvelles absorbent le souvenir des anciennes. » (*ibidem*) Valmont n'est pas seul à penser que le libertinage est le meilleur « bouclier contre l'amour »; pour Belmor aussi « l'inconstance et le libertinage [sont] les deux contrepoisons de l'amour » (VIII, 488).

Malgré leurs excès de férocité, c'est d'un point de vue social ou politique que ces nouveaux libertins seraient le plus à craindre. Reprenant les utopies révolutionnaires du Gaudet de Rétif et du « libertin de qualité » de Mirabeau, les héros de Sade ne peuvent combler leurs besoins de domination qu'en se rendant les maîtres d'un gouvernement dictatorial. Il est toutefois intéressant de noter qu'aucun de ces héros littéraires, comme aucun de leurs créateurs, ne parviendra à ses fins. La destinée politique de Mirabeau illustre bien l'incompatibilité qui existait au début de la période révolutionnaire entre une vie privée agitée et la discipline ver- tueuse imposée par les jacobins. Bien que l'éloquence du tribun de l'Assemblée nationale ne dût rien à la verve libertaire du prisonnier de Vincennes, ses ennemis ne se privèrent jamais de douter de l'honnêteté des motions d'un homme dont les mœurs alimentaient depuis 20 ans la gazette des scandales européens.

Si le petit-maître de la littérature s'identifiait parfaitement à la réalité sociale, au point qu'il était parfois difficile de décider qui du personnage romanesque ou du héros mondain servit de modèle à l'autre, les nouveaux libertins ne franchissent pas l'état fictif des entités littéraires, au point que leurs auteurs ne parviendront jamais — même sur le papier — à consacrer leurs idées en leur accordant le pouvoir et le rôle politique qu'ils ambitionnent. Gaudet d'Arras et Edmond connurent une fin misérable car, dans ce combat de la vertu et du vice qui sollicita continuellement la probité littéraire de l'auteur de *la Vie de mon père* et de *Mes Inscriptions*, la vertu républicaine l'emportera sur les désordres de la noblesse déchue. Sade n'accorde pas non plus au ministre Saint-Fond le pouvoir absolu qui lui aurait permis de livrer l'humanité à ses fantaisies. Sa mort laisse vacant un poste convoité par Noirceul, mais on apprend seulement que « tout Paris le désignait aux premières places » (IX, 548) et, au dernier paragraphe de l'*Histoire de Juliette*, que « les plus grands succès couronnèrent dix ans de nos héros » (IX, 586) : l'auteur se refuse donc à conter les fourberies de ce personnage devenu le maître du pays. Il se désiste à l'idée de développer l'image d'un potentat sadien et, de la sorte, évite de pousser les conclusions de ses systèmes à leurs extrémités. Dans les limites de leur univers romanesque la puissance de ces grands libertins ne devient jamais politique. Elle repose tout au plus sur l'immunité attachée à leur condition et sur les accommodements que procure une fortune illimitée.

À l'épopée du plaisir évoquée par Nerciat fait suite l'épopée du mal ironiquement prônée dans les ouvrages de Sade. Loin d'être une faiblesse en soi, la démesure des personnages situe et limite exactement la portée des œuvres de ces deux écrivains. Comme toute épopée, elles marquent l'apogée et l'effondrement d'une culture et de son interprétation artistique : leur apogée, car aucun genre littéraire n'est allé au-delà de l'œuvre épique, mais aussi leur effondrement, car en parant leurs personnages du potentiel inhumain des demi-dieux, les auteurs situaient leurs œuvres au-delà de la convention romanesque retenue par Crébillon, Marivaux et même Laclos. Dans cette lente mais constante évolution de la notion de libertinage mondain chez les personnages romanesques du xviiie siècle, le « nouveau libertin » pressenti par Rétif et Mirabeau, conçu par Sade sous forme d'entité rationnelle — ou irrationnelle suivant que l'on adopte ou rejette la pensée sadienne — nourrie d'absolu (en dépit de descriptions physiques détaillées), marque l'aboutissement logique mais irréalisable où s'effondre la quête des plaisirs et des jouissances qui s'empare des esprits corrompus par le désœuvrement associé à la notion de privilèges.

CONCLUSION

> Nihil est in intellectu, quod non prior fuit in sensu[1].

LA NINON DE DAMOURS CONSIDÈRE le libertinage mondain comme un système — c'est-à-dire comme une façon de raisonner et de se comporter — qui transforme l'homme séduisant, mais parfois maladroit ou timide, en séducteur à la mode, hardi et sans faiblesse sentimentale. Ce petit-maître, successeur du petit-marquis bel esprit, ne brigue que l'honneur d'être remarqué des femmes et la réputation de toujours terminer une « affaire » à son avantage.

Versac est le premier à marquer les termes de ce libertinage limité à un jeu généralement accepté de part et d'autre. Sa misogynie — qu'il explique mal en alléguant les ridicules mis à la mode par l'inconsistance du caractère féminin — le conduit à mépriser la femme et à user de son art de la séduction pour l'humilier. Non content de séduire et de détruire, il cherche aussi à devenir le confident d'un débutant pour l'initier à son « système » et à ses roueries. Même s'il est déjà tout disposé à se divertir aux dépens d'une coquette, il n'est pas d'apprenti petit-maître qui ne reçoive un jour, avec plus ou moins d'intérêt, la leçon d'un roué.

Alors que le petit-maître, de naissance noble, retient encore toute l'attention des meilleurs romanciers, on assiste déjà à la dégradation de son système. Ce déclin est d'abord provoqué par des individus étrangers à son milieu : frères convers ou jeunes paysans émancipés. Rétif précipite ce mouvement, car avec lui disparaît l'élément compensateur et moralisateur qui, chez des auteurs aussi opposés que Mme de Beaumont et l'abbé Gérard, fut

---

[1] Cité par Sade dans *Pensées, Œuvres complètes*, T. XIV, p. 69.

assez puissant pour réprimer les dispositions au libertinage de leurs héros. Comme Ingénue Saxancour, qui se trouve exposée sans soutien aux excès de fureur de son mari, Edmond n'a personne pour le prémunir contre l'influence pernicieuse de Gaudet. Mme Canon n'a pas plus d'autorité que le père d'Ingénue et le ridicule de ses bonnes intentions est à l'image de celles de l'auteur. Enfin, dans les derniers chapitres du *Paysan et la Paysanne pervertis*, la conduite d'Edmond illustre le degré de dépravation atteint par ces prétendus petits-maîtres.

Le roué, responsable de ce premier indice de déchéance, connaît jusqu'à la fin du siècle une évolution irrégulière mais encore plus révélatrice de la précarité du libertinage mondain. Annoncé par Versac et perfectionné par Durham-Chester, le personnage se stabilise pendant une vingtaine d'années avec le Valville de Mme Élie de Beaumont, l'Alcibiade de Crébillon, le Lausane de l'abbé Gérard et le Curland d'Imbert. L'arrivée de Gaudet d'Arras montre tout ce que ce type acquiert ensuite sous la plume de Rétif. Bien que *le Paysan et la Paysanne pervertis* n'ait été publié qu'en 1787, Gaudet fait sa première apparition dès 1775, dans *le Paysan perverti*. Ainsi, le personnage précède et suit tout à la fois le Valmont de Laclos. La constatation est importante et montre à quelle facilité verbale en était arrivé le roman épistolaire libertin par ses reprises continuelles d'un même thème, et dans quelle trivialité de procédés se complaisaient les héros. On comprend mieux alors les réflexions de Laclos faisant dire à Valmont dans une lettre à Mme de Merteuil : « En vérité, plus je vais, et plus je suis tenté de croire qu'il n'y a que vous et moi dans le monde, qui valions quelque chose. » (C).

Vers 1780, le code établi tacitement par les petits-maîtres et le système soutenu par les roués montrent des signes manifestes de détérioration en se décomposant au cours des orgies dorées décrites par Nerciat ou en se dénaturant au contact des premiers mirages révolutionnaires. À l'ennui vague d'un jeu qui, par manque de renouvellement et d'invention originale, avait perdu peu à peu son attrait initial, s'ajoute la disparition de l'esprit guerrier ou sportif de la première moitié du siècle. Le libertin ne cherche plus à perfectionner sa technique de séduction. Nous savons combien les confidences d'un Valville, d'un Lausane ou d'un Curland sont similaires. C'est maintenant un débauché aristocratique qui cherche des plaisirs immédiats et qui s'ingénie à en multiplier les formes. L'exemple est suivi par les couches les plus frustes de la société, et la licence dorée des « parties fines », des « folies » se transforme en débauche sordide dans les arrière-salles des tavernes. Le plaisir devient bestial et cruel. Au cours d'une des orgies familiales qu'il rapporte dans *l'Anti-Justine*, Rétif-Cupidonnet découvre « comment les Héros de Dfds, sur le point d'émettre, deviennent cruels » (225).

Le temps n'est plus éloigné où le duc de Blangis, l'un des quatre seigneurs libertins des *Cent Vingt Journées de Sodome*, affirmera « qu'un homme, pour être véritablement heureux dans ce monde, devait non seulement se livrer à tous les vices, mais ne se permettre jamais une vertu, et qu'il n'était pas non seulement question de toujours mal faire, mais qu'il s'agissait même de ne jamais faire le bien » (XIII, 8). On se rappelle qu'Edmond finit ses jours aux galères pour avoir souscrit aveuglément à ces idées et appliqué sans discernement des principes analogues. L'*Histoire de Juliette* montre le succès limité des entreprises des libertins. Incarnations d'un mal absolu, les héros de Sade en viennent à s'entre-détruire et seuls subsistent, en principe, ceux qui n'ont jamais montré la moindre hésitation à commettre le mal. Dans la société très limitée de Juliette, il n'est fait aucune place aux sentiments et l'on doute de la qualité du bonheur que l'on connaîtrait à vivre en compagnie de criminels que ne retiennent même pas les liens de l'amitié. Si, pour s'être montrée la plus cruelle, la libertine survit à Saint-Fond et à Clairwil, elle meurt pourtant à 45 ans seulement et l'auteur, qui s' « enlève absolument [...] la possibilité de la montrer au public » (IX, 587) pendant les dix années du ministère Saint-Fond, ne nous décrit aucun des plaisirs qu'elle est censée avoir partagés avec lui.

Les Liaisons dangereuses interrompirent momentanément cette course aux paradis et aux enfers de la jouissance physique, en tentant de réaffirmer la primauté de la volonté sur l'instinct et sur la sensibilité. Outre l'originalité du couple Valmont-Merteuil et la personnalité des deux antagonistes, le roman témoigne par sa structure dramatique de la volonté de son auteur d'offrir au public une image nouvelle du roman dit libertin, en faisant d'un « réchauffé » de lieux communs le livre exceptionnel où, pour la dernière fois en son siècle, l'esprit tente de l'emporter sur les sens. Toutefois, les héros de Laclos doivent leur personnalité non seulement au talent de l'écrivain, mais aussi à la longue lignée de leurs devanciers littéraires. Malgré cet acquis, Valmont échoue pour avoir trop escompté des règles d'un divertissement qui ne prévoyait pas les deux obstacles qu'il rencontre : son amour pour la présidente et le défi de la marquise.

En résumé, deux types de libertins — ceux-là mêmes que distinguaient Imbert et Dorat — se sont affirmés dans la littérature romanesque française du XVIIIe siècle : les petits-maîtres (bien souvent apprentis et novices) dont nous assistons aux premiers pas dans la société, et les maîtres (ou théoriciens), véritables roués ayant établi leur réputation grâce à leur habileté à feindre et à leur cynisme dégagé de tout préjugé.

Le libertinage mondain traditionnel

Bel esprit et évocation discrète de situations grivoises sont les deux constantes de l'œuvre de Crébillon fils. Mais les remarques de Versac et de lord Durham-Chester — qui composent en elles-même un système homogène et cohérent et qui constituent en cela une prise de position partielle de l'auteur vis-à-vis du libertinage — autorisent une nouvelle évaluation de la pensée de l'auteur des *Matinées de Cythère*.

Crébillon jouissait de l'estime du milieu parisien cultivé et distingué qu'il a dépeint. Grâce à son caractère facile et sociable, il n'eut aucune raison de se plaindre des inégalités sociales. Cet écrivain, qui n'était pas noble, parvint à se faire accepter dans les milieux aristocratiques. Il brilla dans les salons, faisant seulement semblant, comme Versac, « d'ignorer tout et croire n'ignorer rien, prononcer des absurdités, les soutenir et les recommencer ». Son œuvre n'est pourtant pas une critique bienveillante, et encore moins un hommage reconnaissant. Elle reflète l'esprit de compromis que devaient accepter ceux qui, conscients de la déchéance de la noblesse, participaient pourtant à son jeu pour profiter de son existence privilégiée. Le pessimisme tragique des *Lettres de la marquise de M*** au comte de R**** n'est pas accidentel. Jeune auteur encore idéaliste, Crébillon traduit spontanément les réflexions que lui suggère l'observation de la haute société. Trente-six ans plus tard, il précise sa pensée dans les *Lettres de la duchesse de *** au duc de ****. La duchesse, devenue veuve et très amoureuse de son correspondant, ne lui cédera pourtant pas. L' « amertume [...] répandue sur [sa] vie » est tout ce qu'elle conserve de leur platonique liaison épistolaire. Elle se refuse au duc parce qu'elle le juge trop inconstant. Plusieurs fois elle l'accuse précisément d'un « air de petit-maître qui ne peut que [le] dégrader infiniment dans l'esprit de tous les gens sensés ».

Au pessimisme classique et positif d'un La Rochefoucauld, Crébillon substitue une prise de conscience plus secrète et plus complexe de la dégradation des valeurs humaines. Libéré des contraintes religieuses, le libertin croit découvrir dans le rejet de la morale officielle, l'éthique naturelle capable de lui procurer le bonheur. Crébillon évite d'intervenir directement dans ses ouvrages, mais les réflexions parfois désabusées de ses personnages et un certain ton d'amertume indiquent qu'il avait déjà entrevu le danger de laisser l'homme développer des systèmes de conduite en contradiction avec les mœurs traditionnelles.

En dépit de l'apparente futilité de ses ouvrages, on ne doit pas minimiser son influence dans l'histoire du roman libertin. Outre qu'il fut le premier à exploiter systématiquement les ressources artistiques qu'offrait l'observation de libertins authentiques, il sut aussi, comme son Versac, allier au badinage à la mode des réflexions sur la nature même du libertin, sans nuire pour autant à la légèreté générale de son œuvre. Son dessein et son style furent imités presque aussitôt par Duclos, bien qu'en peignant des mœurs parfois peu régulières, l'auteur des *Confessions du comte de* *** et des *Mémoires sur les mœurs* se pique de faire œuvre de moraliste.

Cette légèreté de style et d'esprit se retrouve à nouveau chez Mme Élie de Beaumont et chez Imbert, en dépit du ton moralisant de la première et des épisodes mélodramatiques du second. Le Valville des *Lettres du marquis de Roselle* reste encore un personnage inconséquent et futile qui ne cherche qu'à entraîner son ami dans ses parties de débauche, sans s'inquiéter de savoir dans quelle mesure il pourra le convertir au libertinage. Loin d'être la victime sur laquelle Roselle tentera ses premiers méfaits, Léonor représente au contraire la jeune femme avertie et indépendante qui l'aidera — moyennant dédommagement — à vaincre ses préjugés. Le libertinage de Valville n'est pas un humanisme, c'est-à-dire une façon de comprendre et d'assumer son existence, mais un passe-temps qui ne repose sur aucun principe préétabli. Ses réflexions sur le mariage, sur le respect que l'on doit accorder à la femme comme sur le rôle qu'elle doit tenir en société, sont à peine dignes d'un joueur de cartes de cabaret, et c'est uniquement par sa façon brillante et détachée de présenter ses opinions que ce libertin s'en distingue avec éclat. L'*Angola*, du chevalier de la Morlière, reste l'une des meilleures illustrations de l'aspect esthétique du libertinage mondain. Ce conte oriental, aussi peu soucieux d'orientalisme que *les Bijoux indiscrets* de Diderot, distrait uniquement par son esprit et sa critique légère quoique précise des travers de la société aristocratique. Son affabulation « sans vraisemblance » maintient le libertinage à l'état d'un jeu perpétuel qu'il est indispensable, à l'époque, de pratiquer avec autant d'habileté que la musique, la danse ou l'équitation.

Les premiers dangers

Avec le comte de Valmont et Milfort, l'abbé Gérard et Imbert tentent de souligner les conséquences déplorables du libertinage chez un homme chargé de responsabilités familiales. Mais le livre de l'abbé Gérard n'est que ce qu'il se proposait d'être, une apologie édifiante — et peu convaincante —, alourdie à chaque réédition de nouvelles justifications théologiques et abstraites. Dans *les Égarements de l'amour*, la dramatisation de l'intrigue tentée par Imbert nuit à l'intérêt que tout lecteur espère trouver dans un roman épistolaire où le libertinage reste le sujet principal. Comme dans *le Comte de Valmont*, l'introduction d'un élément familial modifie et fausse les thèmes retenus par Crébillon et Mme Élie de Beaumont (la légèreté des petits-maîtres, la fatuité et l'insolence des roués) et n'enrichit en aucune façon l'analyse de ces phénomènes. Imbert échoue pour n'avoir pas su choisir entre le roman séduisant et sans prétention à la Crébillon et l'étude documentée du problème social qu'il avait soulevé. La nouveauté dramatique que semblait annoncer son roman épistolaire en 1777 n'est en fait qu'une illustration du sentimentalisme désuet de la royauté de Trianon, si habilement évité par Crébillon.

Il faut attendre Nerciat pour que, paradoxalement, se trouvent démasqués sinon les dangers du moins l'insuffisance majeure du libertinage. Partant d'un contexte idéal pour l'épanouissement du libertinage mondain des petits-maîtres, Nerciat ne parvient qu'à surseoir par un luxe de débauche à la déconvenue intrinsèque de ses personnages. L'excès devient insipide aux sens qui ne sont plus stimulés par les émois du cœur et les griseries de l'esprit. Aucun de ses héros n'avoue ses désillusions, mais en cessant

« d'avoir le diable au corps » et en se mariant ils conviennent implicitement de l'échec de leurs expériences.

L'appauvrissement artistique

Bien qu'on ne puisse parler de progrès, tant dans la technique romanesque que dans l'analyse psychologique, les œuvres de Nougaret et de Rétif présentent un intérêt nouveau dans la mesure où elles se veulent violentes — sans toutefois atteindre la polémique systématique — et désireuses de heurter l'opinion par leur ton pseudo-réaliste. Le libertinage quitte les salons pour s'égarer dans les tripots, mais ce qu'il abandonne du bel esprit et du « bon ton de la bonne compagnie » ne sera pas remplacé par le pittoresque des mœurs d'un milieu encore peu étudié à l'époque. De plus, chez des héros sans distinction, un tel sujet devenait des plus délicats à traiter, et seul un art sobre et discret, plus suggestif que descriptif, eût été susceptible de le sauver du ruisseau.

En popularisant le libertinage, Nougaret et Rétif lui faisaient perdre l'essence même de son unique valeur artistique : l'esprit et la gratuité dont les *Lettres galantes d'Aristénète* et *les Lettres galantes du chevalier d'Her**** offrent un premier aperçu dès la fin du XVIIᵉ siècle. Les œuvres de Crébillon ne durent pas seulement leur succès aux idées de Versac, mais aussi à l'habileté avec laquelle les autres personnages les interprétaient. À l'opposé de Nerciat, Crébillon avait su distinguer les satisfactions de l'esprit des plaisirs des sens. Il prit parti pour les premières, tout en reconnaissant que l'agrément du divertissement s'accroît quand on sait profiter aussi des complaisances féminines. La vulgarité est absente de son œuvre comme elle l'était généralement des salons qu'il y dépeint. Son Meilcour et le Valville de Marivaux sont frères. Il n'est donc plus étonnant qu'un de leurs contemporains, moins favorisé de naissance, Jacob de la Vallée, se civilise très vite au contact de cette société dont certains auteurs ont parfois trop décrié le raffinement des galanteries.

Le Lucas de Nougaret et l'Edmond de Rétif ignorent ces divertissements de « bon ton » qu'ils s'imaginent n'être que la version édulcorée des plaisirs vulgaires qu'ils goûtent dans les arrière-salles des tavernes. Quand la fortune leur offre de petites entrées dans les salons, ils n'ont pas le temps d'en saisir toute l'esthétique et ils préfèrent se venger de leur condition réelle en se glorifiant d'ignorer ou de mépriser les convenances. De toute façon — à l'exception des apologistes —, qu'ils cherchent à plaire à un public mondain ou populaire, aucun de ces auteurs ne tente d'analyser la situation sociale et morale du libertin par rapport aux critères habituels de la conscience humaine. Par suite d'une dramatique mésentente familiale et sociale et, peut-être, sous l'influence de Sade, Mirabeau, dans ses petits ouvrages grivois, hâte la dégradation du libertin noble en attribuant aux privilégiés les mœurs les plus vulgaires et en préconisant avec ses libertins « convertis » la révolution qui leur permettrait d'appliquer à toute la société leurs principes épicuriens.

La question religieuse

Cette ambition va parfois se heurter à l'influence de la religion dans la société féminine : influence qui suscite les obstacles les plus tenaces que les libertins aient à vaincre :

> On s'explique alors pourquoi [...] quand le libertin parle de Dieu, son langage devient volcanique, incandescent, se met à bouillonner et semble dû à une sorte de transe. C'est que le philosophe pouvait parler calmement d'un concept auquel il n'attachait dès le début aucune valeur, alors que le libertin ne peut parler froidement d'une situation dans laquelle il est pris intégralement. La lutte à mort selon Hegel est engagée, dès ce moment, entre lui et Dieu, et c'est par des ruades et des morsures que le libertin ravira sa place à Dieu et le vaincra.
>
> Aussi, dès le début, le libertin adopte à l'égard de Dieu un langage et une attitude passionnelle, puisque le libertin est celui qui se libérera grâce à l'empire des passions[2].

Cette remarque de Jean-Jacques Brocher à propos des héros de Sade vaut tout autant pour Laclos puisque, au-delà de Mme de Tourvel, c'est avec Dieu que Valmont se targue d'engager la lutte.

À la notion de Dieu se rapporte directement la conception du bien et du mal. Pour Mme de Merteuil, la fin justifie les moyens; la jouissance éprouvée motive l'acte qui l'a procurée, quel qu'il soit. Comme le héros de Sade, mais sans l'énoncer aussi explicitement, la marquise ignore, en fait, la notion traditionnelle du bien et du mal. Son désir de jouir, qui pour elle n'est qu'une exigence naturelle, ne peut inquiéter sa conscience puisque, comme

---

[2] Jean-Jacques Brocher, *le Marquis de Sade et la Conquête de l'Unique*, pp. 64–65.

l'affirmera Kant, tout ce qui est suscité par la nature est, par essence, incompatible avec la notion de morale[3]. Aussi, à l'exception de quelques évocations sentimentales à propos de Valmont, ne recherche-t-elle pas l'amour qui, loin d'accroître le plaisir, tend plutôt à l'éliminer. Son aventure avec Prévan indique même qu'elle prend grand soin de l'éviter. Sans vouloir affirmer, comme le fera Nietzsche, que la quête de l'amour est la marque distinctive des faibles, elle reconnaît que ce sentiment n'est qu'un signe de dégénérescence de l'espèce, et qu'il ne peut qu'asservir celui qui y succombe.

Le vicomte de Valmont, petit-maître brillant et roué hésitant

Par leur construction, mi-narration, mi-réflexion, comme par le caractère des deux héros, *les Liaisons dangereuses* de Laclos se placent à mi-chemin des œuvres de Crébillon et de Sade. Malgré ses faiblesses à l'égard de Mme de Tourvel, le vicomte se situe à la limite du libertinage mondain annoncé 50 ans plus tôt par les personnages de Crébillon, grâce à l'élégance de son maintien, à l'esprit de ses à-propos et à l'usage encore fréquent du jargon de l'école. Il trouve sa place entre l'homme galant « qui cherche à plaire aux femmes », et qui peut devenir « à la fois le rebut et le mépris du monde », le « coureur de ruelles, [le] diseur de riens, [le] professeur d'amour et d'amourettes[4] », et le héros démoniaque et impudent de Sade, dangereux par sa puissance sociale, sa facilité d'adaptation et son charme personnel.

À l'opposé de Versac, Valmont a pris conscience de la puissance de ses désirs sur sa volonté. Comme le héros de Sade, il applique aussitôt sa découverte à sa victime. Quand il séduit la présidente, il raisonne déjà comme le jeune abbé Théodore de Gange encourageant son ami le comte de Villefranche à corrompre, pour l'humilier, sa belle-sœur la marquise de Gange : « Sois pour elle le serpent qui tenta Ève : elle priait aussi dans ce moment. » (XI, 265) Toutefois, quand il cherchera à se venger, le héros de Laclos n'aura jamais recours à la violence. Pour humilier Mme de Volanges, il se contente de pervertir sa fille en attisant sa

---

[3] Au sujet de Kant et de Nietzsche, voir l'étude de Eric Fromm, *Man for Himself*, chap. IV.
[4] Remarques de Méré et de Le Maître de Claville citées par Mauzi, *l'Idée du bonheur*, p. 190.

lubricité. Pour lui, le crime n'est pas encore devenu, comme pour la Dubois, une affaire d'opinion.

Les Liaisons dangereuses contribuèrent directement à cette transformation du roman libertin vers la fin du siècle. Laclos fut le premier écrivain à soupçonner les possibilités dramatiques qui pouvaient découler de cette dépravation mondaine réservée à un petit nombre d'oisifs fortunés. De plus, l'échec de son héros — héros pourtant si soigneusement paré des diverses qualités du libertin exemplaire — ne pouvait qu'entraîner, comme chez Sade, mais pour des raisons opposées, le discrédit sur la méthode qu'il prétendait suivre avec tant de rigueur et sur les théories qui la justifiaient.

Au cours des *Liaisons dangereuses*, Valmont abandonne sa réputation de séducteur dangereux mais galant pour celle de roué nuisible, plus à craindre qu'à admirer. En outre, il renonce au projet de conquérir la présidente pour le seul plaisir de vaincre et d'humilier un sujet réputé difficile. Il se réjouit plutôt de retrouver « les charmantes illusions de la jeunesse [car] auprès d'elle il n'a pas besoin de jouir pour être heureux » (VI). Toute la sentimentalité du « Valmont d'autrefois » éclate dans cette phrase clef. La compagnie de Mme de Tourvel, l'amitié qu'elle lui propose d'abord en toute simplicité humanisent le libertin en lui rappelant que la femme n'est pas qu'une simple machine à plaisirs. À ses côtés le vicomte découvrait, à la place des plaisirs habituels, le véritable bonheur. Mme de Merteuil le force pourtant à donner une autre allure à son projet et, par là, elle détruit en lui le travail apaisant de la « vertu ». Après avoir reconquis momentanément le vicomte par deux lettres où le persiflage habituel fait place à l'émotion sincère (CXXXI et CXXXIV), la marquise abuse de son empire retrouvé sur son ancien amant en le contraignant à envoyer la lettre irrémédiable des « ce n'est pas ma faute ». Valmont obéit maladroitement et perd à la fois la femme dont il est passionnément amoureux et l'intrigante séduisante qu'il désire maintenant plus que jamais. Et c'est un Valmont inconscient qui, sous les sarcasmes d'une marquise faussement enjouée, rejoint le clan des roués criminels lorsqu'il commet sans raison le geste qui va tuer la présidente. Loin de le rapprocher de ses amis les roués, cette maladresse inconsidérée va tuer le mythe du libertin mondain qu'il incarnait encore et dont Dorat avait très justement résumé le caractère : un aimable parasite, dangereux surtout pour les débutantes imprudentes, mais qui n'en demeurait pas moins, dès qu'il le voulait, l'homme aimable et plein d'esprit dont les « mines » et les « agaceries » même méchantes flattaient toujours la coquetterie vaniteuse des folles marquises du Siècle des lumières.

Laclos et Sade, la fin d'un mythe

Toutes ces remarques, que nous n'aurions pas pu formuler à propos des auteurs cités auparavant, indiquent le changement d'objectif du roman libertin à la fin du XVIIIᵉ siècle. Après avoir montré le libertin en action, sans se soucier d'approfondir le mécanisme de ses actes, le romancier, à partir de Laclos, tente de replacer le problème dans un contexte éthique et sociologique en étudiant les causes et les conséquences morales, philosophiques et sociales de la conduite et du raisonnement des libertins. Sur ce point, tout était encore à écrire, car les premières tentatives de Rétif et de Mirabeau furent plus spectaculaires qu'originales. Laclos, dans un ouvrage concis à l'extrême et où la rigueur artistique ne voulut rien sacrifier au développement de la pensée, ne pouvait que poser les jalons d'une nouvelle orientation d'un roman libertin où la dissertation philosophique l'emporterait sur l'aspect narratif. Aux relations faciles des agréables égarements du cœur, des sens, et de l'esprit des habitués des salons feront suite, après lui, des traités sur la philosophie de ces boudoirs et même de véritables « romans philosophiques ».

À considérer Sade comme un monstre sacré, un novateur de génie, après qui Nietzsche n'aurait plus rien à ajouter, on risque de le désolidariser du siècle qui l'a formé et auquel il doit, par l'intermédiaire de Bayle, d'Helvétius, du baron d'Holbach et de La Mettrie, le point de départ de sa démarche critique. Ce à quoi les personnages de Laclos pensaient implicitement, ceux de Sade vont le proclamer sans ambiguïté. Comme Valmont, le Dolmancé de *la Philosophie dans le boudoir* aurait ressenti un vif plaisir à posséder la présidente quand il affirme qu' « il est très doux de scandaliser : qu'il existe là un petit triomphe pour l'orgueil qui n'est nullement à dédaigner » (III, 434–435), et que le blasphème peut aviver la jouissance chez les débutants encore mal libérés des interdits religieux.

La liberté que la marquise de Merteuil affiche à l'égard de la religion suffit à indiquer que celle-ci n'est pour elle qu'une « chimère » à laquelle elle n'a jamais prêté attention et Dieu qu'une simple image de rhétorique. Toutefois la marquise, qui n'hésite pas à dévoiler jusqu'aux traits les plus condamnables de son caractère, ne nous fera jamais connaître le fond de sa pensée à ce sujet. Il faut attendre Dolmancé, la Dubois de *Justine* et les « grands » libertins de l'*Histoire de Juliette* pour trouver des exposés précis sur la question religieuse. Ajoutons néanmoins que cette « chimère », ce « fantôme », cet « être inconséquent et barbare », ce « Dieu enfariné » ne sont que les expressions d'une opinion à laquelle souscrivaient déjà le Valville de Mme de Beaumont, le baron de Lausane de l'abbé Gérard et le Gaudet d'Arras de Rétif. Quoiqu'il n'y ait rien de nouveau dans le « carpe diem » de Dolmancé encourageant son élève à profiter « du plus heureux temps de sa vie » (III, 405), on découvre avec Mme de Saint-Ange que le libertin affirme maintenant n'obéir qu'aux lois de la nature quand il cède à ses désirs.

Sade n'est pas seulement celui qui démythifia les prétentions des dévots à la piété et à la vertu. Il est aussi celui qui, issu de leurs rangs et nourri de leurs principes, va démasquer les libertins eux-mêmes et prouver indirectement l'inutilité et l'échec de leurs systèmes timorés et dérisoires. Dès les *Infortunes de la vertu*, il tend par la création systématique et monotone d'impressions accablantes à détruire les concepts traditionnels du bonheur et de la vertu : la réponse religieuse de l'abbé Gérard bien entendu, mais aussi l'éventualité de l'amour-goût proposée par Crébillon[5] dont il stigmatise, dans l' « Avis de l'Éditeur » placé en tête d'*Aline et Valcour*, la manie, « dangereuse » selon lui, de « faire aimer » le vice en en adoucissant « les teintes » (IV, XXVIII), et même la tentative de dévergondage intégral et partagé des héros de Nerciat. Dans le thème, ou plus exactement le contre-thème, développé par Sade, la vertu devient l'erreur majeure qu'il faut éviter : « Si j'ai un conseil à te donner, dit la Dubois à Sophie, ébauche de Justine dans les *Infortunes*, c'est de renoncer à des pratiques de vertu qui comme tu vois ne t'ont jamais réussi. » (XIV, 352) L'argument sera repris une douzaine de fois dans la suite du roman

---

[5] Auteur auquel il semble encore songer pendant la composition d'*Aline et Valcour,* comme le dénote le nom paronymique « Meilcourt » donné au rédacteur épisodique de la lettre XXIX.

par cette femme, porte-parole officiel des sophismes de l'auteur. Quelques chapitres plus loin, reprenant l'idée d'un « petit mal pour un grand bien » dont Voltaire n'avait pas cherché à exagérer les conséquences, le jeune marquis de Bressac note, peu avant de faire empoisonner sa mère, qu'il « n'est rien de tel que de concevoir un crime pour faire arriver le bonheur » (XIV, 371).

C'est de la façon la plus explicite que Sade discrédite le libertinage mondain de ses prédécesseurs. Il efface toute équivoque en juxtaposant leurs manèges galants et subtils aux obscénités criminelles de ses personnages. Chez les moines de l'abbaye de Sainte-Marie-des-Bois, par exemple, « comme chez Raphaël le flambeau du libertinage ne s'allumait qu'aux excès de la férocité, et comme si ce vice des cœurs corrompus dût être en eux l'organe de tous les autres, ce n'était jamais qu'en l'exerçant que le plaisir les couronnait » (XIV, 410). Ainsi se trouvent dénigrés en quelques lignes tous les efforts esthétiques tentés par Crébillon pour donner au libertinage l'aspect d'une contenance sociale exigeante et de bon ton. Sade n'admet plus que l'habileté du langage et le raffinement des manières servent à dissimuler les appétits de l'instinct puisque — à l'opposé des libertins mondains — il rejette l'autorité de « l'être pour-autrui ».

Pour des motifs beaucoup plus banals, Nougaret et Rétif refusaient aussi les contraintes consacrées par l'usage, mais leurs tentatives que ne supportait aucune prise de position philosophique ou morale, loin de faire progresser le roman libertin, n'aboutissent qu'à cet « encanaillement du roman » souligné par Georges May : au paysan parvenu, mais qui se respecte et sait se faire respecter, fait suite le paysan perverti, individu désaxé qui connaîtra l'échec et l'oubli après avoir été exploité par plus roué que lui. Pour Sade, au contraire, cette démystification devient le levier qui lui permet d'ériger toute sa théorie de l'homme naturel, méchant — dans le sens où l'entendent les moralistes —, unique, dans son esprit, parce que seul au-dessus de tous. La leçon d'anatomie — où cette fois tout n'est nommé « que par le mot technique » — par laquelle débute le cours de libertinage des « deux instituteurs immoraux » de *la Philosophie dans le boudoir* a pour but de prouver à Eugénie de Mistival que ses désirs ne sont que l'expression de ses besoins vitaux et qu'il serait donc criminel, parce que contre nature, de les étouffer.

Ainsi, les considérations morales et religieuses qui, dès Mme de Beaumont et l'abbé Gérard, commençaient à priver les romans traitant du libertinage mondain de l'intérêt qu'avait su leur donner Crébillon, deviennent pour Sade la matière même de ces sortes d'écrits. Il détourne le libertinage de sa première fonction (allier le divertissement de société à la poursuite du plaisir, grâce à la complicité des femmes) pour démontrer comment il doit devenir un moyen de répression et de domination équivoques. Accorder aux héros de Sade le titre de libertins, c'est donc trahir la philosophie défendue par Versac, le Valville de Mme de Beaumont, le Curland d'Imbert et même par « l'ancien Valmont » dont Mme de Merteuil garde la nostalgie. Cependant, les réflexions impudentes des héros de Laclos annoncèrent ces perspectives nouvelles avec beaucoup plus de justesse que les orgies du Gaudet et de l'Edmond de Rétif.

> Puis c'est bientôt la comédie de l'amour, le cabotinage, la scène non plus à faire, mais préparée et faite, et, pour comble, l'insolence et la brutalité, l'insulte même et la violence. — Insolence et persiflage, voilà le jeu des raffinés; il arrive bientôt à la perversité complète, à la méchanceté, c'est-à-dire à l'opposé même de l'amour. — On quitte une femme pour la reprendre, pour lui donner une nouvelle désillusion; on la quitte ouvertement pour ajouter à sa peine l'amertume de l'offense publique; on la raille de sa douleur, on la méprise de sa faiblesse. La corruption s'aggrave de la cruauté [...] l'amour s'est transformé en luxure [...]; il a sombré dans la boue et le sang,

écrivent les frères Goncourt[6] de l'époque qui précède immédiatement les écrits de Sade, c'est-à-dire celle où se déroule l'action des *Liaisons dangereuses*.

Les excès de cruauté du duc de Blangis, du président de Curval, de Durcet et de leur ami l'archevêque dans *les Cent Vingt Journées de Sodome* (XIII, 7–20) soulignent l'échec de ces nouveaux libertins. Ayant étouffé le cœur et la raison, le roué de Sade ne parvient pas à trouver le bonheur dans la luxure et dans l'affirmation de son unicité machiavélique. Sa déception physique mise en évidence par son insatisfaction permanente détruit en fin de compte les conceptions matérialistes de La Mettrie qu'il rappelle pourtant constamment.

---

[6] Extrait de *la Femme au XVIIIe siècle*, cité dans *Au Siècle des Lumières*, p. 34. Voir aussi René de Planhol, *les Utopistes de l'amour*, pp. 172–198.

À la fin du siècle, le caractère superficiel du libertinage mondain de la Régence et du règne de Louis XV n'était plus en mesure de résister ni au sentimentalisme éveillé par *la Nouvelle Héloïse* ni, quelques années plus tard, à la violence révolutionnaire des idées sociales et religieuses sur lesquelles s'établissait l'ordre nouveau. Les personnages de Sade, conditionnés par les années de réclusion de leur auteur et par les premiers bouleversements sociaux de la Révolution, rejettent le « pari » des libertins de la première moitié du siècle : leur compromis entre le « bon ton » dicté par les bienséances et la jouissance totale à laquelle aspire une nature humaine qui n'est plus contenue. N'est-il pas aussi troublant que significatif de constater que c'est au chantre le plus averti et le plus fervent de ces plaisirs qu'il revient, en 1792, de dénoncer ce désenchantement :

> Disons donc, du libertinage, bien mieux encore que de la guerre : « C'est une belle chose quand on en est revenu » (IV, 219),

écrit Nerciat à la fin des aventures « rapsodiques » et « frivoles » de Monrose, son « libertin par fatalité ».

APPENDICE[1]

Je souhaite que la conversation suivante, que je donne au public telle que je l'ai entendue, puisse opérer un effet aussi salutaire sur l'esprit de quelques-uns de mes lecteurs [...]

CIDALISE, ARIMON ET DORVAL.

ARIMON. Il y a un siècle au moins que je te cherche, mon cher Dorval. Où te fourres-tu ? Je n'ai pas manqué un seul jour les toilettes courues. J'ai assisté régulièrement à tous les petits soupers de Paris. On m'a vu à la Cour, à la messe aux Petits-Pères, au Palais-Royal, à tous les midis du monde. J'ai parcouru au spectacle tous les *incognito*. J'ai examiné à l'opéra tous les masques de ta taille. J'ai demandé partout des nouvelles de tes deux chevaux *barbe*. Ce sont bien les deux plus jolies bêtes pour un rendez-vous de vitesse [...] À propos comment te portes-tu ? Pour Cidalise est *comme-ça* [...] oui comme à l'ordinaire, singulièrement bien, elle *impressionne* tous les cœurs sans s'en apercevoir.

CIDALISE. Vous voilà vous, toujours saillant, toujours élégant, rarement sincère. J'étais excédée de ne point vous voir. Dorval et vous, vous êtes d'une rareté singulière. Il y a des gens qui *s'invisibilisent* souvent parce qu'ils s'usent en se montrant; mais vous autres que craignez-vous ? vous êtes toujours tout neufs.

---

[1] Un exemple de l' « aisance des ridicules » et de la mesquinerie des propos dont parle Versac, nous est donné par ce passage tiré de la *Bibliothèque des petits-maîtres* (41–48) de Gaudet.

DORVAL. J'arrive de la campagne. Nous avons chassé la grosse bête. Nous avions affaire au plus fin des cerfs. Il a mis trois fois mes chiens en défaut, et vous savez ce que sont mes chiens. Je défie qu'on trouve des chiens de meilleur nez, ni des piqueurs plus intelligents que les miens. Ces animaux me coûtent un argent qui n'est pas croyable. Je me ruine en équipage de chasse; c'est ma folie [...] Le vieux Arimon est très mal, à ce qu'on m'a dit; je t'en félicite, mon ami. C'est une très sotte chose que le mari d'une mère; ces gens-là ont la rage de se croire nos pères. Le tien par exemple [...] ce vieux bonhomme t'empêche de te ruiner. Sans lui, je gage, tu aurais déjà la célèbre M... c'est un raccourci de gentillesse que cette fille-là. C'est bien le meilleur petit sujet pour expédier un homme dans la règle des vingt-quatre heures [...] Vous savez les nouvelles. Peste ! le Maréchal Daun est un grand homme. On m'a lu le détail de la dernière affaire. J'en suis transporté. Il faut être patriote. Comment donc, vingt mille prisonniers ! C'est un exploit digne de Charles XII, ce héros de l'Asie [...]

CIDALISE. Je ne connais personne qui soit mieux en odeurs que vous. Je veux prendre l'adresse de votre parfumeur. Il n'y a qu'un Arimon au monde pour déterrer l'élixir de ces bagatelles dont on ne peut se passer.

ARIMON. Envoyez-moi votre *nécessaire*; je me charge de le faire remplir. Je veux même faire votre provision de rouge, car le vôtre ne dit décidément rien. On vient de donner une nouvelle édition du Cuisinier Français, avec des notes composées, dit-on, par un Abbé ruiné. J'ai fait faire l'épreuve de plusieurs ragoûts nouveaux qui y sont indiqués : c'est d'un piquant ! [...] Un pareil livre doit être dans toutes les bibliothèques; c'est vraiment un ouvrage utile; voilà les Auteurs que le gouvernement devrait récompenser bien préférablement à tous ces écrivains plagiaires, qui déraisonnent gravement en politique et en morale, et qui savent à peine ce que c'est qu'un poulet à la tartare. Cependant cet Auteur profond, cet estimable Abbé qui nous fait faire si bonne chère, ayant employé son bien à des épreuves dispendieuses, court risque de mourir de faim.

. . . .

DORVAL. Vous avez là des dentelles singulièrement belles : votre habit est exquis. Avez-vous toujours cette diligence où

Vénus est représentée sortant du sein des ondes. Il y a là des petits amours qui sont d'une malice ! [...] Elle est exactement nue votre Vénus, et ça n'est point du tout décent [...] Avez-vous rencontré le Marquis de ***. Sa broderie saute aux yeux.

ARIMON. C'est un dessin nouveau qui ressort miraculeusement bien sur le velours cramoisi.

DORVAL. Vous vous moquez, l'habit est de velours ponceau.

ARIMON. J'ai des yeux, et je me connais en couleur, je crois; l'habit est cramoisi et très cramoisi.

DORVAL. Je le soutiens ponceau; mais en honneur ceci est d'un sérieux [...] *arraisonnons* un peu. Vous me connaissez Arimon, et je ne passe pas pour voir trouble. Vous me donnez un ridicule affreux.

ARIMON. Ridicule, point du tout. La malfaisance de mon étoile m'a rendu la vue très basse, mais à l'aide d'un verre je distingue très nettement les objets qui méritent d'être fixés [...] Vous vous écartez vous-même de l'ordre des procédés en soutenant une fausseté décidée. J'en fais juge Cidalise, si elle a vu le Marquis.

DORVAL. Et moi de même. Prononcez, Madame : le Marquis est-il en cramoisi ? en Cramoisi, ah, ah, ah !

CIDALISE. J'ai examiné la chose avec une singulière attention : l'habit du Marquis n'est point cramoisi.

DORVAL. Vous le voyez, mon cher, vous êtes condamné au tribunal des grâces, et c'est un arrêt sans appel.

CIDALISE. L'habit n'est point cramoisi, et cependant vous n'avez point gagné, Dorval. C'est un *pouceau clair*.

DORVAL. Oui, justement ponceau clair.

ARIMON. Ponceau clair, si vous voulez. À propos de ponceau, savez-vous que la Marquise de B... a une robe de cette couleur qui lui va...

CIDALISE. Oui, mais la Marquise est de ces femmes qui ne vont à rien [...]
....

DORVAL. Il est sept heures. Je me rends chez moi pour y trouver un homme qui a le privilège de m'ennuyer toutes les semaines pendant deux heures. C'est mon oncle. Plaignez-moi, Cidalise. Je quitte l'amour et les grâces pour un triste parent qui encore ne sent pas le sacrifice que je lui fais; qui a l'audace de me dire que le temps le mieux employé est celui que je passe à l'entendre. C'est un homme de bon sens comme sont tous les oncles; mais que le bon sens est maussade ! Adieu, Arimon, adieu divine Cidalise; Dieu vous préserve des oncles et du bon sens.

BIBLIOGRAPHIE

I. — **Textes cités** (les dates entre parenthèses indiquent la première édition)

XVIIe SIÈCLE

Anonyme. *L'École des filles ou la Philosophie des dames* (1655), Paris, La Bibliothèque privée, 1969 (présentation de Pascal Pia).

Barrin, abbé Jean. *Vénus dans le cloître ou la Religieuse en chemise, Entretiens curieux par l'abbé Du Prat* (1683), Montréal, Éditions du Bélier, 1967.

Bussy-Rabutin, Roger de. *Histoire amoureuse des Gaules* (1655), Paris, Club du meilleur livre, 1961.

Camus, abbé Jean-Pierre. *Agathonphile* (1621), P. Sage, édit., Lille, Droz, Genève, Giard, 1951.

Corneille, Pierre. « Chanson » (s.d.), dans Georges Pillement, *Anthologie de la poésie amoureuse*, Paris, Le Bélier, 1954, T. I.

Fontenelle, Bernard le Bouvier de. *Les Lettres galantes du chevalier d'Her**** (1683 et 1687), D. Delafarge, édit., Paris, Société d'édition « Les belles lettres », 1961.

Furetière, Antoine. *Le Roman bourgeois* (1666), Paris, Porteret, 1927.

Guilleragues, Gabriel de Lavergne, sieur de. *Lettres portugaises* (1669), *Valentins et autres œuvres*, F. Deloffre et J. Rougeot, édit., Paris, Garnier Frères, 1962.

La Bruyère, Jean de. *Les Caractères* (1688), Paris, Garnier Frères, 1962.

La Fayette, Mme de. *La Princesse de Clèves* (1678), Paris, Garnier Frères, 1961.

La Fontaine, Jean de. *Nouveaux Contes* (1674), dans *Œuvres complètes*, Paris, Le Seuil, coll. L'Intégrale, 1965.

La Rochefoucauld, François, duc de. *Maximes* (1664), Paris, Garnier Frères, 1967.

Le Petit, Claude. *Le Bordel des muses*, s.l., s.édit., 1662.

Lesage, Alain René. *Lettres galantes d'Aristénète, traduites du grec* (1695), Paris, L'Arche du livre, 1970.

Olivier, Jacques. *Le Tableau des piperies des femmes mondaines où, par plusieurs histoires, se voient les ruses ou artifices dont elles se servent* (1632), Bruxelles, Mertens et Fils, 1866.

Sorel, Charles. *L'Histoire comique de Francion* (1623), Paris, Jean Fort, 1925.

XVIIIe SIÈCLE

Académie. *Dictionnaire de l'Académie française*, nouvelle édition, Nîmes, Pierre Beaume, 1768.

Anonyme. *L'École des filles ou les Mémoires de Constance*, Londres, s.édit., 1753.

_____. *Marianne ou la Paysanne de la forêt d'Ardennes, Histoire mise en dialogues*, Liège, Paris, H. C. de Hansy, 1767.

_____. *Les Délices du jour*, s.l., s.d. [*circa* 1750], dans *les Promenades à la mode*, présentées par Maurice Tourneux, Paris, Librairie des bibliophiles, 1888.

_____. *La Galerie de l'ancienne cour ou Mémoires anecdotes pour servir à l'histoire des règnes de Louis XIV et de Louis XV*, s.l., s.édit., 1786.

_____. *Lettres d'un chartreux, écrites en 1755*, publiées par Charles Pougens, Paris, Mongié aîné, 1820.

_____. *L'Odalisque, ouvrage traduit du turc par Voltaire* (1779), à Constantinople, chez Ibrahim Bectas, Imprimeur du grand Vizir, auprès de la mosquée de Sainte-Sophie, Avec privilèges de sa Hautesse et du Muphti, 1796.

_____. *Tablettes de l'homme du monde ou Analyse des sept qualités essentielles à former le beau caractère de l'homme du monde accompli*, Cosmopoli, chez Auguste le Catholique, 1715.

Argens, Jean-Baptiste de Boyer, marquis d'. *Les Nonnes galantes ou l'Amour embéguiné* (1740), Bruxelles, Gay, 1882 (réimpression de l'édition originale de Van Es à La Haye).

_____. *Thérèse philosophe ou Mémoires pour servir à l'histoire du P. Dirrag et de Mlle Éradice avec l'histoire de Mme Boislaurier* (1748), ouvrage attribué à Argens, La Haye, [à la

Sphère], 1748–1910; Paris, Blondeau, 1961 [édition expurgée par Roger d'Oliba].

Bergier, Nicolas-Sylvestre. *Le Déisme réfuté par lui-même ou Examen en forme de lettres des principes d'incrédulité répandus dans les divers ouvrages de M. Rousseau*, Paris, Humblot, 1771.

Boudier de Villemert, Pierre Joseph. *L'Ami des femmes* (1758), Hambourg, Chrétien Hergld, 1759.

Boufflers, Stanislas, chevalier de. *Aline, reine de Golconde* (1761), dans *Œuvres*, Paris, Briand, 1813, T. II, pp. 13–34.

Cailhava de l'Estendoux, Jean-François. *Le Soupé des petits-maîtres* (*circa* 1770), Paris, Bibliothèque des curieux, 1934; Montréal, Éditions du Bélier, 1967.

Caraccioli, Louis Antoine, marquis de. *La Jouissance de soi-même, Nouvelle Édition*, Amsterdam, chez E. Van Harrevelt, 1759.

Champdevaux. *L'Honneur considéré en lui-même et relativement au duel, où l'on démontre que l'honneur n'a rien de commun avec le duel, et que le duel ne prouve rien pour l'honneur*, Paris, Le Prieur, 1752.

Chevrier, François-Antoine. *Le Colporteur, Histoire morale et critique* (1761), Paris, Flammarion, s.d. [*circa* 1910].

Crébillon, Claude-Prosper Joliot de. *Lettres de la marquise de M*** au comte de R**** (1732), dans *Œuvres complètes* (réimpression de l'édition de Londres, 1777), Genève, Slatkine Reprints, 1968, T. I, pp. 13–71; dans *Œuvres complètes*, Paris, Le Divan, 1930, T. IV (préface de Pierre Lièvre); Lausanne, La Guilde du livre, 1965 (préface de Jean Rousset); Paris, Nizet, 1970 (préface de Ernest Sturm).

_____. *L'Écumoire ou Tanzai et Néadarné, histoire japonaise* (1734), dans *Œuvres complètes*, Slatkine Reprints, T. I, pp. 116–138.

_____. *Les Égarements du cœur et de l'esprit ou Mémoires de monsieur de Meilcour* (1736–1738), *idem*, pp. 140–212; dans *Œuvres complètes*, T. II, Paris, Le Divan (préface de Pierre Lièvre).

_____. *Le Sopha, conte moral* (1742), *idem*, pp. 215–296.

_____. *Les Heureux Orphelins, histoire imitée de l'anglais* (1754), *idem*, pp. 424–fin, T. II, pp. 7–57.

Crébillon, Claude-Prosper Joliot de. *La Nuit et le Moment ou les Matinées de Cythère* (1755), *idem*, T. II, pp. 58–90; Paris, Le Club français du livre, 1966.

————. *Le Hasard au coin du feu* (1763), *idem*, pp. 91–120.

————. *Lettres de la duchesse de *** au duc de **** (1768), *idem*, pp. 121–220.

————. *Lettres athéniennes, extraites du porte-feuille d'Alcibiade* (1771), *idem*, pp. 221–408.

Crébillon–Le Riche de la Popelinière, Alexandre Jean-Joseph. *Tableaux des mœurs du temps* (*circa* 1750), Paris, La Bibliothèque privée, 1969.

Damours, Louis. *Lettres de Ninon de Lenclos au marquis de Sévigné; avec sa vie* (1750), 2 T., Londres, Bibliothèque amusante, 1782.

Desboulmiers, Jean-Auguste Jullien dit. *Honny soit qui mal y pense ou Histoires des filles célèbres du XVIIIᵉ siècle* (1761), Londres, s.édit., 1780.

Desfontaines, Guillaume-François Fouques des Hayes. *Lettres de Sophie au chevalier de ***, pour servir de Supplément aux Lettres du marquis de Roselle* (1765), Paris, L'Esclapart, 1766.

Diderot, Denis. *Les Bijoux indiscrets* (1748), dans *Œuvres romanesques*, H. Bénac, édit., Paris, Garnier Frères, 1962, pp. 1–233.

————. *La Religieuse* (1796), *idem*, pp. 235–393.

————. *Jacques le fataliste* (1796), *idem*, pp. 493–780.

Domayron, Louis. *Le Libertin devenu vertueux ou Mémoires du comte d'***, Londres et Liège, chez Desoer, 1777.

Dorat, Claude-Joseph. *Lettres d'une chanoinesse de Lisbonne à Melcour, officier français* (1771), dans *Collection des œuvres*, Paris, chez les Libraires associés, 1782, T. II, pp. ɪ–187.

————. *Les Sacrifices de l'amour ou Lettres de la vicomtesse de Senange et du chevalier de Versenay*, Amsterdam, Paris, Delalain, 1771.

————. *Les Malheurs de l'inconstance ou Lettres de la marquise de Syrcé et du comte de Mirbelle*, Amsterdam, Paris, Delalain, 1772.

Dreux du Radier, Jean-François. *Dictionnaire d'amour, par le berger Sylvain* (1741), à Gnide, et se trouve à Paris, chez Briand, 1788.

Duclos, Charles Pinot. *Histoire de madame de Luz* (1741), dans *Œuvres complètes*, Genève, Slatkine Reprints, 1968, T. II, pp. 183–308; édition consultée : *Œuvres complètes*, Paris, Colnet et Fain, 1806, T. VIII, pp. 195–350.

_____. *Les Confessions du comte de* *** (1741), dans *Œuvres complètes*, Slatkine Reprints, T. II, pp. 2–182; édition consultée : Paris, Didier, 1969 (introduction de L. Versini).

_____. *Acajou et Zirphile* (1744), dans *Œuvres complètes*, Colnet et Fain, T. VIII, pp. 351–402.

_____. *Considérations sur les mœurs de ce siècle* (1750), dans *Œuvres complètes*, Slatkine Reprints, T. I, pp. 1–207.

_____. *Mémoires sur les mœurs* (1751), *idem*, T. II, pp. 379–532.

_____. *Morceaux historiques et Matériaux pour l'histoire (varia)*, dans *Œuvres complètes*, Colnet et Fain, T. IX, pp. 127–283.

Duvernet, abbé Théophile Imarigeon de. *Les Dévotions de madame de Bethzamooth et les pieuses facéties de monsieur de Saint-Ognon* (1789), Turin, Gay et Fils, 1871.

_____. *La Retraite, les Tentations et les Confessions de madame la marquise de Montcornillon* (1790), *idem*.

Élie de Beaumont, Anne-Louise Dumesnil-Molin, dame. *Lettres du marquis de Roselle* (1764), Amsterdam, François Joly, 1776.

Forgeot, Nicolas-Julien. *Lucette et Lucas* (comédie en un acte et en prose), Paris, Veuve Duchesne, 1781.

Fougeret de Monbron, Louis-Charles. *Margot la ravaudeuse* (1750), Paris, J.-J. Pauvert, 1968 (postface de Maurice Saillet).

_____. *Le Cosmopolite ou le Citoyen du monde* (1750), Paris, Ducros, 1970 (introduction et notes par Raymond Trousson).

_____. *La Capitale des Gaules ou la Nouvelle Babylone* (1759), *ibidem*.

_____. *Préservatif contre l'anglomanie*, Minorque, s.édit., 1757.

Gaudet, François-Charles. *Bibliothèque des petits-maîtres ou Mémoires pour servir à l'histoire du bon ton et de l'extrêmement bonne compagnie* (1741), Paris, chez la petite Lolo, 1762.

Gérard, abbé Louis-Philippe. *Le Comte de Valmont ou les Égarements de la raison, lettres recueillies par M...*, Paris, Moutard, 1774 (T. I, II, III), édition citée : 1775; 1775 (T. IV, V), édition citée : 1777; Bossange, Masson et Besson, 1807 (T. VI).

Gervaise de Latouche, Jean-Charles, aidé pour l'édition et la diffusion par l'abbé Nourry, le marquis Le Camus et le tapissier Blangy. *Histoire de Dom B*** portier des chartreux* (1740), Paris, La Bibliothèque privée, 1969.

Gilbert, Nicolas-Joseph-Laurent. *Œuvres complètes,* Paris, Dalibon, 1823.

————. *Les Familles de Darius et d'Hidarne, ou Statira et Amestris, histoire persane,* La Haye, Paris, de Hansy, 1770.

Godart d'Aucourt, Claude. *Thémidore ou mon Histoire et celle de ma maîtresse* (1745), Paris, Le Livre du bibliophile, [*circa* 1950].

Goldoni, Carlo. *Memorie*, Turin, Guilio Einaudi, 1967.

Hancarville, Hugues d'. *Monuments du culte secret des dames romaines, pour servir de suite aux « Monuments de la vie privée des douze Césars »* (1784), Rome, Imprimerie du Vatican, 1787 (en réalité, Nancy, Le Clerc).

Imbert, Barthélemy. *Les Égarements de l'amour ou Lettres de Faneli et de Milfort*, Amsterdam et Paris, chez Delalain, 1777.

————. *Faneli ou les Égarements de l'amour* (drame en 5 actes), Paris, s.édit., 1778.

Laclos, Pierre-Ambroise-François Choderlos de. *Les Liaisons dangereuses ou Lettres recueillies dans une société et publiées pour l'instruction de quelques autres* (1782), dans *Œuvres complètes,* M. Allem, édit., Paris, La Pléiade, 1959, pp. 2–399.

————. *De l'Éducation des femmes* (1783), *idem*, pp. 401–458.

————. *Lettres inédites*, Louis de Chauvigny, édit., Paris, Société du Mercure de France, 1904.

Laclos, Mirabeau, Rivarol. *La Galerie des États-Généraux et des dames françaises* (1789), s.l., s.édit., 1790.

Lambert, abbé Claude-François. *La Nouvelle Marianne ou les Mémoires de la baronne de *** écrits par elle-même*, La Haye, de Hondt, 1740.

La Mettrie, Julien Offray de. *Anti-Sénèque ou le Souverain Bien*, Potsdam, s.édit., 1750.

La Mettrie, Julien Offray de. *L'Homme Machine* (1747), Paris, Brossard, 1921 (présenté par M. Salovine).

_____. *L'Art de jouir* (1751), idem.

La Morlière, Rochette de, chevalier. *Angola, histoire indienne, ouvrage sans vraisemblance* (1746), à Agra, s.édit., 1770.

_____. *Les Lauriers ecclésiastiques ou les Campagnes de l'abbé de T****, Luxuropolis, s.édit., 1747.

Le Blanc, abbé Louis. *Lettres d'un Français à Londres*, La Haye, s.édit., 1745.

Le Maître de Claville, Charles-François-Nicolas. *Traité du vrai mérite de l'homme, considéré dans tous les âges et dans toutes les conditions, avec des principes d'éducation propres à former les jeunes gens à la vertu*, Paris, s.édit., 1734.

Ligne, Charles-Joseph, prince de. *Contes immoraux (circa* 1785), Paris, Nouvel Office d'édition, 1964 (présenté par Hubert Juin).

Louvet de Couvray, Jean-Baptiste. *Les Amours du chevalier de Faublas* (1786–1789), Paris, Tchou, 1966.

Luchet, Jean-Pierre-Louis de la Roche du Maine, marquis de. *Le Vicomte de Barjac ou Mémoires pour servir à l'histoire de ce siècle*, Londres, s.édit., 1784.

Marivaux, Pierre Carlet de Chamblain de. *Les Aventures de *** ou les Effets surprenants de la sympathie* (1713), dans *Œuvres de jeunesse*, Frédéric Deloffre, édit., Paris, La Pléiade, 1972, pp. 1–307.

_____. *La Voiture embourbée* (1714), idem, pp. 308–388.

_____. *Le Petit-Maître corrigé* (comédie en un acte, 1734), Lille, Giard, Genève, Droz, 1955 (introduction de Frédéric Deloffre).

_____. *Le Paysan parvenu ou les Mémoires de M**** (1734), Frédéric Deloffre, édit., Paris, Garnier Frères, 1959.

_____. *La Vie de Marianne ou les Aventures de madame la comtesse de **** (1731–1741), Frédéric Deloffre, édit., Paris, Garnier Frères, 1957; édition consultée : Lausanne, Éditions rencontres, 1961 (préface de Olivier de Magny).

Mauvillon, Éléazar de. *Le Soldat parvenu ou Mémoires et Aventures de M. de Verval, dit Bellerose, par M. de M**** (1753), Dresde, chez Georges Conrad Walther, 1759.

Meusnier de Querlon, Anne-Gabriel. *Histoire galante de la tourière des carmélites. Ouvrage fait pour servir de pendant au Portier des chartreux*, Paris, s.édit., [*circa* 1745].

Mirabeau, Honoré-Gabriel, comte de. *Le Chien après les moines* (*circa* 1782), Genève, Gay et Fils, 1869.

————. *Lettres à Julie. Écrites du donjon de Vincennes* (1777–1780), publiées par Dauphin Meunier et Georges Lenoir, Paris, Plon-Nourrit, 1903.

————. *Erotika Biblion*, Rome, Imprimerie du Vatican, 1783, dans *Œuvres érotiques*, Paris, Arcanes, 1953.

————. *Le Libertin de qualité ou ma Conversion* (1783), Londres, s.édit., 1783–1888.

————. *Le Rideau levé ou l'Éducation de Laure* (1786), Vincennes, aux Éditions du donjon, s.d.

————. *Le Degré des âges du plaisir ou Jouissances voluptueuses de deux personnes de sexes différents aux différentes époques de la vie, Recueilli sur des mémoires véridiques par MIRABEAU, ami des plaisirs*, à Paphos, de l'Imprimerie de la mère des amours, 1793.

Monbart, madame de [alias L'Escun ou Sydow]. *Sophie ou l'Éducation des filles*, Berlin, G. J. Decker, 1777.

Morande, Théveneau de. *Correspondance de Mme Gourdan, dite la petite comtesse* (1783), Bruxelles, Kistemaeckers, 1883 (texte précédé d'une « Étude-Causerie » par Octave Uzanne).

Mouhy, Charles de Fieux, chevalier de. *La Paysanne parvenue ou les Mémoires de Mme la marquise de L. V.* (1735–1736), Paris, Prault et Fils, 1756.

Nerciat, Andréa de. *Félicia ou mes Fredaines* (1775), Paris, Nouvelles Éditions françaises, 1929; Paris, La Bibliothèque privée, 1969 (avant-propos de Pierre Josserand).

————. *Le Doctorat impromptu* (1788), imprimé à la suite de *Félicia* (extraits), Paris, Cercle des bibliophiles européens, 1969, pp. 129–212.

————. *Monrose ou le Libertin par fatalité, ou Suite de Félicia, par le même auteur* (1792), s.l., s.édit., 1795.

————. *Les Aphrodites ou Fragments thali-priapiques pour servir à l'histoire du plaisir* (1793), Paris, La Bibliothèque privée, 1969.

————. *Le Diable au corps, œuvre posthume du très recommandable docteur Cazzone, membre extraordinaire de la joyeuse faculté phallo-coïro-glottonomique* (1803), Paris, La Bibliothèque privée, 1969.

Nougaret, Pierre-Jean-Baptiste, comte de. *La Capucinade* (1765), Paris, Arcanes, 1955.

Nougaret, Pierre-Jean-Baptiste. *Lucette ou les Progrès du libertinage,* Londres, Jean de Nourse, 1765 (T. I et II), 1766 (T. III).

Pidansat de Mairobert. *La Secte des anandrynes, Confession de mademoiselle Sapho* (T. X de *l'Espion anglais,* 1784), Paris, Briffaut, 1952.

Pommereul, général François-René J. de, dit chevalier du Busca. *Contes théologiques suivis des Litanies des catholiques du dix-huitième siècle et de Poésies érotico-philosophiques, ou Recueil presque édifiant* (1783, en réalité 1793), Bruxelles, Gay et Doucé, 1879.

Prévost, abbé Antoine-François. *Histoire du chevalier des Grieux et de Manon Lescaut* (1731), F. Deloffre et R. Picard, édit., Paris, Garnier Frères, 1965.

Rémond de Saint-Mard, Toussaint. *Lettres galantes et philosophiques par Mlle de ***,* Cologne, s.édit., 1721.

Rétif de la Bretonne, Nicolas-Edme. *Le Paysan perverti ou les Dangers de la ville,* s.l., s.édit., 1775.

_____. *La Vie de mon père* (1778–1779), Paris, Garnier Frères, 1970.

_____. *La Duchesse ou la Femme sylphide* (1781), dans *les Contemporaines,* Paris, Les Yeux ouverts, 1962, T. III, pp. 10–79.

_____. *La Paysanne pervertie ou les Dangers de la ville* (1784), Paris, Cercle du livre précieux, 1959 (préface d'André Maurois).

_____. *Mes Inscriptions* (Journal personnel), s.l., s.édit., 1780–1787.

_____. *Le Paysan et la Paysanne pervertis* (1787), Paris, Gründ, 1936.

_____. *Ingénue Saxancour ou la Femme séparée* (1789), Paris, Bibliothèque des curieux, 1922.

_____. *L'Anti-Justine* (1798), Paris, La Bibliothèque privée, 1969.

Richardson, Samuel. *Lettres anglaises ou Histoire de Miss Clarisse Harlove* (1747), traduction de l'abbé Prévost, Dresde, George Conrad Walther, 1751.

Rigby, Edward. *Lettres du docteur Rigby* (rédigées en 1789, publiées à Londres en 1880), traduites de l'anglais par M. Caillet dans *Voyage d'un Anglais en France en 1789,* Paris, Nouvelle Librairie nationale, 1910.

Rousseau, Jean-Jacques. *Julie ou la Nouvelle Héloïse* (1761), R. Pomeau, édit., Paris, Garnier Frères, 1960; édition consultée : *Œuvres complètes,* Paris, La Pléiade, 1961, T. II.
_____. *Émile ou de l'Éducation* (1762), Paris, Garnier Frères, 1967.

Rutlidge, Jean-Jacques [alias James Rutlidge]. *La Quinzaine anglaise à Paris ou l'Art de s'y ruiner en peu de temps,* Londres, s.édit., 1776.

Sade, Donatien-Alphonse-François, marquis de. *Dialogue entre un prêtre et un moribond* (1782), dans *Œuvres complètes,* édition définitive, Paris, Cercle du livre précieux, 1967, T. XIV, pp. 39–64.
_____. *Les Cent Vingt Journées de Sodome ou l'École du libertinage* (commencé en 1785), *idem,* T. XIII.
_____. *Les Infortunes de la vertu* (écrit dès 1787), *idem,* T. XIV, pp. 305–461.
_____. *Justine ou les Malheurs de la vertu* (1791), *idem,* 1966, T. III, pp. 7–345.
_____. *Pensées,* dans *Opuscules* (vers 1791), *idem,* 1967, T. XIV, pp. 65–70.
_____. *Aline et Valcour ou le Roman philosophique* (1795), *idem,* 1966, T. IV et V.
_____. *La Philosophie dans le boudoir ou les Instituteurs immoraux, Dialogues destinés à l'éducation des jeunes demoiselles* (1795), *idem,* T. III, pp. 347–549.
_____. *La Nouvelle Justine ou les Malheurs de la vertu* (1797), *idem,* 1967, T. VI et VII.
_____. *Histoire de Juliette ou les Prospérités du vice* (1797), *idem,* T. VIII et IX.
_____. *Les Crimes de l'amour* (1800), *idem,* T. X.
_____. *La Marquise de Gange* (1814), *idem,* T. XI, pp. 185–389.

Thiery, M. *Almanach du voyageur à Paris, année 1785. Contenant une description sommaire, mais exacte, de tous les monuments, chefs-d'œuvre des arts, établissements utiles, et autres objets de curiosité que renferme cette capitale : ouvrage utile aux citoyens et indispensable pour l'étranger,* Paris, Hardouin et Gattey, 1785.

Villaret, Claude. *La Belle Allemande ou les Galanteries de Thérèse* (1745) (publié sous le titre *la Belle Alsacienne ou telle mère, telle fille* et attribué à Antoine Bret), Paris, Bibliothèque des curieux, [*circa* 1912].

Voisenon, abbé Claude-Henri de Frezée de. *Histoire de la félicité* (1751), dans *Œuvre libertine*, Paris, Bibliothèque des curieux, coll. Les Maîtres de l'amour, 1911, pp. 171–214 (introduction de B. de Villeneuve).

_____. *Les Exercices de dévotion de M. Henri Roch avec Mme la duchesse de Condor* (posthume, 1780), *idem*, pp. 11–71.

Voltaire, François-Marie Arouet dit. *Lettres philosophiques ou Lettres anglaises* (1734), R. Naves, édit., Paris, Garnier Frères, 1964.

_____. *Dictionnaire philosophique* (1764), R. Étiemble, édit., Paris, Garnier Frères, 1967.

_____. *Dialogues et Anecdotes philosophiques* (1787), R. Naves, édit., Paris, Garnier Frères, 1966.

_____. *Romans et Contes*, H. Bénac, édit., Paris, Garnier Frères, 1964.

XIXe SIÈCLE

Balzac, Honoré de. *Physiologie du mariage* (1829), dans *la Comédie humaine*, Paris, Le Seuil, coll. L'Intégrale, 1966, T. VII.

_____. *Le Curé de Tours* (1832), Paris, Garnier Frères, 1961.

_____. *La Duchesse de Langeais* (1834), Paris, Gallimard, Livre de poche, 1968.

_____. *Pierrette* (1840), Paris, Garnier Frères, 1961.

Flaubert, Gustave. *L'Éducation sentimentale* (1869), Paris, Garnier Frères, 1964.

Gautier, Théophile. *Mademoiselle de Maupin* (1835), Paris, Garnier Frères, 1966.

Genlis, Caroline-Stéphanie-Félicité Ducrest de Mézières, comtesse de. *Les Parvenus ou les Aventures de Julien Delmours écrites par lui-même*, Paris, s.édit., 1819.

Malboissière, Laurette de. *Lettres d'une jeune fille du temps de Louis XV* (1765–1766), Paris, Didier, 1866.

Stendhal, Marie-Henri Beyle dit. *De l'Amour* (1822), Paris, Garnier Frères, 1959.

XXe SIÈCLE

Lestienne, Voldemar. *L'Amant de poche*, Paris, Grasset, 1975.

Malraux, André. *La Voie royale*, Paris, Grasset, 1930.

Peslouan, Lucas de. *Les Vrais Mémoires de Cécile de Volanges*, *rectifications et suite aux Liaisons dangereuses*, 2 T., Paris, Henry Goulet, 1926.

Pieyre de Mandiargues, André. *Beylamour*, Paris, J.-J. Pauvert, 1965.

II. — Études citées ou consultées

Abraham, Pierre et Roland Desné. *Manuel d'histoire littéraire de la France*, T. III : *1715–1789*, Paris, Éditions sociales, 1969.

Adam, Antoine. *Les Libertins au XVIIe siècle*, Paris, Buchet-Chastel, 1964, préface, pp. 7–31.

Aldridge, Alfred Owen. *Essai sur les personnages des Liaisons dangereuses en tant que types littéraires*, Paris, Minard, 1960, Archives des lettres modernes, n° 31.

Alexandrian. *Les Libérateurs de l'amour*, Paris, Le Seuil, coll. Points, 1977.

Apollinaire, Guillaume. « Introduction à l'Œuvre de Nerciat » (1909), postface du *Diable au corps*, Paris, La Bibliothèque privée, 1969, T. II, pp. 1–44.

L'Art d'aimer, Au siècle des libertins et des folles marquises, Paris, Société parisienne d'imprimerie, 1961.

Assezat, Jean. « Restif écrivain, son œuvre et sa portée », introduction aux *Contemporaines mêlées*, Paris, Charpentier, s.d., pp. 47–88.

Augustin-Thierry, A. *Les Liaisons dangereuses de Laclos*, Paris, Société française d'éditions littéraires et techniques, 1930.

Au Siècle des Lumières, Paris et Moscou, École pratique des hautes études, Sorbonne, et Institut d'histoire universelle de l'Académie des sciences de l'U.R.S.S., 1970.

Baldner, R. W. *Bibliography of Seventeenth-Century French Prose Fiction*, New York, Columbia University Press, 1967.

Barbier, Antoine-Alexandre. *Dictionnaire des ouvrages anonymes*, Hildesheim, Georg Olms Verlagsbuchhandlung, 1963.

Barthes, Roland. *Sade, Fourier, Loyola*, Paris, Le Seuil, 1971. L'article sur Sade fut d'abord publié dans *Tel Quel*, numéro spécial sur Sade, vol. XXVIII, hiver 1967, pp. 23–37, sous le titre « L'Arbre du crime ».

Bataille, Georges. *L'Érotisme*, Paris, Union générale d'éditions, 1970, coll. 10–18.

Belcikowski, Christine. *Poétique des Liaisons dangereuses,* Paris, Corti, 1972.

Blum, Carol. « A Hint From the Author of *Les Liaisons dangereuses ?* », *Modern Language Notes* (French issue), vol. 84, n° 4, mai 1969, pp. 662–667.

Blum, Léon. « Essai sur Choderlos de Laclos », dans *l'Œuvre de Léon Blum*, Paris, Albin Michel, 1962, T. II, pp. 450–460. Article partiellement reproduit dans le journal *l'Express* du 6 février 1962, sous le titre : « Essai sur Laclos ».

Boisjoslin, Jacques de, et George Mossé. *Notes sur Laclos et les Liaisons dangereuses*, Paris, Sevin et Rey, 1904.

Bordeaux, Henry. *Marianna, la Religieuse portugaise*, Paris, Albin Michel, 1934.

Brengues, Jacques. *Charles Duclos (1703–1772) ou l'Obsession de la vertu*, Saint-Brieuc, Presses universitaires de Bretagne, 1971.

Brocher, Jean-Jacques. *Le Marquis de Sade et la Conquête de l'unique*, Paris, Le Terrain vague, 1966.

Brooks, Peter. *The Novel of Worldliness : Crébillon, Marivaux, Laclos, Stendhal*, Princeton, Princeton University Press, 1969.

Cabeen, D. C. *A Critical Bibliography of French Literature,* T. IV : *The Eighteenth Century,* Syracuse, Syracuse University Press, 1951; aussi *Supplement*, 1968.

Castries, duc de. *Mirabeau ou l'Échec au destin*, Paris, Fayard, 1960.

Caussy, Fernand. *Laclos 1741–1803,* Paris, Mercure de France, 1905.

Chadourne, Marc. *Restif de la Bretonne ou le Siècle prophétique*, Paris, Hachette, 1958.

Chénier, Marie-Joseph de. *Tableau historique de l'état et des progrès de la littérature française depuis 1789*, Paris, Maradan, 1816.

Cherpack, Clifton. *An Essay on Crébillon fils*, Durham, Duke University Press, 1962.

Cioranescu, Alexandre. *Bibliographie de la littérature française du dix-huitième siècle*, Paris, Centre national de la recherche scientifique, 1969.

Coulet, Henri. *Le Roman jusqu'à la Révolution*, Paris, Armand Colin, 1967.

Coulet, Henri. *Marivaux romancier. Essai sur l'esprit et le cœur dans les romans de Marivaux*, Paris, Armand Colin, 1975.

Coward, D. A. « Laclos and the Dénouement of the *Liaisons dangereuses* », *Eighteenth-Century Studies,* vol. 5, nº 3, printemps 1972, pp. 431–449.

Curtis, Jean-Louis. « Les « Glossies » », *la Nouvelle Revue française*, vol. XIV, part. IV, 1er octobre 1966, pp. 694–698.

Damish, Hubert. « L'Écriture sans mesures », *Tel Quel*, vol. XXVIII, hiver 1967, pp. 51–65.

Dansette, Adrien. *Histoire religieuse de la France contemporaine*, Paris, Flammarion, 1951.

Dard, Émile. *Un acteur caché du drame révolutionnaire : le général Choderlos de Laclos, auteur des Liaisons dangereuses, 1741–1803* (1905), Paris, Librairie académique Perrin, 1936.

Dedeyan, Charles. *Goldoni, Vie et Œuvres*, Paris, Centre de documentation universitaire, 1956.

Delmas, A. et Y. *À la recherche des Liaisons dangereuses*, Paris, Mercure de France, 1964.

Delpech, Jeanine. *La Passion de la marquise de Sade*, Paris, Éditions Planète, 1970.

Delvau, Alfred. *Dictionnaire érotique moderne,* Bruxelles, Gay, 1864, réimprimé par Slatkine Reprints, 1968.

Dominique, Pierre. *Mirabeau*, Paris, Flammarion, 1947.

Du Bled, Victor. *Le Prince de Ligne et ses contemporains*, Paris, Calmann-Levy, 1890.

————. *La Société française du XVIe au XXe siècle*, séries V et VI : *XVIIIe siècle*, Paris, Librairie académique Perrin, 1908–1909.

Encyclopédie ou Dictionnaire raisonné des sciences, des arts et des métiers, par une société de gens de lettres, Neufchastel, Samuel Faulche et Cie, 1765, T. IX.

Étiemble, René. « Introduction » aux *Égarements du cœur et de l'esprit*, Paris, Armand Colin, 1961, pp. XII–XXXI.

————. *Les Plus Belles Pages de Crébillon fils*, Paris, Mercure de France, 1964.

Fréron, Élie-Catherine. « *Les Liaisons dangereuses* », *Année littéraire*, T. III, lettre VII, Chez Ménigot le jeune, 1782, pp. 146–163; Slatkine Reprints, 1966, T. XXIX, pp. 222–227.

Fromm, Eric. *Man for Himself*, New York, Toronto, Rinehart and Co., 1947, chap. IV.

Garçon, Maurice. *L'Affaire Sade*, Paris, J.-J. Pauvert, 1957.

Goncourt, Edmond et Jules de. *La Femme au XVIIIᵉ siècle*, Paris, Didot, 1862.

Gontaut-Biron, R., comte de. *Un célèbre méconnu, le duc de Lauzun (1747–1793)*, Paris, Plon, 1937 (préface du général Weygand).

Gosselin, Monique. « Bonheur et Plaisir dans *les Liaisons dangereuses* », *Revue des sciences humaines*, vol. XXV, n° 137, janvier-mars 1970, pp. 75–85.

Greene, E. J. H. *Marivaux*, Toronto, Toronto University Press, 1965.

Greshoff, C. J. « The Moral Structure of *Les Liaisons dangereuses* », *The French Review*, vol. XXXVII, 1963–1964, pp. 383–399.

Grimsley, Ronald. *From Montesquieu to Laclos. Studies on the French Enlightenment*, Genève, Droz, 1974.

Guy, Basil. « The Prince de Ligne, Laclos, and the *Liaisons dangereuses* : Two Notes », *Romantic Review*, vol. LV, 1964, pp. 261–267.

Henrion, M. *De l'Éducation des filles, par Fénelon et l'abbé Gérard*, Paris, Blaise aîné, 1828.

Henriot, Émile. *Les Livres du second rayon, irréguliers et libertins*, Paris, Grasset, 1948 (première édition en 1926).

_____. *Courrier littéraire, XVIIIᵉ siècle* (1945), 2 T., Paris, Albin Michel, 1961.

Hoffman, Paul. *La Femme dans la pensée des Lumières*, Strasbourg, Association des publications près les Universités de Strasbourg, 1977.

Jones, Graham C. « *Manon Lescaut*, la structure du roman et le rôle du chevalier des Grieux », *Revue d'histoire littéraire de la France*, 71ᵉ année, n° 3, mai-juin 1971, pp. 425–438.

Josserand, Pierre. « Avant-propos » et « Petite bibliographie commentée des œuvres d'Andréa de Nerciat », *Félicia*, Paris, La Bibliothèque privée, 1969, pp. ix–xx et 309–310.

Juin, Hubert. *Les Libertinages de la raison*, Paris, Pierre Belfond, 1968.

_____. « Un portrait d'Andréa de Nerciat », postface des *Aphrodites*, Paris, La Bibliothèque privée, 1969, T. II, pp. 1–35.

Klossowski, Pierre. « Sade ou le Philosophe scélérat », *Tel Quel*, vol. XXVIII, hiver 1967, pp. 3–22.

Langlois, Émile. *Origines et Sources du Roman de la rose*, Paris, Ernest Thonin, 1891.

Las Vergnas, Raymond. *Le Chevalier de Rutlidge*, « *gentilhomme anglais* », *1742–1794*, Paris, Champion, 1932.

Latreille, André. *L'Église catholique et la Révolution française*, Paris, Hachette, 1946 (T. I), 1950 (T. II).

Laufer, Roger. « La Structure dialectique des *Liaisons dangereuses* », *Pensée, Revue du rationalisme moderne*, vol. XCIII, septembre-octobre 1960, pp. 82–90.

————. *Style rococo, style des Lumières*, Paris, Corti, 1963.

Lay, Robert. « Love and Vengeance in the Late Eighteenth Century French Novel », *l'Esprit créateur*, numéro spécial sur Laclos, vol. III, n° 4, hiver 1963, pp. 157–166.

Leduc, Jean. « Le Clergé dans le roman érotique français du XVIIIe siècle », dans *Roman et Lumières au XVIIIe siècle* (colloque), Paris, Éditions sociales, 1970, pp. 341–349.

Lee, Vera. « Decoding Letter 50 in *Les Liaisons dangereuses* », *Romances Notes*, vol. X, n° 2, 1969, pp. 305–310.

Le Hir, Yves. « Introduction » aux *Liaisons dangereuses*, Paris, Garnier Frères, 1961, pp. VII–L.

Lemieux, Raymond G. « Le Jeu du temps comme moyen d'action et d'analyse dans *les Liaisons dangereuses* », thèse de doctorat non publiée, University of Iowa, 1969; le résumé se trouve dans *Dissertation Abstracts*, D.A. 30 : 728–729A; une étude condensée se trouve dans « Le Temps et les temps dans *les Liaisons dangereuses* de Laclos », *Études françaises, Revue des lettres françaises et canadiennes-françaises*, vol. VIII, n° 4, Les Presses de l'université de Montréal, novembre 1972, pp. 387–397.

Le Vayeur, P. E. « Les Écrits politiques de Laclos », *Revue d'histoire littéraire de la France*, vol. LXIX, n° 1, janvier-février 1969, pp. 51–60.

Levron, Jacques. *Le Maréchal de Richelieu, un libertin fastueux*, Paris, Librairie académique Perrin, 1971.

Lièvre, Pierre. Préface des *Lettres de la marquise de M*** au comte de R****, Paris, Le Divan, 1930, T. IV, pp. I–XVII.

Malraux, André. « Laclos », dans *Tableau de la littérature française, XVIIe–XVIIIe siècles* (1939), Paris, Gallimard, 1962, T. II, pp. 377–389.

Malraux, André. *L'Homme précaire et la Littérature*, Paris, Gallimard, 1977.

Mauzi, Robert. *L'Idée du bonheur dans la littérature et la pensée françaises au XVIIIe siècle*, Paris, Armand Colin, 1967.

May, Georges. *Le Dilemme du roman au XVIIIe siècle; étude sur les rapports du roman et de la critique, 1715-1761*, New Haven, Yale University Press, 1963.

_____. « The Witticisms of Monsieur de Valmont », *l'Esprit créateur*, numéro spécial sur Laclos, vol. III, n° 4, hiver 1963, pp. 181-187.

_____. « Racine et *Les Liaisons dangereuses* », *The French Review*, vol. XXIII, 1949-1950, pp. 452-461.

Maynial, Édouard. « Introduction » aux *Liaisons dangereuses*, Paris, Société des belles lettres, 1943, T. I, pp. VII-LXXXIII.

Mead, William. « *Les Liaisons dangereuses* and Moral Usefulness », *P.M.L.A.*, vol. LXXV, 1960, pp. 563-570.

Morris, Madeleine. « Nouveaux Regards sur *Manon Lescaut* », *The French Review*, vol. XLIV, n° 1, octobre 1970, pp. 42-50.

Ouellet, Réal. « Deux Théories romanesques au XVIIIe siècle : le Roman bourgeois et le Roman épistolaire », *Études littéraires*, vol. I, n° 2, août 1968, pp. 233-250.

Pappas, John. « Le Moralisme des *Liaisons dangereuses* », *Dix-huitième siècle*, revue annuelle publiée par la Société française d'études du XVIIIe siècle, vol. II, Paris, Garnier Frères, 1970, pp. 265-296.

Perkins, Jean A. « Irony and Candour in Certain Libertine Novels », *Studies on Voltaire and the Eighteenth Century*, Genève, Bersterman, 1968, T. LX, pp. 245-259.

Peter, René. *La Dame aux repentirs. L'Inspiratrice des Liaisons dangereuses*, Paris, Librairie des Champs Élysées, 1939.

Pia, Pascal. « Histoire d'un livre traqué », postface de *Histoire de Dom B*** portier des chartreux*, Paris, La Bibliothèque privée, 1969, pp. I-LXI.

_____. Préface au *Dictionnaire des œuvres érotiques, domaine français*, Paris, Mercure de France, 1971.

Pizzorusso, Arnaldo. « La Struttura delle *Liaisons dangereuses* », *Annali delle Facolta di Lettere e Philosophia, Niversita di Cagliari*, vol. XIX-2, 1952, pp. 50-88.

Planhol, René de. *Les Utopistes de l'amour*, Paris, Garnier Frères, 1921.

Pollitzer, M. *Le Maréchal galant, Louis François Armand, duc de Richelieu*, Paris, Nouvelles Éditions latines, 1952.

Pomeau, René. « Le Mariage de Laclos », *Revue d'histoire littéraire de la France*, vol. LXIV, 1964, pp. 60–72.

—————. *L'Europe des Lumières, Cosmopolisme et Unité européenne au XVIIIe siècle*, Paris, Stock, 1966.

—————. « D'Ernestine aux *Liaisons dangereuses* : le dessein de Laclos », *Revue d'histoire littéraire de la France*, vol. LXVIII, mai-août 1968, pp. 618–632.

Ponton, Jeanne. *La Religieuse dans la littérature française*, Québec, Les Presses de l'université Laval, 1969.

Poulet, Georges. *Études sur le temps humain*, T. II : *la Distance intérieure*, Paris, Plon, 1952.

Preston, John. « *Les Liaisons dangereuses* : Epistolary Narrative and Moral Discovery », *French Studies*, vol. XXIV, n° 1, janvier 1970, pp. 23–36.

Réau, Louis. *L'Europe française au siècle des lumières* (1938), Paris, Albin Michel, 1971.

Rétat, Pierre. *Le Dictionnaire de Bayle et la Lutte philosophique au XVIIIe siècle*, Lyon, Audin, 1971.

————— *et alii*. *Les Paradoxes du romancier : les « Égarements »* de Crébillon, Grenoble, Presses universitaires de Grenoble, 1975.

Reuilly, Jean de. *La Raucourt et ses amies, Étude historique des mœurs saphiques au XVIIIe siècle*, Paris, Daragon, 1909.

Richard, François, et François Vermale. « Une source nouvelle des *Liaisons dangereuses. Le Comte de Valmont* de l'abbé Philippe Gérard », *Bulletin de la Librairie ancienne et moderne*, n° 59, janvier 1964, pp. 1–5.

Rousset, Jean. *Forme et Signification* (1962), Paris, José Corti, 1964.

—————. « Un Duo pour voix seule », préface aux *Lettres de la marquise de M*** au comte de R****, Lausanne, La Guilde du livre, 1965, pp. 9–23; article partiellement repris sous le titre : « La Monodie épistolaire de Crébillon fils », *Études littéraires*, vol. I, n° 2, août 1968, pp. 167–174.

Rustin, J. « Mensonge et Vérité dans le roman français du XVIIIe siècle », *Revue d'histoire littéraire de la France*, vol. LXIX, février 1969, pp. 13–38.

Sage, Pierre. *Le Préclassicisme*, Paris, Del Duca, 1962.

Schubart, Walter. *Éros et Religion*, Paris, Fayard, 1972 (première édition : Munich, Beck, 1966).

Seylaz, Jean-Luc. *Les Liaisons dangereuses et la Création romanesque chèz Laclos* (1958), Genève, Droz et Paris, Minard, 1965.

Sgard, Jean. *Prévost romancier*, Paris, Corti, 1968.

Singerman, Alan J. « A Fille de plaisir and Her greluchon : Society and the Perspective of *Manon Lescaut* », *l'Esprit créateur*, numéro spécial sur l'abbé Prévost, vol. XII, n° 2, 1972, pp. 118–128.

Sollers, Philippe. « Sade dans le texte », *Tel Quel*, vol. XXVIII, hiver 1967, pp. 38–50.

Stavan, Henry A. *Jacques Pierre Alexandre, comte de Tilly : sa vie et son œuvre*, Paris, Nizet, 1965.

Stewart, Philip. *Le Masque et la Parole : le langage de l'amour au XVIIIe siècle*, Paris, Corti, 1973.

Sturm, Ernest. *Crébillon fils et le Libertinage au dix-huitième siècle*, Paris, Nizet, 1971.

————. Préface aux *Lettres de la marquise de M*** au comte de R****, Paris, Nizet, 1970, pp. 7–38.

Thody, Philip M. W. « *Les Liaisons dangereuses* : Some Problems of Interpretation », *Modern Language Review*, vol. LXIII, n° 4, octobre 1968, pp. 832–839.

————. *Laclos : les Liaisons dangereuses*, Londres, Arnold, 1970.

Thomas, Chantal. « Juliette, Ô Juliette ! » (Étude sur la libertine sadienne), *Tel Quel*, n° 74, hiver 1977, pp. 58–67.

Tilly, Alexandre, comte de. *Mémoires*, Christian Melchoir-Bonnet, édit., Paris, Mercure de France, 1965.

Toplak, Maria. « Homo Ludens et Homo Belligerens », *Modern Language Quarterly*, vol. XXVIII, n° 2, juin 1967, pp. 167–176.

Tort, Michel. « L'Effet Sade », *Tel Quel*, vol. XXVIII, hiver 1967, pp. 66–83.

Tyrmand, Leopold. « *La Nuit et le Moment* », *The New Yorker*, 28 février 1970, p. 96.

Vadim, Roger, et Roger Vailland. *Les Liaisons dangereuses 1960* (scénario), Paris, Juliard, 1960 (New York, Ballantine Books, 1962).

Vailland, Roger. *Laclos par lui-même*, Paris, Le Seuil, 1953.

Vartanian, Aram. « The Marquise de Merteuil, a Case of Mistaken Identity », *l'Esprit créateur*, numéro spécial sur Laclos, vol. III, n° 4, hiver 1973, pp. 172–180.

Versini, Laurent. *Laclos et la Tradition : Essai sur les sources et la technique des Liaisons dangereuses*, Paris, Klincksieck, 1968.

Villeneuve, B. de. *Le Théâtre d'amour au XVIIIᵉ siècle*, Paris, Bibliothèque des curieux, 1910.

INDEX DES PERSONNAGES

INDEX DES NOMS DE PERSONNES

Condé, prince de, 51
Corneille, Pierre, 19
Cottin, Mme, 292
Coward, D. A., 43n
Crébillon fils, 2, 5, 7, 9, 10, 14, 20,
  22, 30, **31**, 37, 39, 40, 44, 46, 47, 50,
  52, 55, 56, 59, 60, 61, 63, 74–80,
  85, 103, 104, 107, 116, 119, 124, 126,
  132, 144, 148, 150n, 154n, 156, 157,
  164–171, 173, **182–199**, 222, 224,
  233, 242, 244, 245, 249, 269, 274,
  275, 306, 308, 322, 325, 328, 330–
  333, 335, 338–340
Curtis, Jean-Louis, 236

Damish, Hubert, 321n
Damours, Louis, 58, **104–106**, 125n,
  185, 324, 327
Dard, Émile, 137, 241, 268, 280
Dauvers, Julie, 153
Dédeyan, Charles, 4n
Delacroix, Eugène, 51
Delacroix, ou Lacroix, Mme, 23
Delmas, A. et Y., 232, 239, 263, 264,
  270, 298
Deloffre, Frédéric, 19, 72, 91, 110, 124
Delvau, Alfred, 127, 129n
Desboulmiers, Jean-Auguste Jullien
  dit, 32, 59, 111
Desfontaines, G. F. Fouques des
  Hayes, 6, 39, 70
Desfontaines, abbé Pierre-François
  Guyot, 7n
Destouches, P.-N., 110
Diderot, 9, 71, **93–94**, **226–228**, 306,
  332
Dominique, Pierre, 150n
Domayron, Louis, 46n
Dorat, Claude-Joseph, 2, 11, **92–93**,
  164, 330, 336
Dreux du Radier, Jean-François, 73,
  74
Duchet, Michèle, 228
Duclos, Charles Pinot, 5, 7, 8, 20, 32,
  33, 39, 43, 46, 59, 66, 67, 74, 79,
  92, 100, 102, 123, 124, 132, 165, 166,

168, 170, 171, 179, 204, 211, 242,
  243, 268, 272, 307, 331
Dumoulin, 129n
Duperré, Marie-Soulange, 29
Duplessis, Mlle, 23
Duranty, Louis-Émile-Edmond, 116
Duras, Mme de, 292
Duvernet, abbé Théophile-Imari-
  geon, 101, 102

Élie de Beaumont, Anne-Louise
  Morin Dumesnil, 5, **39**, 40, 42, 47,
  50, 54, **169–174**, 182, 242, 245, 308,
  327, 328, 331, 332, 338, 340
Éon, Mlle d', 25
Étiemble, René, 79

Faulche, 216
Fellini, Frederico, 142
Fleury, cardinal de, 204, 211
Fontenelle, 20, 21
Forgeot, Nicolas-Julien, 12n
Fougeret de Monbron, 28, 39, 68, 93,
  113, 131, 168, 178, 213
Fourier, Charles, 127
Fragonard, 134
Frédéric II de Prusse, 128
Frédéric-Guillaume II de Hesse-
  Cassel, 28, 126
Fréron, Élie-Catherine, 42
Fromm, Eric, 335n
Fronsac, duc de, 141
Furetière, Antoine, 119
Furiel, Mme de, 25

Gaudet, François-Charles, 31, 32, 45,
  66n, 177, 178, 312
Gaudet de Versy, 205
Gautier, Théophile, 22
Genlis, Mme de, 111, 292
Gérard, abbé Philippe-Louis, 5, 13,
  47, 48, 50, 54, 173, **174–177**, 245,
  301, 308, 310, 327, 328, 332, 333,
  338, 340

TABLE DES MATIÈRES

ACHEVÉ D'IMPRIMER EN
JANVIER 1979,
SUR LES PRESSES DE L'ÉCLAIREUR LTÉE,
À BEAUCEVILLE,
CE LIVRE A ÉTÉ COMPOSÉ PAR
LES ATELIERS DU QUOTIDIEN LTÉE,
À LÉVIS,
POUR LES PRESSES DE L'UNIVERSITÉ LAVAL.